Gertrud Fussenegger
Herrscherinnen

Gertrud Fussenegger

Herrscherinnen

Frauen,
die Geschichte machten

Albatros

Titel der Originalausgabe:
Herrscherinnen: Frauen, die Geschichte machten

Bibliographische Information der Deutschen Bibliothek

Die Deutsche Bibliothek verzeichnet diese Publikation
in der Deutschen Nationalbibliographie;
detaillierte bibliographische Daten sind im Internet
über http://dnb.ddb.de abrufbar.

Umschlaggestaltung: butenschoendesign, Lüneburg
Umschlagmotiv: Nicholas Hilliard, »Königin Elisabeth I.«, um 1575

ISBN 3-491-96094-0
www.patmos.de

Inhaltsverzeichnis

Vorwort

Die Geschichte zählt uns Tausende Namen regierender Männer auf, Kaiser, Könige, Herzöge, Staats- und Ministerpräsidenten. Der Anteil der Herrscherinnen ist daneben verschwindend gering. So war jede von ihnen ein Ausnahmefall, der sich nur ganz besonderen Umständen zu verdanken hatte.

Aber Ausnahmen erregen unser Interesse. Wie sind sie zu erklären? Wie wurden die Ausnahmesituationen von den Betroffenen erlebt, wie akzeptiert? Wie wurden sie selbst zu exemplarischen Erscheinungen?

In diesem Buch werden einige bezeichnende Fälle vorgestellt. Der Bogen ist weit gespannt, vom 16. bis zum 20. Jahrhundert, von Elisabeth I. von England bis zu Indira Gandhi.

Auch in der Antike und im Mittelalter haben Frauen regiert; doch erst seit Anbruch des neuzeitlichen Individualismus können wir aus Zeit- und Selbstzeugnissen klarere authentische Charakterbilder herausfiltern. Um die Darstellung solcher Charakterbilder ging es mir in diesem Buch.

G. F.

Elisabeth I.

Hier ist kein Herr,
hier ist nur eine Herrin.
Elisabeth I.

Kaum je zuvor noch je danach hat sich männlicher Geschlechtshochmut gründlicher ins Unrecht gesetzt als im Falle Heinrichs VIII. und seiner Tochter Elisabeth, und nie hat verbohrter Sexismus so weitreichende weltpolitische Folgen gezeitigt.

Heinrich, der zweite englische König aus dem Hause Tudor, war zwei Jahrzehnte mit einer Prinzessin aus Spanien, Katharina von Aragon, verheiratet. Sie hatte ihm eine Tochter, aber keinen Sohn geboren. Heinrich war – wie wohl die meisten seiner Zeitgenossen – felsenfest davon überzeugt, daß die Erbfolge seines Hauses nur durch einen männlichen Nachkommen gesichert werden könne: nur ein König – nie eine Königin! – werde vernunftgemäß, zielstrebig und deshalb auch erfolgreich regieren. So wollte sich Heinrich scheiden und die Ehe mit der Spanierin für ungültig erklären lassen. Um dieses Ziel zu erreichen, wandte er sich an den Papst und führte dabei allerlei spitzfindige pseudoreligiöse Argumente ins Feld. Die Kurie ließ sich nicht täuschen – und lehnte ab.

Heinrich bestand auf seinem Verlangen und bestand um so eigensinniger und ungeduldiger darauf, als er nun bereits wußte, welche Frau er zu seiner künftigen Königin machen wollte. Er hatte sich nämlich inzwischen in die Schwester einer seiner vielen Konkubinen, in Anne Boleyn, leidenschaftlich verliebt. Aber Anne hatte keine Lust, nur Heinrichs Geliebte zu werden; sie glaubte, klug zu handeln, wenn sie ihn hinhielt und dadurch nur noch mehr aufreizte.

Heinrich verstärkte seinen Druck auf Katharina und auf die Kirche. Schließlich schritt er zur Tat: Er erklärte sich selbst zum alleinigen Oberhaupt der englischen Christen. Als solches vollzog er die Trennung von Rom und die Scheidung von der Aragonierin. Damit riskierte er viel, den Kirchenbann und einen Bürgerkrieg. Nichts schreckte ihn ab. Unbeirrt verfolgte er seine Absichten. Anne hatte sich ihm endlich hingegeben. Sie war schwanger. Sie trug, so glaubte Heinrich in blinder Selbstgewißheit, den lang erwarteten männlichen Erben, den ihm Katharina schuldig geblieben war. Hastig erfolgte die heimliche Trauung, kurze Zeit darauf wurde Anne öffentlich zur Königin gekrönt.

Dann aber erfolgte der Donnerschlag: Anne kam nieder – mit einem Mädchen. Der Tyrann grollte. Eilig schwängerte er die Boleyn zum zweitenmal. Die Unglückliche kam mit einem toten Knaben nieder. Nun war Heinrichs Geduld erschöpft, und als er bald darauf einen neuen Gegenstand seiner Begehrlichkeit entdeckte, beschuldigte er Anne der Hexerei: sie habe seinen Sohn im eigenen Leib getötet, sie *wolle* ihm gar keinen Erben gebären, sie habe ihn vielfach betrogen, blutschänderisch sogar mit dem eigenen Bruder.

Anne wurde in den Tower geworfen. Nun begriff sie, es ging um ihren Kopf. Die Todesangst scheint sie um ihren kleinen listigen Verstand gebracht zu haben. Sie tobte. Ihre Wächter berichteten: Nachts breche sie immer wieder in schrilles Geschrei und wildes Gelächter aus. Im Nu war ihr der Prozeß gemacht. Als man sie zum Block mehr schleppte als führte, rief sie dem Henker zu: »Mein Hals ist dünn, sehr dünn!« Als hätte sie noch in diesem Augenblick den Scharfrichter beschwören wollen, gelinde zuzuschlagen.

Schon am nächsten Tag feierte Heinrich Hochzeit mit seiner dritten Frau, Jane Seymour. Diese brachte ihm endlich den ersehnten Sohn. Aber der Knabe war zart, überzart. Unbeirrt setzte Heinrich seine Hoffnung auf den männlichen Erben. Er ließ seine beiden Töchter, Maria, die Tochter der Aragonierin, und Elisabeth, das Kind der Boleyn, zu Bastarden erklären. Sie sollten ihrem Bruder Edward nie im Wege stehen.

Jane Seymour starb im Wochenbett. Heinrich heiratete wieder. Auch diese Ehe dauerte nur kurz. Der Unersättliche nahm noch zwei Gattinnen. Eine von ihnen schickte er aufs Schafott: Keine von ihnen brachte ihm noch ein Kind. Man munkelte, ER selbst, der König, sei krank gewesen, seine Zeugungskraft durch frühe Ausschweifungen untergraben.

Unterdessen erschütterte die von Heinrich verordnete Reformation das Gefüge des ganzen Landes. Vorerst folgten ihr nur der Hof und einige Adlige, dann etliche Städte im Süden mit einem Teil der Bürgerschaft. Im Norden regte sich heftiger Widerstand. Er wurde niedergeschlagen. Das katholische Ausland zeigte sich irritiert, das katholische Spanien, die Heimat der verstoßenen Königin, erbittert. Der Papst protestierte. Noch zögerte er, den Kirchenbann in ganzer Schwere zu verhängen. Doch von nun an bedrohte das römische Anathema den Tudorthron.

Zugegeben, Heinrich bewegte sich mit seiner Trennung von Rom im Strom der Zeit. Aber was sich im lutherischen Deutschland, in der zwinglischen und calvinischen Schweiz, gar im wiedertäuferischen Münster zu Wort meldete an religiöser Gewissensnot, moralischem Purismus, chiliastischer Inbrunst, daran hatte die Reformation, wie sie Heinrich betrieb, keinerlei Anteil. Ihm persönlich bedeuteten die geistlich-geistigen Fragen der Epoche, Fragen der Rechtfertigung, Gnade, Auserwähltheit und nach dem Wesen der Eucharistie, nichts als nutzlose Wortklauberei. Sektenwesen war ihm verdächtig, Schwarmgeisterei verhaßt. Noch vor kurzem hatte er eigenwillig ausscherende Konventikel als

Ketzer verfolgt und dafür vom Papst den Ehrentitel eines »defensor fidei«, eines Verteidigers des Glaubens, erhalten.

Das war vorbei und abgetan. Heinrich verlangte von der Nation, daß sie ihm blindlings in die neue Glaubensrichtung folgte, gleichgültig, welche Motive ihn selbst dabei bewegten. Eine kühne Erwartung.

Freilich: er konnte damit rechnen, daß sich schon lange, seit Wiclif, in seinem Land kirchenkritische Elemente regten. Auch im Parlament machte sich Verärgerung bemerkbar. Allzu dicht waren weltliche und kirchliche Jurisdiktionen miteinander verflochten, als daß es nicht immer wieder zu Verstimmungen, zu Reibereien und Gezänk gekommen wäre. Im einfachen Volk herrschte Erbitterung gegen die oft harte Klosterherrschaft. So baute Heinrich darauf, daß der pragmatische Sinn der Engländer schnell erkennen würde, wo sich Vorteile auftaten, wenn man der römischen Oberherrschaft entkam.

Er selbst war der erste, der diese Vorteile wahrnahm. Wie überall im christlichen Europa hatte die Kirche riesige Landbesitzungen an sich gebracht. Sie fielen jetzt der Krone anheim. Binnen kurzem verdoppelten sich die Einkünfte des Königs. Auch die ihm ergebenen Adelsfamilien bekamen ihr Teil. Die Zinspflichtigen der Klöster ergriffen ebenfalls die Gelegenheit. Endlich durften sie sich rächen, sie verjagten die Mönche, sie plünderten die Kirchen, sie zerstörten unermeßliche Kunstschätze. (Doch danach mochte damals niemand fragen.) Die Bischofsitze wurden, sofern sich ihre Inhaber nicht zum alten Glauben bekannten, in staatliche Pfründen verwandelt. Das Machtwort des Königs griff tief in das Leben des Volkes ein.

Gewiß, Heinrich wußte sich der materiellen Vorteile zu bedienen, die ihm die Trennung von Rom einbrachte. Doch sein erster und wichtigster Beweggrund war die dynastische Frage gewesen: die der männlichen Erbfolge. Hätte ihm seine erste Gattin einen Sohn geboren, hätte sich Heinrich vermutlich nie von ihr getrennt. Wäre das mit der Boleyn gezeugte Kind – dieses »Kind der Reformation« – ein Knabe gewesen, er hätte seine Mutter kaum auf das Schafott geschickt. Der Haß, mit dem er die einst so heiß begehrte Anne verfolgt hatte, offenbart die Tiefe seiner Obsession: Er wollte sich den Sohn erzwingen, und jedes Mittel dazu war ihm recht. Eine absurde Konstellation, da doch eben das Mädchen, das ihm Anne brachte, elf Jahre nach ihres Vaters Tod unter dem einmütigen Jubel Englands den Thron besteigen und als einziger Herrscher in der Geschichte des Inselreiches den Beinahmen GROSS erringen sollte!

Elisabeth Tudor wurde am 7. September 1533 im Lustschloß Greenwich geboren. Sie war drei Jahre alt, als ihre Mutter starb und ihr Vater eilends eine andere Frau nahm. Was mochte das Kind von diesen Ereignissen aufgenommen, was von ihnen erfahren haben? Vorerst vermutlich sehr wenig.

Elisabeth war schon früh von ihren Eltern getrennt worden. Es war in jener Zeit üblich, daß vornehme oder auch nur einigermaßen vermögende Paare ihre Kleinkinder nicht bei sich behielten. Sie wurden irgendwelchen Pflegeeltern übergeben und wuchsen fern der Familie, meist auf dem Lande, auf. So wurde auch Elisabeth bereits als Säugling einer Lady Brian anvertraut und verbrachte ihre Kinderjahre auf deren Anwesen in Hatfield. Nicht eben der schlechteste Platz: genügend weit entfernt von dem stets von Seuchen bedrohten London, genügend weit auch vom sittenlosen Treiben des Hofes. Die Brian nahm sich des Kindes freundlich an. Sie wird sich freilich gehütet haben, ihm etwas von den mörderischen Skandalen zu erzählen, die sein Vater unterdessen gegen seine Mutter entfesselt hatte. Nicht einmal als Schatten durfte Anne durch das Leben ihrer Tochter geistern! Was der König tat, galt auf alle Fälle als wohlgetan. Da gab es für eine Frau wie Lady Brian nichts zu mäkeln. Wenn seine Entschlüsse auch manchmal stilles Entsetzen erregen mochten, so wurde dieses Entsetzen schweigend hinuntergeschluckt und mit um so lauteren Beteuerungen unwandelbarer Loyalität überspielt. Lady Brian mag eine besonders ergebene Dienerin ihres Herrn gewesen sein, denn ihrer Pflege und Aufsicht war nicht nur Elisabeth, sondern bald auch der neugeborene Prinz Edward übergeben. Schließlich war auch noch Maria da, die Tochter der Aragonierin: drei Königskinder unter einem Dach.

Maria war noch zu Lebzeiten der Boleyn nach Hatfield gebracht worden, um der kleinen Elisabeth als Hofdame zu dienen. Damals hatte sich Anne als neugebackene Königin allzu selbstsicher, grausam und töricht gegen die Stieftochter aufgespielt. »Und wenn sie trotzt«, hatte sie befunden, »soll der verfluchte Bastard mit Maulschellen traktieret werden.«

Nun waren die beiden Schwestern auf denselben Stand gebracht: beide als illegitim abgewertet, beide hinter den kleinen Bruder zurückgesetzt. Dennoch fiel es ihnen nicht ein, gegen ihn aufzubegehren. Zu tief war ihnen die Ehrfurcht vor des Vaters Entschlüssen, die Achtung vor den Gesetzen ihres Hauses eingepflanzt.

Edwards Tauffest verschaffte Elisabeth den ersten öffentlichen Auftritt. Selbst von einem Granden getragen, durfte sie die Schleppe des prunkvollen Taufkleids halten. Zum erstenmal genoß die Vierjährige die Entfaltung höfischen Prunks, zum erstenmal fühlte sie Hunderte von Augen auch auf sich geheftet. Trug es sich bei eben diesem Tauffest zu, daß sich ihr der Vater näherte, sich zu ihr niederbeugte, sie in seine Arme nahm, auf seine Schultern schwang und der versammelten Menge vorzeigte? Der donnernde Beifall, den er damit erntete, blieb dem Kind im Ohr, ein Signal, auf das es sein eigenes Leben stimmte.

Obwohl fast immer unsichtbar, wurde dieser Vater Elisabeths Leitgestalt und Idealfigur.

Wie mochte er dem kleinen Mädchen erscheinen? Wir haben viele Bilder von Heinrich. Auch Holbein hat ihn mit dem ihm eigenen, akribischen und zugleich erhöhenden

Realismus gemalt: als Fettkoloss in Goldbrokat, mit breitem teigigen, dennoch hartem Gesicht, ein kalter Rechner, ein stiernackiger Willensmensch, daneben ein hemmungsloser Sensualist; seit Jahrzehnten daran gewöhnt, umschmeichelt, gefürchtet und, wo er ging und stand, mit Beifall überschüttet zu werden. Dieser Vater – das mußte die kleine Tochter sofort erfassen – war der Erste, Größte, Mächtigste, Reichste. Keinem anderen hing so viel Geschmeide an Hals, Brust und Fingern. Vor keinem beugten sich so viele Knie, für keinen anderen erschallten Trompetensignale, donnerten Salutschüsse.

In der Tiefe der kindlichen Seele formte sich der noch wortlose Entschluß, diesem Einen nachzuleben.

Nach berauschend festlichen Augenblicken kamen wieder stille Tage in Hatfield. Lady Brian kümmerte sich nun vor allem um den kleinen Edward, das kostbare Prinzchen. Dafür rückten die beiden Halbschwestern zusammen. Maria war viel älter als Elisabeth, Elisabeth weit cleverer als Maria. So fanden die Mädchen noch manches Vergnügen an- und miteinander.

Der Vater hatte sie zwar ihrer staatsrechtlichen Prärogativen beraubt, doch seine Abwendung ging nicht so weit, daß er ihnen eine sorgfältige Erziehung verweigert hätte. Bei Elisabeth schlug diese glänzend, bei Maria eher dürftig an.

Elisabeths erste Gouvernante war eine Dame von nicht unbeträchtlichen literarischen und humanistischen Interessen. Das kleine Mädchen nahm die Anregungen begierig auf. Daneben lernte es tanzen, reiten, bogenschießen und musizieren. In allen Fächern erwies es sich als geschickt. Nur Handarbeiten – das gleichmäßige Sticheln, Fädeln und Flechten – waren und blieben ihm verhaßt. Elisabeths Religionsunterricht zielte, begreiflicherweise, auf strikte Zugehörigkeit zur neuen englischen Kirche. Anders bei Maria. Sie war natürlich katholisch getauft worden, und ihre Erziehung blieb, wie im Scheidungsvertrag ihrer Eltern vorgesehen, der alten Lehre vorbehalten.

Nachdem die Gouvernante ausgedient hatte, erhielt Elisabeth einen neuen Lehrer, Roger Asham, einen soliden Gelehrten. Er war ein achtbarer Mann, ein Humanist von großem Ruf – und von seiner Schülerin begeistert: Sie sei, lobte er, wunderbar fleißig und klug. In der Tat lernte Elisabeth sehr leicht und eifrig. Sie lernte Latein und sprach es bald fließend, dann Französisch und Italienisch. Auch im Griechischen versuchte sie sich. Sie rechnete gut, musizierte gern und tanzte ausgezeichnet. Mit Vorliebe übersetzte sie klassische Texte von einer Sprache in die andere und übte sich dabei in den Finessen eines gehobeneren Stils, eine Übung, die ihr später sehr zustatten kommen sollte.

Elisabeth war dreizehn Jahre alt, als ihr Vater starb. Sogleich bemächtigten sich ihrer jene Turbulenzen, die für das Leben verwaister Kinder leider nur zu oft typisch sind: Da die elterliche Schutzfunktion fehlt, treten Gefahren aller Art an sie heran.

Vorerst schien Elisabeth Glück zu haben, denn die letzte ihrer vielen Stiefmütter, die einzige, die den alten Blaubart an seiner Seite überlebte, Katharina Parr, zog die junge Prinzessin an sich. Die Parr war eine kluge, gebildete und warmherzige Frau; sie teilte mit Elisabeth deren literarische und künstlerische Vorlieben. Die beiden waren einander zugetan und, wie es schien, ein Herz und eine Seele. Doch sehr bald trat ein Störenfried zwischen sie.

Es war Thomas Seymour, neuernannter Lord-Admiral, Bruder des Lord-Protektors, des Regenten, der für den erst neunjährigen König die Geschäfte führte. Thomas, ein schöner eleganter Mann, war darauf aus, die Königswitwe Katharina Parr zu heiraten. Leider wollte er sich zugleich auch der jungen Prinzessin versichern. Anfangs waren seine Annäherungsversuche als Scherze maskiert, als Neckereien beim Haschmichspiel, mit raschplazierten Küßchen und dreisten Klapsen. Das empfindsame Mädchen erschauerte, doch es fiel ihm schwer, sich entschlossen zur Wehr zu setzen. Seymour heiratete Katharina. Diese erwartete ein

Kind von ihm. Dennoch ließ er nicht ab, bei Elisabeth nachzuheizen. Er erschien, nur mit dem Nachthemd bekleidet, in ihrem Zimmer und suchte sie in ihrem Bett auf. Elisabeth gelang es eben noch, sich seiner zu erwehren. Aber als Katharina – sie stand eben vor ihrer Niederkunft – ihren Schützling in Seymours Armen ertappte, fand sie, das Maß sei voll, und entfernte Elisabeth aus ihrem Haus. Das junge Mädchen war betroffen. Fühlte es sich schuldig? Ein demütiger Brief sollte Katharina versöhnen. Doch die Versöhnung konnte nicht mehr stattfinden: Katharina starb im Wochenbett. Seymour war nun frei; er machte kein Hehl daraus, daß er froh war, für Elisabeth freigeworden zu sein.

Aber der kecke Glücksritter hatte letztendlich doch kein Glück. Unterdessen war sein Bruder, der Lord-Protektor, bei Hof in Ungnade gefallen. Zu hemmungslos hatten sich die beiden Brüder der Macht bedient. Edward Seymour wurde durch einen Konkurrenten, einen Northumberland, abgelöst.

Da die Familien Seymour und Northumberland tödlich verfeindet waren, lag die Lösung nahe: die beiden Seymours wurden in den Tower geworfen. Thomas wurde gleich, sein Bruder später enthauptet. So »verlor Elisabeth den ersten Mann ihres Lebens an den Henker« (N. William).

Dies bedeutete ein böses Omen für ihre künftige erotische Entwicklung.

Hatte sie Seymour geliebt – oder mehr verabscheut? Geliebt und verabscheut zugleich? Hatte ihr sein gewissenloses Spiel imponiert? Hatte sie es mehr gefürchtet oder eher herausgefordert? Sicher ist, daß Elisabeth Thomas Seymour nie vergaß. Sie mag ihre weibliche Unversehrtheit vor ihm gerettet haben, die seelische Fixierung blieb bestehen. Jahrelang, so wurde bemerkt, errötete sie, wenn die Rede auf ihn kam. Ihre späteren Liebhaber waren fast alle Seymour-Typen. Als sie fünfzig Jahre später, als Alternde, ja schon als Greisin ihren letzten Favoriten unter das Beil schickte, mag sie dabei an Seymours Schicksal gedacht und sich damit getröstet haben, daß sich damit der Ring ihres Lebens schloß.

Doch noch war Elisabeth fern vom Thron.

Vor seinem Tod hatte Heinrich VIII. die behauptete Illegalität seiner Töchter insofern wieder aufgehoben, als er sich vom Parlament bestätigen ließ, daß sie ihrem Bruder Edward nachfolgen dürften, falls dieser ohne Leibeserben stürbe. So scheint der König in seinen späteren Jahren erkannt zu haben, daß diesem einen ertrotzten Sohn kein langes Leben beschieden sein würde. Edwards Lunge war geschädigt, er kränkelte seit seiner Geburt, und keiner der zu regelmäßigen Konsilien berufenen Ärzte konnte viel bei ihm ausrichten.

Trotzdem zeigte Edward jetzt, nach des Vaters Tod, schon als Halbwüchsiger entschieden politisches Profil. Er war nicht nur ein eifriger Anhänger der neuen Staatskirche, er neigte der strengsten Spielart reformierter Glaubensbekenntnisse, dem Calvinismus, zu. So dachte er nur mit äußerstem Widerwillen an die Möglichkeit, daß ihm seine strikt katholische Halbschwester Maria auf dem Thron folgen könnte.

Doch anstelle der papistischen Maria seine Halbschwester Elisabeth heranzuziehen scheint der junge König nicht erwogen zu haben. Statt dessen wandte er sein Augenmerk einer jungen Lady Grey zu, einer blutjungen Fernverwandten. Von ihr und ihrem jungen Gatten erwartete er, daß sie das Erbe der Reformation unverfälscht bewahren würden. Als Edward fünfzehnjährig seinem Lungenleiden erlag, wurde die junge Grey tatsächlich zur Königin ausgerufen, doch schon nach zehn Tagen von der Tochter der Aragonierin, also Maria, verdrängt.

Die Geschichtsschreibung hat ihr den Beinamen »Die Blutige« gegeben. In Wahrheit verfuhr sie aber nicht viel blutiger als viele ihrer Vor- und Nachfahren. Anfangs versuchte sie sogar Milde walten zu lassen. Aber sie war eine wenig

Maria I. »die Blutige«
Königin von England

anziehende, von früher Zurücksetzung verbitterte, von bigotten Gewissensqualen heimgesuchte, ja zermarterte Person, eine im Grunde bedauernswerte Figur, die weder als Frau noch als Fürstin irgendein Charisma aufwies.

Außerdem wurde sie zur Schreckgestalt ihrer Schwester Elisabeth. Wohin waren die stillen Tage von Hatfield verflogen, da die beiden Prinzessinnen unter Lady Brians Dach in schwesterlicher Gemeinschaft gelebt und Spiel und Spaß miteinander genossen hatten. Jetzt war ein scharfer Keil zwischen sie getrieben: der Mechanismus der Macht entzweite sie. Maria erinnerte sich des Hochmuts der Boleyn und daß ihre Mutter ihretwegen verstoßen worden war. Sie, Maria, die im kalten Bett einer rein politisch arrangierten Ehe gezeugt worden war, mußte in der jüngeren Schwester die illegitime Frucht einer ertrotzten, erfrevelten Verbindung, einer verdammenswerten Leidenschaft sehen. Nicht genug damit. Sie selbst war vom vernichtenden Gefühl eigener Reizlosigkeit durchdrungen; die Halbschwester aber schien von Tag zu Tag schöner, anmutiger, anziehender zu werden. Ihre Gaben wurden bemerkt und gelobt. Wo sie auftrat, erweckte sie Bewunderung. Ihre, Elisabeths, Beliebtheit mußte Maria herausfordern und ihr zum Stachel werden. Was lag also näher, als diese Schwester daran zu hindern, sich am Hof, in der Öffentlichkeit oder gar vor dem Volk zu präsentieren? Zu diesem Zweck fiel Maria nichts besseres ein, als Elisabeth in den Tower zu sperren.

Der Tower – ein schrecklicher Ort! Was der Aufenthalt in einem Gefängnis bedeutete, war der jungen Prinzessin nicht unbekannt. Schon während des Verfahrens gegen Seymour hatte sie eine Zeitlang eingesessen und sich bei den verschiedenen Befragungen ihrer Haut zu wehren gelernt. Nun wurde sie abermals befragt und den Torturen endloser Verhöre unterworfen. Vormals hatte man sich nur von Seymours Ungebührlichkeiten überzeugen wollen. Diesmal aber, das wußte sie, ging es um ihren eigenen Kopf und Kragen.

Wieso?

Es konnte nicht ausbleiben, daß sich gegen Maria und deren Rekatholisierungstendenzen allerlei Widerstandsgruppen bildeten, und es konnte ebensowenig ausbleiben, daß sich die Hoffnungen all dieser Widerständler ihr, Elisabeth, zuwandten. Auch ohne ihr eigenes Zutun, sogar gegen ihren Willen konnte sie zum Haupt und Zentrum von Verschwörungen erkoren und damit in tödliche Verwicklungen verstrickt werden.

Monatelang erlitt Elisabeth die Folterqualen äußerster Ungewißheit. Im Tower hatte ihre Mutter geendet, im Tower waren unzählige wirkliche oder nur vermutete Feinde der Krone vernichtet worden. Hier hatten gedungene Meuchelmörder sogar zwei königliche Kinder erwürgt, nur weil ihre Anwartschaft auf den Thron einen Tyrannen störte. Kein Wunder, daß Elisabeth in diesen Wochen und Monaten von schwersten Ängsten heimgesucht wurde. Jeder Besucher konnte ihr gedungener Mörder und jeder Morgen konnte ihr letzter sein. Zwischen den lichtlosen Mauern der alten Zwingburg begrub sie ihre – halbwegs! – unbeschwerten Kinder- und Jugendjahre, begrub die Geradlinigkeit ihres Denkens, begrub, falls je vorhanden gewesen, die Zutraulichkeit ihres Weltverständnisses. Von nun an hielt sie jede Untat für möglich, jeden Verrat für denkbar. Hin- und hergrübelnd, von tausend Zweifeln geplagt und tausend Winkelzüge erwägend, suchte sie ihren Kopf zu retten.

Worauf sollte sie hoffen, wenn nicht auf die Barmherzigkeit oder, besser und genauer gesagt, auf die zögerliche Gutmütigkeit ihrer Schwester? Also schrieb sie Maria in vorsichtig gesetzten Worten, in denen sie die andere ihrer heiligsten Gefühle und ihrer völligen Unterwerfung versicherte. Dennoch war Elisabeth zu stolz, um nur um ihr nacktes Leben zu betteln. Sie camouflierte ihr kreatürliches Elend mit der Behauptung, es ginge ihr einzig nur darum, nicht verkannt und schimpflichen Verdächtigungen ausgesetzt zu werden.

Die schönen Phrasen blieben unbeantwortet. Elisabeth hatte die Schwester um eine persönliche Aussprache angefleht. Maria verweigerte sich. Vielleicht fürchtete sie sich ebensosehr vor Elisabeth, wie sich Elisabeth vor ihr fürchtete.

Unterdessen blieb die immer noch unvermählte Königin nicht außerhalb des gesamteuropäischen politischen Spiels. Kaiser Karl V. verfiel auf den Gedanken, ihr seinen Sohn und Thronfolger Philipp als Gatten anzubieten. Philipp war zwar erst neunzehn und Maria hoch in den Dreißigern, überdies seine Tante. Doch schienen beim Kaiser die Gründe, die für diese Verbindung sprachen, weit zu überwiegen; denn erstens würde sie den bedrängten Katholiken in England und Schottland zu Hilfe kommen, und zweitens würde sie dem alten Erzfeind des Reiches, Frankreich, den schlimmsten Tort antun. Noch stand damals England in Calais auf französischem Boden, in einem Bollwerk, das ständig bedroht war. Was konnte der Tudor-Tochter willkommener sein, als künftig über Spaniens Flotte und Heer verfügen zu können?

Der Tudor-Tochter war nicht nur der politische Partner, der katholische Glaubensgenosse, sondern auch der Mann, der Neffe-Bräutigam willkommen. Ihre bis dahin unerweckten oder unterdrückten weiblichen Gefühle flammten übermächtig auf, sie entbrannte in Leidenschaft zu ihrem jungen Verwandten. So glaubte sie, sich über alle Einwände und Ängste ihres Volkes hinwegsetzen zu können. Einwände und Ängste gab es viele: Die Reformierten mißtrauten dem Katholiken, die englischen Nationalisten dem Spanier. Um so eigensinniger setzte sich Maria dafür ein, dem alten Glauben einen neuen Boden zu bereiten. Die junge Lady Grey und ihr Gatte wurden hingerichtet, Ketzer wurden verbrannt. So stand Marias Ehe unter einem blutigen Unstern.

Einzig Elisabeth zog Vorteil aus dieser Verbindung.

Philipp merkte bald, daß er England nie würde für sich gewinnen können. Fast ebenso schnell wurde ihm klar, daß ihm die welkende Gattin keinen Erben schenken werde. So zog er sich von ihr zurück. Doch da er dynastisch und legitimistisch dachte, redete er Maria zu, die jüngere Schwester als Nachfolgerin zu designieren.

Nun saß Elisabeth nicht mehr im Tower; man hatte sie weitab von Hof und Öffentlichkeit auf ein einsames Schloß in einsamer Gegend gebracht. Doch schon die Reise dahin hatte sie davon überzeugen können, daß die Bevölkerung ihr zuneigte, daß sie nur darauf wartete, sie, Elisabeth, zu gegebener Stunde als Königin begrüßen zu dürfen. Diese Erfahrung erfüllte sie mit Stolz, sie stärkte ihre ungewissen Hoffnungen, sie steifte ihr Vertrauen in die Zukunft. Bald trafen erregende Nachrichten ein: Maria sei kränklich; dann: Maria sieche dahin. Kurz vor Marias Tod arrangierte Philipp eine letzte Begegnung der Schwestern. Maria starb als Besiegte, besiegt in mehr als einer Hinsicht.

Trotz spanischer Hilfe war Calais an Frankreich verloren gegangen. Das reformierte England fluchte der Verstorbenen. Nicht einmal die Katholiken hatten ihre Ketzerverfolgungen gebilligt. Die Glocken, die Marias Tod verkündigten, verkündeten zugleich eine große Freude im ganzen Land: Die Flut der Freude trug Elisabeth auf den Thron. Ein glorioser Beginn.

Ein zeitgenössisches Krönungsbild – einem Gwilm Street zugeschrieben – zeigt Elisabeth als archaische Ikone, in strenger Symmetrie zur Bildmitte, in Hermelinmantel und Prunkrobe wie in einen Kokon eingesponnen, die Insignien, ein überlanges Szepter und den Reichsapfel mit Kreuz, in ätherischen Händen. Das Gesicht, dicht eingerahmt von gelbem Haar und dicht gefältelter Krause: das Gesicht eines jungen Mädchens oder einer jungen Heiligen, kaum individualisiert, eher ein Kult- als ein Herrscherbildnis aus dem mittleren 16. Jahrhundert. Jede psychologische Deutung ist vermieden. So mag die zweite Tochter Heinrich VIII. ihren konservativ gesonnenen Untertanen erschienen sein: als

Elisabeth I., Königin von England
Gemälde von Gwilm Street

Heilsgestalt, als – in biblischer Metaphorik ausgedrückt – »elfenbeinerner Turm« und »goldenes Haus«, als Inbild königlicher und jungfräulicher Würde.

Elisabeth war fünfundzwanzig Jahre alt und die Nation mit Emphase bereit, sie als Herrscherin zu akzeptieren. Rühmend wurde hervorgehoben, sie habe nur englisches Blut in ihren Adern. Sie trat ihr Amt mit einer Proklamation an:

»Meine Lords, die Gesetze der Natur veranlassen mich zur Trauer um meine Schwester. Die Last, die mir zugefallen ist, könnte mich verwirren, da ich aber wohl weiß, daß mich Gott bestimmt hat, diese Last zu tragen, werde ich sie auf mich nehmen. Ich hoffe von ganzem Herzen, mich als Vollstreckerin seines himmlischen Willens zu erweisen. Äußerlich betrachtet bin ich nur ein Mensch, wenn auch einer, der zu herrschen bestimmt ist. So bitte ich euch, meine Lords und alle meine Edelleute, mir beizustehen, auf daß ich mich in meinem Herrschertum bewähren und euch und unseren Nachkommen zu Trost und Ruhm gereichen kann.«

Kluge Worte – und eine für Elisabeth bereits typische Mischung von maßvoller Bescheidenheitsgebärde und ehernem Herrscherwillen.

Sofort nach der Krönung stellte sie ihr Kabinett vor: ein Zeichen dafür, daß sie schon längst mit ihrer Thronbesteigung gerechnet und die Zeit davor nicht verschlafen hatte. An die Spitze ihres Kabinetts berief sie einen Mann von genialer politischer Begabung, einen treuen Diener, einen Berserker an Arbeitskraft und Fleiß, Sir William Cecil, den späteren Lord Burghley. Cecil hatte schon unter Heinrich VIII. wichtige Posten bekleidet. Unter Maria hatte er sich aus allen entscheidenden Gremien zurückgezogen und war damit jeder kompromittierenden Tätigkeit entgangen. Zuletzt hatte er Elisabeths persönliche Güter verwaltet. So hatte sie ihn als tüchtigen und redlichen Mann kennengelernt. Ihr war gleich im ersten Anlauf ein glücklicher Griff gelungen.

Eines der dringendsten Anliegen der jungen Königin war, den in ihrem Reich tobenden, unwürdigen Streit der Religionen wenn nicht zu schlichten, so doch zu dämpfen. Noch war die englische Staatskirche weit davon entfernt, sich voll durchgesetzt zu haben. Es gab noch viele Katholiken, und vor allem im Norden bildeten sie noch immer die erdrükkende Mehrheit. Marias Unduldsamkeit hatte dem alten Glauben allerdings mehr geschadet als genützt, hatte sein Ansehen mehr unterhöhlt als gefestigt.

Elisabeth war keine Eiferer-Natur. Sie hielt sehr wenig von theologischen Disputen. Wenn sich ein Prediger in ihrer Gegenwart in dogmatische Kniffligkeiten verlieren wollte, konnte es geschehen, daß sie ihn mit lautem Zuruf unterbrach. Ihre Rechnung war einfach und solide: Sie wollte über national gesinnte Engländer gebieten und nicht über ein Volk von Fanatikern dieser oder jener Konfession. An der reformierten Staatskirche hielt sie eisern fest, das glaubte sie wohl ihrer Herkunft, ihrem Vater, vielleicht auch ihrem Bruder schuldig zu sein; vor allem aber fühlte sie sich ihrem Staatssäckel verpflichtet. Die Einkünfte aus den ehemaligen Kirchengütern waren der Krone längst unentbehrlich geworden.

Andernteils war Elisabeth nachsichtig gegen all das, was Katholiken teuer sein mußte; sie entfernte keine Bilder aus den Kirchen, sie duldete alte Gebete, alte Gesänge, sie war persönlich durchaus empfindlich für das so reiche ästhetische Angebot der alten Lehre. Es war zwar allgemeine Vorschrift, daß jedermann den anglikanischen Sonntagsgottesdienst besuchen sollte, aber die Vorschrift war durch den Zusatz, »weil dort für die Königin gebetet werde«, religiös entschärft. Wer es trotzdem nicht über sich brachte, eine reformierte Kirche zu besuchen, wurde nicht, wie anderswo, peinlich verfolgt, sondern konnte sich mit einer Geldstrafe loskaufen. Im übrigen verzichtete Elisabeth schon bei ihrer Thronbesteigung darauf, sich – etwa nach ihres Vaters Vorbild – als »Alleiniges Oberhaupt der Kirche« zu bezeichnen, sie hätte ja damit etwas wie ein weibliches Papsttum kreiert. Sie beließ es bei dem bescheideneren Titel eines »Obersten Verwalters der Kirche«. Damit hoffte sie einen breiten Konsens zu erreichen. Sie hoffte wohl überhaupt auf eine stille, schrittweise Pazifizierung der Religionen. Am Ende, so dürfte sie gerechnet haben, werde ja doch der neue Glaube den alten unterwandern und aufzehren. So setzte die junge Königin auf Zeit.

Sie setzte auch in anderen Belangen auf Zeit, auf Zuwarten und Hinauszögern.

Sogleich nach ihrer Krönung trat man mit dringenden Fragen an sie heran: Wann sie sich denn zu vermählen gedenke? Und wer wohl Aussicht habe, an ihrer Seite zu herrschen? Nichts schien dem Kabinett, nichts auch dem Parlament wichtiger als die Lösung dieses Problems.

Hinter dem Drängen und Fragen stand natürlich die zwar unausgesprochene, aber deutliche Meinung, daß eine Frau niemals allein, ohne männliche Hilfe und Führung, regieren könne. Sogar der ihr treu ergebene Sir Cecil äußerte sich respektlos: Zuweilen sei die Politik eine so schwierige Materie, daß sie das Verständnis jeder Frau weit übersteige. Doch als noch drängender und als Kernfrage überhaupt wurde die Notwendigkeit empfunden, die Erbfolge sicherzustellen. Elisabeth war jung, ein blühendes Mädchen, und eben deshalb wurde von ihr erwartet, daß sie für den Fortbestand der Dynastie sorgte. Sie sollte heiraten, nicht nur um einen hilfreichen Mitregenten zu gewinnen, sondern um einen Erben oder, besser noch, um mehrere potentielle Erben in die Welt zu setzen.

Auch im Ausland wurde bereits beraten, welcher Prinz aus welchem Land der jungen Königin anzudienen sei. Zwar galt England damals noch für arm und als Mindermacht. Dennoch war man sich in den europäischen Kabinetten darüber einig: Der Thron dieses Inselreichs war kein zu verachtendes Ziel.

Elisabeth schien es indessen keineswegs eilig zu haben,

sich wen auch immer als Gatten zu erwählen. Sie bat das Parlament um Geduld – und immer wieder um Geduld.

Doch schon im Jahr nach ihrer Krönung erklärte sie vor einer Delegation, sie wolle am liebsten unvermählt bleiben.

Was im ersten Augenblick vermutlich nur unglaubwürdig klang und zuerst vielleicht als weibliche Koketterie gedeutet wurde, hatte tiefe Wurzeln in Elisabeths Wesen.

Sehr früh schon muß sich in ihr der Wunsch gebildet haben, für eine jungfräuliche Königin zu gelten. Dieses Image, ein mythischer, irrationaler Topos sehr alter Herkunft, scheint ihr eine Aura besonderer Art verheißen zu haben – in der Verbindung von Unberührbarkeit und Macht. Der Kult der Jungfrau Maria war im reformierten England abgeschafft oder doch sehr eingeschränkt. Aber deshalb brauchte er seine ins Unterbewußte reichende Faszination nicht eingebüßt haben. Auch das Idol der »virago«, der jungfräulichen Heroin, der Amazonenfürstin, gehörte zum Bildungsgut der Renaissance und war Elisabeth möglicherweise schon von ihrer humanistisch gebildeten Gouvernante nahegebracht worden. Überdies waren Petrarcas Sonette soeben groß in Mode gekommen: sie besangen die sublime, die platonische Liebe. Alle diese Elemente mögen der literarisch interessierten und ansprechbaren jungen Königin imponiert haben. Sicher aber hatten die krassen Scheußlichkeiten, die das Ehe- und Geschlechtsleben ihres Vaters umwitterten (und denen ja auch ihre Mutter zum Opfer fiel) eine tiefe neurotische Verängstigung in ihre Seele eingesenkt. Jedenfalls hatte Elisabeth keine Lust, sich im Ehebett männlichen Ansprüchen auszuliefern. In einer schwachen Stunde gestand sie einem Freund, ihr Widerwille gegen eine Heirat habe Gründe, über die sie nicht einmal mit einer vertrauten Zwillingsseele sprechen wollte. Unter solchen Umständen steht jeder Deutung Tür und Tor offen.

Dabei spielte Elisabeth nicht ungern mit dem erotischen Feuer. Die frechen Annäherungen des Verführers Seymour

Elisabeth I. tanzt den Lavolta
mit dem Earl von Leicester

müssen ihre Sinnlichkeit früh geweckt haben. Sie scheute sich keineswegs, laszive Spiele unter ihren Augen zu dulden. Sie liebte ausgelassene Feste, zweideutige Maskeraden, derbe Scherze. Egon Friedell nennt sie eine abscheuliche Heuchlerin. Sollte man in ihr nicht eher ein gebranntes Kind erkennen, einen gespaltenen Menschen, in dem sich das Vatererbe, eine wütende Sinnlichkeit, mit dem Muttererbe, dem einer Tragisch-Gescheiterten, nie versöhnt haben?

Inzwischen erfolgten – eine nach der anderen – ernsthafte und weniger ernsthafte Bewerbungen aus dem Ausland. Wie üblich hatten die jeweiligen Botschafter den Auftrag, das Gelände zu sondieren, erste Fühler auszustrecken. Der Jütländer warb für Dänemark, der Franzose für den Bruder seines Königs, den Herzog von Alençon, der deutsche Gesandte für einen österreichischen Erzherzog. Eirik von Schweden stellte sich mit glühenden Liebesbriefen ein. Sogar Philipp von Spanien klopfte bei der ehemaligen Schwägerin an. Er hatte zwei seiner Neffen und damit Zugang zu spanischen Ressourcen anzubieten: eine starke Versuchung, denn Spanien stand damals auf dem Gipfel seiner Macht. Bald entstand ein wilder Wettstreit zwischen den Akkreditierten, wer von ihnen der jungen Königin seinen Herrn mit mehr Erfolg anpreisen konnte. Elisabeth lächelte, nickte, ließ sich die Hände küssen, ließ sich die goldgerahmten, mit Brillanten besetzten Porträts der Bewerber schenken, kokettierte zuweilen mit einem Ambassadeur, bis dieser nicht mehr wußte, wo ihm der Kopf stand und für wen er eigentlich warb. Von Zeit zu Zeit schien Elisabeth tatsächlich eine Ehe erwogen zu haben, sie lud diesen und jenen ein, sich ihr persönlich zu präsentieren, ermächtigte ihr Kabinett, Bedingungen zu stellen und Gegenbedingungen zu ventilieren; ja, sie schwor einmal sogar öffentlich, den Herzog von Alençon-Anjou heiraten zu wollen. Im engsten Kreis aber spottete sie über jeden ihrer Bewerber – und unterhielt sich währenddessen höchst ungeniert mit ihrem jeweiligen Günstling.

Naturgemäß machten sich auch die Großen des Reichs allerlei Hoffnungen auf die Hand der Königin. Diese Hoffnungen mußten um so lebhafter sein, als sie unter ihnen ihre engsten Freunde wählte und mit Gunstbeweisen keineswegs sparsam war.

Da war einer unter den Männern, die sich um die Königin scharten, der sie sehr wohl an Seymour erinnern konnte; er war ebenso rank und schlank, ebenso schön und galt für einen ebenso unersättlichen Schürzenjäger. Es war Robert Dudley, der spätere Lord Leicester, ein glänzender, sogar hochgebildeter Kavalier. Leider war er verheiratet. Seine Frau litt an Brustkrebs. So durfte Dudley damit rechnen, demnächst frei zu werden. Da geschah ein Malheur: Dudleys Gattin wurde in ihrem Haus am Fuß einer Treppe aufgefunden, tot. Ihr Genick war gebrochen. War sie selbst gestürzt oder war sie herabgestürzt worden? Elisabeth und Dudley versuchten den Beweis anzutreten, daß sie schuldlos seien. Doch der Verdacht war da, ein böser Schatten. Wer konnte ihn so gründlich tilgen, daß er nicht irgendwie weitergeisterte? Dudleys Hoffnungen, zum Prinzgemahl erhoben zu werden, schwanden dahin. Die Liebenden waren sogar gezwungen, einander längere Zeit zu meiden. Nach einer Anstandspause nahmen sie aber ihre Beziehungen wieder auf, und bald waren diese so öffentlich wie zuvor.

Der Kanzler William Cecil war irritiert. Doch er hob nur indigniert seine Brauen. Zu tadeln wagte er Elisabeth nicht.

So aufmerksam und geduldig sie den Debatten im Kronrat folgte, in ihren persönlichen Entscheidungen wünschte sie keinerlei Ratschläge. Doch Cecil mißtraute Dudley. So bearbeitete er die Lords im Parlament, die Königin erneut unter Druck zu setzen: Sie solle doch endlich einen der Prinzen erhören, die so dringend wie geduldig um ihre Hand anhielten. Cecil versprach sich von der Ehe mit einem Europäer aus herrschendem Haus eine Stärkung der englischen Position.

Doch Elisabeth bat wieder um Aufschub. Schließlich

brauste sie auf: Was erlaubten sich denn die Herren? Sie, die Königin, verfüge über jedes Recht in diesem Land, zuallererst über das Recht auf sich selbst!

Einleuchtende Worte. Aber hatten nicht Cecil und das Kabinett, hatten nicht auch die Mitglieder des Parlaments, ja sogar alle denkenden politischen Köpfe des Reichs triftigste Gründe, die Königin zu einer Heirat zu drängen?

Elisabeth näherte sich erst ihrem dreißigsten Lebensjahr und war im allgemeinen von guter Gesundheit. Doch das Lebenslicht des Einzelnen war in jener Zeit ein immer bedrohtes Flämmchen. Nicht nur, daß Neugeborene und Kleinkinder in Scharen dahinstarben, auch der Erwachsene war ständig in Gefahr; eine kleine Wunde konnte zur Blutvergiftung entarten, ein Jagdunfall das Ende herbeiführen, eine Pneumonie zum Erstickungstod führen. Überdies lauerten immerfort die schwersten Seuchen.

Und wirklich erkrankte Elisabeth eines Tages an Blattern. Sie glühte vor Fieber und »jedes ihrer Glieder war vom Tod umklammert«. Cecil und die königlichen Räte zitterten; sie sahen schon das Reich in höchster Gefahr, sich selbst vernichtet, die Staatskirche Verfolgungen ausgesetzt, die Tage der »Blutigen Maria« wiedergekommen. Denn wenn Elisabeth starb, erbte nach den Gesetzen des Hauses eine katholische Schottin den Thron, Maria Stuart.

Wider alles Erwarten überwand Elisabeth den schweren Anfall. Kaum zu Kräften gekommen, zeigte sie Nachgiebigkeit. Ja, sie werde nun wirklich heiraten und dafür sorgen, daß der Thron tudorisch bliebe.

Doch als sie ganz genesen war, blieb alles beim Alten.

Wer war nun diese Maria Stuart?

Heinrich VIII. hatte eine Schwester Margarethe gehabt. Sie hatte sich, lange vor der Reformation, nach Schottland verheiratet. Das Land war katholisch und traditionell mit Frankreich verbunden, was – wie nicht anders zu erwarten – Englands Argwohn erregte. Margarethes Sohn war Jakob V., der, ehe Heinrich VIII. einen Sohn hatte, als Anwärter auch auf den englischen Thron galt. In seinen Adern floß ja Tudorblut – und so, selbstverständlich, auch in denen seiner Nachkommen. Er hatte ihrer nicht viele. Sieben Tage vor seinem Tod im Dezember 1542 wurde ihm ein Mädchen geboren: Maria, nach den zähen Erbgesetzen der Dynastien auch sie eine potentielle Tudorerbin.

Vorerst aber spann ihre Mutter, eine geborene Herzogin von Guise, an ganz anderen Plänen. Sie brachte ihre Tochter in die eigene Heimat, nach Frankreich, ließ sie am französischen Hof erziehen und verlobte sie schließlich mit dem Dauphin, dem späteren Franz II. Doch der junge Mann hatte kein langes Leben. Kaum großjährig geworden, starb er und hinterließ seine achtzehnjährige Witwe, kinderlos – und nun auch heimatlos. Was blieb ihr anderes übrig, als aus dem lieblichen Frankreich, aus den verwöhnenden Umständen einer hochgezüchteten höfischen Kultur in ihr Stammland zurückzukehren.

Doch dieses Stammland war ein nicht nur klimatisch rauher Boden. Es war arm, weit ärmer sogar als England und von einem noch immer ungezähmt eigenwilligen Adel dominiert. Nur ungern unterzog sich die junge Königin ihrem neuen Amt. Die Verwöhnte fühlte sich durch ihre Regierungspflicht eher belästigt als überfordert. Anfangs ließ sie auch einen ihrer illegalen Stiefbrüder, Murray, schalten und walten. Nicht einmal der Umstand, daß er ein Reformierter war, schien sie, die Katholikin, sehr zu stören. Dennoch ließ sie sich darauf ein, sehr unzeitige Hochmutsgebärden zu zeigen: Sie nannte sich Königin von England und führte Englands Farben im Wappen.

Das war ein Affront gegen Elisabeth und konnte nichts anderes besagen, als daß Maria Elisabeths Herkunft für illegitim hielt und damit vor aller Welt deren Rechte auf den englischen Thron bestritt.

Trotzdem war es nicht etwa so, daß Elisabeth von allem Anfang an ihren Haß auf die junge Verwandte geworfen hätte.

Maria Stuart,
Königin von Schottland

Sie versuchte sie eher zu patronisieren. Sie hielt sie für unreif, für gefährdet, für unfähig, das schwere Amt einer Souveränin zu versehen. Damit hatte Elisabeth zweifellos recht. Maria war eher musisch begabt als politisch gewieft. Sie schrieb poetische Texte, sie musizierte, komponierte, sie schwärmte, sie war schön, leicht entflammbar und hatte die Gabe, Leidenschaften zu wecken. Diese Gabe hätte ihr Nutzen bringen können, aber sie stürzte sie nur ins Verderben. Elisabeth bedachte die Verwandte mit allerlei Ratschlägen, sie verfiel dabei in einen mütterlichen, besser gesagt tantenhaften Ton und war dann enttäuscht, daß jene dem eigenen Kopf folgte.

Zwischen Schottland und England war kurz vor Marias Rückkehr ein Verständigungsabkommen geschlossen worden; es harrte noch Marias Unterschrift und Siegel. Die junge Königin verweigerte beides. Ein weiteres Alarmsignal!

Begreiflicherweise war Elisabeth daran interessiert, sich im nördlichen Nachbarland einen soliden Einfluß zu sichern und die Beziehungen Schottlands zu Frankreich möglichst zu reduzieren. Über dieses schwierige Problem beriet sie sich mit Dudley. Dabei verfielen die Liebenden auf einen seltsamen Plan: Dudley sollte Maria heiraten. Als König von Schottland konnte er doch gewiß das Reich seiner Gattin zu einer Art Filiale von England machen . . .?

Elisabeth schien sicher zu sein, daß ihr »geliebter Roby« ihr auch als Marias Gatte treue Dienste leisten würde. Verzichtete sie so leichten Herzens auf den Gefährten? Offenkundig ging ihr das politische Interesse über alle persönlichen Gefühle. Um den Freund noch attraktiver zu machen, ernannte sie ihn in aller Eile zum Earl. Als sie ihm während der Zeremonie den Mantel um die Schultern legte, konnte sie es sich nicht verkneifen, ihn am Nacken zu kitzeln.

So handeln Spießgesellen.

Doch das Komplott schlug fehl. Maria hielt nichts von Elisabeths behaupteter Jungfräulichkeit, und sie dachte nicht daran, sich mit dem abgelegten Liebhaber ihrer Nachbarin zu begnügen. Sie hatte sich unterdessen für einen anderen Mann entschieden.

Er war ein Fernverwandter und – unglücklicherweise – ein Untertan der englischen Krone. So konnte er, nach den damaligen Bestimmungen, nicht ohne ausdrückliche Einwilligung seiner Souveränin ins Ausland reisen und um eine Ausländerin werben. Allein, Lord Henry Stuart Darnley scherte sich nicht um das Gesetz. Er hatte Nachricht davon, daß sich Maria für ihn interessierte, nachdem man ihr seine hohe Gestalt, seine schlanken Beine und sein hübsches Gesicht gepriesen hatte. Er tauchte in Edinburgh auf und wurde akzeptiert. Die Hochzeit erfolgte – fast überstürzt – nach katholischem Ritual.

Elisabeth war indigniert. Trotzdem sandte sie ein goldenes Taufbecken, als Maria ein Jahr später einen Sohn, den späteren Jakob VI., gebar. Die Taufpatenschaft hatte sie freilich abgelehnt. Sie wußte wohl warum.

Die – aus Elisabeths Sicht ertrotzte – Ehe mit Darnley hatte einen bösen Verlauf genommen. Der schöne Mann erwies sich als Trunkenbold, als roh und rüpelhaft. Er brachte nicht nur den schottischen Adel gegen sich auf, er verscherzte auch Marias Gunst. So wandte sie sich einem anderen Mann zu, ihrem Sekretär Riccio, einem hochgebildeten Italiener, mit dem sie musizierte und poetische Texte tauschte. Darnley glaubte sich betrogen – und vielleicht war er es auch! Eines Tages stürzte er mit einigen Kumpanen in Marias Schlafzimmer, wo sie mit ihrem Günstling tafelte. Darnley hielt Maria fest, seine Begleiter packten Ricco, schleiften ihn nach nebenan und schlachteten ihn ab wie ein Tier.

Maria war empört. Der Skandal wurde bekannt und an allen Höfen Europas kolportiert.

Doch es sollte noch schlimmer kommen. Die junge Frau trennte sich von ihrem mörderischen Gatten – und ließ sich von einem Dritten trösten. Es war James Hepburn, Earl von Bothwell. Zwar erst seit kurzem verheiratet, ließ er sich unter einem kläglichen Vorwand scheiden; dann inszenierte er ein tückisches Attentat gegen den König.

Dieser lag krank in einem Landhaus. Bothwell veranlaßte Maria, Darnley zu besuchen und damit den Schein zu erwecken, als sei sie bereit, sich mit dem Gatten zu versöhnen. In der Nacht darauf erfolgte die Mordtat. Das Landhaus wurde in die Luft gesprengt. Darnleys Leiche lag nackt im Garten. War er schon zuvor erwürgt oder durch die Detonation getötet worden? Niemand zweifelte daran, daß Bothwell seine Hand im Spiel gehabt hatte.

Ein neuer Skandal. Doch Maria trieb ihn auf die Spitze, indem sie Bothwell zum Großadmiral ernannte und ihn, drei Monate nach Darnleys Tod, heiratete.

Damit schien sich die Königin selbst in unerhört dreister Weise zum Mord an ihrem zweiten Gatten zu bekennen.

Kein Wunder, daß die katholische Welt aufgeschreckt war; kein Wunder auch, daß Elisabeth tobte. Sie überschüttete Maria mit Vorwürfen und forderte sie auf, ihren Ruf, wie auch immer, wiederherzustellen. Sie fühlte sich durch Marias unbegreifliches Betragen doppelt betroffen, denn Maria war ja ihre Nächstverwandte und war – nach geltendem Erbgesetz – ihre, Elisabeths, Nachfolgerin, die prospektive Königin von England.

Konnte sie ihrem Land je eine solche Herrscherin zumuten?

Indessen fand Maria keine Zeit mehr, sich aus den Verstrikkungen zu lösen, in die sie durch ihre Unbedachtsamkeit und Leidenschaft geraten war, geschweige denn eine Gelegenheit, sich von den schlimmsten Verdächtigungen reinzuwaschen.

Schottland war in Aufruhr. Sein Adel, selbst eine Schar rauher Gesellen, der eben erst noch gegen Darnley empört gewesen, wollte gleichwohl nicht von dessen Mörder und von einer Frau regiert werden, der man in aller Welt das Schlimmste nachsagte. Man setzte Maria zu, sich von Bothwell zu trennen; dann, als sie sich weigerte, auf den Thron zu verzichten. Man wollte sie vor ein Gericht stellen. Schon war ihr kleiner Sohn Jakob zum König gekrönt und die Regentschaft dem protestantischen Halbbruder Murray zugesprochen; da gelang es Maria noch einmal, einige Freunde um sich zu sammeln und ein Heer von sechstausend Mann zusammenzubringen. Doch der Haufen wurde schon bei der ersten Berührung mit dem Gegner zersprengt. Der Verführer Bothwell war bereits zuvor geflüchtet. In ihrer Verzweiflung setzte Maria in einem Fischerkahn nach England über. Dort vertraute sie sich der Großmut ihrer königlichen Verwandten an.

Marias Gegenwart brachte Elisabeth in nicht geringe Verlegenheit. Auf der einen Seite mußte es ihr höchst willkommen sein, daß in Schottland die reformierte, also englandfreundliche Partei ans Ruder gekommen war. Auf der anderen Seite fühlte sie sich dazu angehalten, die Rebellion des Adels gegen seine angestammte Königin zu mißbilligen. Wie alle echten Legitimisten, erblickte sie in jedem gekrönten Haupt eine unantastbare Instanz, also etwas Heiliges, das der Verurteilung oder gar dem Gerichtsspruch seiner Untertanen keinesfalls unterworfen werden dürfte.

Dieser Glaube – oder Aberglaube – bestimmte lange Zeit ihre Haltung gegenüber Maria.

Anfangs waren die Umstände, die Elisabeth dem Flüchtling zugestand, durchaus freundlich. Maria war im Norden Englands in einem schönen Schloß untergebracht, sie durfte sich in einem gewissen Umkreis frei bewegen, auf die Jagd reiten, Besuche empfangen, hofhalten. Maria nützte diese Gelegenheiten reichlich aus. Ein Wunsch blieb ihr freilich versagt: Immer wieder bat sie Elisabeth um eine persönliche Zusammenkunft. Aber wie sich Maria die Blutige ihr einstmals verweigert hatte, so verweigerte sich Elisabeth jetzt der anderen Maria. War das nur politische Klugheit – oder waren da auch andere, vielleicht sogar halb unbewußte Motive im Spiel, die Angst etwa, als Ältere, schon Welkende vor die jüngere Verwandte zu treten, deren weibliche Reize, leise und laut gepriesen, weltnotorisch waren?

Maria erwartete, wenn nicht gegen das rebellische Schottland unterstützt, so doch nach Frankreich oder Spanien entlassen zu werden. Für einige Augenblicke mochte auch Elisabeth an diese Lösung gedacht haben. Aber sie konnte sich nicht dazu entschließen, denn sie mußte damit rechnen, daß eine in die Freiheit entlassene Maria gegen sie hetzen und auf ihrem usurpiertem Titel einer »Königin von England« bestehen werde. Denn offensichtlich war Marias Hochmut durch kein Desaster zu brechen und ihre intrigante Energie keineswegs gedämpft.

Nach wie vor haftete der Verdacht des Gattenmordes an der Schottin. Das englische Gerichtswesen konnte und wollte ihn nicht ignorieren. Man bildete eine Kommission, um ihn zu untersuchen. Aus Schottland meldete sich der Vormund des jungen Königs: Er sei bereit, die Anklage in eigener Person zu unterstützen. Aber Elisabeth konnte nicht wünschen, daß Maria verurteilt würde, ebensowenig, daß sie gerechtfertigt und freigesprochen würde. Sie gab geheime Weisung, die Frage in der Schwebe zu lassen. Ihrem Wunsch kam der Umstand entgegen, daß sich Maria weigerte, vor einem Gericht von Untertanen zu erscheinen. Nur ihresgleichen, also Könige, dürften über sie urteilen.

So zog sich das Verwirrspiel hin, Jahr um Jahr. Elisabeth ließ Maria in immer andere Schlösser, andere Burgen bringen. Jedes Gewahrsam war um einiges enger, schlechter, unbequemer als das vorige. Immer höhere Mauern schlossen Maria ein, mit immer fester vergitterten Fenstern waren ihre Gemächer versehen. Längst wußte sich Maria genau beobachtet, ihre Korrespondenz überwacht. Um so dringlicher suchte sie nach Schleichwegen. Das konspirative Element wurde in ihrem Leben zur beherrschenden Triebkraft, zu ihrer einzigen Hoffnung.

In dem Verhältnis der Königinnen wiederholte sich die unglückliche Beziehung, die zwischen Elisabeth und ihrer

Vorgängerin bestanden hatte. Alle Feinde der elisabethanischen Herrschaft, alle Unzufriedenen, die sich zurückgesetzt, alle Widerspenstigen, die sich benachteiligt glaubten, wurden – fast naturgemäß – zu Marias geheimen Parteigängern. Marias Fehler gerieten mit den Jahren in Vergessenheit. Ihr tristes Schicksal begann zu rühren. Päpstliche und spanische Emissäre wurden heimlich ins Land geschleust mit dem Zweck, für Maria zu werben. Und es blieb keineswegs nur bei untätiger Sympathie. Man spann an dunklen Plänen: Elisabeth sollte ermordet und Maria inthronisiert werden. Der höchste Adlige des Reiches, der Herzog von Norfolk, bot der Gefangenen seine Hand an. Spanien sollte Kriegsschiffe entsenden und an Englands Küsten landen und so fort.

Lord Cecil Burghley, der sich für Elisabeths Leben und Herrschaft verantwortlich fühlte, war verzweifelt. Wie lange wollte Elisabeth dem Treiben zusehen? Nach den Gesetzen des Landes hatte Maria ihr Leben längst verwirkt. Man konnte ihre Parteigänger, einen nach dem anderen, wegen hochverräterischer Umtriebe aufs Schafott schikken – wie Babington, Norfolk und viele andere –, solange die Schottin lebte, würde es keine Ruhe geben; die katholische Partei würde für sie wühlen, allerlei Abenteuer für sie wagen, für sie kämpfen und sterben wollen.

Cecil beschwor die Königin, der unausstehlichen Lage ein radikales Ende zu machen. Doch Elisabeth zögerte immer noch. Sie war es zwar gewohnt, Todesurteile zu unterzeichnen. Sie kosteten sie keine schlaflosen Nächte mehr. In diesem Fall aber zögerte sie, zögerte mit, wie viele dachten, unbegreiflicher Langmut. Ahnte sie, daß ihr Bild in der Geschichte nie vom blutigen Schatten dieser Verwandten loskommen würde? Oder zögerte sie nur, weil es in ihrer Natur lag, sich hundertmal zu besinnen? In unzähligen Fällen hatte sie ihre Kronräte, ihre Berater und Minister, aber auch ihre Kammerfrauen zur Verzweiflung gebracht, indem sie eben erst gefaßte Beschlüsse umwarf, eben erst erteilte Befehle widerrief, eben erst diktierte Briefe zerriß, eben erst gewählte Roben zurückwies.

Als endlich, am 25. Oktober 1586, Maria Stuart von einem mit vierzig Peers und fünf Oberrichtern bestellten Gericht in Schloß Fotheringhay zum Tod verurteilt und das Urteil Elisabeth vorgelegt wurde, rang sich diese zwar zur Unterzeichnung durch, erlag dann aber wieder einmal aufs kläglichste der Unentschiedenheit ihrer Natur. Sie schickte ihren Sekretär Davison mit dem Dokument zu Cecil, der das Staatssiegel daran anzubringen hatte. Darauf schloß sie sich in ihren Gemächern ein.

Als ihr der Vollzug der Todestrafe gemeldet wurde, führte sie ihrem entsetzten Kabinett eine Szene auf: Sie habe Marias Tod nicht gewollt, man habe sie überrumpelt, man habe sich einer Entscheidung unterwunden, die sie, die Königin, nie getroffen habe.

Der arme Sekretär Davison bezahlte hoch: Elisabeth schenkte ihm zwar »großmütig« das Leben, doch sollte er sein gesamtes Vermögen, zehntausend Mark (so die damalige Währung), an die Staatskasse, sprich in Elisabeths Säkkel, abliefern.

Maria hatte neunzehn Jahre in ihrem erst freiwilligen, dann aber immer unfreiwilligeren Exil verbracht. Die Anteilnahme an ihrem Schicksal hatte das ganze katholische Europa bewegt. Trotzdem hatte kein europäischer Fürst, solange sie lebte, auch nur einen Soldaten ihretwegen an Englands Küste gelandet. Es bildete sich zwar in der »heiligen Liga« eine Art Allianz für sie, doch blieb diese immer nur halbherzig. Den Jesuiten gelang es, sie zu einer frommen, bußfertigen Märtyrerin hochzustilisieren. Aber wie sie von den Realisten in den Kreisen der Mächtigen beurteilt wurde, verrät ein Ausruf des jungen französischen Königs Karls IX. viele Jahre vor ihrem Ende: »Die arme Närrin wird keine Ruhe geben, bis man ihr den Kopf vor die Füße legt.«

Die Prophezeihung war eingetroffen. Aber was die lebende Maria nicht vermocht hatte: Elisabeth um den Frieden ihres Landes zu bringen, dafür diente die Tote als willkommener, weil propagandistisch wirksamer Vorwand.

Elisabeth hatte lange als Friedensfürstin regiert. Was kaum einem anderen europäischen Souverän ihrer Zeit gelungen war, ihr gelang es, über zwanzig Jahre jede große Auseinandersetzung mit einem bedeutenden Nachbarn zu vermeiden. Abgesehen von kleinen Plänkeleien, die meist durch ein Expeditionskorps zu erledigen waren, hatte sie sich auf keine Gewaltanwendungen eingelassen.

War sie denn so christlich gesonnen, so barmherzig, so verantwortungsvoll? Sie war zu geizig oder, sagen wir es freundlicher, zu sparsam. Wie eine ängstliche Hausmutter zuckte sie vor jeder gewagten Unternehmung zurück. Kriege verschlangen jeweils Unsummen. Die mußten bewilligt werden. Doch Elisabeth haßte es, das Parlament um Geld zu bitten. Sie fürchtete dessen Gegenforderungen, sie fürchtete jede Einbuße an Prestige und Macht.

So blieb ihr wohl nichts anderes übrig, als friedlich zu regieren und, um die eigene Hofhaltung zu finanzieren, alle ihr erreichbaren monetären Quellen auszubeuten, also Geld zu raffen, wo immer es, ohne Bittgang, zu bekommen war (sogar aus den Taschen eines unglückselig diensteifrigen Sekretärs).

Gewiß liebte Elisabeth ihr Land, es diente ihr ja als Aura. Es mußte sie schmerzen, wenn sie ihr England mit den europäischen Küstenländern verglich, mit Portugal, Spanien, Frankreich und mit den blühenden und städtereichen Niederlanden. Noch lange nach ihrem Regierungsantritt war ihr Reich immer noch eine Zone der Armut, der Zurückgebliebenheit, ein gleichsam schlummerndes Land. Im Süden gab es zwar etliche größere Städte wie London und Westminster, die damals noch nicht vereinigt waren, und an vielen Orten erhoben sich grandiose Kathedralen, die in spätgotischer Zeit errichtet worden waren. Doch die Gemeinwesen, die sich in den Schatten dieser stolzen Bauten duckten, waren eher armselig zu nennen. Nur da und dort, eher punktuell und auf den Süden beschränkt, regte sich ein nicht nur auf den lokalen Bereich zugeschnittenes Gewerbe. Kohle wurde immer mehr geschürft, auch Zinn, wenig Eisen. Der Norden des Landes wurde hauptsächlich agrarisch genutzt und war damit noch ärmer an Erträgen, ärmer an Produktionskräften und wirtschaftlichen Energien als die übrigen Teile des Landes.

Nach wie vor beherrschten die Landlords weite Gebiete. Sie hielten an mittelalterlichen Feudalstrukturen fest. Aber sie beschickten auch das Parlament. So agierten sie, ökonomisch betrachtet, konservativ, politisch betrachtet hingegen als Träger einer Entwicklung, die wir heute als progressiv empfinden, weil sie später auf moderne demokratische Formen zulief.

Noch war man freilich weit davon entfernt, an allgemeine Menschenrechte zu denken. Der einfache Mann galt noch kaum als räsonnables Wesen. Man verachtete ihn, man nützte ihn schamlos aus, man band ihn an die Scholle oder vertrieb ihn – je nach Belieben. Dagegen half kein Christentum. Die verarmten und ausgebluteten Massen begingen vielfach Landflucht und irrten dann heimatlos bettelnd, stehlend, raubend im Land umher. Heinrich VIII. hatte entsetzliche Strafen für Landstreicherei verhängt. Vergeblich. Da bot ein neuer Erwerbszweig manch einem einen, wenn auch gefährlichen, so doch verlockenden Ausweg: die Seefahrt, die Flotte – und die Piraterie.

Lange Zeit hatte der Schiffsbau immerfort dieselben Modelle hervorgebracht: im Mittelmeer den langen schlanken, im Norden den eher plumpen, mit Aufbauten versehenen Schiffskörper, beide Modelle mit primitiven Segeln und flachen Kielen, mit denen nur schwer gegen den Wind zu kreuzen war. Auf diesem Gebiet entwickelte die junge Neuzeit bedeutende Erfindungen. Im Laufe des frühen 16. Jahrhunderts vervielfachte sich die Tonnage, perfektionierte sich das System der Segel, erweiterte sich die Navigationskunst – und das alles gerade zur rechten Zeit; denn man hatte unterdessen entdeckt, daß die Erde rund und grenzenlos ist und daß jenseits der Ozeane endlose Küsten unglaubliche Schätze bereithielten. Spanien und Portugal hatten fünfzig Jahre zuvor »die Ränder der Welt« in Besitz genommen; sie bestrichen sie nun mit ihren Flotten und brachten riesige Ladungen von Gold, Silber und Gewürzen nach Hause.

Auch in England regten sich Entdeckergeist und das Verlangen nach fernen und immer ferneren Küsten. Doch zuvor nutzte man die viel praktikablere und einträglichere Gelegenheit: Mochten die Spanier ihr Gold holen, von wo auch immer, sie mußten es ja in ihre heimischen Häfen bringen. So konnte man sie auf dem Rückweg überfallen und um ihre Fracht erleichtern und sparte damit Mühe und Gefahren. Ein herrliches Gewerbe: Piraterie!

Ein altes Gewerbe, so alt wie die Seefahrt überhaupt. Griechen, Punier, Römer hatten es mit Erfolg betrieben. Nun war es in eine Phase unerhörter Einträglichkeit gerückt.

Elisabeth verschmähte es nicht, sich seiner zu bedienen. Anfangs hütete sie sich, ihren Ruf allzusehr aufs Spiel zu setzen. Solange es nur um kleine Fische ging, hielt sie sich zurück und ließ andere für sich agieren. Als die Sache aber Dimensionen annahm, die an die Grenze des Politischen stießen und diese sogar überschritten, konnte sie sich darauf verlassen, daß das Imponierende des Vorgangs dessen Ungesetzlichkeit verblassen und gleichsam zu einem Nichts zerrinnen lassen würde. Aus verachteter, weil krimineller Räuberei wurde das Ringen zweier Mächte um die Herrschaft über die Ozeane.

Die Gegenmacht war Spanien.

Papst Alexander VI. hatten den beiden vorauseilenden Entdeckernationen, den Spaniern und Portugiesen, in souveräner Machtvollkommenheit den ganzen Globus zugeteilt. Er hatte eine Linie nahe den Azoren von Norden nach Süden, von Pol zu Pol rund um den Erdball gezogen: Was sich östlich dieser Linie befand, sollte den Portugiesen, was sich westlich von ihr befand, den Spaniern gehören. An andere Nationen hatte Alexander nicht gedacht.

Eine wahrhaft großzügige Regelung.

Diese Regelung konnte nicht halten, um so weniger, als sich Spanien vor kurzem auch Portugals bemächtigt hatte. Damit wäre es zur einzigen, konkurrenzlosen Weltmacht geworden.

Doch auch in anderen Völkern gab es tüchtige Seefahrer und abenteuerlustige Männer. Während sich die Mediterranen hauptsächlich in Richtung Äquator bewegten, scheuten sich weder Engländer noch Niederländer vor nordatlantischen Stürmen, treibenden Eisbergen und fernen Nordpassagen zwischen kahlen klippigen Küsten.

Doch vorerst waren sie den Iberern auf den Fersen.

Ob sich diese auf hoher See oder in heimatnahen Gewässern blicken ließen, nur zu oft waren die flinken kleinen Schiffe der Piraten auf ihrem Kurs. Die Fahrzeuge der Spanier waren schwer beladen, nur mit Mühe zu manövrieren, die Mannschaften durch die lange Seefahrt erschöpft, vielfach krank, von Skorbut befallen. Unternehmungslustig schossen die Piraten heran, enterten die großen Schiffe, überwältigten die Kommandierenden, dezimierten die Mannschaften und räumten die Fracht auf ihre Kähne. Nicht selten bemächtigten sie sich des ganzen Konvois.

Einmal suchte eine spanische Silberflotte in einem englischen Hafen Zuflucht vor einem gewaltigen Sturm. Großmütig gewährte man ihr Ankerrechte, um sie nach Ende der Seenot gründlich auszuplündern. Das waren keine feinen Manieren.

Andere Male segelten die Piraten quer über den Atlantik und überfielen spanische Niederlassungen in Westindien.

Ihre Kaperfahrten wurden immer kühner, immer erfolgreicher.

Die Plage wurde unerträglich.

Spanien beschloß, ihr ein Ende zu machen.

Es war ein Jahr nach Maria Stuarts blutigem Ende: Philipp II., der so lange gezögert hatte, seine Glaubensgenossin und Verwandte aus dem Gefängnis zu befreien, erklärte jetzt, ihre Hinrichtung rächen zu wollen. Dabei konnte er auf die längst verkündigte, nun aber erst in volle Wirksamkeit gesetzte Bannbulle des Papstes verweisen. Diese Bulle entband jeden englischen Katholiken von der Gehorsamspflicht gegen seine Königin. Scherten die Katholiken aus der Verteidigung des Inselreiches aus, war diese entscheidend geschwächt. Unter solchen Umständen durfte eine Invasion doch wohl zu schaffen sein . . .?

Also begann Spanien ernsthaft zu rüsten.

Aber Elisabeths Späher hatten feine Ohren und scharfe Augen. Sie signalisierten ihrer Königin höchste Gefahr.

Die Königin begriff: Für sie ging es jetzt um Sein oder Nichtsein. Zu ihrem Glück begriff es auch ihr Volk.

Doch noch war England keineswegs gerüstet. Wie sollte man einen so mächtigen Feind wie Spaniens Flotte und Armee abwehren? Da erbot sich ein gewisser Francis Drake, einen Aufschub zu verschaffen.

Drake war einer der erfahrensten und tollkühnsten Piraten, ein Seemann von hohen Graden, ein hinreißender Anführer. Er war um 1540 als Sohn eines Matrosen oder Geistlichen geboren worden und hatte, trotz seiner niedrigen Herkunft, eine gute Erziehung erhalten. Als junger Mann von vierundzwanzig Jahren segelte er nach Guinea, erhielt zwei Jahre später einen Kapitänsposten und brach bald darauf mit drei kleinen Schiffen, die insgesamt nur eine Tonnage von fünfzehnhundert Tonnen hatten, zu einer weiten Entdeckungsreise auf. Er durchquerte den Atlantik, umrundete die Südspitze Amerikas, stieß nordwärts weit über den Äquator vor, begegnete dort spanischen Schiffen, stellte sie und raubte sie aus. Dann segelte er in seiner Nußschale – von seinen Begleitschiffen getrennt – über den Pazifik, berührte Java und kehrte schließlich über das Kap der Guten Hoffnung nach England zurück.

Die mitgebrachten Schätze im Wert von einer halben Million Pfund Sterling teilte er mit seiner Königin. Diese schlug ihn zum Ritter, nicht ohne ihm vorher scherzend zugeflüstert zu haben, sie könnte ihn als Piraten mit gutem Recht um einen Kopf kürzer machen. Dann tafelte sie mit ihm auf seinem Schiff und freute sich wohl nicht nur des leicht erworbenen Schatzes, sondern auch der tollkühnen Unternehmungslust, die Drake, stellvertretend für so viele seines Volkes, so sehr verkörperte und in der sich der künftige Aufstieg Englands vielleicht schon erahnen ließ.

Das also war der Mann, der ihr jetzt anbot, einen Aufschub der spanischen Invasion zu erzwingen. Elisabeth zweifelte und zögerte. Endlich ließ sie sich herbei, die Erlaubnis zu geben. Sofort setzte sich Drake in Bewegung, denn er kannte seine Königin: Wenn er nicht sofort, einmal von der Leine gelassen, davonstob, würde sie ihn gewiß wieder zurückpfeifen. – Und richtig, sie pfiff ihn auch zurück. Doch der ungestüme Seeteufel war bereits außer Reichweite.

Er brannte darauf, den Feind im eigenen Revier anzugreifen. In aller Eile steuerte er Cadix an. Da ankerte ein Großteil der spanischen Flotte, die dort in aller Ruhe ausgerüstet und verproviantiert werden sollte. Auf einen Überfall war niemand gefaßt. Als Drake mit seinen kleinen, aber wendigen Schiffen auftauchte, zog sich der spanische Verband überstürzt in die inneren Hafenbecken zurück. Gerade das aber hatte Drake beabsichtigt. Mit Brandraketen fuhr er in die geballte Masse der Schiffskörper und richtete schwere Schäden an. Tausende von Fässern, die für den Proviant der Invasionsarmee aufgestapelt waren, gingen in Flammen auf.

Damit hatte Drake der Endrüstung der Spanier einen

schweren Stoß versetzt und, wie es in höhnischen Kommentaren hieß, dem spanischen König »den Bart gründlich versengt«.

Doch damit war die Gefahr keineswegs gebannt. Das wußte Elisabeth, und zu ihrem Glück begriff es auch ganz England. Es begann ein hektischer Wettlauf mit der, dank Drake, gewonnenen Zeit. In den Reedereien wurde ein Schiff nach dem anderen auf Kiel gelegt. Die Städte wetteiferten mit Krone und Adel. Hastig wurde Erz gefördert, wurden Kanonen gegossen. Die Pulvermühlen hatten Hochbetrieb. Da war kein Handwerk, das nicht mittat, kein Erfinder, Bastler und Mechaniker, der sich nicht irgendeine Verbesserung an Schiffen, Waffen und Ausrüstungen einfallen ließ. Das ganze Volk war wie von einem Fieber ergriffen, von dem einig flammenden Willen, die eigene Freiheit zu bewahren. Auch die Katholiken schlossen sich nicht aus. Auch sie schienen verstanden zu haben, daß das Leben unter ihrer »guten Königin Bess« seine erfreulichen Seiten hatte und daß es auf jeden Fall der Willkür einer Fremdherrschaft vorzuziehen sei. Vielleicht hätte sich die Nation um einen männlichen Herrscher, um einen König nicht in so einmütigem Eifer geschart. Vielleicht meldeten sich jetzt halb unbewußte Instinkte zu Wort, die das weibliche Oberhaupt schützen, das »Mutternest« verteidigen wollten.

Schon immer hatte es Elisabeth verstanden, sich in entscheidenden Augenblicken der Öffentlichkeit günstig darzustellen. Sie spielte die gnädige Herrin, die sich huldvoll zu den Massen neigte. Geduldig hörte sie Bitten und Gesuche an, reichte die Hände, ließ sich Säume und Füße küssen und küßte selbst die ihr dargereichten Kinder. Sie kannte ihre Wirkung, die Beglückung, die von ihrem Lächeln ausging, die Rührung, die sie mit der kleinsten Geste auslösen konnte. Jetzt, da es ums Ganze ging, zog sie alle Register ihrer Selbstdarstellung. Sie besuchte ihre Truppen, sie reiste die Küste entlang und besichtigte die gefährdeten Punkte. Sie sei nur ein schwaches Weib, ließ sie sich vor ihren

Soldaten vernehmen, aber entschlossen, ihr Land zu verteidigen, denn sie habe das Herz und die Entschlossenheit eines Königs.

So wußte sich Elisabeth immer wieder rhetorisch in Szene zu setzen. Das Hochtheatralische ihres Zeitalters hatte an ihr eine vorzügliche Protagonistin.

Freilich: auch Spanien setzte alle Hebel in Bewegung, um die freche Ketzer- und Piratenkönigin zu demütigen. Man brachte die schlimmsten Gerüchte über ihre Sittenverderbnis in Umlauf. Der Krieg gegen sie wurde zum Kreuzzug erklärt, die Armada zum Instrument göttlichen Zornes. Dementsprechend wurden Seeleute und Soldaten angehalten, ihren Lastern zu entsagen: Flüche, Kartenspiel und Hurerei wurden verboten. Jesuitische Prediger versetzten das Heer in eine Art Ekstase; man betete, man sang, man feierte Messen und ließ sich Generalabsolutionen erteilen. Allein der Anblick der Armada scheint begeisternd gewirkt zu haben. Zeitgenossen versicherten, es könne keinen großartigeren Anblick geben als Philipps majestätische Flotte.

Leider lag die Führung dieser Flotte in schwachen Händen. Nach dem Tod des ursprünglich vorgesehenen Admirals beging Philipp den Fehler, sie einem Mann anzuvertrauen, der nichts von Seefahrt verstand, der diese sogar haßte, weil er regelmäßig bei Wind und Wellen seekrank in seiner Koje lag. Medina Sidonia war ein frommer und redlicher Mann. Er war selbst entsetzt, als er von seiner Berufung erfuhr. Aber die heilige Sache sollte alle Mängel ausgleichen. So war der Himmel herausgefordert.

Der Himmel verweigerte sich.

Am 29. Mai 1588 lief die Armada in den Atlantik aus, am 29. Juli wurde ihre Vorhut in der Mündung des Kanals gesichtet. Die englische Flotte stand unter dem Befehl des erfahrenen Lordadmirals Hawkin, ihm zur Seite Drake. Sie segelten den Spaniern in die Quere. Gleich darauf begann die Schlacht.

Medina Sidonia wartete darauf, daß sich die Engländer so

weit näherten, daß sie geentert werden konnten. Denn bis jetzt waren alle Seeschlachten in der Weise verlaufen, daß ein Schiff das andere rammte, daß die Mannschaften übereinander herfielen, einander niederschossen, niederhieben. So ahmte man den Landkrieg auf dem Wasser nach. Doch diesmal lief alles anders ab. Die Engländer blieben auf Distanz. Sie segelten vorüber, aber sie lösten dabei Breitseite auf Breitseite gegen die spanischen Schiffe. Diese versuchten nun ihrerseits auf die Engländer zu feuern. Doch ihre Kanonen hatten entweder nicht genügend Reichweite oder sie waren auf zu hohen Verdecken montiert, und ihre Geschosse gingen über die Engländer hinweg. Ihre eigenen Schiffskörper hingegen wurden leck geschlagen, sie schöpften Wasser, schon ging die eine oder andere Galeone auf Grund.

Ein böser Anfang. Trotzdem versuchten die Spanier ihre Route zu verfolgen. Ihr erstes Ziel war nämlich die Küste der Niederlande. Dort stand ein starkes Expeditonskorps, es sollte an Bord genommen werden; so verstärkt, wollte man eine Landung bei Dover versuchen. Doch die Straße von Calais erwies sich als weitere Falle. Die spanischen Schiffe waren zu schwerfällig, um dort gegen ungünstigen Wind aufzukommen. Von neuem griff Hawkin an; ihm voraus der unermüdliche Drake. Er hatte eine neue tödliche Waffe ersonnen. Er ließ mit Pulver beladene Schiffe, sogenannte Brander, gegen die feindlichen Verbände ansegeln. Sie explodierten und setzten alles in Flammen, was in ihrer Nähe schwamm.

Das Verderben der Armada war nicht mehr aufzuhalten. Mit Mühe entkam das Admiralsschiff mit den noch seetüchtig gebliebenen Verbänden nach Norden. Die Engländer verfolgten sie bis unter die schottische Küste. Dann konnten sie den Feind seinem sicheren Verderben überlassen. Kein Hafen weit und breit stand den Flüchtigen offen. Stürme, Nebel und Klippen mußten sie noch weiter dezimieren. Die an Irlands Küsten angelandeten Mannschaften wurden entweder von den Einwohnern erschlagen oder starben an Hunger und Erschöpfung. Nach langer Irrfahrt rund um die britischen Inseln kehrten noch vierundfünfzig von hundertunddreißig ausgesandten Galeonen nach Spanien zurück. Der Kreuzzug war gescheitert. Philipp ertrug den Verlust mit königlicher – oder christlicher – Gelassenheit.

Schiller hat in seinem »Don Carlos« den Augenblick aufgefangen, da der geschlagene Medina Sidonia vor Philipp tritt:

»Das, großer König,
ist alles, was ich von der spanschen Jugend
und der Armada wiederbringe.«

Darauf Philipp:

»Gott
ist über mir ... Ich habe gegen Menschen,
nicht gegen Sturm und Klippen sie gesendet.
Seid mir willkommen in Madrid. -- Und Dank,
daß Ihr in Euch mir einen würdgen Diener
erhalten habt ...«

(Es ist die einzige Szene, in der Schiller den Autokraten Philipp menschlich sympathisch und achtbar zeigt.)

So dramatisch der Untergang der Armada verlief, er war weit davon entfernt, den Krieg zu entscheiden. Der Kampf ging weiter. Er überdauerte sogar Elisabeths Lebenszeit. Dennoch hatte der erste Akt bereits gewaltige Folgen auf dem Kontinent.

Englands politische Bedeutung war unermeßlich gestiegen. Die Sache der Niederländer, ihr heldenhafter Befreiungskampf gegen Spanien unter Wilhelm von Oranien, schien gestärkt und nicht mehr aussichtslos. Auch Frankreich zeigte Folgeerscheinungen: der Hugenotte Heinrich IV. bestieg den Thron. Er sah zwar ein, daß »Paris eine Messe wert sei«, das heißt, er trat zum Katholizismus über, dennoch kam mit ihm eine neue, tolerantere Gesinnung zum Zug. Auch Jakob VI. von Schottland, Maria Stuarts Sohn, zog Konsequenzen aus der neuen Lage. Er hatte zuvor versucht, Fäden nach Rom zu spinnen. Das fand ein Ende. Vor allem aber hatte sich die Weltverteilung im Sinne Alexander VI. als obsolet erwiesen. Von nun an stand der ganze Erdball allen Nationen offen, die sich auf Entdeckungsfahrten und Eroberungen einlassen wollten, einlassen konnten. Es gab keine Schiedsrichter und prästabilisierten Ordnungen mehr, die alten Parameter schwanden dahin. Das freie Spiel politischer, technischer, geistiger Kräfte war eröffnet, leider auch das der hemmungslosen Habsucht.

Indessen rückte Elisabeth in ihr sechstes Lebensjahrzehnt. Jetzt fiel es niemandem mehr ein, sie zu einer Heirat zu drängen. Noch als sie bereits fünfundvierzig war, hatte man sie zu einer Ehe überreden wollen und hatte, wenig zartfühlend, eifrig darüber diskutiert, ob sie noch imstande sei, ein Kind zu empfangen, einen Erben zu gebären. Ihr damaliger Bewerber war ein französischer Prinz gewesen, Hercules François von Alençon, seit neuestem auch von Anjou. Sie schien ihm nicht abgeneigt, nannte ihn ihren »lieben Frosch« und flirtete mit ihm auf die ihr eigene lockere Weise. Dennoch dürfte sie sich ihm, einem Ausländer, nie ergeben haben. Mit Ausländern ließ sich die Königin nicht ein. Sofern sie sich überhaupt jemals zu einer normalen Liebesbeziehung hatte bewegen lassen: Alle ihre Favoriten waren Engländer – und damit ihre Untertanen. Dem Seymour-Typ blieb sie treu. Doch schon lange verlangte sie von ihren Lieblingen mehr als nur Schönheit und Eleganz. Die Männer ihrer Wahl hatten gebildet zu sein, musisch, charmante Plauderer, gewitzte Spieler, Liebhaber edler Musik und Theaterkunst, womöglich auch noch Gelehrte.

Ein Gelehrter war Sir Walter Raleigh.

Raleigh war neben Drake einer der größten Seehelden und Abenteurer seiner Epoche, aber er überragte diesen an Geist, Bildung und Interessen. Ihm genügte es nicht, Beute zu machen, Neuland zu entdecken und in Besitz zu nehmen.

Er machte sich Gedanken über Land und Leute, Flora und Fauna und vor allem über geschichtliche Vorgänge und Zusammenhänge. Seine Gedankengänge waren so tiefgründig, daß er in den Verdacht des Atheismus geriet.

Obwohl von eher einfacher Herkunft, »aber wahnsinnigem Hochmut«, wurde er von der Königin in hohe Ämter gehievt, zum Vizeadmiral von Cornwallis und Devon, zum Oberaufseher des Zinnbergbaus in Devonshire, endlich zum Kapitän der königlichen Leibwache ernannt. 1584 erhielt er ein Patent zur Entdeckung und Eroberung unbekannter Länder. In der Tat organisierte er sogleich eine kleine Flotte, sie segelte über den Nordatlantik und lief am 38. Breitegrad an Land. Die dort in Besitz genommene Provinz nannte Raleigh, seiner Königin zu Ehren, Virginia, das heißt Land der Jungfrau.

Raleigh war neunzehn Jahre jünger als Elisabeth. Er verehrte in ihr die mächtige Gönnerin. Sie zog ihn an sich als einen Mann von hohen Gaben. So hätte ihr Verkehr vertraut sein können, ohne vertraulich zu werden und dadurch Mißdeutungen herauszufordern. Doch Elisabeth zeigte sich, je älter sie wurde, desto anfälliger für Schmeicheleien, die nicht nur ihren Rang betrafen. Sie wollte als Frau bewundert, mit Liebesbeteuerungen überschüttet, begehrlich angeseufzt und vielleicht sogar begehrlich attackiert werden. Kein Höfling durfte darauf hoffen, eine besondere Begünstigung von ihr zu erreichen, wenn es ihm nicht gelang, ihr einzureden, daß er in sie verliebt sei. Wer sich auf dieses Spiel verstand, hatte gute Aussicht, mit Gnadenerweisen aller Art traktiert zu werden.

Von Robert Dudley Leicester war hier schon die Rede. Er war nicht nur Elisabeths erster Favorit, ihre Beziehung war auch die dauerhafteste. Die Königin beriet sich mit Leicester über heikle Politica. Er verstand etwas davon und folgte ihr willig auf den gewundenen Wegen ihrer Überlegungen. Er verstand auch etwas von Truppenführung. So konnte ihm Elisabeth auch einige militärische Aktionen anvertrauen.

Ihre Flotte war ausgezeichnet, ihr Landheer eher dürftig. Aber Leicester war ein vorsichtiger und vernünftiger Mann. Er agierte meist so, daß kein großer Schaden entstand.

Sicher hatte Dudley in jüngeren Jahren darauf gehofft, Elisabeths Hand zu gewinnen und damit zur Königswürde berufen zu werden. Als er begriff, daß diese Hoffnung vergeblich war, verheiratete er sich. Die Eheschließung erfolgte heimlich. Selbstverständlich wurde sie Elisabeth verraten. Sie war maßlos enttäuscht. Ihr Stolz war gekränkt. War sie es denn nicht wert, daß ein Mann ihretwegen zölibatär blieb? Aber sie verfiel schnell auf einen Ausweg. Elisabeth ignorierte die Ehefrau, als könnte ihr, der Königin, durch eine solche ohnehin keinerlei Konkurrenz erwachsen. Trotzdem lockerten sich die Bande zwischen ihr und dem altvertrauten Freund. Andere Lieblinge nahmen seinen Platz ein.

Da war Christopher Hatton (er war ihr beim Tanz aufgefallen), und er scheint Elisabeth wirklich treu geliebt zu haben. Sie lohnte seine Liebe, indem sie ihn in die höchsten Staatsämter berief. Trotzdem beklagte er sich ein wenig weinerlich über die Faszination, der er erlegen war:

»Die Königin angelt Männerseelen, und ihre Köder sind so verlockend, daß sich ihnen keiner entziehen kann. Ihr Lächeln ist so süß und scheint so liebevoll, daß jeder Zutrauen faßt und ihr seine geheimsten Gedanken offenbart.« Und, so hätte er hinzufügen können, ihr auch sein Vermögen opfert; denn Hatton pflegte Elisabeth mit den kostbarsten Geschenken zu überschütten. Als er starb, hinterließ er einen Berg von Schulden. Unbedenklich hatte die Königin ihren Freund ruiniert.

In dem gloriosen Jahr des Sieges über die Armada waren beide, Elisabeth und ihr zweiter Günstling, Leicester, bei schlechter Gesundheit. Sie erholte sich wieder. Aber Leicester siechte dahin. Auf einer Reise konnte er nicht mehr weiter. In seiner letzten Stunde schrieb er der Königin noch einige Zeilen. Sie beteuerten Liebe und Sehnsucht. Waren sie aufrichtig?

Der dritte Günstling, Raleigh, hatte keine Lust, nur eine willenlose Puppe in Elisabeths Händen, nur eine Marionette in ihrem Liebestheater zu sein. Elisabeth mochte ihm schöne Augen machen – er wandte seine Blicke einer anderen zu. Er verliebte sich in eine ihrer Hofdamen und schwängerte sie. Das war nun freilich ein schweres Vergehen. Damit verletzte er ein ungeschriebenes Gesetz, denn keine der Frauen, die der Königin dienten, sollten neben ihrer Herrin irgendeine erotische Chance haben.

Sie selbst trat in prachtvollen Roben auf, mit den kostbarsten Geschmeiden behängt, stark geschminkt und, seit ihr Haar ausdünnte, mit einer großen rotbraunen, perlendurchflochtenen Perücke. So geizig sie war, für ihre Aufmachung opferte sie große Summen. Dafür sollten ihre Hofdamen und Kammerfrauen um so simpler gekleidet, in dunklen, unauffälligen Roben erscheinen. Auf diese Weise, behauptete die Königin, sei ihre Tugend am besten bewahrt. Wehe, wenn sich eine herausnahm, einem Mann zu gefallen. Jeder kleinste Fehltritt wurde schwer bestraft. Sogar das Geständnis einer Naiven, sie denke an eine künftige Ehe, rief den Unmut der Herrin hervor.

Nun aber war eine der Frauen schwanger. Elisabeth tobte. Der Sünder, Sir Walter Raleigh, wurde in den Tower geworfen, desgleichen, natürlich von ihm getrennt, die Sünderin. Das war hart – und überdies unklug. Der ganze Hof spöttelte über Elisabeths verräterische Eifersucht.

Auch das Volk begann sich über die seltsame Tugendstrenge seiner Königin zu verwundern. War denn das Hofleben sonst so sittenrein? Man hörte andere Kunde. Die Gerüchte um Elisabeths private Affären drangen vielleicht nicht immer in die Öffentlichkeit. Aber man fand Gelegenheit, mit eigenen Augen wahrzunehmen, wie sie auf ausgelassenen Maskenfesten erschien, mit welchem Vergnügen sie schlüpfrigen Theaterstücken beiwohnte, wie frei sie mit allerlei Kavalieren scherzte, wie grob sie schimpfen und fluchen konnte. Wenn sie erzürnt war, schlug sie mit eigener

Hand dem Betreffenden hinter die Ohren, und wenn in ihren Schlössern zum Tanz aufgespielt wurde, konnte jeder Lakei und jeder Koch zusehen, wie die Königin ihre Beine warf, ihre Röcke schwenkte und ihren Busen entblößte.

Diese Dame war nicht mehr die Königin, wie sie einst für ihre ehrfurchtsvollen Untertanen gemalt worden war, eine heiligmäßige Jungfrau, lilienblütengleich, eine ebenso schöne wie reine Ikone.

Allmählich ermattete die Bewunderung, die das Volk für die Königin hegte. Auch aus dem Parlament ließen sich Stimmen des Mißmuts vernehmen. Zu selten hatte sich die Herrscherin mit ihren beiden Häusern beraten, zu oft hatte sie es verstanden, den eigenen Kopf im Alleingang durchzusetzen.

Eintrübungen kündigten sich an. Der Horizont verdüsterte sich auch im Bereich der Religion.

Elisabeth hatte sich lange um den Ausgleich konfessioneller Querelen bemüht. Nur in der Phase, als ihr Maria Stuart und deren papistische Parteigänger die größten Ungelegenheiten bereitet hatten, war sie gegen die Katholiken schärfer vorgegangen. Nun aber rührten sich, höchst unerwartet, Stimmen des Widerstandes auf der eigenen Seite, auf der der Reformierten. Hier hatten die Eiferer an Boden gewonnen, die intransigenten Tugendwächter. Calvinische Strenge breitete sich aus. Sie war dem Lebensstil der Königin nicht gewogen.

Schon unter dem frühverstorbenen Edward hatte sich diese Tendenz vorangekündigt. Aus der eher pragmatisch und in dogmatischer Hinsicht nur improvisiert agierenden englischen Staatskirche löste sich der harte Kern der Frommen. Sie nannten sich Puritaner, das heißt die Reiniger, die sich der strikten Lehre verschrieben und sich in allen Stükken auf den Wortlaut der Bibel berufen wollten.

Auch Elisabeths treuester Diener Cecil Lord Burghley bekannte sich zu ihnen.

Die Königin merkte, daß ein Teil ihrer Untertanen begann, sich ihr in moralischer Hinsicht überlegen zu fühlen. Das ärgerte sie. So hatte sich etwa Maria Stuarts Oberkerkermeister Paulet geweigert, ihr die Unbequeme durch Gift oder einen anderen »Unfall« vom Halse zu schaffen. Sein puritanisches Gewissen verweigerte sich dem Meuchelmord: Nur das bestellte Gericht und der bestellte Henker dürften töten. Elisabeth war nicht erbaut, wenn sie von ihren Untertanen moralische Rüffel erhielt.

Auf keinen Fall wollte sie sich in ihrem Lebensstil stören lassen. Sie liebte es nun einmal, in glänzenden Roben zu erscheinen und sich mit den kostbarsten Geschmeiden aufzuputzen. Sie liebte nun einmal »den schnöden Mammon«. Mit Vergnügen ließ sie Edelsteine und Gemmen spielerisch von einer ihrer zarten, langfingrigen Hände in die andere gleiten. Das Klingeln goldener Münzen entzückte sie. Das alles war in den Augen der Puritaner sündhaft und beinahe ein Greuel.

»Sie wollen kein Königtum mehr, sie wollen ein Presbyterium«, schrieb sie erbost an Jakob von Schottland. »Eine gefährliche Sekte. . . .« Wozu denn war sie Herrscherin, wenn sie nicht Feste feiern durfte, wie sie wollte? Beim Essen und Trinken hatte sie sich seit jeher Mäßigung auferlegt: eine gebratene Hühnerbrust, ein Glas Wein – das war ihr genug. Aber Zuckerwerk naschte sie gern. Das sah man ihren Zähnen an, sie waren schwarz, kariös zerfressen.

Im übrigen war sie eine harte Arbeiterin.

Stundenlang saß sie über den Staatsakten, über Gesuchen und Berichten. Keine Kleinigkeit entging ihren scharfen Augen, ihrem immerwachen politischen Sinn. Niemand, klagte ein Höfling, könne ihr etwas Neues über ihr Reich kundtun, was sie nicht schon vorher gewußt hätte. Das mochte übertrieben sein. Jedenfalls verstand es Elisabeth, sich immer informiert zu zeigen. So wußte sie Überlegenheit zu spielen, auch wo sie nicht überlegen war: eine Kunst, die nur der erlernt, der zur Macht begabt ist.

Die Lehrjahre ihrer Jugend kamen ihr zugute. Sie war

schon lange Königin, als sie sich immer noch zu bilden versuchte. Täglich las sie eine Stunde lang in alten, vor allem politischen Schriften. Für sie war die antike Literatur die sicherste Quelle politischer Schulung und Weisheit. Sie wollte in möglichst vielen Sprachen brillieren, vor allem in ihrem geliebten Latein. »Ich fürchte«, sagte sie einmal, »vielmehr einen Schnitzer in dieser Sprache zu begehen als alle (feindlichen) Könige dieser Welt« – eine seltsam zwanghafte Überbewertung eines infantilen Formalismus, der die prekäre Struktur ihres Charakters aufdeckt. Hier sprach die bildungsstolze Humanistin noch immer als Ashams kleine Schülerin.

Den Winter pflegte Elisabeth in London und Westminster zu verbringen. Im Sommer begab sie sich auf Lustreisen. England hat sie zwar nie verlassen, seinen Süden aber kreuz und quer durchzogen. Ihr folgte jeweils fast der ganze Hof, also mehrere hundert Personen, ein riesiger Troß mit vielen hochbeladenen Karren. Einer von ihnen transportierte das Bett der Königin, ein Ungetüm von schwerfälliger Pracht. So ging es von Schloß zu Schloß.

Dabei suchte sie keineswegs immer nur die eigenen Schlösser auf. Sie ließ sich gern auch zu Gast laden und von Freunden verwöhnen, nicht immer zu deren reiner Freude. Denn das Gefolge der Königin fiel wie ein Heuschreckenschwarm über die Vorräte der Gastgeber her. Feuerwerke mußten abgebrannt, Theatertruppen engagiert, Musiker und Chöre bestellt werden. All das kostete Geld, sehr viel Geld, und mancher Adlige stöhnte, nachdem die Königin weitergezogen war, unter der aufgehäuften Schuldenlast. So wurde so mancher Untertan durch seine Herrscherin an den Rand des Ruins gebracht. Freilich: wer sich ihre Gunst erwarb, durfte auch mit reichlichen Gegengaben rechnen, etwa mit der Vergabe eines Monopols.

Auch darüber ärgerten sich die Puritaner.

Monopole – so hießen jetzt die alten Regalien, die Königsrechte, die der Souverän seit langem schon seinen Getreuen zu vergeben hatte.

Die ehrbare mittelalterliche Vorstellung vom »pretium justum« hatte den Gedanken nahegelegt, das gesamte Wirtschaftsleben mitsamt Markt- und Zunftrecht zu kontrollieren. Doch da der Staat noch zu schwach war, um ein Heer von Beamten zu halten, übertrug man die Kontrolle einzelnen Vertrauten. So war der Weg zum Monopolismus beschritten.

Zu Elisabeths Zeit gab es eine Unzahl Monopole: auf Kohle, Eisen, Glas, Leder, Papier, auf Lumpen zur Papierherstellung, auf Wolle, Wein, sogar auf Asche, auf gebrauchte Schuhe, Salz, Öl, Essig und schließlich sogar auf Spielkarten und den Druck der Davidischen Psalmen. Je nach Wichtigkeit, Beliebtheit oder Notwendigkeit des Produkts wurde der Monopolinhaber ein reicher oder sehr reicher Mann. Mit der Vergabe oder durch den Entzug von Monopolen konnte der König seine Getreuen belohnen oder einen Mißliebiggewordenen bestrafen.

So ermöglichte der Souverän seinen Granden einen aufwendigen Lebensstil, Kleider- und Waffenprunk, Jagden, Turniere und Burgenbau – und vor allem ein entsprechendes Gefolge.

Das Gefolge eines Adligen lebte zumeist – müßiggängerisch – davon, daß es seinen Herrn begleitete und dessen Ehre – und die eigene – dadurch wahrnahm, daß es sich bei jeder Gelegenheit in unnütze Raufhändel stürzte.

Doch sowohl Müßiggang als auch Raufhändel waren den Puritanern verhaßt.

Dem ganzen feudalen Lebensstil mit seinen bunten Aufzügen, seiner oft prahlerischen Selbstdarstellungslust stand der Puritaner nur mit Mißtrauen gegenüber. Seine Ideale und Gesinnungen wiesen schon eher in die künftige, in die bürgerliche Epoche. Jedes Auftrumpfen mit äußerem Glanz war ihm suspekt. Fleiß und Sparsamkeit hießen die neuen Tugenden. Man pflegte Handel und Wandel, Gewerbe und Manufakturen und machte damit sein gutes Geld. Aber man dachte nicht daran, es etwa zu verschwenden. Man hortete es, man sah darin ein Zeichen des Himmels, ein Segenszeichen, ein Pfand dafür, daß der Besitzende zu den Auserwählten gehörte.

Elisabeth verspürte keine Lust, sich puritanische Sitten zuzulegen. Dennoch konnte sie sich nicht verhehlen, daß sich unter diesen gewissenhaften, verbissen emsigen und sparsamen Leuten die Besten ihrer Untertanen befanden. Ihr Arbeitseifer brachte England Gewinn. Ihre Ökonomie füllte Englands Kassen. Ihre gewerbliche Geschicklichkeit gewann für England einen guten Ruf. Englands Waren begannen die Erzeugnisse des Kontinents auszustechen. Das konnte der Königin nur recht sein.

So schwankte Elisabeths Meinung zwischen Zorn und Duldung, zwischen Abscheu und Sympathie.

Eine Episode konnte sogar ihr Herz rühren.

Es war, als sich die alternde Königin wieder einmal von einem jungen Fürsten umwerben ließ. Es war ihr »Frosch«, jener Herzog von Alençon-Anjou, von dem schon die Rede war, ein Katholik, und damit für jeden braven Puritaner ein abscheulicher Götzendiener.

Sollte das papistische Monstrum jetzt gar Englands König werden? Solche Gerüchte liefen um – und veranlaßten einen gewissen John Stubbs, eine wütende Schmähschrift gegen den Franzosen zu verfassen. Die Schmähschrift wurde verbreitet. Das Gericht griff ein, griff zu. Mit Elisabeths Einverständnis wurde ihm das Urteil gesprochen: dem kecken Autor sollte die rechte Hand, die Schreibhand, abgehackt werden.

Das geschah. Blutüberströmt erhob sich der Verstümmelte von seinem Kniebänkchen vor dem Block. Er rief: »Es lebe die Königin«. Mit der Linken setzte er seinen Hut auf und wandte sich zum Gehen. Nach zwei Schritten brach er ohnmächtig zusammen.

Die Szene wurde Elisabeth gemeldet. Sie war gerührt. Sie nahm sich vor, die unerschütterliche Tugend ihrer Untertanen von nun an mehr zu achten.

Elisabeth war über fünfundfünfzig und – nach den Begriffen ihres Jahrhunderts – eine alte Frau, als sie sich noch einmal leidenschaftlich und tragisch verliebte. Der Auserwählte war ein Stiefsohn von Leicester und gehörte damit zum Kreis der »familiares«. Er mußte ihr seit seiner Kindheit bekannt gewesen sein. Der Stiefvater hatte ihn nach Frankreich mitgenommen und ihn nach irgendeiner militärischen Aktion zum Ritter geschlagen. Das Kind war nun eben zwanzig geworden, ein Jüngling von hinreißendem Charme. Kaum war er an Elisabeths Hof wieder aufgetaucht, als er sich ihre auffällige Gunst zuzog.

Robert Devereux, zweiter Earl of Essex, hatte alle Eigenschaften, die die Königin an Männern schätzte: er war schmalköpfig, langgliedrig, elegant. Er war gebildet, saß gut zu Pferde und wußte Komplimente zu machen. Zuerst sah es aus, als wollte ihn Elisabeth nur ein wenig fördern, indem sie ihm erlaubte, ihr provençalische Lieder zur Laute vorzusingen. Dann zog sie ihn zum Kartenspiel heran, dann zu Schachpartien. Dann ritt sie mit ihm aus, und dabei geschah es nicht selten, daß sie mit ihm außer Sichtweite des übrigen Gefolges geriet. Schließlich erlaubte sie dem jungen Mann, ihr bis in die Morgenstunden Gesellschaft zu leisten. Man konnte sich denken, welche Schlußfolgerungen aus diesen Erlaubnissen gezogen wurden.

Gespannt beobachtete der Hof die Entwicklung. Was würde sich die Königin noch einfallen lassen? Zweifellos war sie von Essex junger Mannheit berauscht. Sie, von der William Cecil gesagt hatte, sie sei die klügste Frau, die jemals gelebt hatte, schien plötzlich wie eine geile Kuhmagd außer Rand und Band geraten. Vergaß sie, wie alt sie war? Erschrak sie nicht vor ihrem eigenen Spiegelbild, gar, wenn Essex neben sie trat? Mußte sie nicht vor seinen glatten Wangen, seinen strahlenden Augen, vor seiner ranken schlanken elastischen Gestalt erblassen? Ihr Gesicht war runzelig geworden, ihr Rücken gekrümmt. Zeitweise litt sie an Gicht und humpelte an einem Stock. Schämte sie sich nicht, einen Zwanzigjährigen als Liebhaber abzurichten?

Nein, sie schämte sich nicht. Sie legte noch mehr Schminke auf. Sie kleidete sich in noch prächtigere Roben. Sie beträufelte sich mit noch stärkeren Duftessenzen – und wartete, wie eine Süchtige auf ihr Gift, auf die süßholzraspelerischen Tiraden ihres jungen Abgotts.

Robert Devereux war gewiß ein schlauer und gewandter Bursche. Aber anfangs mochte er von seinem Glück selbst nicht nur überrascht, sondern überwältigt gewesen sein. Er sah sich unzähligen anderen vorgezogen, älteren, klügeren, verdienstvollen Männern, die sich vergeblich darum bemühten, auch nur ein Zehntel der Gunstbezeigungen zu erlangen, die ihm, dem Jungen, so reichlich zuflossen. Dann wieder mochte er seine Beziehung zur Königin nur als eine Art Spiel betrachten, aus dem er – bei geringem Einsatz – unermeßlichen Gewinn ziehen konnte. War Elisabeth auch gealtert und häßlich geworden: auf ein paar Komplimente sollte es ihm, Devereux, nicht ankommen. Aber bald mochte ihm selbst bang geworden sein vor der fordernden, unduldsam aufzehrenden Leidenschaft seiner Königin.

Immer dringender bat er die Königin, ihm ein militärisches Kommando zu übertragen. Elisabeth lehnte ab. Wollte sie ihn nicht vermissen oder erriet sie schon, daß er, von der Leine gelassen, allerlei Unbedachtsamkeiten begehen würde? Eines Tages hörte er davon, daß Drake wieder einmal ein Kaperunternehmen starten wolle. Essex flehte die Königin an, ihm die Teilnahme zu gestatten. Als er sie nicht erweichen konnte, entfernte er sich ohne ihre Erlaubnis. Wütend rief sie ihn zurück. Das Unternehmen verlief unerfreulich. Zerknirscht fiel der Ausreißer seiner Königin zu Füßen und bat um Vergebung. Sie wurde gewährt, tränenreich die Versöhnung gefeiert.

Es war eine erste, keineswegs eine letzte Versöhnung. Das Verhältnis des jungen Ritters mit der alternden Frau war zu unnatürlich, als daß es hätte friedlich verlaufen können. Es gebar vielmehr Zank und Mißtrauen, eine Kette von gegenseitigen Kränkungen, denen immer wieder pathetische Aussöhnungen folgten: ein Auf und Ab, das für den jungen Mann zu einem gefährlichen Vabanque-Spiel, für die Königin zu einer entnervenden und unwürdigen Belastung wurde.

Essex muß die Rolle, die er als königlicher Schleckhans spielte, nicht selten als verstörend empfunden haben. Vom Hof wurde er beneidet und verspottet zugleich. Das muß sein hochgespanntes Selbstgefühl gedemütigt haben. Überdies steckte er in Schulden. Sein Lebensstil war aufwendig, sein Auftreten pompös, seine Vorstellungen von ritterlicher Ehre eher kindisch-äußerlich und längst überholten Formen verhaftet.

Die Königin sorgte dafür, daß ihm Einnahmen zuflossen. So belehnte sie ihn mit dem einträglichen Wein-Monopol. Doch auch dieses reichte nicht hin, seine finanzielle Misere zu beenden. Wieder bestürmte er Elisabeth, ihn an einem kriegerischen Unternehmen in Frankreich teilnehmen zu lassen. (Es ging dabei immer noch um den Kampf mit Spanien.) Er hoffte wohl darauf, sich bei einer Plünderung oder ähnlichen Aktionen ein Vermögen unter den Nagel reißen zu können.

Endlich gab Elisabeth nach. Essex ging über den Kanal. Nun wollte er zeigen, wer er war. Tollkühn wagte er einen Alleinritt durch Feindesland, um König Heinrich von Frankreich zu treffen. Doch statt mit diesem künftige Operationen und politische Probleme zu besprechen, veranstaltete er mit dem König ein Wettspringen. Vor der belagerten Stadt Rouen forderte er den feindlichen Kommandanten zum Zweikampf auf: eine Geste, die vielleicht hundert oder zweihundert Jahre zuvor imponiert hätte, jetzt freilich nur noch Gelächter hervorrief.

So verlief Essex' lange erbetener Ausflug ins Abenteuer wie eine pathetische Theaterszene, im übrigen aber völlig erfolglos.

Und wieder diente er fünf Jahre seiner Gebieterin.

Doch scheinen auch diese Jahre seinen geheimen Wunsch nicht eingeschläfert zu haben, sich endlich kriegerisch und als Held zu bewähren.

Schon lange war er – und mit ihm das halbe Kabinett – Elisabeth in den Ohren gelegen, den träge dahinschleichenden Krieg mit Spanien durch eine spektakuläre Aktion zu beenden oder, wenn schon nicht zu beenden, ihm eine entscheidende Wendung zu geben. Der Sieger über die Armada, Howard von Effingham und der inzwischen wieder in Gnade aufgenommene Sir Raleigh planten, wie einst Drake, einen Coup gegen den Hafen Cadix. Elisabeth hatte Essex erlaubt, in hoher Position mitzuagieren.

Und er agierte, imponierend diesmal, wenn auch ganz anders als erwartet.

Der englische Verband steckte zuerst einmal die Silberflotte der Spanier in Brand. Sie ging unter. Dann eroberte Essex Stadt und Hafen in tollkühnem Ansturm. Nun hätte nach damaligem Kriegsbrauch die Stadt geplündert, zerstört, ihre Einwohnerschaft dezimiert oder gar, Kopf für Kopf, niedergemetzelt werden können.

Hier trat nun Essex' ritterlicher Großmut hervor: er verbot jede Ausschreitung, er schonte sogar Kirchen und Klöster und ließ Tausende von Nonnen unbehelligt ins Landesinnere abziehen.

Die Welt verwunderte sich über so viel ungewohnte Menschlichkeit. Nicht einmal der Geschädigte, Philipp II., versagte ihr seine Achtung.

Essex' Rat, Cadix nicht mehr preiszugeben, wurde zwar nicht befolgt. Aber auf der Rückreise gelang noch ein weiterer Überfall auf den portugiesischen Hafen Faro. Er brachte reiche Beute. Mit Ruhm bedeckt, kehrte der junge Held nach England zurück.

Freute sich Elisabeth, ihren geliebten Adonis wieder in die Arme schließen zu können?

Sie empfing ihn mit Vorwürfen: Das Unternehmen habe

zu wenig erreicht, es sei dem Staatssäckel zu teuer gekommen. Essex war bestürzt, dann wütend. Er ließ sich hinreißen, Elisabeth eine unausstehliche alte Frau zu nennen. Sogar das böse Wort Kadaver soll gefallen sein. Wer wagte es, Elisabeth das zu hinterbringen? Sie fühlte wohl selbst, daß ihre Rolle als Liebhaberin von Jahr zu Jahr absurder wurde.

Indessen stieg Essex' Popularität in den breiten Massen. Man feierte ihn, als wäre er der einzige Sieger vor Cadix gewesen. Das Volk, das so gern romantisch verehrt, sah in ihm die strahlende Jugendgestalt, die Zukunft versprach. Zu lange schon war es darauf angewiesen, sich vor einem welkenden Gesicht, einer nur noch götzenhaft aufgedonnerten, im Inneren aber schon morschen Gestalt zu verneigen.

Aber Elisabeth konnte sich nicht damit abfinden, daß der junge Günstling – ihr Geschöpf! – mit einemmal mehr gelten sollte als sie selbst. Vor ihrem Volk wollte sie die erste Geige spielen, da duldete sie keine anderen Götter neben sich, und wer ihr dabei in die Quere kam, mußte sich vorsehen.

Leider war Essex' Natur nicht danach beschaffen, Vorsicht zu üben. Statt sich zu zügeln, trumpfte er auf; statt sich zu sagen, daß ihm die öffentliche Zustimmung in den Augen der Königin mehr schaden als nützen müsse, glaubte er, eben auf diese Zustimmung sündigen zu dürfen.

In den höchsten Rängen bahnte sich eine Veränderung an. Elisabeths langjähriger Sekretär und getreuer Schatzmeister Cecil Lord Burghley war alt, müde und krank geworden. Er stellte sein Amt zur Verfügung. Essex war kühn genug, sich Elisabeth als Nachfolger anzutragen. Als er merkte, sie dächte nicht daran, ihn zu ihrem wichtigsten Mitarbeiter zu ernennen, war er fassungslos. Er machte ihr Vorwürfe. In Elisabeth ballte sich dumpfe Empörung.

Elisabeth stand wieder einmal vor einer schweren Entscheidung. Burghley zu ersetzen war in der Tat nicht leicht. Er war ihr wichtigster und beständigster Ratgeber gewesen, in allen Wechselfällen ihrer Regierung hatte er sich als klug vorausschauender Kopf, als Virtuose in allen diplomatischen Kniffen und als dennoch redlicher Mann erwiesen. Seine Pflichttreue war ungeheuer, sein Fleiß und seine Nüchternheit phänomenal. Immer war er darauf bedacht gewesen, das heikle Verhältnis zwischen Elisabeth und dem Parlament in Balance zu halten, ein ehrlicher Makler zwischen Thron und Ständen.

Seiner puritanischen Sittenstrenge waren die Liebschaften der Königin immer zuwider gewesen. Er hatte sie hingenommen als Schickungen des Himmels, als Heimsuchungen durch die angeborene Schwäche der menschlichen Natur, der leider auch gekrönte Häupter und sogar seine geliebte Königin unterlagen. Seine eigene, puritanisch gehärtete Tugend war nie in Versuchung geführt worden. Burghley war vielleicht der einzige Mann, dem Elisabeth ihr uneingeschränktes Vertrauen schenkte, ohne ihn jemals zu ihrem Anbeter machen zu wollen.

Nun fühlte sich dieser Mann, von Gicht geplagt, am Ende seiner Kraft. Todesahnungen suchten ihn heim. Sein Rücktritt war unaufschiebbar geworden.

Wer sollte ihm folgen?

Burghley hatte selbst zwei Söhne. Den jüngeren, Robert, erachtete der gestrenge Vater für fähig und für würdig genug. Er empfahl ihn der Königin.

Leider war dieser Robert keine anziehende Erscheinung. Er war sehr klein und bucklig. Elisabeth zögerte. Sie wollte so viel lieber von glänzenden Kavalieren bedient werden. Überdies mißtraute sie dem Verwachsenen. Nach Meinung der Zeit neigten solche Leute zu machiavellistischen Tükken. Schließlich beugte sie sich dem Rat ihres treuen Ministers. Robert Cecil triumphierte über alle Mitbewerber.

Am härtesten war Essex getroffen. Er fand sich von Elisabeth auf einen dritten Platz verwiesen.

Doch er hatte noch andere Enttäuschungen zu ertragen.

Seit einiger Zeit war er mit einem Mann befreundet, der ihm und anderen durch seine hohe Klugheit auffiel. Es war

Francis Bacon, einer der bedeutendsten Geister des Jahrhunderts. Schon im vierzehnten Lebensjahr war er zum Universitätsstudium in Cambridge zugelassen worden. Ihm stand eine glänzende Karriere bevor, galt er doch später als die strahlendste Intelligenz Europas. Nun aber war er ein noch junger Mann und hätte der Förderung bedurft.

Essex wollte ihn fördern. Er wurde bei Elisabeth für Bacon vorstellig. Elisabeth hätte gewiß gut daran getan, diesen Wunsch ihres Günstlings zu erfüllen. Im allgemeinen hatte sie eine Witterung für große Talente. Dennoch schlug sie Essex' Bitten ab, vielleicht weil *er* gebeten hatte.

Essex war wieder vor den Kopf gestoßen.

Es kam zu unerquicklichen, ja skandalösen Szenen zwischen ihm und der Königin. Einmal schlug sie ihm angesichts der versammelten Hofgesellschaft ins Gesicht. Er zog darauf den Degen. Ein todeswürdiges Verbrechen. Man erwartete seine sofortige Gefangennahme. Aber Elisabeth lachte nur. Achselzuckend ließ sie ihn laufen.

Indessen hatte sich Essex wieder eine wichtige militärische Aufgabe ertrotzt. Das nie zu befriedende Irland stand im Frühjahr 1599 gegen die englische Oberherrschaft in hellem Aufruhr, an seiner Spitze Tyrone, ein bedeutender Anführer, ein entschlossener und geschickter Kriegsmann, der einen großen Teil des sonst unversöhnlich zerstrittenen Adels und die Mehrheit des Volkes hinter sich gebracht hatte. Essex, zum Vizekönig ernannt, sollte Tyrone schlagen.

Unter großmächtigen Versprechungen und ruhmredigen Ankündigungen zog Essex los.

Vielleicht bildete er sich ein, die erbitterten Iren durch allerlei Freundlichkeiten zu gewinnen. Er verteilte Adelstitel, suchte persönliche Kontakte. Dann wieder eroberte er ein paar kleinere Burgen. So agierte er, wie es seine Art war, ohne genauen Plan und sogar unter Mißachtung seiner Direktiven. Elisabeth reagierte gereizt. Als ihr aber gemeldet wurde, Essex habe sich mit dem »Teufel« Tyrone selbst getroffen und mit ihm unter vier Augen konferiert, geriet sie in Wut. Was hatte sich der Bursche gestattet? Er hatte ein Abkommen mit dem Feind geschlossen, den zu zerschmettern sie ihn ausgesandt hatte.

Essex, durch ihre Vorwürfe in Panik geraten, glaubte, sich rechtfertigen zu müssen. Ohne die Erlaubnis dazu einzuholen, verließ er Irland und kehrte zurück. In einem Parforceritt erreichte er London und stürmte in wütender Erregung am Morgen in den Palast, in das Schlafzimmer der Königin.

Niemand hatte den Rasenden aufhalten können. Nun stand er vor ihr – und prallte zurück. Elisabeth war eben erst aufgestanden. Sie hatte weder Schminke aufgelegt noch die Perücke über den dürftig behaarten Schädel gezogen, noch war ihr die juwelenflimmernde Krause um den welken Hals geknüpft worden. So – nackt und bloß – hatte sie noch kein Mann erblicken dürfen: ein klappriges Gestell, knochenhager, faltig, mit Leberflecken übersät, kurz: ein »Kadaver«. Elisabeth mag den starren Schrecken in Essex' aufgerissenen Augen erblickt haben; dieser Schrecken wurde ihm wohl nie mehr verziehen.

Der letzte Akt des Dramas setzte ein.

Vergeblich versuchte der gescheite Francis Bacon Essex zu warnen. Essex verlor das Gefühl für die ihm verliehenen Möglichkeiten. Zähneknirschend mußte er den Tadel des Staatsrates über sich ergehen lassen, er habe in Irland versagt. Um ein Haar wäre er des Hochverrats angeklagt worden. Trotzdem hörte er nicht auf, seine Günstlingsrolle zurückzufordern und auf seine Vertrautheit mit der Königin zu pochen. Dabei war er unsinnig genug, sie allerlei Leuten gegenüber »als krumm an Leib und Seele« zu verspotten.

Elisabeths Gefühle schienen immer noch schwankend. Als Essex erkrankte, schickte sie ihm ihre besten Ärzte. Dann aber ließ sie ihn unter Hausarrest stellen. Seine flehentlichen Briefe beantwortete sie nicht mehr. »Dieser Herr«, sagte sie, »hat lange genug sein Spiel mit mir getrieben. Jetzt treibe ich mit ihm das meinige.« Das Spiel war grausam. Das einkömmliche Monopol auf Wein, mit dem sie ihn in besseren Tagen beglückt hatte, lief ab. Elisabeth erneuerte es nicht. Das bedrohte Essex mit vollständigem Ruin. Ein Heer von Gläubigern war ihm auf den Fersen. Als er Elisabeth um die Erneuerung des Monopols bat, höhnte sie ihn: Er habe sich als ihr Liebhaber aufgespielt, doch in Wahrheit nur an den Wein gedacht.

In Essex rasten die Leidenschaften: Er war in jungen Jahren zu hoch gestiegen, als daß er seinen Sturz hätte gelassen hinnehmen können.

Sein Anhang – nicht viel weniger enttäuscht als er selbst, denn viele hatten sich von seinem weiteren Aufstieg große Vorteile erhofft – lag ihm mit allerlei Vorschlägen in den Ohren. Konnte er Elisabeths Gunst schon nicht durch Bitten oder Schmeicheleien wiedererlangen, so half vielleicht Gewalt? Als schwaches Weib würde sie dem entschlossenen Bezwinger am Ende gern erliegen? Und wenn nicht: als letztes Mittel blieb der Dolch.

So erging sich der Gefangene in überreizten Phantasien.

Die Königin schickte einige Männer ihres Vertrauens in sein Haus; sie sollten mit ihm verhandeln. Er hatte den Einfall, diese Parlamentäre selbst zu Gefangenen zu machen.

Das war unverzeihlich. Essex merkte: er hatte wieder einen Fehler begangen. So stürzte er auf die Straße und suchte – helfe was helfen kann! mit lautem Rufen, man wolle ihm ans Leben – Aufregung, Verwirrung, womöglich Rebellion ins Volk zu tragen. Aber die Staatsmacht saß ihm schon im Nacken. Der Tower war ihm sicher, dann das Schafott.

Mit großem Schwung setzte Elisabeth ihre Unterschrift unter sein Todesurteil. Sie liquidierte damit die letzte und größte Torheit ihres Lebens. Aber um welchen Preis? In den Augen der Nachwelt war sie – wieder einmal – zur Mörderin gestempelt. In den Augen der zeitgenössischen englischen Öffentlichkeit allerdings trug nicht *sie* die Schuld am

Tod ihres Lieblings, sondern der Bucklige, Robert Cecil: er habe sein eigenes düsteres Unglück an dem schönen und strahlenden Glückskind gerächt. So folgte das Urteil der Straße den Mechanismen der Archetypen.

Kurz vor der Jahrhundertwende, 1598, starb der alte Burghley, und im selben Jahr sein großer Widersacher, Philipp II. Die beiden hatten, jeder auf seine Art, ihre Epoche repräsentiert, der Spanier als der beharrende Hierarch, der die heraufdrängende Zukunft nicht mehr verstand. Sein Reich war zwar ins nahezu Ungemessene gewachsen. Dennoch blieb nicht einmal sein Kernland von Schlägen verschont. Der andere, Burghley, hatte sich durch Leistung an die Schalthebel einer jüngeren Macht hochgearbeitet und hatte diese sachkundig, ohne großes Pathos, aber zielbewußt bedient. Philipp hinterließ eine zerrüttete Wirtschaft, eine ungeheure Staatsschuld und ein Imperium, das nicht viel mit sich selbst anzufangen wußte. Cecil durfte das stolze Gefühl haben, daß sich unter seiner Ägide kein feindlicher Soldat auf Englands Boden gewagt hatte, daß das Reich wuchs, sich sozusagen täglich von selbst ausbreitete, verzweigte, erstarkte. Beide Männer waren Religiöse. Philipps Glaube an die Gerechtigkeit seiner Sache mußte sich unter vielen Enttäuschungen krümmen. Der Himmel schien ihm nicht gewogen. Burghleys Glauben hatte solche Enttäuschungen nicht zu überwinden; für ihn war Gott schon immer die große Undurchschaubarkeit gewesen, die sich allem irdischen Maß entzog. Für ihn waren Glück und Erfolg keine Bringschulden der Vorsehung, sondern nur eine der Masken, hinter der sich ein bedrohlich strenges Mysterium verbarg.

Elisabeth betrauerte Burghley aufrichtig. In seiner Krankheit war sie viele Stunden an seinem Bett gesessen. Jetzt mochte sie sich vereinsamt fühlen. Demnächst würde sie siebzig werden. Der Kreis ihrer Freunde hatte sich längst gelichtet. Leicester war tot, auch Hatton. Essex hatte sie selbst zum Orkus geschickt. Keiner der Ratgeber, die sie als junge Königin berufen hatte, war noch unter den Lebenden.

Auch der unverwüstliche Drake hatte ein Ende gefunden, es war seiner wenig würdig gewesen. Auf einer weiteren Räuberreise zum Äquator hatte er sich eine Tropenkrankheit geholt und starb in seiner Kajüte elend an Durchfall und Erbrechen.

Auch Elisabeths Partner auf dem Kontinent hatten gewechselt. Längst war die furchtbare Katharina von Medici abgetreten; sie hatte das Ärgernis des Jahrhunderts, die Bartholomäusnacht, arrangiert. Den katholischen Guisen waren im Spiel um die Macht die Anjous, den Orléans und Angoulêmes die Bourbonen gefolgt. Immer noch schleppte sich auch der Zwist mit Spanien fort. Die Königin hatte ihn zwar provozieren lassen, ihn dann aber nur mit geringem Eifer betrieben. Jetzt war ihm ein baldiges Ende zu prophezeien. Noch konnte niemand ahnen, daß sich mit dem Leben Philipps II. auch die spanische Weltmacht ihrem langen und schmerzlichen Untergang zuneigen würde. Seinen Nachfolger, einen wenig geliebten Sohn aus vierter Ehe, hatte der alternde König immer nur mit Mißtrauen betrachtet. Er hielt ihn für einen schwachen und unfähigen Erben.

Wen aber sollte sie selbst, Elisabeth, als ihren Erben betrachten? Wer sollte dereinst ihre Nachfolge antreten?

Nach den Gesetzen der Erbfolge kam dafür nur Jakob von Schottland in Betracht: Jakob, der Sohn der hingerichteten Maria, des ermordeten Darnley – oder gar des abgeschlachteten Italieners Riccio? Elisabeth konnte sich um solche Fragen nicht kümmern. Jedenfalls war Marias Söhnchen als Kleinkind der Krönung, der Salbung zum König von Schottland, für würdig befunden worden. In den Hofkanzleien Europas wurde er als Tudorerbe geführt. Das mußte genügen. Überdies war er von dem unerbittlichen Eiferer John Knox im reformierten Glauben erzogen worden. Es war wohl auf Knox' Einfluß zurückzuführen, daß sich Jakob nie um seine in England gefangengesetzte Mutter bemüht hatte. Nicht einmal ihre Hinrichtung hatte ihn dazu gebracht, wider den englischen Stachel zu löcken. Später hatte Jakob zuweilen versucht, mit Rom Fäden anzuknüpfen. Aber nach dem Untergang der spanischen Armada zeigte er sich voll gefügig. Er schien begriffen zu haben, daß sich in diesem Teil der Welt Romhörigkeit und Papismus nicht mehr lohnten. Durch seine Heirat mit einer Dänin hatte er sich endgültig zu einem Parteigänger der Reformation und damit auch Englands erklärt.

So fand Elisabeth keinen Grund mehr, den unbekannten Großneffen aus der Nachfolge auszuschließen.

Trotzdem wehrte sie sich, ihn öffentlich als Erben zu bestätigen. Ihr alter Hang, Entscheidungen hinauszuzögern, war auch diesmal unüberwindlich. Im System offener Verhältnisse erblickte sie einen Pfeiler ihrer Macht.

Des öfteren war in diesem Text von Elisabeth als einer »Friedensfürstin« die Rede gewesen. Gewiß: mit ihren kontinentalen Nachbarn hielt sie lange, erstaunlich lange, Ruhe und Frieden. Anders aber verfuhr sie mit Irland, und anders verfuhren ihre Emissäre, Seehelden, Piraten, Entdecker mit den Völkern, auf die sie stießen, mit den unglücklichen Seeleuten, deren Schiffen sie begegneten, mit den Insulanern im Pazifik, mit den Indianern an der Küste Amerikas, gar mit den armen verkauften Negersklaven aus Afrika. Die ersten Sklavenhändlerschiffe fuhren unter Elisabeths Flagge.

Aber bleiben wir bei Irland!

Diese abgelegene Insel hatte in den ersten Jahrhunderten des Mittelalters eine bewunderungswerte Mönchskultur hervorgebracht. Sie hatte zusammen mit der schottischen Kirche auf dem von der Völkerwanderung zerrütteten Kontinent Missionsarbeit und Kultivierung geleistet.

Doch die Kraft der Insel schien damit erschöpft, die keltischen Stämme, die hier siedelten, waren den benachbarten normanischen Einwanderern nicht gewachsen. Irland geriet unter englische Oberhoheit.

Mit List und Gewalt setzten die einwandernden Nordmänner das Volk unter Druck. Entwickelte es selbst zu wenig eigene Organisationskraft, zu wenig eigenes Strukturbewußtsein? Es ließ sich unterdrücken und duldete stumm, da kulturell verstummt. Es zerfiel in sich selbst in viele kleine Stammesfürstentümer, es konnte sich nur selten zu gesammeltem Widerstand aufraffen. Das heißt, es wurde zum Spielball englischer Machtinstinkte.

So nannten sich die Könige von England schon lange Herren von Irland, seit Heinrich VIII. auch Könige von Irland, ohne aber auf diesen Titel großes Gewicht zu legen. Zu verachtet war das Land, zu gering sein Ansehen, so gering, daß man sich nicht einmal seines Besitzes groß rühmen mochte. Man erklärte ihm nicht einmal Kriege, man entsandte nur Expeditionskorps, um zu strafen, zu unterdrücken, auszurotten – oder einfach Hungers sterben zu lassen. Das rauhe stürmische Land befand sich permanent am Rand der Katastrophe.

Ein Augenzeuge berichtet: »Obgleich dies eine überaus reiche und blühende Gegend gewesen war, waren die Einwohner jetzt in derartiges Elend gebracht worden, daß es selbst ein Herz von Stein hätte erbarmen müssen. Aus jedem Waldwinkel, aus jedem Tal kamen sie auf ihren Händen gekrochen, denn ihre Füße wollten sie nicht mehr tragen. Sie waren wie Totengerippe und ihre Stimme tönte wie die eines Gespenstes aus dem Grabe . . .« Und ein anderer berichtet: »Die Toten, die wir fanden, hatten grünverschmierte Münder, denn sie hatten ihren Hunger mit Gras und Nesseln stillen wollen . . .«

Solange England katholisch, also gleichen Glaubens gewesen war, schien die Lage des Landes nicht gänzlich hoffnungslos. Noch gab es ja in Rom eine schiedsrichterliche Instanz, bei der man sich über die härtesten Übergriffe beklagen konnte; noch konnte man auf ein Minimum von Rücksichtnahme rechnen. Doch mit der Reformation fielen auch die letzten Barrieren. Irland wollte sich dem neuen

Glauben nicht anschließen, was ihm englischerseits nur als bösartiger Starrsinn und verstocktes Rebellentum ausgelegt wurde. Nun galten die Iren als Papisten, als greuliche Götzendiener, damit für rechtlos und für nichts besseres als irgendein wilder Stamm jenseits des Ozeans. Der Hochmut der Reformierten drückte das Nachbarvolk auf den Status einer verachteten Rasse, mit deren Rechten und Interessen jedermann nach Belieben verfahren konnte.

Auch Elisabeth verfuhr nach Belieben.

Hier agierte die »Friedensfürstin« genau so blutrünstig wie ihre Vorgänger, wenn nicht noch schlimmer. Tyrones Aufstand stachelte ihre Abneigung zu abgründigem Haß. Unglückseligerweise landeten dann auch noch die Spanier auf der grünen Insel: da sie England nicht beikommen konnten, hofften sie wenigstens hier Fuß zu fassen. Die Rechnung bezahlten die Iren, sie wurden vogelfrei.

Für Elisabeth, die Humanistin, war die irische Frage keine Gewissenssache. Für sie begann das menschliche Individuum bestenfalls beim Volks- und Glaubensgenossen und, im vollen Sinn, erst beim kultivierten und gebildeten Exemplar, vorab englischer Sprache.

Mitmenschliche Phantasie, die erste unerläßliche Voraussetzung jeder sozialen Regung, war in jenem Zeitalter nur höchst sporadisch entwickelt. Zu sehr war man damit beschäftigt, die Welt als Spielraum der eigenen Energien zu entdecken, das heißt: sich selbst zu entdecken als in sich kreisender Kosmos, eigengesetzlich und schrankenlos. Das führte zu Thomas Hobbes, der fünfzig Jahre später dieses Denken in seinem »Leviathan« zu einer Theorie des Staates zusammenfaßte.

Im Jahre 1601 wurde das Unterhaus noch einmal einberufen. Auf der Tagesordnung stand das Steuerwesen, die Vergabe von Monopolen. Hier hatten Mißstände um sich gegriffen. Man sprach schon von Heimsuchungen, von ägyptischen Landplagen. Lange zuvor hatte Elisabeth feierlich zugesagt, Reformen vorzunehmen. Solche waren aber bisher nicht erfolgt. So wurden die Anfragen immer dringlicher. Man hätte annehmen können, daß sich – nicht eben eine Revolte – aber mindestens peinliche Unmutsäußerungen ankündigten.

Indessen geschah etwas ganz anderes. Die Königin erklärte sich bereit, eine Delegation in Whitehall zu empfangen. Plötzlich erklärten Mann für Mann, sie alle wollten kommen. Als die Königin erschien, gingen sie in die Knie. Eine Welle der Erschütterung lief durch ihre Reihen. Manche brachen in Tränen aus. Was ging da vor?

Die alte Frau, in Brokat und Goldgeschmeiden, die vor sie hintrat, war die personifizierte Geschichte ihres Landes, mithin auch ihrer eigenen gemeinsamen Geschichte. Sie war England, war in diesem Augenblick sogar mehr als England, sie war das noch schattenhafte, noch nicht definite, erst noch zu erkämpfende, aber sich ankündigende, unaufhaltsam wachsende, sich selbst gebärende Weltreich; also eine Gestalt der Vergangenheit, die – selbst unfruchtbar und ohne Leibeserben – eine ungeheure Zukunft erahnen ließ.

Der Sprecher des Unterhauses ergriff das Wort: auf seinen Knien liegend versicherte er der Königin ihrer aller Hingabe und Treue »bis zum letzten Blutstropfen«.

Die Königin entfaltete ein Pergament und las.

Der Text, den sie verlas, ist als »Goldene Rede« in das Gedächtnis ihrer Nation eingegangen. Es war ein Text, in dem sich – wie schon in ihrer Antrittsrede vor vierundvierzig Jahren – die Anstandsgeste der Bescheidenheit mit der Kundgabe eines unbedingten herrscherlichen Selbstbewußtseins verband. Er war eine haarscharfe Abbildung ihrer königlichen Prärogative, eine unvergleichliche Kundgebung des monarchischen Systems.

Sie habe, sagte sie, lange und erfolgreich regiert. Aber ihr wertvollstes Kleinod sei die Liebe, die sie in ihrem Volk geweckt habe, ihr größter Stolz, Königin über ein so dankbares Volk zu sein. Als Christin wisse sie wohl, daß auch sie eines Tages vor dem Jüngsten Gericht Rechenschaft ablegen müsse für ihr irdisches Wirken, aber niemals – niemals, betonte sie – werde ein Souverän auf Englands Thron sitzen, der sein Land mit mehr Inbrunst, mit tieferer Sorge um das Wohl seiner Untertanen regiert habe; der sein Leben für die Wohlfahrt der Nation aufs Spiel zu setzen so bereit gewesen wäre. »Und wenn auch«, fügte sie hinzu, »mächtigere und klügere Fürsten an meiner Stelle gestanden sind oder noch stehen werden, so habt Ihr, meine Lords, noch nie einen Souverän gehabt – und werdet auch niemals einen haben –, der mehr Liebe zu seinem Land hat als ich.«

Die Rede schloß mit einem Dank an Gott, der ihr, einer Frau, ein furchtloses Herz gegeben habe.

Drei Wochen nach dieser großartigen Inszenierung legte Elisabeth im Oberhaus einen musterhaften Überblick über die inneren und äußeren Angelegenheiten des Staates vor. Doch auch in diesem Überblick fehlte die Erörterung ihrer Nachfolge.

Am 24. März 1603 starb Elisabeth Tudor nach einer Regierungszeit von vierundvierzig Jahren und vier Monaten, zwei Jahre und dreißig Tage nach Essex' Ende.

Man hat das 16. Jahrhundert in England das elisabethanische Zeitalter genannt, das heißt, man hat einen ungeheuren Komplex von Fakten auf die Gestalt der Königin projiziert. Man nahm es dabei nicht so genau mit den Daten: man rechnete Jahrzehnte vor und Jahrzehnte nach ihrer Lebenszeit zu ihrem Säkulum. Man hat ihr damit vielleicht zuviel Ehre angetan. Aber der Vorgang hatte Gründe.

Man nannte sie »die Große«. Größe ist eine Qualität, die in der gesamten politischen Weltgeschichte nicht eben häufig zugesprochen wird. Zwar mögen sich Panegyriker, deren es immer und überall mehr als genug gibt, da und dort zu schnell dazu versteigen, »Größe« zu bestätigen, wo keine vorhanden ist. Wo sich jedoch »Größe» als »epitheton ornans« durch die Jahrhunderte hält, ist Achtung geboten.

Bei Elisabeth ist sie geboten. Jakob Burckhardt sagt, Größe sei einer Person dann zuzubilligen, wenn sich Weltbewegungen in ihr konzentrieren. Weltbewegungen aber erblickt er in einer dauernden gegenseitigen Einwirkung von Weltpotenzen, vorab in beschleunigten Prozessen.

Sicher haben sich in Elisabeth bedeutende Energien ihrer Nation konzentriert. Sie wurde als »Kind der Reformation« erwartet und hat, gegen die kurzschlüssig männlichen Vorurteile ihres Vaters, diese Erwartungen glänzend erfüllt. Sie hat, schon weil sie rein englischen Blutes war – und das auch sein wollte! –, dem nationalen Moment in ihrem Land ein neues Profil verliehen. Sie hat als humanistisch gebildete und intellektuelle Frau der humanistischen Bildung und der Intellektualisierung der führenden Schichten starken Vorschub geleistet. So brachte sie es an ihrem Hof in Mode, literarische, philosophische, historische Kenntnisse im Gespräch an den Tag zu legen. Und – das war wohl ihre größte Stärke – sie behinderte nicht, was sich ringsum an Talenten, an kühnen Plänen und weltergreifenden Entwürfen, an abenteuerlichen Unternehmen regte. Wollte Drake Piraterie betreiben, so mochte er es tun (wenn sie nur selbst ihren Schnitt dabei machte). Wollte Raleigh fernste Länder erforschen, so sollte er es versuchen. Wollten unternehmungslustige Kaufleute nach Ostindien ziehen, um dort Pulver, Blei und Waffen gegen Gewürze, Seiden und Edelsteine einzutauschen, nun denn – nur vorwärts! Bauten einige Adlige neuartige Paläste, derlei man noch nie in England gesehen, so sollte ihnen das ganz unbenommen bleiben. Elisabeth gefielen die regelmäßig gegliederten, klaren Fassaden, die mit großen Fenstern in die Gegend blickten und am Abend, wenn sie erleuchtet waren, als »Laternenhäuser« einen ungewohnt zauberischen Anblick boten. Elisabeth zog die hohen luftigen Räume, die jetzt in Mode kamen, den alten gotischen Gewölben vor, in denen sie aufgewachsen war. Sie liebte Licht und Geräumigkeit, schon als Rahmen für ihre eigenen Auftritte.

So war sie in vielen Bereichen dem Neuen aufgeschlossen. Sie lockte es in gewisser Weise sogar hervor. Damit trieb sie, ganz im Burckhardtschen Sinn, die Prozesse an, die unter einem anderen Herrscher vielleicht sehr viel langsamer in Gang gekommen wären.

So erhielt das Zögerliche ihrer politischen Entscheidungen auf fast unmerkliche Weise sein Gegengewicht.

Es war natürlich nicht ihr Verdienst, daß der weise Thomas Morus, lange vor ihrer Geburt, seine »Utopia« geschrieben und damit eine Art Grundstein gelegt hatte, auf dem sich weitere staatspolitische Überlegungen entwickeln ließen. Es war nicht ihr Verdienst, daß der Abenteurer Drake in unerhörten Handstreichen ihre Staatskasse füllte, daß Raleigh, ähnlich kühn wie Drake, aber noch klüger, überlegter und von wissenschaftlichem Forschungsdrang getrieben, den nordamerikanischen Kontinent anpeilte und ihn für England reklamierte. Noch weniger war es ihr Verdienst, daß Francis Bacon in ihrem Land Gedanken zu Papier brachte, die sich in die Richtung bewegten, die hundert Jahre später zu Newton und zweihundert Jahre später zum Durchbruch der Aufklärung führten; und ganz gewiß war es auch nicht ihr Verdienst, daß in ihrem Reich zwei der größten dichterischen Genien geboren wurden, Marlowe und Shakespeare. Marlowe hatte schon mit neunundzwanzig Jahren ein großartiges und folgenreiches Werk geschaffen, als er in einer Wirtshausrauferei zu Tode kam. Shakespeare war fast neununddreißig, als Elisabeth starb. Seine Hauptwerke schuf er erst nach ihrem Tod. Dennoch wird er ihrer Zeit zugerechnet. Sein Name und der ihre sind von der Nachwelt ineinander kopiert worden.

Also wahrlich zuviel der Ehre für die Königin?

Gewiß. Und doch ist ihr zuzugestehen: sie hätte das hohe kulturelle Klima in ihrem Reich durch engherziges Agieren trüben oder durch eine aggressive Eroberungspolitik verstören können. Sie hatte Glück, zweifaches Glück: durch ihre lange Lebensdauer, die sie zu einer Konstante ihres Zeitalters machte, und durch die unerhörte Chance, ein begabtes, vitales, einfallsreiches Volk zu beherrschen; ein Volk, das weder verwöhnt noch durch importierte Laster entnervt war, das sich geduldig nach der Decke streckte und trotzdem überzeugt war, daß es seine Chancen wahrnehmen könne; ein Volk, das vor Lebenskraft strotzte und sich trotzdem zu zügeln bereit war.

So waren in dem Inselreich Weltpotenzen in Bewegung geraten, von denen später Weltbewegungen ausgegangen sind.

Am Schluß noch eine Notiz zu Shakespeare.

Sicher haben Elisabeths Vorlieben ermutigend und schwerpunktbildend in das englische Geistesleben eingewirkt. So kam ihre Leidenschaft für alles Theatralische dem Drama ihrer Zeit, also dem Umfeld von Shakespeare zugute; und ebenso sicher hat ihre Abneigung gegen den strengen Puritanismus dessen Sieg hinausgezögert und seiner Feindschaft gegen alles Musische noch etliche Jahrzehnte freier Entfaltung abgerungen.

Was Shakespeare so einzigartig macht, ist nicht so sehr die Stringenz seines dramatischen Aufbaus oder gar ein geschlossenes, stimmiges Weltbild. Unsterblich macht ihn das stürmische Tempo seiner Handlungsabläufe und vor allem der grandiose Reigen seiner Charaktere.

Von allen seinen Figuren ist Hamlet zweifellos die interessanteste, modernste, da problematischste: Hamlet der Zögerer, der Wankelmütige, der Intellektuelle, der sich selbst die Rolle eines Gestörten zumißt, weil er die ihm zufallende Rolle des entschlossenen Täters nicht spielen kann oder mag.

Um einen solchen Charakter zu schaffen, muß auch ein Genie wie Shakespeare von irgendeinem realen Modell infiziert worden sein.

Wir dürfen wohl annehmen, daß sich Shakespeare – wie so viele seiner Landsleute – Gedanken gemacht hat über

Elisabeths Wesen. Man rätselte über ihr seltsam verqueres Verhältnis zu allem Erotischen. Ihr Wankelmut, ihre Zweifelsucht, ihre Unentschlossenheit setzten nicht nur ihren Höflingen und ihrem Kabinett zu. Elisabeth war für ihre Untertanen eine undurchschaubare und unberechenbare Persönlichkeit. Doch nichts zieht kreative Energien stärker an als die Aura des Vielschichtig-Geheimnisvollen.

So wage ich hier die Hypothese: Shakespeares Konzept des Hamlet könnte auf Elisabeth zurückverweisen. Der mischenden Phantasie des Dichters war es dann nicht schwer, aus der Frau einen Mann, aus England Dänemark, aus Essex Ophelia zu machen. Elisabeth war das Kind einer ermordeten Mutter, Hamlet der Sohn eines ermordeten Vaters. So ließen sich Motive tauschen und verweben.

Die ursprüngliche Hamlet-Legende wurzelte im Jütland der vorchristlichen Zeit. Shakespeare kannte sie nur aus einer zeitgenössischen Bearbeitung, vielleicht sogar nur aus einem mündlichen Bericht. Sie war ihm ein dürftiges Gerüst, in das er offenbar eigenes Erleben und Mit-Erleben einbringen konnte, Zeitgeist und epochale Gestalt. Die Königin war erst vor kurzem gestorben, ihr Schatten noch lebendig nahe und das Gefühl bedrängend, daß mit ihr eine ganze Welt abgetreten sei, die sich – trotz blutiger Verdüsterungen, grausamer Irrtümer und lächerlicher menschlicher Schwächen – doch »höchst königlich bewährt« hatte.

Christine
oder
Die gewagte Selbstverwirklichung

Die Menschheit hat bis jetzt
vergeblich auf das Erscheinen eines
solchen Herrschers gewartet ...
Blaise Pacal

Sie muß wahnsinnig geworden sein.
Axel Oxenstierna

Nie zuvor und nie danach ist ein ausländischer Eroberer in den unterworfenen Ländern mit solcher Begeisterung begrüßt worden wie der Schwedenkönig Gustav Adolf in Deutschland, und noch weniger haben sich Begeisterung und Zuneigung für einen siegreichen Fremdling als so dauerhaft erwiesen wie für ihn. Gustav Adolf galt und gilt als Retter der Reformation, die eben damals im Dreißigjährigen Krieg – nach den Siegen der kaiserlichen und der bayerischen Armeen, aber auch angesichts der nimmermüden Werbung der katholischen Kirche – nahe daran war zu erliegen.

Gustav Adolfs Andenken wurden noch in unserem Jahrhundert Schulen gewidmet und kirchliche Werke und Gotteshäuser nach ihm benannt. Das ganze 17. Jahrhundert hat keine einzige Gestalt hervorgebracht, die dem reformierten Teil Europas teurer geworden wäre als dieser schwedische König.

Und doch hat dieser König keine Nachfolge gehabt. Er hatte noch weniger als keine Nachfolge, denn seine Erbin, seine einzige Tochter, konvertierte zum Katholizismus und wurde zur antireformatorischen Kronzeugin par excellence.

Sie lief zum Feind über. Sie stellte in Frage, wofür sich das nördliche Europa in langen blutigen Kriegen an den Rand des Abgrunds gebracht und wofür ihr Vater selbst das Leben gelassen hatte.

Die Tochter des Hauptheiden wurde zur Erzverräterin. Aus welchen Gründen?

Vergegenwärtigen wir uns zuerst einmal das Land, dessen Erbin Christine war, wie es damals aussah, welche Rolle es spielte.

Heute ist Schweden ein hochkultiviertes Land, in manchen Belangen sogar ein Vorreiter der Moderne. Anfang des 17. Jahrhunderts war es – zumindest in den Augen europäischer Zeitgenossen – gerade erst dem Zustand der Barbarei entwachsen; dünnbesiedelt, rauh, ein von vielen Seen durchsetztes Waldland, mit nur wenigen schlechten Straßen. Seine Landwirtschaft war karg und für Mißernten anfällig. Seine Städte hatten zumeist das Aussehen dürftiger Dörfer, die sich um einen plumpen Wehrbau duckten. In diesen Wehrbauten saß ein Adel, kampflustige Herren zumeist, die sich's nur selten versagten, einen mißliebigen Nachbarn zu stellen, gegen einen mißliebigen König zu revoltieren oder, wenn die Küste nahe war, auf räuberische Kaperfahrt zu gehen.

Die Krone hatte es nicht leicht, sich gegen diesen Adel durchzusetzen. Schwedens Königtum war ein Wahlkönigtum, und die wahlberechtigten Stände ließen sich ihre Stimmen jeweils teuer abkaufen. Jeder Neugewählte mußte neue Privilegien vergeben, zumindest die alten bestätigen. In manchen Köpfen spukten Erinnerungen an uralte oligarchische Zeiten. Da war dann sogar von »Republik« die Rede – nach altrömischen Muster. So war das Regieren in Schweden ein saures Geschäft. Der Souverän hatte zwei Instanzen neben sich, denen er Rechenschaft schuldete: den Reichsrat (eine Art Kabinett) und den Reichstag. Jede Entscheidung stand auf Messers Schneide. Ein starker Mann konnte sich durchsetzen, ein schwacher war verloren.

Immerhin verfügte das Land über drei bedeutende Kraftquellen: Da waren die reichen Erzgruben im Norden, die bestes Eisen lieferten. In Falun förderte man Kupfer, in Sala Silber. Eine zweite Kraftquelle war die Schiffahrt. Der Schwede verstand sich darauf, ferne Küsten anzusteuern und die rauhe See zu besiegen. Der Kampf mit Sturm und Wogen, Treibeis und widerspenstigen Takelagen war ihnen zum Bedürfnis geworden beinahe wie die Jagd auf Wölfe und Bären.

Die dritte Kraftquelle war ideologischer Natur, nämlich eine seltsam märchenhaft verbrämte, eher dichterisch-phantastische als historisch solide Tradition: man wähnte sich mit den »Gothen« verwandt, von »Gothen« abstammend. Bekanntlich hatten die Goten in der letzten Phase der Antike und über die Schwelle des frühen Mittelalters hinaus eine heroische Rolle gespielt. Sie hatten Rom erobert und Reiche gegründet. An diese imponierenden Reminiszenzen knüpfte man an, man verstieg sich sogar dazu, das eigene Herkommen bis zu den zwölf Stämmen Israels und damit zum Stammbaum Jesu Christi zurückzuführen. So seltsam uns heute solche Entwürfe anmuten, in ihnen steckte nicht nur leere Spekulation, in ihnen steckten Ansprüche machtpolitischer Natur. Als »Gothen« fühlten sich die Schweden zur Führerrolle im nordischen Raum berufen.

In Gustav Adolf gelangte die dritte Generation des jungen Königshauses Wasa auf den Thron. Er war erst siebzehn Jahre alt, als sein Vater starb. Trotzdem bestritt ihm niemand die Nachfolge.

»Ille faciet . . .!« hieß es von ihm. Er wird's schon machen. Offenkundig strahlte er schon das Charisma aus, das ihm sein Lebtag lang nachgerühmt wurde.

Dabei standen Volk und Staat vor großen Problemen.

Seit Jahrzehnten führte man Krieg mit Dänemark: ein blutiges und verlustreiches Ringen. Aber auch die anderen Anrainer der Ostsee bis tief in den finnischen Meerbusen waren unbequeme Partner. In Polen saß ein Zweig der Wasas, der katholisch geworden war und dennoch Ansprüche erhob auf das reformierte Schweden. Da Finnland im Zuge seiner Christianisierung schwedisch geworden war, hatte man es im Mündungsbereich der Narwa und der Newa auch mit Rußland zu tun. Auch die deutschen Länder, obwohl mit eigenen Angelegenheiten reichlich beschäftigt, waren als potentielle Gegner in Betracht zu ziehen.

Da sich Schweden nach allen Himmelsrichtungen auszudehnen versuchte, war es selbst ein ringsums gefährdetes Land. Andernteils wollte es selbst expandieren.

Die blühenden Handelsstädte an der südlichen Ostseeküste waren ihm höchst begehrenswerte Ziele. Die reichere Landwirtschaft Polens mußten den armen Gerstenbauern von Dalarna und Värmland höchst verlockend ins Auge stechen.

Der junge Gustav Adolf sah sich bei seiner Thronbesteigung von gefährlichen Situationen eingekreist, doch auch herausgefordert. Er hatte das Glück, gleich einen tüchtigen Helfer, einen treuen Gefährten zu finden: Axel Oxenstierna. Eine romantische Liebesgeschichte mit einer jungen Adligen, Ebba Brahe, reifte seine Persönlichkeit. Auf Anraten seiner Mutter, aus staatspolitischen Gründen, entsagte er ihr. Er müßte, so glaubte er wohl zu erkennen, sich aus dynastischen Gründen mit einer deutschen Dynastie verbinden.

Seit 1618 tobte in Deutschland ein Krieg: der katholische Kaiser war seinem reformierten Reich entfremdet. Der neue Glaube hatte das in unzählige Territorien zersplitterte Land noch einmal gespalten und aufs tiefste zerrissen. Der Zwist hatte in Böhmen seinen Ausgang genommen: er fraß sich weiter wie ein Schwelbrand. Noch war er – mehr oder minder – eine deutsche Angelegenheit. Doch die Nachbarn im Westen, im Osten, im Norden waren auf dem Anstand. Sie hatten ihre Rohre schon geladen.

Doch wie man weiß, verhindert kein Krieg, auch nicht der grausamste, daß Privatinteressen betrieben, Familienprobleme gewälzt, daß Ehen geschlossen und Liebesverhältnisse angeknüpft werden.

Auch in fürstlichen Kreisen wird manchmal das Abenteuer geprobt, auch Fürstentöchter haben Herzen im Leib, und Könige schlüpfen manchmal aus ihren Rollen und maskieren sich als gewöhnliche Sterbliche.

Am Brandenburgischen Hof herrschte Trauer. Vor kurzem erst war der Kurfürst gestorben. Die Witwe hatte ihre Gemächer schwarz verhängen lassen. Immerhin empfing sie bereits wieder Besuche: ein Verwandter, Johann Casimir von Pfalz-Zweibrücken, machte seine Aufwartung. Er kam mit nur kleinem Gefolge, ein junger Schwede Gustav Karlsson Gars war darunter. Gars wurde der jungen Kurfürstentochter Maria Eleonora vorgestellt. Gars? Wer sollte das sein?

Die Prinzessin hatte noch nie von einem Fürsten oder Grafen, ja auch nur von einem Freiherrengeschlecht namens Gars gehört. Doch der Mann gefiel ihr, er war jung, er war lebhaft, er war witzig und er legte keinerlei Schüchternheit an den Tag. Er machte ihr sofort den Hof. Maria Eleonora war soviel Keckheit nicht gewohnt. Doch sie fand den Fremden bezaubernd. Ihr weißhäutiges Gesicht begann zu glühen. Sie kicherte vor Entzücken. Als er ihre Hand zu küssen begehrte, überließ sie ihm beide Hände. Dann besann sie sich ihrer Erziehung und floh. Doch bald darauf erfuhr sie, wer dieser Gars war: kein Graf, kein Freiherr, sondern ER, G(ustavus) A(dolfus) R(ex) S(ueviae). Und bald traf auch seine feierliche Werbung ein.

Maria Eleonora mag sich im siebenten Himmel gefühlt haben. Sie liebte und hielt sich für wiedergeliebt. Schwächliche Bedenken der Familie waren schnell ausgeräumt, und als man ihr einen Ring überreichte, von dem man ihr zuflüsterte, er habe ganze zehntausend Taler gekostet, war ihr Glück nicht mehr zu übertreffen.

Eine Armada von sieben schwedischen Kriegsschiffen holte die Braut über die Ostsee. Kanzler Oxenstierna begleitete sie. Am 7. Oktober kam Maria Eleonora in Schweden an, am 25. November 1620 wurde Hochzeit gefeiert.

So begann eine unselige Ehe.

Warum unselig? Gustav Adolf glaubte, seine Königin zu lieben, ihr jedenfalls Liebe zu schulden. Er wollte sie auch verwöhnen. Er wollte großherzig sein, sogar gegen ihre Fehler.

Die Fehler stellten sich bald heraus.

Aus der bescheidenen Kurfürstentochter wurde schnell eine putzsüchtige und verschwenderische Königin. Sie umgab sich mit einem viel zu großen Hofstaat. Sie warf Unsummen für ihre Kleidung aus. Sie borgte und verschenkte, auch an Unwürdige. Sie lieh jedermann das Ohr, der ihr schmeichelte. Statt sich auch um die Angelegenheiten Schwedens zu kümmern, alberte sie mit ihren Hofdamen, knabberte Leckerbissen und scherzte mit ihren Pygmäen. Pygmäen – das waren unglückliche, verkrüppelte oder sonstwie mißgeborene Kreaturen, von denen man sich zu jener Zeit an allen Höfen Europas Unterhaltung und Spaß erwartete. Man liebte das Skurrile, Bizarre, und nichts schien skurriler und bizarrer und damit amüsierlicher als menschliche Ungestalt. Auch die junge Königin huldigte dieser unwürdigen Liebhaberei.

Doch das unleidlichste an Maria Eleonore war, daß sie sich »epheuartig« an ihren Gatten hängte. Seine Pläne und politischen Ziele interessierten sie zwar nicht, aber sie wollte ihn am liebsten gar nicht mehr von sich lassen. War er in ihrer Nähe, so klammerte sie sich an ihn; war er abwesend, verfiel sie in Depressionen und allerlei Krankheiten. Im engsten Kreise begann sich Gustav Adolf leise, doch unüberhörbar über seine »crux domestica«, sein Hauskreuz, zu beklagen.

Das erste Kind aus dieser Ehe war tot geboren. Dann erschien ein Töchterchen. Gustav Adolf freute sich, aber es starb noch kaum ein Jahr alt. Dann folgte eine Fehlgeburt. Schon munkelte man, die Königin werde überhaupt nie einen lebensfähigen Erben gebären. Endlich – am 8. Dezember 1626, einem Sonntag – kam Christine zur Welt.

Im ersten Augenblick unterlag man einem Irrtum und verkündete, ein Sohn sei geboren worden. Großes Freudengeschrei in der Wochenstube und im ganzen Schloß. Dann sah man die unzweifelhafte Wahrheit: wieder *nur* ein Mädchen! Niemand wagte dem König die Nachricht zu bringen, bis sich schließlich seine eigene Schwester Katharina ein Herz faßte und ihm den nackten Säugling entgegenhielt. Zum Erstaunen des Hofstaates blieb Gustav Adolf gelassen. »Nun gut«, sagte er, »eine Tochter, eine Prinzessin! Sie soll mir wie ein Prinz erzogen werden.« Hatte er bereits die Hoffnung auf einen Knaben aufgegeben?

Und wieder zog Gustav Adolf ins Feld. Noch war Schweden nicht in den großen Krieg des Jahrhunderts, den Krieg um und in Deutschland verwickelt. Aber mit den Wasas in Polen waren allerlei blutige Auseinandersetzungen auszutragen. Estland, Kurland, Livland sowie die wichtigen Städte Pillau, Braunsberg und Marienburg sollten unter schwedische Botmäßigkeit gebracht werden. Auch im Inneren des Landes hatte der König eine Menge zu tun: Er versuchte den Adel enger an sich zu binden, daneben gründete er Städte, förderte Wissenschaft und Künste, kurz, er war mit tausend Dingen beschäftigt. Daheim saß eine uneinsichtig trauernde Frau und suchte ihn mit Jammertiraden an sich zu fesseln.

Zu den Wärterinnen-Wächterinnen der kleinen Prinzessin gehörte auch die schon erwähnte Katharina. Sie war vor Jahren einem kleinen deutschen Fürsten vermählt worden, demselben Johann Kasimir, der Gustav Adolf auf dessen Brautschau begleitet und den Schwager als Kavalier Gars in den brandenburgischen Hof eingeschleust hatte. Nun, da

Krieg war, hatten Johann Kasimirs kleine Besitzungen zwischen Rhein und Mosel keinen Schutz mehr geboten. So hatte Gustav Adolf die Nahverwandten als Exulanten bei sich aufgenommen.

Katharina war eine tatkräftige und warmherzige Frau, sie kümmerte sich um die kleine Christine. Ihre Familie wurde auch Christines Familie.

Hier fühlte sich das Kind wohl.

Die Mutter blieb ihm schattenhaft am Rande.

Christine war noch nicht ganz vier Jahre alt, als der Vater Abschied nahm, um nach Deutschland zu segeln. Ein Jahr darauf hörte das Kind von fabelhaften Siegen, die der Vater gegen die bösen Papisten errungen habe; Festungen und Fürstentümer öffneten ihm die Tore, nur um in ihm einen großen Helden zu begrüßen. Die große Stadt Magdeburg, hieß es, habe sich lieber verbrennen lassen, als daß sie ihm die beschworene Treue gebrochen hätte. Bald darauf hieß es, der Vater sei in der Krönungsstadt Frankfurt beinah wie ein Kaiser empfangen worden; dann: er bewege sich in einem Siegeszug ohnegleichen auf Wien zu, um sich dort vielleicht sogar die römische Krone aufzusetzen. Dann wurde es eine Weile stiller um den fernen König. Der Name der Stadt Nürnberg wurde vor Christine nur beiläufig und eher im Flüsterton genannt, und an einem Herbsttag des Jahres 1632 – die Mutter war soeben wieder dem Vater nach Deutschland nachgereist – traf die Schreckensnachricht ein: Gustav Adolf war bei Lützen gefallen.

Christine war noch nicht sechs Jahre alt, doch aufgeweckt genug, um etwas von dem Donnerschlag mitzuempfinden, der ihre ganze Umgebung erschütterte. Freilich: kaum war der erste Jammerschrei verhallt, als sie eine deutliche Veränderung, ihre Person betreffend, wahrnahm. Auf einmal nannte man sie nicht mehr nur Prinzessin, man nannte sie *Königin* – Königin wie ihre Mutter. Würdige Männer, Herren des Reichsrats, knieten vor ihr nieder und küßten ihre Hände. Ein seltsames Erlebnis für ein Kind ihres Alters. Es mußte sie, mitten in den Turbulenzen jener Tage, zerstreut, getröstet, ja erheitert haben.

Dann aber geschah etwas anderes: Ihre Mutter kehrte aus Deutschland zurück und mit ihr ein schwerer schwarzer Kasten: *sein* Sarg.

ER lag darin, und die Mutter schrie Weh und Elend und verlangte von Christine, ebenso Weh und Elend zu schreien.

Der Sarg wurde feierlich aufgestellt. Tag und Nacht brannten Kerzen und Fackeln. Längst war der Leichnam einbalsamiert. Wenn aber jemand von Bestattung sprach, geriet die Witwe außer sich. Sie gebe ihren Mann nicht her, denn: »Ich habe nichts als diesen allerseligsten Körper und mein armes ungezogenes Kind.«

So vergingen Wochen und Monate. Maria Eleonora verbrachte täglich etliche Stunden vor dem Sarg, immer in Tränen. Auch Christine sollte neben ihr weinen. In der Nacht mußte das Kind das Schlafzimmer der Mutter teilen. So wurde es gezwungen, Maria Eleonoras Ausbrüchen beizuwohnen.

Was Christine in diesen Monaten auszustehen hatte, können wir uns nur ausmalen.

Zum Glück hatte Gustav Adolfs alter Freund, Kanzler Axel Oxenstierna, jetzt Haupt der Regentschaft, ein wachsames Auge auf sie.

Mit den anderen Reichsräten zusammen befand er, daß die Kronerbin sorgfältig erzogen werden solle. Doch es schien unmöglich, das Mädchen für seine künftigen Aufgaben vorzubereiten, wenn man sie in der Nähe der hysterischen Mutter beließ. Man mußte sie von ihr trennen. Wieder trat die Pfalzgräfin Katharina auf den Plan. Ihr vertraute man Christine an. Maria Eleonora sollte sich zurückziehen. Man bot ihr Schloß Gripsholm als Witwensitz an. Gripsholm, auf einer Insel im Mälarsee gelegen – ein Ort der Einsamkeit und Öde. Das war nicht nach Maria Eleonorens Sinn. Sie setzte sich zur Wehr. Oxenstierna blieb eisern.

Tief gekränkt zog Gustav Adolfs Witwe in die Verbannung. Sie hielt es dort nicht lange aus. Eines Tages äußerte sie den Wunsch, in ihre brandenburgische Heimat zurückkehren zu dürfen. Das verwehrte man ihr: es könnte Schwedens Ansehen schaden. Da griff die verzweifelte Frau zu ihrem letzten Mittel: sie verschaffte sich eine abenteuerliche Verkleidung und floh bei Nacht und Nebel an die Küste und über das Meer.

Christine aber blieb in Stockholm, in der Familie der Pfalzgräfin bei Cousinen und Cousin; so lebte sie in einer Familie und war – für eine Weile – glücklich.

Ehe wir den weiteren Werdegang der jungen Königin verfolgen, müssen wir uns als Hintergründe ihrer Existenz den geistigen und politischen Horizont ihrer Zeit ins Gedächtnis rufen.

Das große beherrschende Ereignis des Jahrhunderts war in Europa gewiß der Dreißigjährige Krieg.

Christine war im neunten Jahr dieses Krieges geboren worden, dessen fünfzehntes entriß ihr den Vater.

Warum hatte sich Gustav Adolf überhaupt auf den deutschen Kriegsschauplatz begeben? Aus Machtgier und Ehrsucht, wie seine Feinde behaupteten? Als selbstloser Schutzherr des neuen Glaubens, wie seine Bewunderer meinten? Oder womöglich als Vorreiter und Hetzhund anderer Mächte, Frankreichs etwa, das ihn für sich kämpfen und bluten ließ?

Und warum, so muß man weiter fragen, konnte dieser Krieg wirklich ganze dreißig Jahre währen? Warum konnten sich nicht, wie in anderen Kriegen, die gegnerischen Parteien früher zu einem Ausgleich zusammenfinden? Was entzweite sie denn so grundsätzlich, tödlich und unversöhnbar? Ging es wirklich nur um die Kirchengüter und deren Einkünfte? Oder ging es nicht doch um eine tiefere geistige, fast möchte man sagen, anthropologische Auseinandersetzung, um zwei verschiedene Grundbegabungen, die im vielgestaltigen Menschenpotential des Erdteils bereit lagen?

Wenn man sich überhaupt darauf einlassen mag, dem dreißigjährigen länderverheerenden Ringen irgendeinen Sinn zu unterlegen und es nicht (wofür viele Gründe sprächen) nur als absurde Entgleisung der Politik, der Religion und der menschlichen Triebe verdammen will, so könnte dieser Krieg als eine Auseinandersetzung zwischen dem südlichen und dem nördlichen Europa begriffen werden, als ein Kräftemessen zwischen dem mediterranen und bereits in der Antike mediterran geprägten Bereich des Kontinents einerseits, und dem anderen Bereich, der diesem Einfluß nie ausgesetzt gewesen war.

Verstand sich die Reformation nicht vorab als Absage an Rom, das heißt an das lateinisch-italische Element der Kirche, als Aufstand gegen eine – so empfundene und wohl auch tatsächliche – Verfremdung, die von dorther immer gebieterischer um sich gegriffen hatte.

Die Reformation verstand sich zweifellos zuerst einmal als Aufbruch zu neuen Ufern. Zugleich aber wandte sie sich mit nahezu archaischer Leidenschaftlichkeit der christlichen Vorzeit zu, der Urkirche und damit der Heiligen Schrift. An deren Übersetzung, Auslegung, Verbreitung schieden sich die Geister. Alles, was bisher von der durch Rom bestimmten Katholizität an Lebens- und Frömmigkeitsformen über das nördliche Europa verbreitet worden war, muß doch nur wie eine dünne Glasur gewesen sein. Denn bei der ersten Gelegenheit zersprang es in Stücke und ließ einen Stoff zutage treten, der sich vom Mediterranen, mithin Römisch-Katholischen deutlich unterschied.

Worin lag nun dieser offenbar zum Ärgernis gewordene Unterschied? Obwohl niemand behaupten wird, daß sich das politische oder das private Leben in den nordischen Ländern durch ein besonders verfeinertes ethisches Verhalten ausgezeichnet hätte, scheint man hier doch von den religiösen Instanzen ein moralischeres Verhalten gefordert zu haben als etwa in Italien, Spanien, Frankreich. Man fühlte sich hier tiefer in seinem religiösen Empfinden verletzt, wenn Priester und Mönche sündigten, wenn Kirchenfürsten dieselben harten Egoismen an den Tag legten wie weltliche Machthaber. So legte man einen strengeren Maßstab an das System an, das von sich selbst behauptete, es habe eine Mittlerrolle zwischen Gott und den Menschen.

Eben diese Mittlerrolle begann man zu bezweifeln.

Luther flüchtete in die Postulierung einer unmittelbaren Beziehung zwischen Gott und der menschlichen Seele; eine Postulierung, die, ernst genommen, etwas Äußerstes von der Seele fordert.

Eine solche extreme Forderung aufzustellen war nun freilich nie, oder höchstens augenblicksweise und punktuell, die Sache der römischen Kirche. Die römische Kirche war, schon durch ihre Bindung an altes Kulturgut, an uralten Kulturboden mit dem Virus moralischer Nachsicht, nachsichtiger Lässigkeit und Lebensnähe und auch mit einer gewissen dekadenten Urbanität geimpft. Der Stuhl Petri hielt zwar auch in den Zeiten eigener Depravierung an den hohen moralischen Imperativen des Evangeliums fest, verschmähte es aber nicht, die jeweilige Auslegung an der Unvollkommenheit der menschlichen Natur mitzuorientieren. Dem – für Systemreinheit aufgeschlossenen – nordischen Grüblersinn stieß das als unausstehlicher Widerspruch auf.

Als Erbin der Antike war die römische Kirche auch immer Sachwalterin bildlicher Darstellung im Sinne des Figuralen gewesen. Der Norden hatte das von ihr übernommen und auf seine Weise achtbar weiterentwickelt. Aber er geriet mit seinen Hervorbringungen mit der Zeit ins Hintertreffen. Neben der sich stürmisch entwickelnden Kunst der mediterranen, vorab italienischen Renaissance mußte schließlich das meiste, was nördlich der Alpen entstand, naiv, rustikal, ja sogar hinterwäldlerisch anmuten.

Nicht umsonst kehrten die größten Künstler aus unserem Raum als Verwandelte von ihren Reisen über die Alpen zurück.

Durch die Reformation gewann der Norden ein neues

Selbstgefühl. Er mußte damit dahin gelangen, auch seine vom Süden her inspirierte Bilderseligkeit zu revidieren.

Man sagte zwar dem Bild nicht ab (und was sich an Bilderstürmen ereignete, scheiterte zumeist rasch an der eigenen Tobsucht), aber man löste das religiöse Leben aus der engen Verquickung mit der Bild-Präsenz. Das Wort wurde wichtiger als das Bild, der Begriff wichtiger als das Symbol. Was am römischen Gottesdienst Schauspiel, Schau-Spiel gewesen war, sollte gereinigt von Sinnenhaftigkeit in das Innere des Menschen verlegt werden.

So glaubte man sich von einem »Götzendienst« freigemacht zu haben, und registrierte das mit Stolz.

Es war eine gewaltige Bewegung im Gang, die Europa in zwei Teile auseinanderdriften ließ. Die Linie, die die Spaltung bezeichnet, folgte – nicht eben streng und mit mancherlei Ausbuchtung – dem alten Limes. Italien hatte mit der Reformation so gut wie gar nichts zu schaffen. In Frankreich blieb sie eine innenpolitische Frage. England trennte sich von Rom, und Deutschland, das erstmals in germanischer Zeit vom Limes zerschnitten worden war, wurde jetzt durch den Kampf der Konfessionen zerrissen.

Die Zerstörungen in diesem Raum haben lange und fürchterlich nachgewirkt. Aber etliche Jahrzehnte später zeigte sich in einem langsam einsetzenden, dann aber deutlich profilierten Prozeß, daß hier eine Scheidung nicht nur im konfessionell-politischen, sondern auch im geistigen Bereich erfolgt war: Philosophie und klassische Dichtung sollten mit ihren bedeutendsten Vertretern aus dem reformierten Raum kommen, während der katholisch gebliebene Süden im fränkischen, bayerischen und österreichischen Barock eine sonst in Europa unerreichte Sinnenhaftigkeit gerade im Rahmen religiöser Architektur und bildender Kunst entfaltete.

Man könnte meinen, daß sich hier zwei anthropologische Möglichkeiten darstellten: Wort und Bild, Begriff und Anschauung. Beide Möglichkeiten waren in dem vielgestaltigen Menschenpotential der Erdteilmitte angelegt und mußten sich je ihren Spielraum schaffen, wie schmerzlich ein solcher Prozeß auch verlaufen mochte. Bei aller Würdigung der vielfachen, rein machtpolitischen Motive, die den Dreißigjährigen Krieg auslösten, ihn verschärften und verlängerten (der Kampf um die Kirchengüter etwa, das aufsteigende Landesfürstentum und der Konflikt zwischen Frankreich und Habsburg), sollte die Sprengkraft schlummernder geistiger Kräfte und Begabungen nicht übersehen werden. Auch und gerade in ihnen war unbeugsame Vitalität am Werk.

Nun kann es aber geschehen, daß sich nicht nur in Völkern, sondern auch im einzelnen Individuum widerstreitende Kräfte kreuzen; daß die zutage tretende Neigung einer Person der eigenen Herkunft eine Absage erteilt, weil die Person auf Selbstverwirklichung besteht.

Dieser Fall trat bei Königin Christine ein.

Schweden hatte noch entschiedener als andere Länder die Reformation durchgeführt. Es war Christines Urgroßvater gewesen, der erste Wasa auf dem Thron, der das lutherische Glaubensbekenntnis proklamierte: »Mann für Mann und für alle Ewigkeit« habe sich das Reich für die Augsburger Konfession entschieden.

Man konnte nicht Schwede sein ohne dieses Bekenntnis. Man durfte nicht einmal in Schweden wohnen, bekannte man einen anderen Glauben. Nur ungern duldete man fremde Botschafter aus katholischen Ländern, denn sie führten natürlich katholisches Personal mit sich. Mit höchstem Mißtrauen betrachtete man die Geistlichen, die mitgekommen waren. Nur hinter verschlossenen Türen durften sie ihre Messen feiern. Katholische Bücher waren verboten. In dieser Hinsicht verhielt sich Schweden wie eine von Feinden belagerte Festung. Aber keine Festung ist so hermetisch abzuriegeln, daß nicht auf den verschiedensten Umwegen die Außenwelt einsickert.

Während Deutschland in Trümmer fiel, erlebte das übrige Europa weit angenehmere Zeiten. Auch Schweden kam in den Genuß seiner kriegerischen Anstrengungen. Man bereicherte sich nicht nur an Beutegut, sondern auch am Handel mit den ausgesogenen deutschen Provinzen, wo Hunger und Mangel längst bereit waren, jeden Preis zu zahlen. Die adlige Jugend war im Zuge der Kriegshandlungen weit herumgekommen. Selbst in den verwüsteten Landschaften Deutschlands hatte sie Spuren einer hochentwickelten städtischen Kultur angetroffen. So kehrte man mit neuen Maßstäben und erhöhten Ansprüchen zurück. Das geistige und ästhetische Klima des Landes war in Bewegung geraten, und die Bewegung konzentrierte sich selbstverständlich rund um den königlichen Hof.

In ihren Memoiren behauptet Christine, schon als Kind kein höheres Vergnügen gekannt zu haben, als zu lesen und zu studieren. Wir wissen, daß solchen Erinnerungen nicht unbedingt zu trauen ist, denn das Gedächtnis pflegt die Bilder aus den ersten Lebensjahren so auszuwählen, daß das Spätere in ihnen präformiert erscheint.

Die kleine Christine kannte auch ganz andere Vergnügungen: sie lernte tanzen und wurde eine leidenschaftliche Tänzerin. Sie lernte reiten und wurde eine ausdauernde und hervorragende Reiterin; sie lernte auch jagen und konnte einen Hasen im vollen Lauf treffen. So tobte sich das umtriebige Temperament ihres Vaters in ihr aus.

Dann freilich kam auch ihr Wissendurst in ihr zum Zug und ihre Neigung, sich mit höheren geistigen Belangen einzulassen.

So lernte Christine früh lesen und las viel, vielleicht, solange sie bei ihrer Mutter lebte, um deren Gesellschaft und auch der verhaßten Gegenwart der Pygmäen (»dieser Canaillen«) zu entkommen. Gustav Adolf hatte noch selbst Vorsorge für die Erziehung seiner Tochter getroffen und einen Tutor für sie bestimmt. Er hätte kaum einen besseren wählen können. Dieser Matthiae war ein kenntnisreicher, frommer und gütiger Mann, ein großer Philologe, und Christine wurde ihm eine eifrige und gelehrige Schülerin.

So entschieden sich das reformierte Europa vom katholischen Rom abgewandt hatte: das antike Rom blieb nach wie vor das Zentrum seiner Bildung. So wurde auch Christine durch einen gründlichen Sprachunterricht das griechische und römische Altertum erschlossen. Sie las Livius, Sallust und Tacitus. Für Alexander den Großen entflammte sie in Bewunderung.

Vor dem Reichsrat berichtete Matthiae von ihren guten Fortschritten. Axel Oxenstierna hörte das gern. Der Vielbeschäftigte beschloß, sich nun seinerseits der jungen Königin anzunehmen.

Oxenstierna war ein erfahrener und geschickter Staatsmann, seit vielen Jahren im hohen Reichsdienst, an allen Höfen bekannt, mit allen diplomatischen Kniffen und Intrigen vertraut. Er hatte den Verlust, den das Land durch Gustav Adolfs frühen Tod erlitten hatte, mit erstaunlichem Geschick abgefangen. Gustav Adolf war als Militär ein Genie gewesen. Das war Oxenstierna nicht. Die Kriegsführung überließ er anderen, dem Reichsmarschall de la Gardie und dessen Generalen. Nüchtern und zäh verfolgte er politische Ziele. Da rang er um jeden Vorteil, um jeden kleinen Happen der Macht. Für einen verfrühten Friedensschluß hatte er wenig übrig. Er mißtraute auch seinen Verbündeten, den Franzosen. Als guter Lutheraner und nordischer Patriot verachtete er die weichen Sitten und die am Pariser Hof aufkeimende Leichtfertigkeit.

Nun unterrichtete er die junge Christine in den Grundsätzen der Politik.

Konnte ein kaum fünfzehnjähriges Mädchen Interesse am Intrigenspiel der Diplomatie finden?

Christine konnte es. Sie lauschte mit gespannter Aufmerksamkeit, sie sog des Kanzlers Lehren begierig in sich auf. Er vermittelte ihr einen umfassenden Überblick über das Kräftespiel der europäischen Staaten, über Bündnisse und Gegenbündnisse, auch über das Personal des großen Theaters: was jener Fürst tauge, was diesem zuzutrauen sei, welche Parteien sich in welchem Land zu welchen Zielen bildeten; welche Ränke es abzuwehren und welche es selbst zu spinnen galt.

Vor allem aber suchte Oxenstierna seiner Schülerin beizubringen, was sie als Herrscherin für ihre Person zu beachten habe: Nie dürfe sie ihr Herz auf der Zunge tragen, dürfe niemandem trauen, müsse sich in Verstellung üben, ja, eine Meisterin der Verstellung werden. Nur die Kunst der Heuchelei verbürge den Erfolg.

Soweit Oxenstiernas schlitzohrige Ratschläge.

Christine merkte sie gut und wandte sie später – auch gegen ihren Meister Oxenstierna – an.

Im übrigen war sie ein frühreifes Kind.

Sie war erst elf, als ihre ersten vortastenden weiblichen Gefühle schon ein Ziel ersahen. Da war doch dieser junge Vetter, Carl Gustav, der Älteste ihrer Tante Katharina, ein stiller Knabe, vier Jahre älter als Christine. Schon längst hatte man ihr zu verstehen gegeben, dieser Vetter wäre einst ein geeigneter Gatte für sie, die künftige Königin. Solche Einflüsterungen bleiben bei phantasiebegabten Mädchen selten ohne Wirkung.

Christine schwärmte für Carl Gustav wie für einen großen Bruder: Erotisches war für sie in diesem Fall mit Geschwisterlichem, Geschwisterliches mit Erotischem aufgeladen. Als der Vetter ins Ausland ging, um sich dort – das erwartete man von ihm – im schwedischen Dienst auch kriegerische Sporen zu verdienen, schrieb ihm Christine liebevolle Briefe, und seinem Vater, ihrem Onkel, gegenüber betonte sie töchterliche Ergebenheit, wenn sie sich »als ewig getreue gehorsame Nichte« unterzeichnete. Als Tante Katharina starb, erklärte die junge Königin, sie wolle an deren unmündigen Kindern Mutterstelle vertreten – und war dabei selbst noch ein Kind, zwölf Jahre alt.

Die pfalzgräfliche Familie wiegte sich in der schönen

Hoffnung, Carl Gustav und Christine würden bald ein Paar.

Aber alles kam anders; bei Christine kam immer alles anders, als irgend jemand voraussehen konnte.

Zwölf Jahre dauerte die Regentschaft für die unmündige Königin. Regentschaften für minderjährige – oder sonst regierungsunfähige – Souveräne waren zumeist Zeiten der Streitigkeiten zwischen den Regenten oder gar der Versuche des einen oder anderen Vormunds, sich an die Stelle des Mündels auf den Thron zu setzen. Anders in diesem Fall. Eine Handvoll hochbegabter und disziplinierter Politiker begriffen sich als Christines getreue Platzhalter, an ihrer Spitze der Kanzler Oxenstierna, ihm zur Seite Reichsmarschall Jakob de la Gardie und Reichsadmiral Carl Carlsson Gyllenhielm, ein illegitimer Wasa. Sie machten ihre Sache gut. Keinem fiel es ein, Christines Nachfolgerecht auch nur von ferne anzutasten.

Hier wirkte wohl auch ihres Vaters Charisma nach.

Doch je näher Christine dem Augenblick ihrer Volljährigkeit und damit ihrer Thronbesteigung kam, desto problematischer wurde sie sich selbst. Sie war nicht gesund, jedenfalls fühlte sie sich nicht gesund. Die monatlichen Beschwerden setzten ihr zu, sie litt an schweren Krämpfen, die sich bis in die Magengegend ausdehnten. Sie neigte zu Ohnmachtsanfällen. Sie schlief nur sehr wenig, meist nur drei, höchstens vier Stunden. Die Insomnie zehrte an ihren Nerven.

Sie wußte, als Königin werde sie verpflichtet sein, sich zu vermählen und dem Land einen Erben zu gebären. Je näher ihr solche Pflichten rückten, umso mehr graute es ihr vor Kindern, Schwangerschaft und Wochenstube.

So empfand sie sich – ähnlich wie die Engländerin Elisabeth – bezüglich ihrer dynastischen Aufgaben in einer Art Antidisposition.

Doch andere Eigenarten kamen noch hinzu.

Als Königin von Schweden hatte sie sich mit ihrem Land und dessen Konfession voll zu identifizieren. Da es dem allgemeinen Konsens entsprach, daß jeder Schwede ein frommer lutherischer Christ nach Augsburger Spielart und, wenn möglich, auch ein vorbildlicher Streiter für seinen Glauben sein sollte, so hatte sie, die Königin, an der Spitze der Glaubensstreiter zu stehen. Die Lektüre der Bibel hatte jede andere Lektüre zu überwiegen, der Sonntag war mit dem Anhören einer Predigt zu feiern.

Doch leider fühlte sich Christine kalt gelassen durch die lutherischen Gottesdienste. Sie haßte das Stillsitzen in den kahlen kalten Gotteshäusern. Als Kind hatte sie sich durch die Höllenvisionen erschrecken lassen, die von der Kanzel mit Donnerstimme auf sie herabverkündigt worden waren. Später hatte sie diesen Schreckensbildern den Glauben verweigert. Überdies haßte sie die Streitigkeiten zwischen den Theologen der verschiedensten Richtungen. Was da an Argumenten vorgebracht und von den Hofpredigern mit Heftigkeit verfochten wurde, erschien ihr kleinlich, Gottes unwürdig, ein trauriges Gezänk.

Ihr Lehrer Matthiae hatte es wohl verabsäumt, ihr den religiösen Fanatismus einzuimpfen, der für ihre Zeit typisch war. Vielleicht hatte er ihr sogar davon erzählt, daß sich ihr Vater, den alle Welt als Retter der Reformation verehrte, trotzdem nicht gescheut hatte, in Deutschland katholische Kirchen zu betreten und sich mit Geistlichen dieses Bekenntnisses zu unterhalten.

Nicht wenige Schweden hatte Gustav Adolf damals damit vor den Kopf gestoßen.

Nun spürte Christine, daß man von ihr eine Rolle verlangte, die zu spielen sie wenig Lust hatte. Natürlich wollte sie Königin werden, wollte ihr Land beherrschen, wollte es nach ihrem Sinn formen, verändern. Christine hatte keine Freude an dem immer noch tobenden Krieg. Er sollte, wenn sie zu bestimmen hatte, ein rasches Ende finden. Sie wollte als

Friedenskönigin in die Geschichte eingehen. Das war ihr klarer Vorsatz.

Immerhin zeichneten sich ihre Interessen, ihre Vorlieben schon deutlich ab: sie liebte Musik, Ballett, Theater und war eine unersättliche Leserin. Nachrichten, die sie von anderen Höfen erhielt, vorab vom französischen Hof, ließen sie neiderfüllt aufhorchen: Dort herrschten weit feinere und üppigere Sitten; dort werkten Künstler von edelstem Geschmack; dort sammelten sich Gelehrte, die Weltruhm genossen. Christine malte sich aus, was sie aus ihrem Hof machen werde, wenn sie nur erst einmal Königin wäre. Diese Träume gaukelten ihre eine Welt der Schönheit, der Wissenschaft, des Geistes und der Freiheit vor.

Endlich war es so weit. Im Jahre 1644 wurde Christine achtzehn Jahre alt und damit mündig. Bis jetzt hatte man sie lediglich Königin *genannt*, jetzt würde sie es wirklich *sein*. Die Krönung sollte so prunkvoll wie möglich gefeiert werden. Man wollte augenscheinlich machen: Schweden war jetzt Großmacht, niemand sollte daran zweifeln dürfen.

Früher hatte man in Uppsala gekrönt. Jetzt war Uppsala zu klein geworden für die Massen, die man erwartete, zu klein und zu grau für das bunte Gepränge, das man plante. Stockholm wurde Krönungsstadt.

Christine hielt sich gut bei diesem Fest. Sie ließ sich die kleine, überaus kostbare Krone aufsetzen, die ihr Vater für Maria Eleonora einstmals in Frankfurt für dreißigtausend Reichstaler hatte machen lassen; dazu trug Christine das schwere Schwert des Urgroßvaters Wasa. Zaumzeug, Sattel und Decke ihres Pferdes waren geradewegs aus Frankreich importiert; Vetter Carl Gustav hatte sie dort nach neuestem Geschmack anfertigen lassen. Gekrönt wurde Christine durch den Erzbischof. Den Eid sprach sie dem Kanzler nach. Im Krönungszug bewegten sich nicht nur das gesamte Aufgebot der ausländischen Diplomaten und der hohe Adel von

Jugendbildnis Christines von Schweden
um 1634

Schweden, sondern auch eine Gruppe von Kamelen, allgemein heftig bestaunt.

Dem Festbankett folgten zahlreiche Lustbarkeiten. Auch an das Volk war gedacht: Ochsen, die mit Gänsen, Enten und Truthühnern ausgestopft waren, wurden öffentlich gebraten und verteilt. Ein Brunnen spendete Wein. Man kann sich denken, mit welchem Behagen gebechert und getafelt wurde. Wer dachte dabei an das nicht allzuferne Deutschland, wo im Umkreis von fünf Meilen kein Bissen Brot aufzutreiben war?

Die Festlichkeiten zogen sich noch Monate hin. Nicht alle wurden vom Hof veranstaltet. Auch die Großen des Landes ließen sich die neue Königin einiges kosten.

Nun also war sie regierende Souveränin: Gustav Adolfs Tochter. Die Aureole, die ihres Vaters Andenken beglänzte, erstrahlte nun auch über ihrer Stirn.

Der französische Botschafter, Pierre-Héctor Chanut, schrieb an seine Regierung, er habe über die neue Königin Erstaunliches zu melden: Diese junge Frau sei ein Wunder an Gelehrsamkeit; sie spreche lateinisch, als sei es ihre Muttersprache; spreche französisch, als sei sie im Louvre geboren; überdies deutsch, italienisch, holländisch und griechisch; sogar ins Hebräische und Arabische habe sie sich vertieft; sie müsse wohl einen jeden durch ihre Geisteskraft, ihre Schlagfertigkeit beeindrucken. Äußerlichkeiten bedeuteten ihr nicht viel (darin irrte Chanut). Am liebsten unterhalte sie sich mit gelehrten Männern über gelehrte Gegenstände, ihr Wissensdurst sei unersättlich ...

Chanut hatte in den meisten Punkten die Wahrheit berichtet: Christine war in der Tat in ungewöhnlicher Weise auf Kognitives fixiert.

Ihr großes Sprachtalent befähigte sie, sich in den verschiedensten Denkgebäuden umzutun, und es machte ihr Vergnügen zu zeigen, was sie wußte. Sie war in ihre eigenen Begabungen verliebt. Wo in aller Welt gab es eine zweite junge Frauensperson, deren Interessen so weit gespannt und wach waren wie die ihren? Die so viel Geschmack und so weitreichende Kenntnisse an den Tag legen konnte wie sie? Die dem Gespräch der klügsten Männer zu folgen, ja, es mit eingestreuten Fragen, Einwänden, neuen Argumenten zu bereichern vermochte?

Sie ließ sich gerne eine schwedische Minerva nennen (war doch Minerva die Göttin der Wissenschaften und schönen Künste), und sie hörte es mit Genugtuung, wenn man ihr zutraute, sie werde aus Stockholm ein neues Athen, aus Schweden ein neuzeitliches Griechenland machen.

Denn genau das war ihr Ziel, ihr Traum.

Mit aller Kraft steuerte sie darauf zu. Theater, Ballett und Musik wurden mit Hingabe gepflegt, die königliche Bibliothek stark gefördert. Da war nichts zu gut und zu teuer, wenn es darum ging, den Bücherschatz der Krone zu bereichern. Berühmte Gelehrte wurden beauftragt, die Bestände zu sichten, zu katalogisieren.

Jeder Fremde, der aus dem Westen Europas an den Hof kam, erregte Christines Aufmerksamkeit: Was hatte er Neues zu vermitteln, Neues auf dem Gebiet der Wissenschaft, der Philosophie und, nicht zuletzt, der Ästhetik?

Indessen war sie ja nicht nur Herrin eines Musenhofes, sondern auch Regentin eines geplagten und von vielen Problemen heimgesuchten Landes. Man hatte so lange Krieg geführt, der Adel hatte sich bereichert, aber der kleine Mann war immer noch ein armer Teufel. Zuviele Männer waren gefallen; mancherorts mangelte es an frischen Kräften in der Landwirtschaft, an neuen Haushaltern, Handwerkern, Handelsleuten. Gründe genug und übergenug, die Aufgaben des Staates ernst zu nehmen.

Christine unterzog sich auch dieser Mühe, wenn auch vielleicht nur mit halbem Herzen.

Nun mußte es sich ja zeigen, ob sie der homo politicus geworden war, zu dem Oxenstierna sie hatte ausbilden wollen. Erst trat sie zurückhaltend auf. Schweigend wohnte sie den Sitzungen des Reichstages und Reichsrates bei. Doch im zweiten Jahr ihrer Regierung zeigte sie Flagge. Es war zwar ihre Taktik, zuerst die anderen reden zu lassen. So lernte sie deren Wünsche und Ziele kenne. Dann aber tat sie ihre Meinungen und Entschlüsse kund, und diese waren keineswegs immer mit den Meinungen und Zielen des Kanzlers deckungsgleich.

Sie ließ ihn merken: sie war nicht mehr sein Mündel. Sie war jetzt seine Königin.

Eine erste Kraftprobe zwischen ihnen drehte sich um Christines alten Lehrer Matthiae.

Nichts hatte den klugen und gütigen Mann so betrübt wie die Zerstrittenheit innerhalb der verschiedenen reformierten Bekenntnisse, eine Zerstrittenheit, die oft wütende Formen annahm. Schon Gustav Adolf hatte sie bedauert. So ließ es sich Matthiae einfallen, ein Buch zu verfassen, das Frieden predigte und Ausgleich vorschlug.

Das aber war wieder dem alten Oxenstierna, als striktem Lutheraner, ein Ärgernis. Er wollte das Buch unterdrücken.

Dagegen erhob Christine Einspruch – und nicht nur, weil sie Matthiae, ihren geistigen Vater, liebte und schätzte. In ihr gingen weitergreifende rebellische Gedanken um, rebellisch gegen Oxenstiernas engstirnige Kirchenpolitik, rebellisch gegen den hartköpfigen Unfehlbarkeitsanspruch der schwedischen Staatskonfession.

Zum erstenmal trat sie gegen einen Antrag des Kanzlers öffentlich hervor – und brachte den Reichstag auf ihre Seite.

Diese Niederlage mußte Oxenstierna tief getroffen haben: es war ein erstes Wetterleuchten, Ankündigung späterer Katastrophen.

Es war kurz vor Beendigung des Dreißigjährigen Krieges – schon wurde in Osnabrück und Münster vorverhandelt und um die Sitzordnung der Delegierten gestritten –, da trat ein schwedischer General, Königsmarck, zum Sturm auf die Prager Kleinseite an. Die Kleinseite ist der Teil der Stadt, der den Burgberg und auch das sogenannte Belvedere umfaßt. In dem mit Arkaden umgebenen, zartgegliederten Renaissancebau hatte Rudolf II., der Unglückskaiser aus dem

Hause Habsburg, alle seine in ganz Europa zusammengeschacherten Kunstschätze aufgehäuft.

Königsmarck zog ein und sah sich im Belvedere um. Die Kunstschätze waren verschwunden. Man folterte den Kastellan, bis dieser das Versteck preisgab.

Wenige Tage später wurde eine Reihe schwerer Kisten vom Moldauufer auf ein schwedisches Schiff verladen. Eilig stieß es vom Landungsteg ab und glitt nordwärts davon.

Wochen später kam die Fracht in Stockholm an. Die junge Königin erwartete sie mit Ungeduld. Sie ließ Kisten und Kasten in ihre Privatgemächer schaffen, ließ sie öffnen und entleeren. Dann schloß sie sich mit der Beute ein.

Stunden und Tage brachte Christine damit zu, Stück für Stück zu mustern.

Sie sah zum erstenmal Meisterwerke der italienischen Renaissance im Original, Tafelmalereien von Raffael, Tizian, Veronese; sah Plastiken von Da Bologna, Wunderwerke raffinierter Eleganz und Anmut; sah Elfenbeinschnitzereien und Goldwaren erlesenster Machart, Spitzenwerke der größten Meister, Unikate genialer Kreativität.

Der Anblick mag Christine den Atem verschlagen haben.

Das also war es, was sich im fernen südlichen Europa ereignet hatte und wohl weiter ereignete! Diese Bilder waren im Schatten und Machtbereich des tausendfach verfluchten Papismus geschaffen worden. Diese zarte Anmut, dieser sublime Schmelz der Farben, diese Noblesse der Gestik und Innigkeit des Ausdrucks, sie waren in einer Welt erdacht worden, von der es hier hieß, sie sei voller Lüge und götzenkultischer Verirrung. Christine hielt sich die Augen zu, um diese Unbegreiflichkeit zu bedenken – und öffnete sie wieder, um in den Anblick zu versinken. Nie mehr, so schwor sie sich in diesem Augenblick, werde sie diese Dinge jemals von sich lassen. Eher wollte sie Reich und Krone verlieren!

Ihr ganzer, längst schon aufgestauter Unmut gegen die nordisch rauhe »gothische« Selbstgenügsamkeit überschwemmte sie, der Widerwillen gegen den rechthaberischen Eifer ihrer

Konfession, gegen deren Bildabstinenz und engherzige Weltverachtung.

In Christine ging eine ungeheure Veränderung vor sich. Sie ergriff Partei für das Schöne und wollte nichts mehr, als nur noch Parteigängerin des Schönen sein. Was gingen sie die Greuel an, die man ihr über die Verderbtheit Italiens, über den Nepotismus der Päpste, über die finsteren Machenschaften der Jesuiten erzählt hatte? Sie meinte plötzlich zu wissen, daß das alles nichts wog vor der göttlichen Epiphanie ästhetischer Vollkommenheit. Die hatte sie jetzt vor Augen – und vor ihr ging sie in die Knie.

Kurz nach dem Prager Beutezug wurde der Friede von Münster und Osnabrück geschlossen. Es war ein für Schweden eher enttäuschender Abschluß. Oxenstierna hatte ganz Pommern und zwanzig Millionen Taler gefordert. Er erhielt nur einen Bruchteil. Immerhin hatte er durchgesetzt, daß der Bestand der Reformation gesichert war. Insofern war Oxenstierna Gustav Adolfs treuester Testamentvollstrekker. Christine bewegte schon ganz andere Pläne in sich. Doch noch mußte sie schweigen.

Schweigen und nochmals schweigen. Vier Jahre war sie nun mündig und an der Regierung. Schwedens politisch interessierte Öffentlichkeit schien kein dringenderes Problem zu kennen als ihre Verehelichung. Man lag ihr mit den verschiedensten Vorschlägen in den Ohren. Der hohe Adel liebäugelte mit der Hoffnung, sie werde einen aus ihren Kreisen erwählen. Auch Oxenstierna hatte Söhne und bot sie ihr an. Und überdies war da ja noch – seit kurzem Oberkommandierender der schwedischen Armee – Carl Gustav, der brave Vetter, dem Christine schon als Halbwüchsige Avancen gemacht hatte ...

Doch als Carl Gustav wieder einmal in Stockholm erschien, war die Cousine keineswegs bereit, in seine Arme zu sinken. Sie empfing ihn sehr kühl. Sie hatte sich einen anderen Liebling erkoren.

Gabriel Magnus de la Gardie war ein Sohn Jakobs de la Gardie, des alten Reichsmarschalls, eines hartgesottenen Kriegers, dem man böse Dinge nachsagte, zum Beispiel, er habe im baltischen Krieg eine ganze Stadt, Männer, Frauen und Kinder, über die Klinge springen lassen. Sein Sohn Magnus war anderer Art. Er war in Frankreich gewesen, hatte dort feinere Lebensart und weichere Sitten angenommen; als junger Elegant, als munterer Witzbold war er heimgekehrt. So gefiel er Christine. Sie überschüttete ihn mit Wohltaten.

Obwohl Oxenstierna warnte, schickte sie Magnus als Botschafter nach Paris und war glückselig, als man ihn dort mit allen Ehren empfing. Magnus genoß seinen Status in vollen Zügen. Bald steckte er tief in Schulden – Christine verzieh ihm und zahlte.

Sie hätte wohl nie daran gedacht, einen ihrer Untertanen zu ehelichen. Darum konnte sie Magnus auch vergeben, als er ihr gestand, er liebe nicht sie, die Königin, er liebe eine andere, Carl Gustavs hübsche Schwester, mit der Christine als junges Mädchen befreundet gewesen war. Sie richtete den beiden die Hochzeit aus und entließ sie in Gnaden – eine hochherzige Handlungsweise. Aber hatte sich Christine nicht schon längst in andere Bereiche entfernt?

Im Jahr 1645, also ein Jahr nach Christines Thronbesteigung, war eine junge Gräfin Sparre an den Hof gekommen. Sie war schön, so schön, daß man sie »Belle« nannte. Viel mehr wissen wir nicht von ihr. Vermutlich war sie sanft, gefügig, geduldig. Sie wurde Christines intimste Vertraute, sie teilte eine Zeitlang der Königin Bett.

Das war damals nichts Ungewöhnliches. Man schlief nicht allein. Man wollte nachts einen Gefährten neben sich haben, als ließen sich Dunkelheit und Alpträume besser bestehen in der warmen Atemluft menschlicher Nähe.

Aber Christines Beziehung zu Ebba Sparre war noch eine andere.

Christine liebte die junge Schöne, liebte sie mehr, als sie – in frühen Backfischjahren – Carl Gustav und später Gabriel

Magnus de la Gardie geliebt hatte. Nach den wenigen Briefen, die erhalten sind, muß sie mit dieser gefügigen und gelehrigen Gefährtin Stunden und Tage innigster Übereinkunft, beglückender Gemeinsamkeit erlebt und Schwüre unverbrüchlicher Treue getauscht haben.

Die einsame Königin mag Ebba in die Arme geschlossen und sich in ihren kurzen, unruhigen, von Schlaflosigkeit verstörten Nächten zu ihr geflüchtet haben. War Ebba zuerst befremdet, später beglückt?

Sie nahm hin und duldete alles. Sie duldete auch, daß man sie, noch bevor Christine das Land verließ, einem Mann vermählte. Er überließ seine junge Frau der Königin, solange diese Königin war. Dann verwehrte er ihr, die Freundin jemals wiederzusehen.

Unterdessen erwarb sich Christine im Ausland mehr und mehr Ansehen. Besonders in Gelehrten- und Künstlerkreisen zirkulierte ihr Name als der einer Person, deren Gunst zu gewinnen Vorteile versprach. Christine galt für freigebig und breit interessiert. Viele damals bekannte Leute, die sie nach Stockholm berief, sind heute mehr oder minder vergessen. Aber zwei Sterne erster Ordnung müssen hier genannt werden: Blaise Pascal und René Descartes.

Pascal widmete der Königin eines seiner maschinellen Wunderwerke, eine kleine, auf den ersten Blick unscheinbare Apparatur mit sechs Radscheiben. Drehte man einen Hebel vorwärts, konnte das Ding beliebige Zahlen zusammenzählen, drehte man den Hebel rückwärts, subtrahierte es. Diese kleine Maschine war einer der wichtigsten Vorläufer unserer späteren Rechenmaschinen. Der Begleitbrief, den der große Mann an Christine schrieb, gehört zu den schmeichelhaftesten Dokumenten, die ein gekröntes Haupt je erhalten hat:

> »Ich weiß, Madame, daß man mich für überheblich halten könnte, indem ich Eure Majestät dieses Ding

anzunehmen ersuche. Aber ich fühlte mich dazu veranlaßt durch die Verschmelzung zweier Eigenschaften in Ihrer Person, die mich beide mit Bewunderung und Respekt erfüllen, nämlich Ihre absolute Souveränität und Ihre Begier, sich immer mehr Wissen anzueignen. Die Menschheit, die durch ihre Natur dazu angehalten ist, immerfort nach Vollkommenerem zu streben, hat dennoch bis jetzt vergeblich auf das Erscheinen eines solchen Herrschers gewartet. Was bis jetzt an Königen und Lernbeflissenen erschienen ist, konnte jeweils nur die Hälfte dessen erfüllen, was doch so wünschenswert ist. Erst in unseren Tagen ist das Wunder geschehen und verwirklicht sich in einer jungen Königin, in der der Ernst der Erfahrung sich mit der zärtlichen Anmut der Jugend vermählt, in der die Freiheit des Geistes die Bürde des Königtums, der Glanz der Erkenntnis die Lieblichkeit der weiblichen Natur durchdringt. Eure Majestät ist es, die der Welt dieses einzigartige Beispiel geliefert hat.«

Ein Lobpreis ohnegleichen.

Mit Descartes hatte Christine dagegen weniger Glück.

Sie verehrte ihn seit langem. Seine Philosophie, die alles (nach damaligen Begriffen alles) in Frage stellte, entsprach ihren eigenen Denkansätzen. Vielleicht konnte er sie von den Qualen des Zweifels erlösen, an denen sie litt? Sie lud ihn ein. Er sollte an ihrem Hof seine Zelte aufschlagen.

Doch wie es manchmal geht, wenn zwei eine hohe Meinung voneinander hegen: die persönliche Begegnung bleibt immer wieder ein Wagnis. Christine war von Descartes, Descartes von Christine enttäuscht. Sie fand den kleinen dicken Mann nicht vergeistigt genug. Und er fand ihre Zumutung, sich als Höfling zu bewähren, nicht angemessen. Überdies, schrieb er an einen Freund, verstehe »diese gothische Königin« sehr wenig von Philosophie.

Zu seinem Unglück war Descartes im Herbst nach Stockholm gereist. Den klimaverwöhnten Franzosen überfiel der grimmige schwedische Winter. Er fühlte sich vereinsamt. »Ich spreche mit fast niemandem«, klagte er, »ich habe den Eindruck, hier frieren die Menschen ein wie die Flüsse.«

Endlich besann sich Christine, dem großen Geist eine entsprechende Aufgabe zu stellen. Er sollte den Plan für eine schwedische Akademie entwerfen. Gehorsam setzte er sich ans Werk. Kurz darauf erkrankte er. Es hieß, eine Lungenentzündung habe ihn darniedergeworfen und ausgelöscht. Es war am 11. Februar 1650. Descartes hatte noch nicht einmal ein halbes Jahr in Schweden verbracht.

Bald darauf ging die Königin der schwersten Zeit ihres Lebens entgegen.

Schon vor ihrem Regierungsantritt hatte sie verlauten lassen, daß sie nicht die Absicht habe, sich zu verheiraten.

Damals hatte das niemand sonderlich ernst genommen. Welches junge Mädchen hat nicht schon ähnliches gesagt? Solche Äußerungen gehören zu den normalen Ritualien der Koketterie. Doch Christine war nicht kokett, nicht auf so blauäugige Weise, nicht auf diesem Niveau.

Christines Erklärung hatte tiefere Gründe.

Sie war in eigenartiger Weise mit ihrer eigenen weiblichen Natur entzweit.

Nicht nur, daß ihre monatlichen Beschwerden immer beängstigender wurden. Sie ging mit sich selbst nicht gut um. Damen ihres Standes verbrachten in jener Zeit täglich Stunden bei der Toilette. Christine rühmte sich, in einer Viertelstunde fertig zu sein. Ihr Haar ließ sie nur einmal in der Woche kämmen. Rächte sie sich an sich selbst, weil sie, die Verehrerin alles Schönen, so wenig Anmut zeigte?

Als kleines Mädchen war sie, vermutlich auf Betreiben ihrer Mutter, in großem Putz porträtiert worden. Jetzt, als Königin, ließ sie sich in fast schmuckloser Kleidung malen: Der Schnitt und das dunkle Tuch erinnern an Männertracht; ihr Gesicht gleicht dem ihres Vaters. Doch was an Gustav Adolf als männliche Schönheit wirkte, wirkt an der

Tochter seltsam ungeschickt. Seine gebogene Nase steht zu mächtig zwischen ihren schmalen Wangen. Seine imponierende Gestalt ist an ihr kurz, breithüftig plump und untersetzt geraten.

Hinzu trat eine früh bemerkbare Verwachsung: die eine Schulter scheint wie ausgerenkt. Die Schuld an dieser Anomalie wurde einer von den polnischen Wasas böswillig in Christines Kinderstube eingeschmuggelten Wärterin in die Schuhe geschoben: Sie habe den Säugling mit Absicht fallen lassen.

Dieser Schaden hinderte Christine freilich nicht daran, stundenlang zu tanzen, weite Ritte zu unternehmen und dabei je nach Laune einmal im Damen-, dann im Herrensattel zu sitzen. Ihr Arzt Bourdelot sprach in einem umständlichen Bulletin von der männlichen Natur der Königin.

Wenn sie reiste, reiste sie im Eiltempo. Sie hatte wenig Geduld, weder mit anderen noch mit sich selbst.

Diese Ungeduld trieb sie an, alles zu wagen, nur um sich selbst genugzutun.

Wie schon bemerkt, durfte kein Katholik in Schweden leben, außer er gehörte dem diplomatischen Korps und Personal an.

Der zu jener Zeit in Schweden akkreditierte portugiesische Botschafter, ein Herr von Pereira, war des Schwedischen nicht mächtig. Wenn er mit der Königin verhandelte, mußte er einen Dolmetscher mitbringen. Dieser Dolmetscher war sein Kaplan, der Jesuit Antonio Macedo.

Als Pereira erkrankte, übertrug er Macedo seine Geschäfte. Nun konnte Christine allein mit Macedo sprechen. Ihre Gespräche wurden immer häufiger, immer länger. Der kranke Pereira wunderte sich, was denn sein Kaplan mit der »gothischen« Königin zu verhandeln habe: die zwischen beiden Ländern schwebenden Probleme waren doch recht begrenzt. Macedo erklärte seinem Herrn, Christine liebe es, auch literarische Themen zur Sprache zu bringen. Eines

Tages bat Macedo um Urlaub; er wolle auf den Kontinent zurückkehren. Pereira verweigerte ihm das. Macedo verschwand trotzdem. Pereira eilte zur Königin und beklagte sich. Sie spielte die Empörte; sie wolle, versprach sie, dem kecken Flüchtling nachsetzen lassen. In Wirklichkeit reiste Macedo in ihrem Auftrag, mit ihrem Paß. Sein Ziel war Rom.

Dort sollte der Portugiese dem General der Jesuiten unter dem Siegel strengster Verschwiegenheit mitteilen, sie, die Königin von Schweden, habe das Verlangen, über die wahren Lehren der katholischen Kirche Näheres zu erfahren. Der Jesuitengeneral möge ihr Patres seines Ordens schikken, die aber als solche keinesfalls zu erkennen sein dürften; sie sollten als Gelehrte an ihren Hof kommen, so unauffällig-unverdächtig wie nur immer möglich.

Und richtig: etliche Monate später tauchten zwei Italiener an Christines buntscheckigem Hof auf. Der eine führte sich als Professor der Mathematik ein. Christine vermutete sofort, wer die beiden waren. Bald wurden unter der Hand Zeichen gewechselt: gemurmelte Fragen, gestische Antworten. Christine begann ihr gewagtes Spiel.

Von nun an zeigte sie an keiner anderen Wissenschaft mehr Interesse als an der edlen Kunst der Mathematik. Stundenlang schloß sie sich mit ihren italienischen Lehrern ein.

Worum die Rede ging? Wir können es nur erraten.

In Christine hatte sich der Entschluß festgesetzt, als Königin von Schweden abzudanken. Ihn hatte sie schon dem Reichsrat mitgeteilt. Vor den Patres hielt sie auch mit den wahren Gründen nicht mehr hinter dem Berg: Sie habe keine Lust mehr, die fromme Lutheranerin zu mimen. Schon als Kind habe sie an ihrem ererbten Bekenntnis gezweifelt. Wäre, wie hier behauptet, die menschliche Natur so verderbt, wie könne sie nach Erkenntnis streben und Schönheit schaffen, Schönheit als Abglanz Gottes; das lehre doch die römische Kirche, oder?

Ja, das lehre sie, gaben die Patres zu.

Sie habe, fuhr die Königin fort, neue und alte Philosophen gelesen; dabei sei ihr Ciceros Wort schwer auf die Seele gefallen, daß der Mensch von Gott vielleicht gar nichts wissen könne. Darum halte sie es lieber mit der Vernunft als mit der Offenbarung. Die Patres versicherten ihr, die römische Kirche lehre nichts, was der Vernunft widerspreche.

Die beiden Jesuiten mögen Christine lange und geduldig zugehört haben. Was sie bei einem Angehörigen der eigenen Religion als ketzerisch und frevelhaft bezeichnet hätten, ließen sie in diesem Fall unwidersprochen und ungerügt. Sie glaubten zu erkennen, hier ringe eine Seele um Erleuchtung und sei auf dem rechten Weg.

Doch es ging um mehr. Die beiden gewiegten Menschenkenner werden sicher gemerkt haben, daß Christines Abneigung gegen das angeborene Bekenntnis einem Verlangen nach freierer geistiger Bewegung entsprang. Also stellten sie ihr die Kirche als eine Institution dar, die, zwar hierarchisch gegliedert, dennoch ein Auslauf für Freigesinnte sei. Und sicher versäumten sie auch nicht, die Zersplitterung der Reformierten der triumphalen Einheit der »Una sancta« gegenüberzustellen; das war ein Argument, das Christine tief berührte. Nach den Verdunklungen und Erschütterungen, fuhren die Patres fort, von denen, Gott sei's geklagt, in den letzten Jahrhunderten auch die Kirche heimgesucht worden sei, habe sie sich gereinigt und sei gestärkt und herrlich daraus hervorgegangen. Sie, die Patres, seien selbst Zeugen dieser Entwicklung, vor allem in Rom. Wenn doch nur Ihre Majestät das Glück haben dürften, Rom einmal selbst zu erleben und seine Herrlichkeit mit eigenen Augen zu prüfen!

Als Christine die Gäste verabschiedete, steckten in deren Kleidern gut versteckt, sorgfältig eingenäht, verschiedene Briefe: einer an den König von Frankreich, einer an den König von Spanien, einer an die Kurie. Diese Briefe enthielten Ankündigungen und Anfragen: Was würde dem katholischen Teil Europas eine konvertierte Königin von Schweden wert sein?

Mit diesen Briefen spielte Christine um Kopf und Kragen. Wären sie entdeckt worden, wer weiß, wozu sich Oxenstierna, wozu sich der Reichsrat entschlossen hätte?

Christine war als Kind gewiß oft einsam gewesen. Nun war sie dabei, sich in die äußerste Einsamkeit zu begeben, denn wem in ihrem Land hätte sie sich anvertrauen dürfen?

Carl Gustav hatte noch immer nicht die Hoffnung aufgegeben, sie einmal als Gattin zu besitzen. Nun bestellte sie ihn zu sich. In Gegenwart von Matthiae und ihrem Freund Magnus de la Gardie eröffnete sie ihm ihren Entschluß, ihn als ihren Nachfolger proklamieren zu wollen.

Carl Gustav war bestürzt: er wolle ihr Gatte und nicht ihr Nachfolger sein. Nicht den Thron begehre er, sondern sie, die Königin. Christine wies ihn kalt zurecht: er solle nicht reden wie ein Romanheld! Daß sie selbst einen Roman größten Ausmaßes spielte, scheint ihr nicht bewußt gewesen zu sein.

Bald kursierten Gerüchte im ganzen Reich, daß sie dem Thron entsagen wolle. Doch als sie ihren Rücktritt endgültig kundtat, wirkte die Nachricht wie ein Donnerschlag.

Schon mancher Souverän hatte dem Thron entsagt, zumeist gezwungen – durch einen unglücklich verlaufenen Krieg, durch andere Schicksalsschläge, durch eigenes Versagen mit Schande bedeckt.

Doch Christines Rücktritt schien ohne Beispiel.

»Sie muß wahnsinnig geworden sein!« rief Oxenstierna aus.

Nicht nur Reichstag und Reichsrat waren erschüttert, auch das einfache Volk stand vor einem Rätsel. Wie? Gustav Adolfs Tochter wollte nicht mehr ihre Königin sein? War sie denn wirklich so krank? Sah man sie denn nicht oft reiten, tanzen, mit gelehrten oder auch weniger gelehrten Männer plaudern und scherzen?

Der Bauernstand wandte sich mit beinahe flehentlichen

Bitten an sie: Sie dürfe ihre Bauern nicht im Stich lassen! Christine antwortete ungerührt, sie fühle sich nicht imstande, die Bürde der Krone zu tragen. Im übrigen habe sie Gründe, über die Rechenschaft abzulegen sie niemandem gegenüber verpflichtet sei.

Große Worte, stolze Gesten. Aber hinter geschlossenen Türen wurde hart verhandelt. Denn Christine hatte nicht vor, als Bettlerin davonzuziehen. Um die Wahrheit zu sagen: Christine *verzichtete* nicht auf den Thron, sie *verkaufte* ihn.

Sie entsagte auch nicht ihrer königlichen Würde. Sie wollte auch weiterhin als Souveränin geachtet und behandelt werden; wollte über einen Hofstaat verfügen und über ihn richten dürfen. Dazu brauchte sie allerdings Geld, viel Geld. Und so verhandelte sie ...

Oxenstierna hätte ihren Forderungen die Stirn bieten können. Doch er war alt, krank, dem Ende nahe. So hatte es Christine vor allem mit Carl Gustav zu tun. Er hatte sich nach langem Sträuben und mit einigem Kummer dazu bereit finden lassen, Christines Nachfolge anzutreten, und in alter Ergebenheit vermochte er ihr nicht allzuviel abzuschlagen. Er gestand ihr ein jährliches Gedinge von zweihunderttausend Reichstalern zu. Das war nicht wenig. Die Gelder sollten zum Teil aus der schwedischen Staatskasse, zum Teil aus bestimmten Gütern fließen; diese lagen auf Ostseeinseln, in Mecklenburg, Pommern, Wolgast. Christine verpflichtete sich, diese Güter weder zu verkaufen noch zu verpfänden; nach ihrem Tod sollten sie an die schwedische Krone zurückfallen.

Zusammenfassend wurde festgehalten, daß die abgedankte Königin keiner weltlichen Autorität unterworfen und Gott allein verantwortlich sei. Am 6. Juni 1654 erfolgte die offizielle Abdankungszeremonie. Gleich darauf verließ Christine mit kleinem Gefolge ihr Land. Einer Legende nach soll sie lachend über den Grenzbach gesprungen sein – mit dem Jubelruf, endlich sei sie frei.

Als man sie noch in Stockholm befragt hatte, wohin sie zu gehen gedenke, hatte sie geantwortet: Nach Spa – zur Kur.

Sie ging nicht nach Spa – und auch nicht zur Kur. Sie ging in das spanisch, also katholisch beherrschte Antwerpen. Ein Erzherzog aus dem Hause Habsburg empfing sie mit hohen Ehren. Auch der spanische Gesandte Pimentel war zur Stelle: mit ihm hatte sie sich noch in Stockholm befreundet, so eng befreundet, daß man in Schweden von einem Liebesverhältnis getuschelt hatte. Auch ein Montecucculi beeilte sich, ihr seine Aufwartung zu machen. Der spanische König ließ ihr sagen, sie werde, wenn sie in sein Reich komme, es nicht zu bereuen haben.

Doch Christine wartete auf genauere Zusagen.

In Antwerpen, später in Brüssel, fühlte sie sich wohl.

Hier atmete sie schon die Luft, die ihr behagte, die Atmosphäre alter Kultur, hochgezüchteter Ästhetik, gelockerter Sinnlichkeit. Wehte hier nicht schon etwas wie mediterranes Klima? Es gab Feste, Bälle, Bankette – und überall war sie Ehrengast. Daneben ließ sich sich in Bibliotheken führen, unterhielt sich mit gelehrten Männern, besichtigte Kunstwerke.

An ihre geliebte Belle, an Ebba Sparre schrieb sie: »Meine Seligkeit wäre unübertrefflich, könnte ich sie mit dir teilen. Könntest du Zeuge meines Glückes sein, ich verdiente wahrlich den Neid der Götter.«

Überrascht und in ihren Erwartungen betrogen, beobachteten die Gastgeber Christines vergnügtes Treiben. Wie immer ließ sie ihren lockeren Sitten freien Lauf. War sie denn nicht gekommen, um zu konvertieren? Man hatte sich eine Bekehrte oder sich soeben Bekehrende etwas anders vorgestellt, frömmer, zurückgezogener, mit Andachtsübungen beschäftigt.

Man gab ihr mit sanftem Nachdruck zu verstehen, was man von ihr erwartete. Doch Christine zögerte.

Sie schwamm in Vergnügungen aller Art. Aber sie watete auch in schweren Sorgen. Sie hatte ihr Königtum verkauft, doch der Kaufpreis lag noch in schwedischer Hand. Was würde geschehen, wenn sie nun wirklich zu dem in ihrer Heimat verhaßten Papismus übertrat?

Christine zitterte davor, daß man ihr die Einkünfte streichen oder auch nur reduzieren könnte.

Die Summe, die sie aus Schweden mitgebracht hatte, schmolz rasch dahin, denn sie führte ein aufwendiges Leben. Was Haushalten heißt, hatte sie nie gelernt. Erst neulich hatte sie zum Beispiel eine ganze Theatergruppe engagiert. Ihr Bankier Texeira in Hamburg behauptete, nicht mehr borgen zu können. Christine befahl, ihr Tafelsilber einschmelzen zu lassen. Welche Demütigung! Noch war sie kein halbes Jahr in der Fremde. Wie sollte das weitergehen?

Andere Ärgerlichkeiten: Frankreich und Spanien waren wieder einmal in einen Krieg miteinander verwickelt. Als Gast der Spanier und Österreicher hatte sie geglaubt, sich kritisch gegen Frankreich äußern zu müssen. Sofort ergoß sich eine Sintflut gallischer Empörung über ihr Haupt. Die Pamphlete beschrieben sie als monströs häßlich, sie beschuldigten sie aller Laster. Sie warfen ihr sogar vor, sie glaube nicht an Gott.

Dennoch ließ sich die Kurie nicht abschrecken, Christine im Auge zu behalten.

Die Kurie erwartete von der Bekehrung der schwedischen Königin einen bedeutenden Werbeeffekt – und dessen glaubte sie auch dringend zu bedürfen.

Wohl war die Sturmflut der Reformation eingedämmt; dafür hatte der Stuhl Petri mit den Regierungen der katholischen Länder große Schwierigkeiten. Polen war ein schlingerndes Schiff. Frankreich zeigte sich beutelüstern und keineswegs gesonnen, auch nur die geringste Einmischung in seine Angelegenheiten zu dulden. Habsburg machte sich in Norditalien unangenehm bemerkbar, und Spanien hatte sich im Süden des Kirchenstaates eingenistet und bildete eine unbequeme Nachbarschaft. Überdies drohte der Türke.

So war man in Rom geneigt, auf Christine zu setzen.

Freilich: noch fürchtete man weiblichen Wankelmut. Ehe man sich ihrer annahm, mußte die Konversion der Schwedin feststehen.

Zitternd vor den unabsehbaren Folgen legte Christine zu Weihnachten hinter verschlossenen Türen vor nur wenigen Granden, darunter dem habsburgischen Erzherzog, ihr erstes Bekenntnis zum Katholizismus ab. Doch so geheim der Akt selbst verlief, so schnell war er bekannt gemacht. Ein Feuerwerk erhellte die Christnacht über Brüssel, Kanonen schossen der Bekehrten Salut.

Nun folgte die feierliche Einladung der Kurie nach Rom, allerdings unter der Auflage, Christine müsse, ehe sie Italien betrete, noch einmal und in aller Öffentlichkeit ihr Bekenntnis bekräftigen. Dazu wurde Innsbruck als passender Ort ausersehen.

Nun reiste Christine ab, reiste quer durch Deutschland, das ihr Vater als siegreicher Feldherr und Retter der Reformation durchzogen hatte. In ihrem Gefolge waren nur noch zwei Schweden, und diese nahmen in Innsbruck unter Tränen von ihr Abschied.

In der Innsbrucker Hofkirche sprach sie am 3. November »mit lauter und distincter Stimme und frohen Gemüts«, so meldet der Chronist, das apostolische Credo und die Absage an den Glauben ihrer Väter.

Die Reise ging weiter – in ihr Traumland, Italien.

Am Po, damals Grenze des Kirchenstaates, wartete eine päpstliche Delegation auf sie, dazu ein vergoldeter Bukentaurus, ein prachtvolles Staatsschiff, das sie über den Strom bringen sollte.

Während sich Christine, etwas langsamer als sonst auf ihren Reisen, auf die Ewige Stadt zubewegte, rotierten dort Volk und Kurie. Papst Alexander VII., erst seit kurzem gewählt, ermahnte seine Bischöfe und Kardinäle, sich nur ja würdig und tugendhaft zu betragen, denn man wisse ja, wie kritisch diese Leute aus dem Norden das Verhalten kirchlicher Stellen beurteilten.

Zum übrigen waren noch heikle Fragen zu klären: zwar wollte man der Schwedin alle protokollarischen Ehren erweisen, aber der eigenen Erhabenheit durfte das keinen Abbruch tun.

An einem Dezembertag zog Christine in Rom ein.

Die Stadt hatte ein deutlich doppeltes Gesicht: Einesteils war sie eine von Leben quirlende Metropole, in der sich alle Nationen, vor allem natürlich die katholischen, ein buntes Stelldichein gaben; eine Stadt des Phantastischen, Exotischen, eine Stadt auch der Märkte, der Manufakturen, der Wagen- und Pferderennen, ausgelassener Festlichkeiten, wütender Streitigkeiten und Revolten, eine Stadt der Lebenslust und des Elends. Andernteils war Rom ein Panorama antiker Ruinen, halbzerfallener Kaiserpaläste, Arenen, Tempel und Thermen, aus denen und zwischen denen neue Paläste, neue Kirchen aufwuchsen, Kuppeln und Prunkfassaden von imperialer Pracht; daneben krebsartig wuchernd die Hütten und Wohnhöhlen der Armen.

Diese Stadt trug ihre lange Geschichte zur Schau, eine Geschichte der Häutungen und Verwandlungen und des einen, unbeugsamen Anspruchs: daß sie, Roma aeterna, die Ewige Stadt, die Mitte des Erdkreises und damit caput mundi, das Haupt der Welt, sei.

Am ersten Tag wurde Christine vom Papst empfangen. Sie speiste mit ihm an einem Tisch, unter demselben Baldachin (ein unerhörter Vorgang), sie wohnte im Vatikan (eine ebenso unerhörte Regelung) und wurde am zweiten Tag dem Volk von Rom als die Herrscherin vorgestellt, die »einzig und allein um des wahren Glaubens willen auf Krone und Reich verzichtet« habe.

Die Nobilität der Stadt stand Spalier. Der Petersdom war mit prachtvollen Gobelins ausstaffiert, über dem Portal prangte das Wappen der Wasas. Christine wurde gefirmt und empfing aus der Hand des Papstes die Kommunion.

Dann fuhr sie in einer von der Kurie gestifteten Kutsche zum Palazzo Farnese.

Dieser, von San Gallo und Michelangelo erbaut, war von nun an ihr Quartier. Man hätte ihr kaum ein glänzenderes anbieten könne.

Mit der ihr eigenen Unbefangenheit nahm Christine das Gebäude in Besitz. Die schönsten Gemächer reservierte sie für sich. Ihre Begleitung verteilte sich auf die Etagen. Die Königin war keine bescheidene und ruhige Quartiernehmerin, und ihr Gefolge war wenig vertrauenserweckend. Sie hatte schon in Schweden bisweilen eine Vorliebe für allerlei windiges Volk gezeigt; junge, muntere, prahlerische Herrchen hatten an ihr eine geneigte Gebieterin gefunden. Jetzt war sie von Fremden umgeben. Sie wurde zwar von Palazzo zu Palazzo eingeladen, die vornehmsten Familien reichten sie untereinander herum, denn jedermann wollte sie wie ein seltsames Tier bestaunen. Aber in ihren Dienst drängten sich Leute eher zweifelhaften Charakters. Das Dickicht der römischen Verhältnisse verwirrte sie; sie hätte an ihnen scheitern müssen, wäre ihr hier nicht doch ein Mann begegnet, der ihr Freundschaft und vielleicht, wenn auch nur zeitweise, Liebe entgegenbrachte.

Decio Azzolino, aus kleinem mittelitalienischen Adelsgeschlecht stammend, hatte im geistlichen Stand früh Karriere gemacht. Er war Kardinal, ein etwas dicklicher Italiener, klug, hochgebildet und nicht ohne Ideale. Er gehörte einer Gruppe an, die es sich zum Ziel gesetzt hatte, in der Hierarchie den schädlichen Nepotismus auszurotten.

Der Nepotismus war ein Relikt aus dem Mittelalter, in dem sich das gesamte gesellschaftliche Leben nur innerhalb festgefügter Feudal- und Familienstrukturen abgespielt hatte. So hatten sich auch die Päpste auf ihre Familien – ihre »Nepoten« – gestützt, sich stützen zu müssen geglaubt, und damit Zuständen die Türen geöffnet, die in weltlichen Staatsgebilden durchaus üblich waren (dort war es selbstverständlich, daß die Dynasten ihre Familien bevorzugten und versorgten), die aber in der Kirche als schwerer Mißbrauch empfunden wurden. Gegen diese Mißbräuche war, unter vielen anderen, auch Azzolino aufgetreten.

Trotz dieses zweifellos moralischen Engagements zögerte er nicht, mit der abgedankten schwedischen Königin ein Verhältnis anzuknüpfen.

Christine verbrachte nach ihrem triumphalen Empfang Monate damit, die Stadt in Augenschein zu nehmen. Sie besuchte die antiken Trümmerstätten. Sie ließ sich in den ehrwürdigsten Bibliotheken die kostbarsten Stücke vorlegen. Sie ließ sich auch vom römischen Karneval mitreißen.

Dabei litt sie wieder einmal an schweren finanziellen Sorgen.

Sie hatte ihr Land verlassen, weil sie auf Spaniens Großzügigkeit hoffte. Doch seit ihrer Arbreise nach Rom waren ihre Beziehungen zu Philipp IV. auf den Nullpunkt gesunken. Christines Situation wurde bedrohlich. Zwar bemühte sich der treue Vetter Carl Gustav, die fälligen Zahlungen zu leisten, aber Schweden trudelte schon wieder in neue kriegerische Verwicklungen; diesmal ging es gegen Polen. Christine schwebte in tausend Ängsten: Ein kriegführendes Land war immer in Geldnöten, und wenn sich der Krieg nach Pommern zog, gerieten ihre Güter in Gefahr, und der ohnehin nur tröpfelnde Unterhalt würde am Ende ganz versiegen?

Da erreichte sie ein Freundesrat: Wenn Spanien versagte, konnte vielleicht Frankreich einspringen? Frankreich schuldete Schweden noch vom Westfälischen Frieden her größere Summen. Was lag näher, als sie einzufordern?

In Christines Kopf setzte sich ein kühner Plan fest. Er beruhte auf der Tatsache, daß Frankreich und Spanien nun schon lange einen blutigen Konflikt miteinander austrugen. Hier glaubte sie, eine große neue Chance für sich wahrnehmen zu können.

Sie streckte ihre Fühler nach Paris aus, und siehe, der allmächtige Minister Mazarin fand sich geneigt, sie sogleich einzuladen.

Bangen Herzens machte sie sich auf den Weg.

Hätte sie geahnt, welch ein Empfang ihr bereitet wurde, hätte sie ihrem Ziel freudig engegengefiebert.

Christine wurde ein Willkommen geboten, als wäre in ihr ein befreundeter mächtiger Monarch gekommen. Mazarin reiste ihr ein gutes Stück entgegen. Der ganze Hof war in der Hauptstadt versammelt, das Volk von Paris aufgeboten, in der Kathedrale von Notre Dame wurde ein Te Deum abgehalten. Nach offiziellen Feierlichkeiten und rauschenden Festen erhielt Christine jede Gelegenheit, ihren Neigungen freien Lauf zu lassen: Die Zelebritäten aus Kunst und Wissenschaft wurden ihr vorgestellt, so etwa der Verfasser der auch heute noch unübertroffenen »Maximes«, der Herzog de la Rochefoucauld.

Noch immer war es ihr Bedürfnis, die klügsten Leute durch ihre Klugheit, die gelehrtesten durch ihr Wissen in Erstaunen zu versetzen.

Doch der Wirbel blendenden Aufwands konnte sie nicht vergessen machen, daß sie mit einem konkreten Anliegen hierher gereist war.

Endlich konferierte sie mit Mazarin in geheimer Unterredung.

Der Gegenstand war brisant. Christine schlug Mazarin vor, Spanien in Süditalien anzugreifen; sie wisse, sagte sie, daß die spanische Herrschaft dort verhaßt sei. Ein Aufstand stehe bevor. Es müsse nur ein Führer hervortreten – und eine ausländische Macht eine Truppe landen.

Warum wollte Frankreich nicht diese Macht sein?

Sie, Christine, werde sich an die Spitze der Truppen stellen und beide Sizilien für Frankreich erobern. Schon immer habe sie sich gewünscht, ein Heer anzuführen.

Mazarin mag sich gewundert haben. Doch er äußerte keinen Zweifel daran, daß von Gustav Adolfs erstaunlicher Tochter auch diese Erstaunlichkeit geleistet werden könne.

Sie würde, führte Christine weiter aus, das Königreich

Christine von Schweden
um 1660

Neapel nur im Namen Frankreichs regieren. Nach ihrem Tod fiele die Krone an einen französischen Prinzen.

Das alles klang nicht übel. Mazarin war geneigt, Christines Vorschlag zu bedenken.

Seit den Tagen der englischen Elisabeth konnte niemand mehr behaupten, daß eine Frau nicht imstande sei, ein Land, ein Reich mit Tatkraft und Geschick zu lenken. Doch *diese* Frau?

Je länger sich Mazarin mit ihr beschäftigte, desto mehr verdichteten sich seine Zweifel. Christine hatte etwas Anarchisches an sich. Daß sie es verschmähte, sich nach der Mode zu kleiden, sich mit Schmuck zu behängen, das mochte hingehen und eine besondere Art des Stolzes zeigen. Daß aber ihr Aufzug liederlich, ihr Auftreten würdelos, ihre Rede polternd und ihr Gelächter peinlich laut war, das stimmte Mazarin schon sehr viel bedenklicher. Im Theater lümmelte die Königin wie ein Grenadier und ließ die Beine über die Sessellehne hängen. Am bedenklichsten aber fand Mazarin, daß Christine manchmal abwesend schien, als schliefe sie, und dann mit erstaunten, weit aufgerissenen Augen um sich sah, als wäre sie eben aus einem Traum aufgeschreckt.

Der vorsichtige Mazarin riet Christine, nach Italien zurückzukehren und sich dort bereitzuhalten. Er versah sie mit einigen Geldmitteln und entließ sie in Ehren. Strengste Geheimhaltung des Projekts war zwischen ihnen vereinbart worden.

Auf der Rückreise besuchte Christine in Lagny die dahin verbannte berühmte Kurtisane Ninon de Lenclos. Sie fand die Dame reizend, geistreich und witzig – und empfahl dem französischen Hof, die Verbannte zurückzurufen.

In Italien kehrte Christine nicht nach Rom zurück. Sie blieb in Pesaro, einer kleinen Stadt an der Adria, und wartete. Sie wartete auf das Signal aus Paris. Schon sah sie sich als Herrscherin über Neapel, als Herrin über üppige Schlösser. Schon beorderte sie die Kunstwerke, die sie aus Schweden mitgebracht hatte (die Prager Schätze waren darunter), aus Deutschland zu sich, um sie bei der Hand zu haben, wenn sie in Neapel einzöge. Schon entwarf sie Uniformen für ihre Garden: karmesinrot, violett und weiß, und kleidete ihre Kammerfrauen in dieselben Farben.

Doch das Signal aus Frankreich blieb aus. Auch das große Geld, das sich Christine erhofft hatte, traf nicht ein.

Sie entschloß sich zu einer zweiten Reise nach Frankreich. Mazarin winkte ab. Sie reiste trotzdem.

Der Empfang verlief diesmal ganz anders. Niemand kam ihr entgegen. Keine Glocke wurde geläutet. Sang- und klanglos wurde sie in einem kleinen Appartement der Vogtei von Schloß Fontainebleau untergebracht, am Ende der Galerie des Cerfs. Eine triste Bleibe. Christine fühlte sich in dem engen Gehäuse gefangen und verraten.

Verraten war sie in der Tat. In ihrer Begleitung befanden sich zwei Männer, Monaldeschi und Santinelli, zwei ausgemachte Spitzbuben, die ihr Vertrauen gröblich mißbraucht hatten. Vorab Monaldeschi, zu dessen Aufgaben es gehört hatte, Christines Korrespondenz in den Belangen Neapels zu führen. Seinem Konkurrenten Santinelli gelang es, ihn durch eine Intrige zu entlarven.

Christine war empört. In ihrem Zustand demütigender Isolation, fern ihrem treuen Berater Decio Azzolini, faßte sie einen bösen Entschluß. Wie hieß es in ihrer Abdankungsurkunde? Sie, die Königin, sollte keiner menschlichen Autorität unterworfen und somit freie Richterin über ihre Diener sein. So verurteilte sie Monaldeschi zum Tod.

Im Korridor vor ihrem Zimmer ließ sie ihn wie ein Tier abschlachten. Sie sorgte für sein Begräbnis und etliche Seelenmessen. Glaubte sie, die Angelegenheit damit erledigt zu haben?

Sie hatte einen furchtbaren, einen doppelten Fehler begangen. Erstens hatte sie die Gastfreundschaft der französischen Regierung schmählich mißbraucht. So karg diese Gastfreundschaft war: Christine hätte ihr Strafgericht keinesfalls in einem königlichen Schloß durchführen dürfen.

Zweitens: Sie hatte den Mann umbringen lassen, weil er das Geheimnis rund um ihre neapolitanischen Pläne verraten hatte. Doch durch seinen Tod war die Tragweite dieser Geheimnisse erst recht offenbar geworden. Damit war der ganze Plan torpediert. Mazarin, peinlichst berührt, riet ihr, eine Ausrede zu gebrauchen: Monaldeschi sei durch Zufall, bei einer Rauferei, ums Leben gekommen. Doch Christine, ganz stolze Königin, lehnte die Ausflucht ab. Sie habe als Souveränin gehandelt und sei damit im Recht.

Daß sie sich damit selbst des Königsreichs beider Sizilien beraubt hatte, sah sie wohl erst später ein.

Moralisch und politisch blessiert kehrte Christine nach Rom zurück. Hatte sie erwartet, man werde sie wieder mit goldenen Bukentauren abholen, mit Glockengeläute begrüßen? Diesmal blieb alles still. Der Palazzo Farnese blieb ihr verschlossen. Sie mußte mit anderen Quartieren vorlieb nehmen. Doch Freund Azzolino stand ihr zur Seite. Freund Azzolino verließ sie nicht.

Papst Alexander VII. hatte schon vor ihren Reisen nach Frankreich leise, doch unüberhörbare Kritik an Christine geübt. Er hatte sie geradezu bitten lassen, sich größerer Sittsamkeit, größerer Frömmigkeit, vor allem bei öffentlichen Auftritten, zu befleißigen. Es konnte dem Papst keine Freude machen, wenn sein Gast und Protegé Theaterstücke beklatschte, die die Kurie verboten hatte, und Bücher vorzog, die auf dem Index standen.

Decio Azzolino ließ es sich angelegen sein, die Verstimmungen auszuräumen. Er nahm auch Christines Geldgebaren in die Hand.

Die Königin hatte nie sparen gelernt. Ihr Gefühl als Herrscherin hatte in der Hauptsache darin bestanden, daß sie Gnaden erweisen, Geschenke verteilen und eine heitere, genußfreudige Gesellschaft um sich versammeln konnte.

So hatte sich ihr Hof – oder was sich im Exil so nennen wollte – sehr bald mit einer Reihe eigensüchtiger, gefräßiger, blutsaugerischer Individuen aufgefüllt. Sie praßten in den Tag hinein, und Christine war zu schwach, ihnen zu wehren. Auf Vorhaltungen antwortete man leichtfertig: »Besser kein Brot als keine Garden.«

Mit diesem Unwesen räumte Azzolino auf. Er tauschte ihr Gefolge aus und umgab sie mit soliden Leuten seiner Wahl. Wohl möglich, daß er sie mittels dieser Leute selbst überwachen wollte. Dabei ließ er seine geistliche Karriere nicht aus dem Auge. Er versicherte Christine zwar seiner unwandelbaren Freundschaft und seiner »zartesten Gefühle«. Aber er ließ sich nicht von ihr vereinnahmen. Er sah auf Distanz.

Sie litt darunter. In ihren Briefen überschüttete sie ihn immer wieder mit den bittersten Vorwürfen, daß er sie vernachlässige. Azzolino beantwortete diese Episteln mit immer derselben gleichbleibenden Geduld und Gelassenheit, mit der einst Gustav Adolf die Lock- und Klagerufe seiner Frau beantwortet hatte. Die Lage war in grotesker Weise beinahe spiegelbildlich. War in Maria Eleonorens Tochter endlich das Mutterbild erwacht? Wie sich jene »kletten- und epheuartig« an ihren Mann geklammert hatte, so klammerte sich jetzt Christine an ihren Kardinal.

Christine war immer eine Beute ihrer Phantasie gewesen, und die Zeit der Träume war bei ihr noch lange nicht vorbei.

Im Winter 1660 traf sie ein schwerer Schicksalsschlag. Carl Gustav war gestorben. Er hinterließ einen noch nicht fünfjährigen Sohn. Über den Knaben war eine Regentschaft eingesetzt – und von ihr würde von nun an Christines Schicksal, das heißt ihr Unterhalt, abhängen.

Sie konnte sich keiner Täuschung hingeben: diese Regentschaft (wer immer sie führte) würde für sie, Christine, die Abgedankte, Landesflüchtige und Abtrünnige, nie viel übrig haben.

In ihr begannen Überlegungen, Pläne, Entwürfe zu kreisen. Wie, wenn sie in die Heimat zurückkehrte? Wie, wenn

Christine von Schweden,
gezeichnet von einem Nürnberger Maler

sie sich als Regentin präsentierte? Oder gar die Krone zurückforderte? Hatte sie keine Freunde mehr in Schweden? Wer hatte neulich zu ihr gesagt, das Volk rede immer noch von den guten Zeiten unter Königin Christine?

Wieder ging sie auf abenteuerliche Reise.

Wieder führte die Reise durch die Landschaften Deutschlands. In Nürnberg wurde sie von einem Zeichner wenig schmeichelhaft konterfeit: eine dicke häßliche Frau in einem Aufzug eher einer Landstörzerin als einer Königin. In Angst und Unruhe näherte sie sich der schwedischen Grenze.

Sie hatte nur ein Ziel: vor dem Reichstag aufzutreten. Sie hatte auch eine Forderung: sie wollte einen katholischen Priester in ihrem Gefolge haben; er sollte auch auf schwedischem Boden die Messe lesen und ihr die Sakramente spenden dürfen.

Außerdem wollte sie ihre Güter überprüfen oder überprüfen lassen und sich ihrer guten Rechte versichern.

Das war kein kleines Bündel von Forderungen.

Ehe Christine die schwedische Grenze erreichte, brach sie zusammen. Sie fieberte, erbrach sich, lag halbe Tage nicht ansprechbar. Die Furcht vor dem Wiedersehen mit der alten Heimat schüttelte sie. Schließlich raffte sie sich auf und reiste weiter.

Tatsächlich warteten nur Enttäuschungen auf sie.

Es gab zwar Augenblicke, in denen sich etwas wie neue Hoffnung in ihr regen konnte: Wenn sie auf der Straße vom einfachen Volk erkannt und begrüßt wurde, da spürte sie alte Anhänglichkeit aufflammen; sie war noch immer Gustav Adolfs Tochter.

Doch die Mächtigen zeigten ihr die kalte Schulter.

Sie ließen sie nicht im Reichstag zu. Sie verwehrten ihr die Ausübung katholischer Riten. Sie behinderten sie auch in der Inspektion ihrer Güter und wollten, wie sich von selbst versteht, von einer Rückkehr der Königin erst recht nichts wissen.

Zutiefst erbittert zog Christine ab.

Aber auch dieser Fehlschlag konnte den letzten Funken Hoffnung nicht in ihr ersticken.

Als junges Mädchen war sie nicht vergeblich in Oxenstiernas Schule gegangen. Sie hatte damals durch seine Belehrungen und Winke einen intimen Einblick in die Winkelzüge der Politik und einen weiten Überblick über das politische Theater Europas gewonnen. Diese Interessen waren ihr geblieben, diese Fähigkeit hatte sie weiterentwickelt. Auch wenn ihr selbst reale Erfolge versagt waren – ihre Korrespondenz blieb die eines homo politicus. Mancherorts wurde ihr Urteil hoch geschätzt. Selbst in der Kurie gewann ihr Wort ein gewisses Gewicht, so etwa wenn sie nicht müde wurde, auf die türkische Gefahr hinzuweisen.

Freilich: so klug und zutreffend sie abschätzte, was ihr fern lag, so hemmungslos ließ sie sich in verwegene Spekulationen verwickeln, sofern ihr diese eine Hoffnung vorgaukeln konnten, die sie selbst betraf. So hatte sie sich Frankreich als kriegerische Amazone gegen die spanische Herrschaft über Neapel angetragen. So hatte sie sich schon früher in den Niederlanden als mögliche Regentin empfohlen. Als ihr Cromwell ein Zeichen der Sympathie zukommen ließ, entwickelte sie flugs den Plan, England zum alten Glauben zurückzuführen. Im Jahr 1668 trug sie an Schweden das Ansinnen heran, sie selbst als Herzogin von Bremen zu installieren.

Kurz darauf brachten neue Nachrichten aus Polen neue Bewegung in ihr Leben. Dort hatte der letzte polnische Wasa abgedankt, der Thron von Polen war verwaist.

Diesmal war sogar der vernünftig abwägende Azzolino der Meinung, hier habe Christine eine echte Chance. Zwar gab es allerlei andere Thronbewerber, einen Fürsten von Condé, einen Prinzen von Lothringen, einen Herzog von Neuburg. Warum sollte sich nicht auch Christine bewerben? War sie nicht eine Wasa und – im Sinne Polens – Katholikin? Azzolino bemühte sich, ihr den Weg zu ebnen. Sogar Nachwuchs und damit die Sicherung der Erbfolge wagte er den Polen zu versprechen. Nachwuchs? Christine war damals mehr als vierzig Jahre alt. Azzolino glaubte behaupten zu dürfen, die Königin werde noch einmal zehn Jahre in empfängnisfähigem Zustand sein, denn, so führte der Kardinal aus, sie sei in ihrer Jugend überaus leidenschaftlich gewesen . . .

Doch auch Azzolinos gutgemeinte Empfehlungen fruchteten nichts. Polen blieb Christine verschlossen.

Noch einmal reiste sie nach Schweden. Diesmal blieb sie lange aus. Noch einmal auch bereitete ihr Rom einen festlichen Empfang, als sie endlich zurückkehrte. Die große kosmopolitische Stadt zeigte sich bereit, auch diesen glücklosen Gast – Königin ohne Land, ohne Familie, sogar ohne gesicherte Einkünfte – in ihr altes, vielgestaltiges, oft chaotisch verwirrendes, dabei aber immer großartiges Muster miteinzubeziehen.

Nach etlichen Umzügen wohnte Christine nun im Palazzo Riario.

Sie war jetzt, nach dem Maßstab ihres Jahrhunderts, eine alternde, wenn nicht schon alte Frau. Ihrer Vorliebe für das Schöne war sie treu geblieben. Ihr Haus enthielt eine Galerie kostbarer Kunstschätze.

Wie oft sie auch ihren Schmuck, ihre Gobelins, ja selbst ihren Krönungsmantel hatte versetzen müssen: von ihren Gemälden, den Tafelbildern aus dem Prager Schatz, hatte sie sich nie getrennt. Ihnen verdankte sie ihre conversio, eine conversio, die gewiß weniger religiöser, als ästhetischer Natur gewesen war und die sie offenkundig nie bereut hatte.

Auch jetzt war sie immer darauf aus, ihre Sammlungen zu vermehren, zu vervollständigen, auch ganz Neues zu entdecken. Ganz Neues? Es war hier auf dem Boden Roms zugleich das ganz Alte.

In der Ewigen Stadt und in der Umgebung war das Grabungsfieber ausgebrochen. Unter jeder Mauer vermutete man antike Fundamente, in jedem Acker, in jedem Garten konnten verschüttete Schätze schlummern.

Christine beteiligte sich an solchen Aktionen nicht ohne Glück. Sie kaufte, was ihr erreichbar war, und sie bewies dabei einen Geschmack, der ihrer Zeit weit vorauseilte. Während man im allgemeinen Spätantikes am höchsten schätzte, hatte sie schon die herberen Reize der Früh- und Hochklassik erkannt. Andernteils scheute sie sich nicht, verstümmelte Figuren von bildhauernden Handwerkern ergänzen, abgeschlagene Köpfe, Beine, Arme mittels minderer Werkstücke ersetzen zu lassen.

Am Ende ihres Lebens hatte sie einhundertsechzig, zum Teil höchst kostbare antike Statuen um sich versammelt. Noch immer stand ein Thronsessel für sie bereit, noch immer spannte sich ein Baldachin über ihrem Sitz. Noch immer herrschten in ihrem Haus strenge Formen der Etikette, und es war genau festgelegt, wer vor ihr stehen mußte, wer in ihrer Gegenwart sitzen durfte, wer bedeckten Hauptes oder wer unbedeckt vor ihr erscheinen durfte. Trotz dieser Vorschriften versammelte man sich gern unter ihrem Dach. Hier traf man stets kluge, weitgereiste Leute, hier wurde freizügig gescherzt, vorzüglich musiziert, und die neuesten politischen Probleme wurden ausgiebig diskutiert.

1667 war Christines – zuletzt eher widerwilliger – Gönner Alexander VII. gestorben. Ihm folgte ein Rospiliosi als Clemens IX. Er ernannte Azzolino zu seinem Staatssekretär. Damit war dieser privatim zu erhöhter Rücksichtnahme auf sein Amt gezwungen. Andererseits war damit Christines offizielle Existenz in gewisser Weise noch fester in das Netz kurialer Beziehungen eingebunden.

Seit sie ihre Ambitionen aufgegeben hatte, sich selbst in die Händel der Welt zu mischen, ergab es sich nicht selten, daß ihr ganz von selbst und ohne viel Zutun diplomatische Aufgaben zufielen. In einem bösen Konflikt zwischen dem Stuhl Petri und der französischen Regierung durfte sie vermitteln und wenigstens notdürftig Frieden stiften.

Auch ihre Einkünfte besserten sich.

Als im Jahr 1672 Carl Gustavs Sohn als Karl XI. auf den schwedischen Thron gelangte, rückte auch hier eine neue Generation vor. Für sie war Christine nicht mehr das große Ärgernis, das sie ihrer Generation gewesen war – als Reichsverräterin und Abtrünnige. So war man eher geneigt, ihr zu vergeben und die Verpflichtungen zu erfüllen, die man ihr gegenüber nun einmal übernommen hatte. Allzulange konnte es ja nicht mehr währen, bis jene erlöschen würden.

Im Jahr 1680 begann Christine mit der Niederschrift ihrer Memoiren. Sie waren in der Form abgefaßt, daß die Autorin darin einen Partner ansprach. Ihrem Selbstgefühl gemäß konnte dieser Partner nur der denkbar Höchste sein, nämlich Gott.

In diesen Auslassungen begegnen wir einer neuen, einer anderen, moralisch etwas aufgeschönten Christine. Sie behauptet, nie ein anderes Ziel gehabt zu haben als die Erkenntnis des Ewigen und Allmächtigen. Vergessen scheint ihr lockeres Spiel mit allerlei Favoriten, vergessen auch die Phase der Kriegslüsternheit, in der sie, als ihr Frankreich das neapolitanische Abenteuer versagte, wütend ausgerufen hatte: Sie hasse den Frieden und liebe den Sturm . . . Leider blieb die Niederschrift ein Fragment. Kapitulierte ihr Erinnerungsvermögen vor den Turbulenzen ihrer reiferen Jahre?

Oder versagte ihr Gewissen das weitere Gespräch mit dem göttlichen Partner?

Christine hatte auf Thron und Reich verzichtet, um sich selbst verwirklichen zu können. Ihre Selbstverwirklichung bestand vor allem in der Teilnahme an der ästhetischen Welt, die sie – mit einigem Recht, wie uns scheint – im südlichen, im mediterranen und mithin katholischen Raum reicher und vor allem glänzender realisiert sah.

Christine starb am Morgen des 19. April 1689 in ihrem Palazzo Riario, umgeben von dem, was sie am meisten geliebt hatte, von ihren Statuen, Bildern, Büchern. Ihrem Wunsch, im Pantheon neben Raffael beigesetzt zu werden, wurde nicht entsprochen.

In der Peterskirche fand sie ihr Grab.

Decio Azzolino hatte sich bis zuletzt um die einst Geliebte gekümmert und verdient gemacht. Nun glaubte er, sich noch einmal um sie und ihr posthumes Ansehen verdient zu machen, indem er ihrer beider Briefe vernichtete. Er muß sie alle noch einmal gelesen, überdacht und vielleicht sogar beweint haben. Denn er kam mit dem Vernichtungswerk nicht ans Ende. Er starb sechs Wochen nach Christines Tod, ein spröder, aber getreuer Liebhaber.

Peters »Töchter«

Man überspringt nicht
ungestraft ein Jahrtausend.
Egon Friedell über Peter den Großen
und dessen Folgen

1. Die kleinen Zarinnen

Alles, was sich während der Niederschrift dieses Buches in Rußland ereignet hat – atemberaubende Veränderungen, aufkeimende Hoffnungen, versuchte Befreiungen, Turbulenzen und neue, sich auftürmende Schwierigkeiten, also alles, was uns selbst als Zeitgenossen mitbewegt und unsere politischen und persönlichen Schicksale mitbestimmt, hat seine tiefgreifenden Wurzeln in der russischen Geschichte.

Sie reichen zurück bis weit hinter die Revolution von 1917, bis hinter die Spätaufklärung, bis zur ersten großen Konfrontation zwischen dem Osten und dem Westen Europas, der ersten folgenreichen Begegnung zwischen der eurasischen und atlantischen Zivilisation und damit bis in die petrinische Zeit.

Peter, schon zu Lebzeiten der Große genannt, lebte von 1672 bis 1725. Er war die Leit- und Galionsfigur in seinem Raum. So sind auch die Frauen, die nach ihm die Krone seines Reiches trugen – und merkwürdigerweise folgte ihm eine lange, gut siebzigjährige Periode der Frauenherrschaft –, nur im Hinblick auf Peter geschichtlich genauer zu orten. Er hat ihr Umfeld abgesteckt, er hat ihnen seine Probleme hinterlassen, er hat sie durch seine Ideale motiviert – oder sie wenigstens daran gehindert, diese Ideale preiszugeben.

Darum auch der Titel dieses Abschnitts: Peters »Töchter«.

Peter der Große

Peter war ein genialer Barbar und ein barbarisches Genie.

Wie einst Friedrich II. von Hohenstaufen hatte er seine Jugendjahre auf ganz andere Weise verbracht als sonst bei Thronfolgern üblich. Werden diese zumeist abgeschirmt und der Berührung mit dem gewöhnlichen Volk entzogen, so trieb sich Peter schon als Knabe unbeaufsichtigt in allen Schichten der Gesellschaft herum, am liebsten bei Handwerkern, Kaufleuten und in den Vierteln, wo westliche Ausländer ihren Gewerben nachgingen. Schon früh muß ihm dabei aufgefallen sein, daß es hier bessere Waren, feineres Gerät, geschickteres Handwerk gab. Da er selbst technisch begabt und von einer unbändigen Lust erfüllt war, selbst zuzupakken und sich der neuartigen Werkzeuge zu bedienen, war er von seinen Streifzügen durch die Quartiere der Niederländer, der Deutschen, der Briten fasziniert.

Warum nur konnten seine eigenen Landsleute, seine geliebten Russen, nicht ebenso tüchtig und geschickt sein? Warum führten die russischen Bauern schlechtere Pflüge? Warum woben die russischen Weber gröbere Stoffe, warum arbeiteten die russischen Zimmerleute und Schiffsbauer nicht mit besserem Gerät?

Wenn er, Peter, einmal die Macht in diesem Land erhielte, würde er dafür sorgen, daß dieses Volk alle die Künste erlernte, über die andere, westliche Völker verfügten, und wenn sie nicht lernen wollten und lieber in dumpfem Unwissen verharrten, dann würde er, Peter, sie dazu zwingen.

Dies war der Vorsatz, den der junge Zarewitsch faßte, und diesem Vorsatz blieb er sein Leben lang treu.

Er liebte sein Volk, gewiß, aber er haßte den Zustand, in dem er es antraf, seine geduldige Gottergebenheit, seine abergläubische Phantasie, seine verträumte Zurückgebliebenheit.

Daß dieser Zustand Ausdruck einer großen Kraft, großer Gemütstiefe und inneren Reichtums war, konnte Peter nicht erfassen. Er war kein philosophischer Kopf. Seine Talente zielten auf Nüchternheit, auf Nutzen und Praxis. Von Religion hielt er nicht viel. Die stundenlangen Liturgien der orthodoxen Kirche schienen ihm pure Zeitverschwendung. Die Bärte der Bojaren reizten seinen Zorn, sie waren in seinen Augen nichts weiter als Brutstätten für Ungeziefer und Zeichen hinterwäldlerischer Tumbheit. Auch die langen Mäntel, die schweren Stiefel, die massigen Pelzmützen der russischen Volkstracht beleidigten seine Augen. Wie schlank und rank kamen dagegen die Ausländer daher, in knapp taillierten Röcken, eleganten Kniehosen, in spitzgeschnittenem und sogar gestöckeltem Schuhwerk! Peters homoerotische Neigungen wurden angesichts solcher Eleganz kräftig angeheizt.

Er kam aus einer Familie, die sich keineswegs stabiler physischer und psychischer Gesundheit erfreute. Die meisten Romanow-Sprößlinge zeigten schwere Schäden, viele starben in jungen und jüngsten Jahren, etliche waren debil. Nachdem Peter den Vater früh verloren und sowohl seiner herrschsüchtigen Schwester Sophie und seines willenlosen Bruders Iwan ledig geworden war, widmete er sich mit Leidenschaft einem umfassenden Reformwerk. Der Ruf westlicher Städte und westlicher Werften zog ihn an: er wollte die Wunderwerke mit eigenen Augen sehen. So begab er sich auf seine berühmt gewordene Reise nach Deutschland, Holland, England. Dort wollte er lernen, wie man Siedlungen anlegt, wie man Metropolen aus dem Boden stampft, vor allem aber, wie man die gewaltigen Handelsschiffe und mächtigen Kriegsflotten baut, die damals schon alle Weltmeere durchpflügten.

Unter fremdem Namen, inkognito, arbeitete er in einer holländischen Werft und nahm stolz und glücklich sein

Meisterdiplom als Zimmermann entgegen. Nun meinte er zu wissen, was seine Aufgabe in Rußland sei: die – in seinen Augen längst fällige – Angleichung seines Landes an die westeuropäische Zivilisation.

Zu diesem Zweck heuerte er scharenweise Ausländer an, Niederländer, Engländer und Deutsche, vor allem Deutsche.

Er hievte sie zwar nicht in hohe politische Positionen, denn er wußte zu genau, daß er damit seine Landsleute verärgern würde. Aber er zeigte Europa, daß sein Land von nun an ebenfalls in den Rang einer, wenn nicht kulturellen, so doch zivilisatorischen Großmacht aufrücken werde. Er verließ das antiquierte Moskau und erzwang die Errichtung von Pietersborg, dem späteren Petersburg: eine gigantische Leistung. Der alte Aberglaube sollte ausgerottet und das Licht der Aufklärung über ganz Rußland entzündet werden. So wollte er Europa dazu zwingen, ihn zu bewundern.

Europa aber zögerte mit seiner Bewunderung.

Erst hatte man über den seltsamen Mann gelacht, der da angereist kam in einem nur zu fadenscheinigen Inkognito, ein Riese von Gestalt, ein gewaltiger Säufer und Fresser, aber auch unersättlich begierig nach Wissen und Erkenntnis, nach technischen Neuerungen und praktischen Anwendungen.

Doch dann hatte man sich über Peter entsetzt, der – kaum von seiner Europareise zurückgekehrt – eine inzwischen aufgeflammte Rebellion mit beispielloser Grausamkeit niederwarf und sich nicht scheute, dabei selbst das Henkersbeil zu schwingen und etliche Delinquenten grausam abzuschlachten.

Schließlich aber konnte man ihm eine, wenn auch widerwillige, Bewunderung nicht versagen: Er hatte sich des anderen »nordischen Löwen«, Karls XII. von Schweden, erwehrt, ihn im Herzen des eigenen Reiches, bei Poltawa, geschlagen und damit dem Siegeszug eines ebenso strahlenden wie maßlosen Eroberers ein Ende gesetzt. Zudem war

Peter – nicht immer, aber immer wieder – im Kampf mit den Türken, diesem Schrecken des Abendlandes, erfolgreich geblieben und hatte ihnen die Lust genommen, von neuem so weit gegen Westen vorzustoßen wie Kara Mustafa 1683. War Rußland bis dahin nur mit sich selbst beschäftigt gewesen, so konnte nun in Europa keine Politik mehr gemacht werden, ohne das große und immer noch wachsende Reich im Osten mit ins Kalkül zu ziehen. Die an die Moskwa und an die Newa entsandten Diplomaten waren nun nicht mehr nur rauhe Abenteurer; sie wurden sorgfältiger ausgewählt, waren erprobte, politisch denkende Köpfe, die sich sowohl auf dem glatten Parkett der Diplomatie zu bewegen, als auch den oft bizarren Launen des Alleinherrschers anzupassen wußten.

Denn bizarr blieb das Leben an Peters Hof gleichwohl. Mit Erstaunen wohnte man dem skandalösen Schauspiel bei, wie Peter seinen eigenen Sohn Alexej wie einen Verbrecher behandelte, nachdem sich dieser der väterlichen Knute zu entziehen gewagt hatte und wie ein entsprungener Sklave wieder eingefangen worden war. Der Unglückliche starb an den ihm zugefügten Mißhandlungen.

Mit ebenso großer Verwunderung nahm man die Krönung zur Kenntnis, mit der Peter eine langjährige Geliebte, eine ehemalige Magd, in den Rang einer Kaiserin erhob.

Auch der Alltag des Zaren gab Anlaß zu ständiger Verblüffung. Jedes Fest entartete zu einer Orgie. Wer mit Peter feiern wollte, mußte sich unmäßigen Genüssen hingeben. Als er eine seiner Nichten, Anna, mit einem jungen Herzog von Kurland verheiratete, starb dieser an den Folgen des unmäßigen Alkoholgenusses, dem er sich anläßlich dieser Festivität zu unterziehen hatte. Peter selbst schonte sich nie. Hielt er sich für unsterblich?

Er war dreiundfünzig Jahre alt, als er an einem kalten Wintertag in den Mündungswassern der Newa unterwegs war. Von seinem Schiff aus sah er einen gekenterten Kahn. Die Mannschaft war damit beschäftigt, ihr Fahrzeug in dem flachen Gewässer wieder flott zu bekommen. Der Zar war mit den Maßnahmen unzufrieden. Er sprang über Bord und watete hin. Er gab Befehle und packte selbst mit an. In der Nacht darauf ergriff ihn heftiges Fieber. Er wand sich in Schmerzen. Er verlangte noch nach seiner Tochter Anna. Als sie kam, lag er schon in Agonie.

In der Panik der letzten Stunden hatte man ihn bedrängt, er möge doch seine Nachfolge regeln: es war kein Testament vorhanden. Man drückte ihm einen Stift in die Hand, schob ihm ein Stück Papier hin. Der Zar schrieb: »Gebt alles an . . .« Da verließen ihn die Kräfte, ihm entsank der Stift. Der große Willensmensch hatte keinen Willen mehr. So war es möglich, daß Zufall und Willkür das nun entstandene Vakuum füllten.

Es war ein Zufall, daß einer von Peters ältesten Freunden soeben als Kommandant der Garde Dienst tat und deshalb in nächster Nähe war: es war Alexej Danielowitsch Menschikow, den Peter noch als Zarewitsch auf der Straße aufgelesen hatte, wo jener Piroggen an die Passanten verkaufte. Die beiden blieben einander über Jahrzehnte verbunden. Menschikow war von dämonischer Raffsucht und Rücksichtslosigkeit. Er erfaßte die Chance der Stunde. Er selbst, das wußte er wohl, konnte nicht hoffen, die Krone zu erlangen. Doch da war eine Frau, die Peter noch näher gestanden hatte und die, wie er nur zu gut wußte, jetzt darauf angewiesen war, sich ihrer alten und ältesten Gönner zu erinnern, Jekaterina, die Magd aus Livland.

Katharina I.

Es war zu Beginn des Nordischen Krieges, kurz nach 1700, in einem mit äußerster Grausamkeit gegen die Esten geführten Feldzug: da gelangte ein höherer russischer Offizier namens Scheremetjew in ein livländisches Pfarrhaus unfern Marienburg. Der amtierende Pastor hieß Glück und galt als ein Mann von Wissen. Scheremetjew hätte sich vermutlich nicht viel aus dem gelehrten Pastor gemacht, wenn er nicht gewußt hätte, daß sein Zar überall nach Leuten dieser Art Ausschau hielt: man sollte sich, wo immer man sie antraf, ihre Kenntnisse zunutze machen; man durfte sie also nicht verärgern. Aus diesem Grunde mag sich Scheremetjew im Hause Glück als artiger Quartiergast verhalten haben, was ihn freilich nicht hinderte, sich auch unter dem Dach des Gottesmannes ein Liebesabenteuer zu gestatten.

Da war eine blutjunge livländische Magd, Martha, angebliche Skawronskaja. Sie war zwar erst vor kurzem mit einem schwedischen Dragoner verheiratet worden, doch der Schwede war im Krieg verschollen. Wer wußte denn, ob er noch lebte, ob er je noch zurückkehren würde? Warum hätte sich Martha also zieren sollen? Sie gewährte dem Russen ihre Gunst, und als er abrückte, folgte sie ihm. Offenbar war sie gerne bereit, das bedrückte, eintönige Leben einer Pastorenmagd mit dem ruhelosen, oft beschwerlichen, zeitweise auch mörderisch gefährlichen, gewiß aber abwechslungsreichen Leben im Soldatenmilieu zu vertauschen.

Schon immer waren kämpfende Armeen von Schwärmen abenteuernder Frauen begleitet worden. Die meisten endeten als verachtetes Strandgut des Krieges. Mochte man sich der Reizvollsten von ihnen fürs erste in den Stabsquartieren bedienen, so sanken sie zumeist schnell ab, vom General zum Hauptmann, von Hauptmann zum Fähnrich, bis sie bei den Troßknechten landeten und schließlich auch von diesen weggejagt wurden. Sicher hatte man Martha im ehrbaren Hause Glück eine ähnliche Laufbahn vorausgesagt. Aber Martha hatte kein Talent abzusinken. Sie hatte vielmehr die bewunderungswürdige Gabe, unaufhaltsam aufzusteigen.

Bald ging sie aus Scheremetjews Händen in die anderer Liebhaber über.

Ihr nächster Freund war schon ein Großer des Reiches, eben jener Menschikow, dem die Anhänglichkeit des jungen Zaren einen hohen Kommandoposten verschafft hatte. Lange Jahre waren die beiden unzertrennlich gewesen.

Katharina I.
Gemahlin Peters des Großen

Menschikow hatte Peter auf seiner Europareise begleitet und stand diesem als dessen »geliebter Aleksascha« und »Herzenskind« in doppeldeutiger Weise nahe. Nicht immer konnte der Zar mit seinem Kumpan zufrieden sein, zu schamlos bereicherte sich Menschikow, zu dreist pochte er auf Peters Neigung. Dann wurde er mit Flüchen überschüttet. Aber immer wieder wurde ihm vergeben. Alle Welt machte sich bereits über Peters Nachsicht lustig. Nun einigten sich die beiden Männer, sich in den Besitz der jungen Livländerin zu teilen.

Peter war in jungen Jahren mit einer vornehmen Russin, Jewdokija (Eudoxia) Lopuchina, verheiratet worden. Er haßte sie – und verbannte sie in ein Kloster. Dann lebte er etliche Jahre mit einer jungen Adligen aus der Familie Mons in einem eheähnlichen Verhältnis, was ihn aber nicht von anderen Liebesabenteuern abhielt. Nun wurde Martha Skawronskaja seine erklärte Favoritin und damit auch sein Alleinbesitz. Anna Mons wurde der Laufpaß gegeben. Als Geliebte des Zaren legte Martha ihren Vornamen ab und ließ sich nach orthodoxem Ritus Jekaterina – also Katharina – taufen. Darauf mag Peter gedrungen haben. Es war ein erster Schritt auf eine spätere Vollegalisierung zu.

Was konnte den Zaren an der Livländerin fesseln?

Sie war nicht schön; dazu war sie zu rundköpfig, zu breithüftig, zu vollbusig. Sie war auch nicht geistreich, und ihre Bildung reichte nicht weiter, als daß sie ihren Namen schreiben konnte. (Übrigens hat auch Menschikow nicht viel mehr gekonnt.) Aber Martha-Jekaterina hatte das Herz auf dem rechten Fleck. Sie blieb auch in den Privatgemächern des Zaren das vernünftige Mädchen aus dem Volk. Sie war – mindestens anfangs – eine sparsame Haushälterin. Das gefiel Peter. Sie kochte gut. Sie ließ sich nicht, wie andere Favoritinnen, bedienen, sondern legte selbst Hand an, hielt Peters Kleider in Ordnung, nähte und flickte. Wenn er tobte, versuchte sie nie, ihm zu widersprechen, aber sie zeigte sich auch nicht verängstigt und verstört. War er krank, saß sie geduldig an seinem Bett und suchte ihn mit leisem Singen zur Ruhe zu bringen. Erlitt er einen seiner epileptischen Anfälle, streichelte sie ihn wie eine Mutter ihr Kind und flüsterte ihm zärtliche Worte ins Ohr. Von seinen orgiastischen Ausbrüchen ließ sie sich nicht erschrecken, und als Geliebte mag sie ebenso kühn wie phantasievoll gewesen sein.

Was aber Jekaterina in den Augen der russischen Öffentlichkeit und vor allem in den Augen der Armee eine besondere Aura verlieh, war der Umstand, daß sie Peter nicht nur auf seinen zahllosen Reisen, sondern sogar auf zweien seiner Kriegszüge begleitete. Obwohl sie fast immer schwanger war, ließ sie es sich nicht nehmen, den Wagen des Zaren auf holprigen Wegen und das Zelt des Zaren bei Wind und Wetter zu teilen. Nicht einmal die unmittelbare Nähe des Feindes schreckte sie ab. Diese Beherztheit imponierte Peter, sie imponierte auch den Truppen. Den in den Kampf Ausrückenden winkte sie zu, den Siegreichen spendete sie Beifall, den Verwundeten Trost. So wurde sie Peter unentbehrlich.

Einmal trat sie sogar als rettender Engel ins volle Rampenlicht der politischen Bühne.

Schon längst hatte die küstenferne Binnenmacht Rußland danach gedrängt, sich an die Meere heranzuarbeiten und die Landbarrieren zu durchbrechen, die sie auf der einen Seite von der Ostsee, auf der anderen vom Schwarzen Meer und damit von den Dardanellen und der Ägäis trennten.

Rußland besaß zwar schon seit langem einen Seehafen, Archangelsk. Doch was war ein Hafen wert, der Winter für Winter monatelang zugefroren war? Jedes dort auslaufende Schiff geriet bis tief in den Mai hinein in Gefahr, zwischen schwimmenden Eisbergen zermalmt zu werden.

Damit taten sich für das Zarenreich zwei Frontstellungen auf: Im Nordwesten sollte das Baltische Meer auf möglichst breiter Linie erreicht und umklammert werden (hier standen Schweden, Polen und Balten im Weg); im Süden sollte das Osmanische Reich geschwächt und zunächst aus Assow und von der Krim verdrängt werden. Das waren die unverrückbaren Ziele moskowitischer Politik – und mußten daher auch Peters Ziele sein.

So war er im Juli 1711 wieder einmal an der Spitze seiner Truppen unterwegs, um sich mit den Türken zu messen. Doch diesmal war nicht er der Angreifer. Die Feindseligkeiten wurden von der Hohen Pforte eröffnet und kamen ihm zu diesem Zeitpunkt höchst ungelegen, denn die ewig aufsässigen Krimtataren waren wieder einmal unruhig geworden. Peter fühlte sich überfordert. Er suchte nach Bundesgenossen und forderte die Balkanchristen auf, den Aufstand gegen Istanbul zu wagen. Doch diese, sonst erklärte Feinde des Halbmonds, rührten sich diesmal nicht. Auch andere Verbündete versagten. Peter geriet mit seinen Truppen in einen Hinterhalt und sah sich plötzlich von der Armee des Großwesirs eingeschlossen.

Die Lage war verzweifelt. Für Peter schien es nur noch zwei Möglichkeiten zu geben: die Gefangenschaft, ein ihm unerträglicher Gedanke – oder den Tod.

Wieder einmal war Jekaterina an seiner Seite. Redete sie ihm zu, doch noch eine dritte Möglichkeit zu erwägen? Tatsächlich zögerte der Großwesir anzugreifen. Die Umzingelten wagten es, um Verhandlungen nachzusuchen. Erstaunlicherweise zeigte sich der Türke nicht abgeneigt. War diese Bereitschaft nur eine Falle? Wer wollte sich auf russischer Seite freiwillig in diese Falle begeben? An der Spitze der Delegation, die sich nun auf das Türkenlager zubewegte, befand sich nicht Peter, sondern Jekaterina.

Nun geschah, was Armee und Geschichtsschreibung später als »das Wunder vom Pruth« bezeichneten. Es ist zwar kaum anzunehmen, daß sich der Großwesir nur von den Reizen der Skawronskaja rühren oder daß er sich gar durch ihre Hingabe dazu bewegen ließ, die Ihren abziehen zu lassen. (Von einem solchen Handel war später viel gemunkelt worden.) Doch Peter hatte in der mutigen und entschlossenen Geliebten sicher nicht den schlechtesten Unterhändler gewählt. Der Großwesir zeigte sich bestechlich. Sie war bereit, ihren Schmuck zu opfern. Hinter verschlossenen Zelttüren wurden geheime Abmachungen getroffen. Sie kosteten Peter in der Folge große Summen, aber der Großwesir ließ die Pässe für die Russen öffnen. Mit wehenden Fahnen und unter klingendem Spiel, als hätten sie einen Sieg erfochten, zogen Peters Regimenter ab.

Ein Jahr später ließ sich der Zar in offizieller Zeremonie mit seiner »Katarinuschka« trauen. Nach weiteren zehn Jahren, am 22. Oktober 1722, nahm Peter den Titel DER GROSSE, Vater des Vaterlandes, Imperator über ganz Rußland an. Nun war er nicht mehr nur Zar, sondern – in Anlehnung an eine gesamteuropäische Tradition – Kaiser. Am 7. Mai 1724 krönte er die Gattin in der Moskauer Uspenskij-Kathedrale zur Kaiserin.

Wieder staunte Europa. Nun war eine Frau von niedrigster Herkunft und mit abenteuerlicher Vergangenheit in den höchsten Rang erhoben worden. Damit schien eine bizarr-romantische Idylle dynastisch besiegelt – oder sollte es noch mehr bedeuten? Jekaterina hatte Peter zehn Kinder, darunter auch Knaben geboren. Aber sie starben bis auf zwei: zwei Mädchen, Anna und Elisabeth. Sie konnten, da ledig gezeugt, nach allgemeiner Auffassung niemals die Erbfolge antreten. Wozu also die Krönung ihrer Mutter? Niemand konnte sich vorstellen, daß Peter seine Gattin als Nachfolgerin in Betracht ziehen könnte.

In den letzten zwei Jahrzehnten hatte sich in Rußland viel verändert. Die Krone hatte immer mehr Kompetenzen an sich gezogen. Die alte Bojarenduma, der Fürstenrat, war zum Senat umfunktioniert worden, an seine Seite traten die Kollegien, Vorläufer unserer Ministerien. Dem Alleinherrscher stand es zu, alle diese Staatsorgane zu überwachen und zu koordinieren. So war die Regierungsarbeit nicht etwa einfacher, sie war vielschichtiger, anspruchsvoller und – trotz Peters gelegentlicher Willkürakte – auch im westlichen

Sinn legistischer geworden. Wie hätte die Halbanalphabetin Jekaterina jemals mit diesem Regierungsapparat zurechtkommen können?

Auch war Peters Idylle mit seiner »Katarinuschka« in letzter Zeit etwas getrübt. Er verdächtigte sie der Untreue. Ein gräflicher Kammerherr von Mons, ein Bruder jener vom Zaren verlassenen Anna Mons, büßte den Verdacht mit dem Tod durch Enthauptung. In der Hofkamarilla wurde getuschelt, der Zar habe seine Gattin gezwungen, den in Spiritus eingelegten Kopf des Mons in ihrem Schlafzimmer aufzustellen. Mochte dieses Gerücht auch erlogen sein: Jekaterina wird Peters rauhe Vorgehensweise übel vermerkt haben.

Bald darauf ereignete sich jener Schiffsunfall an der Newa. Der große Alleinherrscher starb, ohne einen Nachfolger bestimmt zu haben. Niemand wußte, was nun werden sollte. Nur Menschikow wußte es und traute sich zu, den Streich durchzuführen.

Dabei war ihm klar: er hatte viele Feinde. Sein Ruf war denkbar schlecht. Erst kürzlich war er wegen himmelschreiender Korruption und schändlichem Machtmißbrauch bei Peter verklagt worden. Um welches Ausmaß es sich bei den Vorwürfen handelte, läßt sich aus Zahlen erschließen: In einer Zeit, da das russische Gesamtbudget elf Millionen pro Jahr betrug, hatte Menschikow ganze vierzehn Millionen Rubel in seine Taschen fließen lassen. Seine Gegner schäumten. Auch Peter zürnte. Da mischte sich Jekaterina ein und bat für ihren ehemaligen Liebhaber noch einmal um Gnade.

Menschikow durfte darauf rechnen: die Kaiserin stand auf seiner Seite. Nun kam er der Witwe zu Hilfe. Er redete ihr ein, Peter habe niemanden anderen als sie zu Nachfolge bestimmen wollen. Jekaterina mag ihm geglaubt oder auch nicht geglaubt haben: Wie in einer Art Betäubung wagte sie es, sich zur Alleinherrscherin proklamieren zu lassen.

An welche Vorbilder von Frauenherrschaft konnte sich die Magd aus Livland dabei halten? Daß es vor ihr schon

Königinnen gegeben hatte, war ihr gewiß nicht unbekannt. Eine Elisabeth von England stand in achtbarem Angedenken. Auch von einer schwedischen Christine mochte Jekaterina schon in ihrer Jugend gehört haben. Andererseits war es Peters herrschsüchtiger Schwester Sophie übel bekommen, daß sie nach der Macht gegriffen hatte: sie mußte ihr Leben elend in einem klösterlichen Gefängnis fristen.

Dennoch: Jekaterina durfte sich schmeicheln, nicht unbeliebt zu sein. Das »Wunder vom Pruth« war unvergessen; man würde in ihr ein Stück des verstorbenen Zaren erblikken, es akzeptieren, vielleicht sogar verehren. So hoffte sie wohl – und irrte sich nicht.

Niemand warf ihr ihre Unbildung vor, auch nicht ihre neuerdings erwachte Prunk- und Verschwendungssucht. Das einzige, was man ihr ankreidete, war ihre Verbindung mit »Aleksascha« Menschikow. Viele erblickten in ihm einen skrupellosen, raffgierigen Verbrecher, der er auch war. Man war entschlossen, ihn zu stürzen. Die Gelegenheit bot sich bald. Die Nachfolgefrage war der Fallstrick, in dem sich Menschikow verfing.

Wie schon erwähnt, hatten von Jekaterinas zehn Kindern nur zwei Töchter überlebt: die eine war ins Ausland verheiratet, Herzogin von Holstein, die andere noch unvermählt, unter der Aufsicht der Mutter und in deren Schatten; beiden haftete der Makel unehelicher Geburt an. Jekaterina wagte es nicht, sich über die Barriere dieses Tabus hinwegzusetzen. Statt dessen erinnerte sie sich – vielleicht in einer Aufwallung strenger Rechtlichkeit – an Peters einzigen legitimen Leibeserben, an seinen Enkel, den Sohn des zu Tode mißhandelten Alexej und einer braunschweigischen Herzogin. Peter hatte sich um den Knaben nie viel gekümmert; jetzt zog ihn seine Stiefgroßmutter heran: er sollte nach ihrem Tod als Peter II. den Thron besteigen.

Ein ehrbarer Plan. Leider erregte er auch sofort die ränkesschmiedende Eigensucht verschiedener Leute, allen voran Menschikows. Dieser hatte etliche Töchter. Eine von ihnen wollte er mit dem Knaben Peter verheiraten. Damit wäre er selbst als Schwiegervater des künftigen Zaren in die Dynastie eingerückt. Eine verlockende Aussicht! Sie hätte seiner verwegenen Raffsucht alle Türen und Tore geöffnet.

Als dieser Plan ruchbar wurde, rief er Empörung hervor.

Schon längst war der Großadel des Reiches von Groll erfüllt; der Stolz der großen Herren konnte es kaum verwinden, daß die Zentralgewalt viele ihrer »guten« alten Rechte an sich gezogen hatte. Mit um so größerer Gereiztheit blickten sie auf den neugeschaffenen Dienstadel, den Peter gefördert und ihnen, den »Erstberechtigten«, an die Seite gestellt hatte. Aber wie groß war erst ihr Haß auf die dreisten Emporkömmlinge, die – wie Menschikow aus der Gosse aufgelesen – zu Macht und Ansehen gelangt waren. Reichte es nicht, daß die Alleinherrscherin ihre Sippe, diese miesen Skawronskis, mit Gnaden und Geschenken überhäufte? Nun wollte sich gar der ehemalige Piroggenverkäufer in die Dynastie einschleichen!

Nein, das durfte nicht geschehen. Keine Menschikow sollte der junge Thronanwärter heiraten, sondern ein Mädchen aus ihren Reihen, am besten eine Dolgoruki.

In der Tat gelang es dem hohen Adel, Menschikow zu stürzen. Diesmal konnte ihm Jekaterina nicht mehr helfen. Vielleicht hatte sie das ruhelose Leben an Peters Seite auch schon ausgelaugt, vielleicht hatten die vielen Schwangerschaften ihre einst so überschäumenden Lebenskräfte aufgezehrt. Menschikow wurde samt seiner Brut nach Sibirien verbannt. Nun stand der Verlobung mit einer Dolguruki nichts mehr im Wege.

Doch alles kam anders, als von den hohen Herren geplant. Jekaterina starb nur zwei Jahre nach Peters Tod, und auch der junge Peter starb, eben erst fünfzehn geworden. Damit waren die Romanows im Mannesstamm erloschen.

Nun oblag es den Großen des Reiches, von sich aus über die Krone zu entscheiden. Wäre es nicht nahe gelegen, jemand aus ihren eigenen Reihen zu wählen? Vielleicht mag sie daran der immerwache gegenseitige Argwohn gehindert haben. Hinzu kam aber auch, daß sie nun schon fünf Generationen lang von Romanows regiert worden waren. Zu tief hatte sich ihnen bereits die Gewöhnung eingegraben, zu mächtig war die Fixierung auf diese Dynastie geworden. Und ist doch dynastisches Denken selbst nichts anderes als eine seltsame Mischung aus persönlicher Treue und kühlem Kalkül, aus nur zu wohlbegründeter Furcht vor dem bedrohlich Neuen, weil Unwägbaren, und aus frommer Scheu, eine einmal erreichte, gleichsam magisch befestigte Position außer Kraft zu setzen.

So wie sich Jekaterina auf Kosten ihrer beiden Töchter des verstoßenen Enkels erinnert hatte, so erinnerte sich jetzt der versammelte Hochadel, daß Zar Peter einen Bruder gehabt hatte, Iwan. Dieser Bruder hatte sogar eine Zeitlang mit Peter zusammen regiert, zwar nur als Schattenfigur, da er für schwachsinnig galt; immerhin hatte er Kinder hinterlassen. Vielleicht waren sie ihm auch nur unterschoben worden: Eingeweihte flüsterten von natürlichen Vätern aus dem Bedientenstand. Immerhin wurden zwei Töchter im Stammbaum geführt, eine Katharina und eine Anna. Peter hatte sie insofern als Prinzessinnen anerkannt, als er sie standesgemäß verheiratet hatte, die eine an einen Leopold von Mecklenburg, die andere an den eingangs erwähnten Herzog von Kurland. Jedesmal hatte Peter die Anbahnung dieser Verbindungen höchst persönlich betrieben, sollten sie doch Rußland mit dem Westen verklammern und sein Reich mit einem neuen Zivilisationsschub versehen.

Freilich: diese Ehen standen unter einem unglücklichen Stern. Die eine, mit dem Kurländer, fand sogar ein allzu frühes, jähes Ende. Wie schon berichtet:Der achtzehnjährige Bräutigam hatte als Opfer einer orgiastischen Feier sein Leben ausgehaucht.

Anna I. Iwanowna
Nichte Peters des Großen

Nun saß die junge Witwe in Kurland und verwaltete ihr kleines Herzogtum mit Hilfe eines Günstlings namens Büren.

Ihrer entsann man sich jetzt in Moskau. Nachdem man schon einmal eine Frau, eine Skawronskaja, auf dem Thron erlebt hatte, um wieviel lieber wollte man es mit einer Romanow versuchen.

Zugleich aber wollte man sich ihr gegenüber vorsehen.

Vom Westen her war die Kunde eingedrungen, daß sich die Herrscher dort gewissen Einschränkungen unterwerfen mußten. Man nannte diese Einschränkungen Konstitutionen. Warum sollte diese Einrichtung nicht auch in Rußland Anwendung finden?

Die Häupter des alten Adels, die Werchowniki, kamen überein, einen Vertrag zu entwerfen, mit dem ein künftiger Herrscher (oder eine künftige Herrscherin) verpflichtet werden sollte, die Macht mit ihnen zu teilen: Sowohl der Souverän als auch der von ihm eingesetzte Senat sollten den Werchownikis jederzeit Rechenschaft ablegen müssen; ohne deren Zustimmung dürfe kein Krieg erklärt, kein anderer Vertrag geschlossen, auch keine neue Steuer erhoben werden. Mit diesen Forderungen im Gepäck suchte man Anna von Kurland auf und eröffnete ihr die Aussicht, den verwaisten russischen Thron zu besteigen.

Anna unterschrieb, was man von ihr verlangte. Der Hochadel jubelte: Nun war man für alle Zeit vor der Willkür der Krone geschützt.

Aber dieser Jubel dauerte nicht lange.

Kaum war Anna nach Rußland zurückgekehrt und gekrönt, setzte sie sich mit den Gegnern ihrer Königsmacher in Verbindung. Dabei zeigte sich, daß die Entwürfe der Werchownikis nur in ihren eigenen Reihen Unterstützung gefunden hatten, ja, daß das quasi-konstitutionelle Dokument in Wirklichkeit ein Geheimdokument gewesen und weder dem niederen Adel noch den Garden bekannt gemacht worden war.

Nun spielte Anna die Überraschte, die Empörte. Sie habe

die russische Krone unter der Voraussetzung angenommen, daß »das ganze Volk« – so drückte sie sich aus – hinter den Abmachungen stünde. Doch nun sei sie eines anderen belehrt worden. Man habe sie in eine Falle gelockt, sie fühle sich nicht mehr daran gebunden. Mit großer Geste zerriß Anna das von ihr selbst unterzeichnete Dokument – und war von nun an wieder Alleinherrscherin. Auch die schlauesten Füchse unter den Werchownikis hatten die Frau unterschätzt.

Die Öffentlichkeit applaudierte ihr, denn man hatte – vielleicht nicht ganz ohne gute Gründe – gefürchtet, daß man durch die Machenschaften des Hochadels in neue Abhängigkeiten geschlittert wäre: statt nur eines Zaren hätte man deren womöglich ein Dutzend gehabt.

Danach stand niemandes Sinn.

Ansonsten bewies Anna nicht gerade eine glückliche Hand, obwohl sie persönlich gewisse Sympathien genoß. Sie war eine Frau, die sich nicht scheute, in Männergesellschaft über den Durst zu trinken, die sich an derben Witzen ergötzte und es niemandem übel nahm, der ihrer »geheiligten Person« übermütig an die Röcke griff. Solche Lockerheit erinnerte an wohlbekannte und nicht unbeliebte petrinische Muster.

Doch was Anna politisch unternahm oder unternehmen ließ, verriet wenig Geschick, wenig Takt und Gefühl für russische Empfindlichkeiten. Der Günstling, den sie sich mitgebracht hatte, der Balte Büren, jetzt Biron genannt, galt bald als ihr böser Engel. Damals begann die Ausländerherrschaft den Haß weiter Kreise zu erwecken.

Peter der Große hatte damit begonnen, das russische Leben Maßstäben zu unterwerfen, die das westliche Ausland entwickelt hatte. Architektur und Technik waren importiert. Bildung und Schulwesen kopierten französische, englische, deutsche Vorgaben. Auch nach Peters Tod war dieser Eifer noch nicht erlahmt. Sogar die Halbanalphabetin Katharina I. hatte noch eine Akademie gegründet. Aber zu politischen Ämtern waren Ausländer bisher kaum zugelassen worden. Das änderte sich nun unter Anna und ihrem Helfer Biron mit einem Schlag. Jetzt traten die Ausländer als Herren auf.

Anna hatte lange genug in Kurland gelebt, um sich inzwischen als Kurländerin, als halbe Deutsche zu fühlen. Wie von selbst bildete sich ein Ring deutscher Favoriten um ihre Person. Neben Büren-Biron tat sich ein Minister Münnich hervor. Ein anderer Deutscher, Ostermann, hatte schon unter Peter und Jekaterina eine größere Rolle gespielt. Ostermann übte sich wenigstens in einer gewissen Angleichung: er lernte Russisch, er hatte sogar eine Russin geheiratet. Andere Deutsche machten sich diese Mühe nicht. Sie trugen eine stolze Miene zur Schau und ließen alle, die es wissen oder auch lieber nicht wissen wollten, ihre Überlegenheit fühlen.

Im Jahre 1735 brach ein neuer Krieg gegen die Türken aus. Münnich führte die russische Armee und errang etliche Siege. Aber das Bündnis mit Österreich bewährte sich nicht. Die Eroberungen gingen wieder verloren, und es sah so aus, als habe Münnich vergeblich russisches Blut vergossen. Man dankte ihm seinen Einsatz nicht.

Bei Biron hingegen gehörte die Verachtung der russischen Öffentlichkeit geradezu zum System. Ihm lag nichts an ihrem Beifall. Da er wohl wußte, daß die Herrschaft seiner Gönnerin auf schwachen Füßen stand, schuf er, um sie zu stützen, ein Polizeisystem, das – mit deutscher Gründlichkeit – alle Feinde aufstöbern, alle Umtriebe unterbinden, alle etwaigen Machenschaften aufs härteste bestrafen sollte. Birons Spitzel waren allgegenwärtig. Es wurde gefoltert, hingerichtet, verbannt. Die geniale Willkür, mit der Peter – oft blutig genug – seine Alleinherrschaft ausgeübt hatte, war weithin vergeben und vergessen worden, weil sie den Charakter eines Naturereignisses suggerierte. Birons System aber war kalt erklügelt und funktionierte mit der Erbarmungslosigkeit eines Hammerwerks. Es erregte allgemeine

Erbitterung. Bis heute gilt die »Bironschtschina« in Rußland als verabscheuungswürdige Schreckensherrschaft.

Immerhin gelang es der robusten Anna Iwanowna zehn Jahre lang, ihre Alleinherrschaft zu behaupten.

Sie starb 1740, kinderlos.

Kurz vor ihrem Tod war deutsche Verwandtschaft angereist: ein Herzog von Braunschweig-Bevern mit seiner Gattin Anna Leopoldowna. Diese, eine mecklenburgische Prinzessin, war die Enkelin eben jenes Iwan, der als Vater von Anna Iwanowna galt. Die Leopoldowna brachte ein kleines Kind mit, einen Knaben, der ebenfalls auf den Namen Iwan getauft war. Zarin Anna, die ihr Ende nahe fühlte, bezeichnete den Säugling als ihren Erben und Nachfolger. Zu seinem Vormund bestimmte sie Biron. Sie hätte kaum eine schlechtere Wahl treffen können. Denn Biron wurde sofort nach ihrem Tod gestürzt.Nun reklamierte die Mutter des Knaben die Vormundschaft für sich, obwohl sie dafür in keiner Weise geeignet war. Ihr Gatte, der Herzog von Braunschweig-Bevern, sollte Oberkommandierender der russischen Armee werden, während Münnich für das Amt des Premierministers vorgesehen war.

Damit aber war der Bogen endgültig überspannt. Rußland lehnte es ab, in den Status einer deutschen Kolonie abzusinken.

Elisabeth

Wieder war ein Vakuum entstanden, das dringend ausgefüllt werden mußte. Aber wo gab es in dem großen Reich eine Institution, die geeignet war, einen Machtwechsel mit legistischen Maßnahmen einzuleiten? Weder der Senat, vom regierenden Herrscher ernannt, war dazu imstande, noch diesmal auch die durch das Debakel mit Anna kompromittierten Werchnowiki. Die ungeheure Ländermasse der Provinzen hatte ohnehin kein Stimmrecht. So blieben nur die Garden als bewaffnete Träger der Entscheidungsgewalt. Sie waren in der Hauptstadt konzentriert, in der unmittelbaren Verbindung zum Hof und damit im Mittelpunkt des politischen Kraftfeldes, auf das es in heiklen Augenblicken ankam.

Menschikow hatte seinerzeit als Kommandant der Garden seine ehemalige Geliebte Jekaterina als Katharina I. auf den russischen Thron gebracht. Das Gewicht des Augenblicks hatte entschieden, die rücksichtslose Entschlußkraft eines Einzelnen den Ausschlag gegeben. Durchgesetzt wurde, was »in finsterem Ratschlag« hinter verriegelten Türen von einer kleinen, aber wagemutigen Clique von Verschwörern ausgedacht und abgesprochen worden war.

Jetzt, in einem Augenblick, in dem sich Rußland auf sich selbst besann, traten die Garden von neuem auf den Plan. Ob sie dem konservativen oder dem fortschrittlichen Lager entstammten, sie wollten das petrinische Erbe nicht aufgeben. Dieses Erbe war aber – alles in allem – durch Peters militärische Siege und durch seine Person zu einem nationalrussischen Erbe geworden. Es schien an der Zeit, zu ihm zurückzukehren, das heißt, sich Peters unmittelbarer Leibeserben zu erinnern. Eine Tochter, Anna, lebte weitab vom Schuß im fernen Holstein. Eine andere jedoch, Elisabeth, war nah. Beide waren durch ihre illegitime Geburt befleckt. Doch man war inzwischen bereit, über diesen Makel hinwegzusehen. Elisabeth war noch ledig. Konnte sie nicht zur Stammutter einer neuen Romanow-Linie werden? Ihr wandte sich deshalb das Interesse zu.

Alle, die Peter gekannt hatten, glaubten etwas von seiner sieghaften Ausstrahlung an ihr zu entdecken. Lange hatte sie im Schatten ihrer Mutter dahingelebt und keine Ambitionen gezeigt. Auch als Anna Iwanowna den Thron bestieg, hatte sie kaum Unmut erkennen lassen; selbst die Regentschaft der Leopoldowna wollte sie anscheinend widerspruchslos hinnehmen. Erst als es sich diese einfallen ließ, ihr, Elisabeth, am Hof eine untergeordnete Stellung zuzuweisen, zeigten sich bei ihr Reizbarkeit und Wallungen verletzten Stolzes.

Jugendbildnis Elisabeths I. Petrowna
Tochter Peters des Großen

In dieser Phase fand sie sich plötzlich von Freunden umgeben. Das Offizierskorps der Garde stellte sich ihr zur Verfügung. Der mächtige französische Gesandte, dem die österreichischen Sympathien der Braunschweiger schon längst ein Dorn im Auge waren, versicherte Elisabeth seiner Unterstützung. Der allgemeine Haß gegen die Deutschen flößte ihr Mut ein. So trat sie an die Spitze einer Verschwörung, oder besser gesagt, ließ sich an deren Spitze schieben. Am Vorabend des 6. Dezember 1741 begab sie sich mit ihren Ehrendamen in die Gardekaserne und ließ der Mannschaft reichlich Branntwein ausschenken. Am anderen Morgen wurde sie zur Alleinherrscherin ausgerufen. Der kleine Zar Iwan wurde eiligst weggeschafft, Anna Leopoldowna samt ihrem Gatten verbannt, Münnich und Ostermann zum Tode verurteilt. Die französische Partei am Hof triumphierte, und das Volk, das, wie immer geduldig, erst Peters genialische Neuerungssucht, dann Menschikows Eigennutz, Birons Schikanen und zuletzt die Taktlosigkeit der Braunschweiger ertragen hatte, hoffte nun, in Peters leiblicher Erbin, in der Tochter der livländischen Magd, eine Freundin, Anwältin und gütige Herrin zu erhalten.

Elisabeths Anfänge ließen sich auch wirklich hoffnungsvoll an. So gelobte sie bei ihrer Inthronisation, keine Todesurteile vollstrecken zu lassen, und in der Tat wurden sogar die »Erzbösewichte« Münnich und Ostermann nicht aufs Schafott gebracht, sondern nur nach Sibirien verbannt. Der deutsche Einfluß war eingedämmt. Das Französische wurde als Hofsprache etabliert (was allerdings zu jener Zeit in ganz Europa üblich wurde). Was Elisabeth besondere Popularität eintrug, war ihre Frömmigkeit. Stundenlang lag sie während der üppigen Liturigen des orthodoxen Ritus, von Weihrauchwolken umnebelt, von Gesängen umbrandet, auf den Knien. Dann wieder zeigte sie sich dem Volk in goldglänzenden Prachtroben, in huldvoller Haltung. Sie war groß und dick, nach damaligen Begriffen eine schöne Frau.

Freilich: was Regierungsarbeit ist, was sie hätte sein sollen, sein müssen, davon hatte Elisabeth nur sehr schemenhafte Vorstellungen. Niemand hatte sie darauf vorbereitet. Vielleicht war sie mit ihren damals einunddreißig Jahren schon zu alt, um sich einem gründlichen methodischen Lernprozeß zu unterwerfen. Von Natur aus träge, neigte sie der Vorstellung zu, das Amt eines Herrschers bestehe vor allem aus Repräsentation.

Sie legte Wert darauf, als gefühlvolle Frau zu gelten. So betonte sie immer wieder, auch sie habe einmal eine große Liebe erlebt. Diese Liebe sei keusch, rein und idealistisch gewesen; sie habe ihrem Bräutigam gegolten, einem jungen Herzog von Holstein. Doch ehe die Verbindung zustande kam, war der junge Mann gestorben. Ihm, so behauptete Elisabeth, trauere sie immer noch nach; nur um nicht ganz in Schwermut zu versinken, unterziehe sie sich höfischen Vergnügungen, nur um ihren Gram in Schranken zu halten, nehme sie an Unterhaltungen teil. Mit solchen Tiraden versuchte sie zu tarnen, daß sie an Lustbarkeiten mehr als billig interessiert war. Elisabeth schätzte Tanz, Musik und Theater; nur Bücher schätzte sie nicht.

In der Tat: Elisabeth war musikalisch begabt. Ihr Verständnis für diese Kunst zeigte sich freilich vor allem darin, daß sie einen ihrer Chorsänger, den schönen, stimmgewaltigen Rasumowski, zu ihrem Favoriten erkor, ihn in den Grafenstand erhob und, wie die Fama wissen wollte, in geheimer Ehe sogar zum Gatten nahm. Das hinderte sie aber nicht, auch anderweitig anzubändeln.

Elisabeth war sehr eitel. Von dem Augenblick an, da sie Zarin wurde, beschäftigte sie ein ganzes Heer von Schneidern, Schustern, Goldschmieden, Juwelenschleifern, Knopfmachern und Kürschnern. Sie soll an die viertausend Prachtroben und mehrere tausend Paar Schuhe besessen haben. Mit der Bezahlung ihrer Lieferanten nahm sie es allerdings nicht so genau. Das entsprach nur dem Hofbrauch: Wer die Ehre hatte, den Alleinherrscher zu bedienen, durfte sich bereits genügend beglückt fühlen. Er konnte sich ja an anderen schadlos halten! So öffnete die nackte Willkür der Korruption jede Pforte. Korruption sickerte von oben nach unten. Rund um die Krone nahm sie drastische Formen an.

Einer der perfidesten Vertreter in diesem Bereich war Fürst Alexej Petrowitsch Bestuschew-Rjumin. In Deutschland erzogen, kam er noch unter Peter dem Großen nach Rußland und wurde unter Zarin Anna Kabinettsminister bei Biron. Nach dessen Sturz zuerst in Haft, wurde er von Elisabeth wieder herangezogen und schon nach drei Jahren Kanzler. Er verstand es, das Vertrauen der Zarin so vollständig zu gewinnen, daß sie ihm fast alle Geschäfte unbesehen überließ. So wurde es ihm leicht gemacht, sich kräftig zu bedienen. Er nahm Gelder von allen Höfen Europas und von allen, die als Bittsteller vor ihm erschienen. Seine Gegner am Hof wußte er mittels schleichender Intrigen und gut verpackter Verdächtigungen auszuschalten. Von ihm ging eine Welle von Verderbtheit aus, die alle Kreise ergriff und die, verbunden mit der offenkundig zur Schau getragenen Frömmigkeit der Zarin, eine Mischung von seltsamem Hautgout ergab.

Längst hatte man Peters aus dem Boden gestampfte Hauptstadt, Petersburg, verlassen und war in das traditionsreiche, das »heilige« Moskau zurückgekehrt. Hier residierte man in einem Palast, den Zarin Anna erst vor kurzem hatte errichten lassen. Das Innere war nach Versailler Vorbild üppig mit Brokattapeten, Spiegeln, Gemälden und vergoldetem Stuck ausgestattet. Doch der Bau selbst war nur aus Holz, überdies ziemlich unsolide. Schon hatten sich Moder und Fäulnis in seinen Wänden festgesetzt, da brach eines Tages ein Großbrand aus. Er ließ den ganzen Palast in Flammen aufgehen. Während das Feuer wütete, sah man Schwärme von Ratten und Mäusen aus Türen und Fenstern springen.

Im Sommer liebte es die Zarin in den Norden zu reisen, um der Hitze in Moskau zu entgehen. Die Reise dorthin dauerte ganze neunundzwanzig Tage. Dann wieder brach sie mit großem Gefolge nach Kiew oder zu anderen Orten auf, die sich als religiöse Heilstätten anboten. Dort unterzog sich Elisabeth ausgedehnten Bußübungen. Nach solchen mußte sie sich dann wieder erholen. Wann hätte sie Zeit für Regierungsgeschäfte finden sollen? Zwar versuchte sie immer wieder einige Akten zu lesen, doch meist ließ sie sich mündlich berichten. Sie glaubte allen Einflüsterungen und Reden und meinte, die Zügel dadurch in den Händen zu behalten, indem sie sich alle Gerüchte und Zwischenträgereien anhörte. Gelegentlich geriet ihr Temperament in Wallung; das einemal zerfloß sie in Rührung, ein andermal sprühte sie vor Zorn. Man fürchtete Elisabeths Launen, und je mehr man sie fürchtete, desto hemmungsloser überließ sie sich ihnen.

Ganz anders als ihr Vater, war die Zarin frühzeitig darum besorgt, Vorsorge zu treffen für die Zukunft, das heißt, ihre Erbfolge zu regeln. Sie war kaum zur Alleinherrscherin gekrönt, als sie diese wichtige Frage in Angriff nahm; und wieder kam dabei deutsche Verwandtschaft ins Spiel.

Wie schon erwähnt, hatte ihre Schwester Anna einen Prinzen aus dem Haus Holstein-Gottorp geheiratet, einen Bruder jenes frühverstorbenen, vielbetrauerten Bräutigams. An diese Verbindung klammerte sich Elisabeths Hoffnung. Ihren Thronfolger wollte sie aus dem Haus Holstein-Gottorp holen.

Wieso dachte sie nicht an eigene Kinder? Wollte, konnte sie keine haben? Scheute sie eine standesgemäße Ehe?

Als ihr dann endlich nach langen Jahren vergeblichen Wartens von dem von ihr designierten Thronfolgerpaar ein Kind in die Wiege gelegt wurde, von dem sie erwartete, es werde dereinst die Krone des Reiches tragen, stürzte sie sich mit heftig aufwallenden Muttergefühlen auf den Säugling und zog ihn, unter Hintansetzung der leiblichen Mutter, ganz an sich. Doch davon später.

Trotz ihrer augenfälligen Unfähigkeit, als Herrscherin in die Fußstapfen ihres Vaters zu treten, kann man indes von Elisabeth nicht sagen, daß sie das petrinische Erbe verraten hätte. Die Umbrüche, die Peter in die Wege geleitet hatte, setzten sich gleichsam von selbst fort, nur gingen sie im Sinne des Zeitalters nicht mehr so sehr von Schiffswerften, Hafenbauten und technischen Neuerungen, sondern deutlicher vom Hof und dessen Usancen aus. Die russische Kultur hatte sich westlicher Rationalität geöffnet, und dieser Einfluß war nicht mehr aufzuhalten.

Auch die Außenpolitik des Hofes bewegte sich in petrinischen Spuren, insofern sie unverändert in derselben Richtung offensiv blieb: gegen Schweden, von dem man einen Landstreifen in Karelien erbeutete; gegen die Türkei und gegen Polen. In diesen beiden Ländern zeigten sich so auffällige Symptome inneren Zerfalls, daß sie die russischen Aktivitäten geradezu herausforderten. Am deutlichsten aber zeigte sich das petrinische Konzept dort, wo es um Gesamteuropa ging; um den Einstieg in das Konzert der Mächte.

Da bestanden zwei Grundkonflikte, die Rußland mitbetrafen und in die einzugreifen und mitzumischen nicht eben Elisabeth, wohl aber Bestuschew-Rjumin und sein Anhang entschlossen waren: der große Weltkonflikt zwischen England und Frankreich und der Rußland noch weit stärker betreffende zwischen Österreich und Preußen. Österreich und Preußen gehörten zur näheren Nachbarschaft; durch den Verfall Polens und der Türkei rückten sie gleichsam dicht an die russischen Grenzen heran.

Auf welche Seite sollte man sich stellen? Auf welcher gewann man für die eigene Position mehr Sympathie?

Seit 1740 regierte auch in Österreich eine junge Frau, Maria Theresia, glückliche Gattin, vielfache Mutter und von unzweifelhafter Tugend. Hätte ihr Elisabeth nicht schwesterliche Gefühle entgegenbringen müssen? Statt dessen hielt sie die junge Habsburgerin für eine abgefeimte Heuchlerin.

Für Friedrich II. dagegen empfand Elisabeth zunächst große Bewunderung. Seine bedrückte Jugend erinnerte sie an die eigenen Jugendjahre auf der Schattenseite; seine militärische Bravour empfand sie als Vorbild. So fragte sie bei ihm an, ob er ihr nicht eine seiner Schwestern als künftige Großfürstin anbieten wolle. Der Handel kam nicht zustande; Friedrich bot ihr statt dessen eine andere Prinzessin aus deutschem Hause an. Aber diese andere, die spätere Katharina II., wurde Elisabeth schon bald nach ihrer Ankunft unheimlich. Mag sein, daß dieser Umstand bereits dazu führte, Elisabeths Bewunderung für Friedrich in vorsichtige Abwehr zu verkehren. Doch dann platzte für die Zarin eine Bombe. Man flüsterte ihr die Nachricht zu, daß sich der Preußenkönig sehr despektierlich über sie geäußert habe: Sie, Peters Tochter, sei doch nichts Besseres als eine gekrönte Hure.

Elisabeths Empörung war begreiflicherweise groß, und sie paßte vorzüglich in Bestuschews neue Pläne und in die im Umbruch begriffene diplomatische Landschaft. In Europa kündigten sich neuerdings große Veränderungen, neue große Koalitionen an: wo es lange tiefe Gräben gegeben hatte, wurden nunmehr Brücken gebaut. Seit Jahrhunderten waren Frankreich und Habsburg erbitterte Feinde gewesen, jetzt schien sich Versailles dem geduldigen Werben Österreichs zu ergeben. Doch Österreich hatte nur ein heißersehntes Ziel: Friedrich von Preußen zu schlagen und ihm das 1740/41 okkupierte Schlesien wieder zu entreißen.

Auf Friedrichs Preußen richtete sich schon längst Bestuschews Argwohn. Es war, erstens, eine konkurrierende Macht an der Ostsee, die das russische Reich immer mehr als seinen eigenen Spielraum und sein unbestrittenes »Fenster« in die große weite Welt betrachtete; zum zweiten war es eine unberechenbare Größe mit unberechenbaren Ambitionen. Wie es Schlesien geschluckt hatte, so konnte es demnächst nach Sachsen greifen. Auch in Polen konnte es aktiv werden und dort das russische Konzept verderben. Kurz, Bestuschew war der Überzeugung, Rußland tue gut daran, sich an der Koalition gegen Friedrich zu beteiligen. Entwikkelte sich daraus gar ein kriegerisches Abenteuer, so werde das im Verein mit Österreich und Frankreich, womöglich auch noch mit Schweden und Sachsen, leicht zu bestehen sein. Nichts werde dann Rußland daran hindern, sich die Provinz Ostpreußen einzuverleiben.

So etwa sahen die Gedankengänge des Kanzlers aus. Im übrigen hatte er von Österreich und Frankreich weit größere Zuwendungen als vom kargen Preußenkönig erhalten, und dieser Umstand war es wohl, der bei der Kriegserklärung den letzten Ausschlag gab.

Elisabeth ihrerseits konnte sich dafür in der Hoffnung wiegen, daß ihre kaiserliche und weibliche Ehre an dem frechen Preußen blutig gerächt werde.

Mit der Rache hatte es freilich seine gute Weile, denn Friedrich war zwar in so mancher Schlacht zu schlagen, doch endgültig zu besiegen war er nicht.

Seine Lage war allerdings fürchterlich. Der Krieg, der später der Siebenjährige genannt wurde, war ein Krieg »der fünf gegen neunzig Millionen«, ein Krieg aus einem bizarr zergliederten Länderkonglomerat gegen drei kompakte, für die preußischen Heere völlig unerreichbare Großstaaten: Frankreich, Österreich, Rußland, dazu noch gegen Schweden und Sachsen. Friedrich hätte – vernünftigerweise – von vorneherein aufgeben müssen, wäre er über den wahren Stand seiner Gegner besser unterrichtet gewesen. So schätzte er etwa die Österreicher nach dem Zustand ein, in dem er sie in den beiden ersten Schlesischen Kriegen kennengelernt hatte, doch hatten diese unterdessen kräftig aufgeholt. Vor allem aber unterschätzte er die Russen, ihre Standfestigkeit, ihre Tapferkeit, ihre Fähigkeit, Leiden zu ertragen.

In einem guten Dutzend mörderischer Schlachten, in Hunderten von Scharmützeln, unzähligen Belagerungen, Entsetzungen und gewagten Täuschungsmanövern wogte der Krieg zwischen den ungleichen Parteien hin und her. Der Ersatz von Truppen und Material wurde für die Preußen immer schwieriger. Zuletzt konnte sich Friedrich kaum mehr darauf einlassen, ein entscheidendes Treffen zu suchen. Er, der geniale Schlachtenlenker, mußte sein Feldherrngenie darauf konzentrieren, die Gegner zu hindern, zueinander zu finden und sich zu einer gemeinsam agierenden Masse zu vereinen. So jagte er seine Truppen kreuz und quer durch Mitteleuropa, um die ärgsten Gefahren abzuwenden; so hetzte er sich selbst bis an den Rand der Selbstzerstörung, voll Haß auf den Krieg und dennoch unfähig, sich geschlagen zu geben. Er verfluchte sein Schicksal und seine selbstgestellte Aufgabe, doch jeder noch so kleine Erfolg erfüllte ihn mit neuen Hoffnungen, neuen Energien, flößte ihm neue Ideen ein, mittels neuer Finten »dem Feind über den Kopf zu fahren«.

Auf welch einen Gegner hatten sich die anderen da eingelassen! Hier war Genie gefordert, gegen das alle normalen Berechnungen fehl schlugen. Die Koalition der »neunzig gegen die fünf Millionen« hätte schon längst den Sieg davontragen müssen. Doch Jahr um Jahr verging, ohne daß ein Ende des Krieges abzusehen war. Das lag wohl allein an Friedrichs Person und an seiner unentwegten Präsenz an den Fronten, bei seinen Armeen.

Die anderen Protagonisten dieses Krieges befanden sich in weiter Ferne. Nicht einmal die tapfere und leidenschaftlich engagierte Maria Theresia zeigte sich auch nur ein einziges Mal ihren Truppen in Böhmen, Sachsen oder gar Brandenburg. Der französische König langweilte sich im Luxus seiner Schlösser, und wer hätte je daran zu denken gewagt, Zarin Elisabeth aus ihren Ballsälen und von ihren Spieltischen in die Nähe ihrer Armeen locken zu können? Sie alle ließen sich von Unter- und Unter-Unterführern vertreten, während der Eine, krummgezogen von der Gicht, immerfort mit seinen Soldaten unterwegs, vorn in der Schlacht, oft verwundet, frierend auf fauligem Stroh, grau, zerzaust und fast zu einem Gespenst verkommen, die ganze Hölle dieses Krieges durchlitt.

Vielleicht hätte sich bei seinem Anblick die beleidigte Zarin doch gerächt gefühlt.

So aber verharrte sie unerbittlich in ihrem Haß.

Seltsamerweise lebte in ihrer unmittelbaren Nähe ein Mensch, der vielleicht als einziger an ihrem Hof die schreckliche, herausfordernde Größe Friedrichs erfaßte und bewunderte. Leider war dieser eine ein halber Narr, ein infantiler Schwächling: der designierte Thronfolger, Großfürst Ulrich-Peter von Holstein-Gottorp. Er bekannte sich offen zu seiner Sympathie für Friedrich – und brachte es immerhin soweit, daß auch andere begannen, ihre Feindschaft gegen Friedrich zu revidieren.

Zu ihnen gehörte auch der opportunistische Bestuschew, der Gewandte, Schlaue, immer besorgt um seine eigene Zukunft. Er hatte diesen Krieg aus politischen Gründen betrieben. Nun wurde er bedenklich, denn seine Gönnerin, die Zarin, zeigte Zeichen nachlassender Kräfte. Schon war ihr nahes Ende zu vermuten.

In einer solchen Phase ließ sich Bestuschew dazu hinreißen, einen General namens Apraxin von der preußischen Front abzuberufen. Das konnte zweifelsohne als profredericianischer Akt interpretiert werden und hätte als solcher Ulrich-Peter gefallen. Doch die Maßnahme kam zu früh. Elisabeth erholte sich wieder. Sie begriff, was geschehen war: dies bedeutete nicht nur einen Schaden für Rußland, sondern einen Vorgriff auf die Zeit nach ihrem Tod. Elisabeth war wütend. Sie enthob den Kanzler seiner Ämter, ließ ihn verhaften, des Hochverrats anklagen, zum Tod verurteilen. Schließlich begnadigte sie ihn zu ewiger Haft in einem Gefängnis bei Moskau.

Doch ihr eigener Niedergang war nicht mehr aufzuhalten.

Niemand durfte die kranke Elisabeth forschend oder auch nur mitleidig ansehen. Wer sich verriet, bekam ihren Zorn zu fühlen, diesen Zorn, der doch nichts weiter war als blanke Todesangst.

Sie starb am 5. Januar 1762.

Elisabeth I. Petrowna als russische Zarin

Das Reich

Ehe wir in der Geschichte von Peters »Töchtern« fortfahren, die mit der Großen Zarin endet, sollten wir zuvor einen Blick auf das russische Imperium werfen. Es war ein Riesenreich, ein Imperium wahrhaft asiatischen Ausmaßes, denn schon ein Menschenalter vor Peter hatte man in kühnen, einsamen Vorstößen Sibirien an sich gebracht, hatte die Beringsee erreicht und damit Anspruch auf das ganze nördliche Asien erhoben.

Freilich: so imperial sich Rußland in seinem Expansionsdrang gab, als Staatsgebilde war es im Inneren eine noch sehr heterogene Masse.

Das Land hatte harte Zeiten hinter sich. Vorausgeschickt werden muß, daß seine im engeren Sinn historische Epoche, nämlich die schriftlicher Zeugnisse, erst etwa ein halbes Jahrtausend später einsetzt als bei uns und fast ein ganzes Jahrtausend später als im mediterranen Raum.

In dieser frühen Ära scheint sich in dem riesigen Raum eine bäuerliche Kultur eher friedlichen Charakters entwikkelt zu haben. Ein goldenes Zeitalter also? Das wäre zu viel gesagt. Doch dürfte sich die überaus spärliche Bevölkerung, in kleine Völkerschaften geschieden, in den endlosen Weiten ohne größere Reibungen verteilt haben. Nur vereinzelt trifft der Spaten, der alten Menschenbehausungen nachgräbt, auf Spuren gezielter Zerstörung.

Dann stießen die ersten Fremdlinge, die Nordmänner, die Waräger, von der Ostsee herein, und sogleich veränderte sich das Bild. Es entstanden machtpolitische Gebilde von größerer Reichweite, damit auch größerer Neid und Konflikte und damit schließlich Kriege. Doch mag auch in dieser Zeit das jeweilige Kampfgeschehen keine den ganzen Raum umfassende Beunruhigungen ausgelöst haben. Die Erschütterungen waren nur punktuell. Zu schwerfällig bewegten sich Kriegsherren und Kriegsvölker.

Ein ganz anderes Tempo setzte ein, als der Mongolensturm hereinbrach. Diese Reitervölker aus dem Inneren Asiens bewegten sich weit rascher voran als die Männer aus dem Norden. Sie suggerierten Allgegenwart, und ihr Aktionsradius war wahrhaft erschreckend. Sie kamen aus Räumen, die sie selbst zu größter Härte erzogen hatten. In mehreren Wellen stürmten sie heran, eine war schlimmer als die andere. So errichtete nicht der aus dem Karakorum stammende Dschingis-Khan Temudschin, sondern der aus dem hochkultivierten Turkestan stammende Timur-Tamerlan Pyramiden aus Menschenschädeln.

Auf das Reich der Goldenen Horde gestützt, überzogen sie fast ganz Rußland mit ihren Machtstrukturen. Diese waren intelligent und konsequent aufgebaut, unerbittlich, in ihrer Art lückenlos. Der größte Teil Rußlands wurde tributpflichtig, nachdem er sich die gräßlichsten Ausrottungen hatte gefallen lassen müssen.

Dieser Zustand währte an die zweihundertfünfzig Jahre.

Gewiß hätte sich die Herrschaft der Mongolen nicht so lange halten können, wenn die unterworfenen, zur Tributpflicht gepreßten slawischen Teilfürsten untereinander nicht so uneins gewesen wären.

Nur zögernd lockerte sich die asiatische Tyrannei, weniger weil man sie von russischer Seite her bekämpfte, als vielmehr weil sie allmählich von innen her zerfiel. Endlich riskierte man nicht mehr übermäßig viel, wenn man sich aktiv an ihrem Untergang beteiligte. Am energischsten tat sich dabei der Großfürst von Moskau hervor, dem es gelang, ein eigenständiges Machtzentrum zu bilden.

Als die Dynastie der Ruriks erlosch, traten an ihre Stelle die Romanows auf den Plan. Leider wollten die frühgeschichtlichen Phasen verhältnismäßiger Freiheit, verhältnismäßiger Friedlichkeit nicht mehr zurückkehren. Man hatte unter den Mongolen nicht nur gelitten, man hatte auch von ihnen gelernt. Ihr rücksichtsloses Auftreten diente als Modell, und ihr bereits recht entwickeltes, differenziertes Steuersystem wirkte als Vorbild. Die ursprüngliche Naturalwirtschaft war von der Geldwirtschaft abgelöst worden. Wo man sich früher damit begnügt hatte, nur seine eigene Versorgung zu betreiben, begriff man nun die Vorteile ausgedehnter Handelsbeziehungen. Auch ein neues Staatsverständnis hinterließ die verhaßte Herrschaft. Der Entwurf der Großräumigkeit war ein mongolisches Erbe. Man konnte davon lernen und – mit einigem Glück – profitieren.

Das Großfürstentum Moskau wuchs. Sein Oberhaupt schmückte sich mit dem Titel eines Zaren. Er nahm auch die Kirche in seine Pflicht. Die Festung Kreml (ein tatarischer Name) bot sich als Herz eines künftigen Reiches an.

Wie überall lebte die Masse des Volkes auf dem Land, und wie überall hatte es auch hier Gutsherrschaften gegeben. Aber die meisten Bauern waren frei.

Neben dem freien Bauerntum gab es freilich immer schon Sklaven. Ob es Leute waren, die ihre Freiheit durch Straffälligkeit verloren hatten oder Kriegsgefangene: ihr Status, nämlich ihre unbezahlte Arbeitsleistung, kam den jeweiligen lokalen Herren zugute. Deren Machtvollkommenheit dehnte sich dadurch immer weiter aus. Immerhin waren diese Herren ihren Landschaften, ihren Gütern und damit auch ihren Bauern noch patriarchalisch verbunden.

Immer dringender forderte die Krone vom Adel, daß er ihr und nur ihr sein Leben lang zu dienen habe. Damit löste sich die Herrenschicht aus ihrer Verwurzelung, und wie immer, wenn die Kontrolle des angestammten sozialen Systems versagt, griff auch hier etwas wie bedenkenlose Amoralität um sich. Je mehr Dienstbarkeit der Zar forderte, desto härter und drückender wurden die Ansprüche, die der Adel an seine Güter stellte. Die Güterverwaltung gab den Druck nach unten weiter. Es lag zu nahe, die Schwachen auszunützen und weiter zu schwächen. Die Krone gab zwar Erklärungen ab, in denen schöne Worte für die Bauern standen: Auch der Bauer sei ein Christenmensch! Doch das Rad hatte sich längst in Bewegung gesetzt, es preßte den Adeligen in den Dienst der Monarchie, es preßte den Bauern in die Rolle des Sklaven.

Um der Unterdrückung zu entgehen, suchten sich viele durch Flucht zu entziehen. Das weite Land lud dazu ein, sich abzusetzen, sich in den Wäldern zu verbergen, vor allem aber lud es die in nördlichen Gegenden Siedelnden dazu ein, nach wärmeren Landstrichen und nach fruchtbareren Böden zu suchen; und so wanderten viele in Richtung der sagenhaften, sagenhaft fruchtbaren Schwarzen Erde. Indessen hatten sich dort – schon früher als im Norden – unerbittliche Herrschaften, darunter auch die der Kirche, etabliert. Dadurch verschlimmerte sich die Not der armen »Läuflinge« noch mehr. Für sie gab es nach dem Gesetz nur eine Rettung: Wer es fertig brachte, sich der Armee anzudienen, blieb davor bewahrt, aufgegriffen, seinem alten Herren zurückgegeben und barbarisch bestraft zu werden.

Diese Regelung kam, wie sich von selbst versteht, wieder der Krone zugute. Die Krone brauchte eine starke Armee und für diese einen starken und ergebenen Dienstadel. Wer sich in Krieg oder Frieden auszeichnete, wurde mit großen Gütern beschenkt. Man maß diese Güter nicht nach Flächenmaßen, sondern nach »Seelen«: »Seelen« – das waren Arbeitskräfte und Objekte der Ausbeutung. Sie wurden in einen gleichsam vormenschlichen Zustand zurückverwiesen.

Zar Peter der Große, eifriger Schüler westlicher Lehren, Gründer von Akademien, Förderer der Buchproduktion, verbot es seinen Bauern und deren Kindern, lesen und schreiben zu lernen. Kein Herrscher vor ihm hatte mehr Macht entwickelt als er. Keiner hatte tiefer in Sitten und Gebräuche eingegriffen. Aber der Fortschritt, den er damit bewirkte, kam nur bestimmten Schichten zugute. Andere Schichten sanken noch tiefer ab. Seine Gesetze, die den Russen nach innen und außen ein neues Ansehen verleihen sollten – Ansehen in jedem Sinne –, spalteten die Nation und machten diese Spaltung für jedermann sichtbar und dadurch nur um so wirksamer. Der Offizier, der Adlige, der Hofmann hatte sich seines Bartes zu entledigen, er hatte den ungefügen Kaftan der Volkstracht abzulegen. Der Bauer, der einfache Mann, durfte, ja sollte in seinem archaischen Zustand verbleiben. Die kleine, dünne Oberschicht durfte sich an dem Wagnis neuer, kühner Gedanken, aber auch an frivolen Spielen beteiligen. Für das Volk blieben die alten Tabus unvermindert in Kraft.

Unter solchen Umständen rückt jedes Gemeinwesen auseinander und lädt zu weiterer Desintegration ein. Als Spaltpilz von großer Kraft und Hartnäckigkeit erwies sich der westliche Einfluß. Unzählige begabte und unternehmungslustige Ausländer durchdrangen die herrschenden Schichten mit ihren Ideen, die aber keineswegs immer Ideen sublimer Art waren. Neue Genüsse kamen in Mode, neue Lockerungen stellten sich ein. Die menschliche Natur erlag der Verführung – und der Verführungen gab es viele. Hatte sich Peter noch darin gefallen, seine riesigen Körperkräfte in unmäßigen Trink- und Freßorgien zu beweisen und damit – naiv genug – zu prahlen, sich aber andererseits immer den schwersten Anstrengungen unterworfen, so griff jetzt eine lasche, verweichlichte Lebensform am Hof um sich. Man hielt sich für gebildet, wenn man endlose Palaver um Nichtigkeiten führte. Man hielt sich für aufgeklärt, wenn man sich über Schlüpfrigkeiten amüsierte. Man fühlte sich auf französische Weise großzügig, wenn man nicht einmal mehr den Schatten von Ehrbarkeit wahrte. Korruption und Erpressung wurden zum belachten Gesellschaftsspiel. Man meinte, wie Hans von Rimscha sagt, geistreich zu sein – und war dabei nur lasterhaft.

Die alten Werte waren, von Peters Reformeifer bereits ins Wanken gebracht, umgekippt. Er hatte an Stelle des frommen Gehorsams eine strenge Dienstgesinnung aufrichten wollen. Das war ihm nicht gelungen. Statt dessen nahm der Verfall der ethischen Werte einen rapiden Fortgang, und so stand der russische Hof in bösem Ruf, als Zarin Elisabeth ihre Erbfolge ordnen wollte.

2. *Die »große« Zarin, Katharina II.*

Wir sprachen schon in anderem Zusammenhang davon, wie Elisabeth auf der Suche nach einem geeigneten Thronfolger bei dem damals von ihr so bewunderten Friedrich II. von Preußen anfragte, ob dieser ihr nicht eine seiner Schwestern als Gemahlin für den Holstein-Gottorp-Erben und damit als künftige Zarin anbieten wolle. Bekanntlich hatte Friedrich damals abgelehnt und ihr statt dessen eine andere Prinzessin aus deutschem Haus angeboten.

Es war eine Prinzessin aus dem kleinen Fürstentum Anhalt-Zerbst. Es war so klein, daß ein tüchtiger Wanderer es an einem Tag durchqueren konnte. Der Fürst war preußischer General, seine Gattin als höchst ehrgeizige Person bekannt. Die beiden hatten eine Tochter Sophie, von der es hieß, sie sei keineswegs dumm. Friedrich zog nähere Erkundigungen ein. Sie lauteten allesamt günstig. So knüpfte er die Fäden, die dann Elisabeth aufgriff. In ihrem Auftrag ließen die Eltern Anhalt-Zerbst die eben erst dreizehnjährige Sophie für die Zarin porträtieren.

Sophie war das erste Kind ihrer Eltern. In ihren Memoiren behauptet sie später, daß ihre Mutter wenig Freude an ihr und noch weniger Zuneigung für sie gezeigt habe. Alles habe dem Sohn gegolten, der bald nach ihr zur Welt kam. Nur der Vater, ein ernster, schweigsamer Mann, habe ihr Liebe erwiesen. Doch neben der ehrgeizig umtriebigen Frau hatte er offenbar nicht viel zu sagen gehabt.

Sophiens Glück war es, daß sie schon sehr bald eine kluge, gebildete und charmante Französin, Babet Cardel, als Erzieherin erhielt. Sophie war als Kleinkind ein eigensinniger Racker gewesen. Babet Cardel gelang es, das Kind zu besänftigen und an sich zu ziehen. Damals neigte man dazu, Kinder als kleine Erwachsene zu behandeln. Man setzte früh, viel zu früh, mit schulischem Drill ein. So erhielt Sophie schon mit drei Jahren einen Schreiblehrer und einen Tanzmeister. Bei beiden lernte sie nicht viel.

Die Cardel führte sie besser. Ihr Bildungsprogramm war weit gesteckt, doch ließ es dem Kind Zeit, hineinzuwachsen. Gefühlsausbrüche waren bei Sophie nicht selten; als sie einmal eine prächtig aufgeputzte Schauspielerin in einer sentimentalen Rolle erlebte, weinte sie so heftig, daß sie aus dem Saal gebracht werden mußte. Ein andermal wurde sie König Friedrich Wilhelm von Preußen vorgeführt. Sie sollte ihm den Rocksaum küssen. Der Rocksaum war der Kleinen aber zu hoch, wahrscheinlich weil der Rock über dem ungeheuren Bauch des Königs zu sehr spannte. Sophie wurde wütend und schrie: »Warum hat er einen so kurzen Rock an?« Darauf der König: »Das kleine Mädchen ist ungezogen.«

Die Familie lebte nicht in Anhalt-Zerbst, sondern in Stettin. Dort ging es doch ein wenig lebhafter zu als in dem eigenen Krähwinkel. Manchmal gelang es Sophie, ihren Erziehern zu entwischen. Dann trieb sie sich mit Kindern gleichen Alters in den Gäßchen der Festung herum. Von ihnen lernte sie die Sprache des Volkes. Man sagt, sie habe seitdem ihrer Lebtag lang Deutsch in Stettiner Mundart gesprochen.

Es mag dem Mädchen eine gewisse Genugtuung bereitet haben, daß der Bruder, der statt ihrer erwartet und dann von ihrer Mutter gehätschelt und vorgezogen worden war, die hochgesteckten Erwartungen seiner Eltern enttäuschte. Er kränkelte, er hinkte und siechte schließlich dahin, obwohl die Eltern nichts unversucht ließen, dem Jungen zu helfen. Als er mit dreizehn starb, war aus Sophie bereits Katharina geworden.

Das familiäre Leben im Hause Anhalt-Zerbst war auch sonst nicht allzu erfreulich. Nach außen wahrte man die Fassade, innen aber schwelte ein stiller Zwist. Der Vater war als preußischer Offizier und in sich gekehrter frommer evangelischer Christ mit seinem bescheidenen Schicksal nicht unzufrieden. Ganz anders die Mutter. Johanna Elisabeth, übrigens wieder einmal eine geborene Holstein-Gottorp, hielt sich für unter ihrem Stand verheiratet. In ihr rumorte ein unruhiger Geist. Da sie in ihren Jugendjahren in ihrer Familie einen Hauch von höherer Politik verspürt hatte, hielt sie sich für geeignet, ebenfalls Politik zu machen. Sie träumte von mehr Einfluß, von schmeichelhafteren Umständen und ganz gewiß auch von mehr Reichtum. Im Schloß mangelte es an allem, sogar an Laken für die Betten. So versuchte Johanna, der heimischen Tristesse zu entgehen. Sie begab sich auf Reisen, immer reihum eingeladen von ihrer großen Verwandtschaft.

Die Verwandtschaft der Holstein-Gottorp war weit verzweigt und erstreckte sich über ganz Deutschland. Eine Tante war die Gemahlin des deutschen Kaisers Karls VI. geworden, ein Onkel hatte Anspruch auf Schwedens Thron, eine Cousine war soeben dem Prinzen von Wales verlobt worden. Solche Nachrichten und Konstellationen wirkten erregend auf die arme Verwandtschaft. Kühne, wenn auch vage Hoffnungen gingen um. Wie in einer Gesellschaft von Glücksspielern der Gedanke an einen Haupttreffer die Gemüter beherrscht, so gingen in jener Gesellschaft die Gedanken an Reiche und Throne um. Auch wenn die brisantesten Themen nur hinter verschlossenen Türen besprochen wurden, so blieb doch auch bei zehnjährigen Kindern etwas hängen, wenn diese Kinder so intelligent und interessiert waren wie Sophie.

Sophie spitzte die Ohren, wenn die Rede auf einen Vetter Peter Ulrich kam. Von ihm hatte sie läuten gehört, er habe Aussicht, Zar von Rußland zu werden, und irgend jemand hatte ihr geflüstert: Das wäre doch ein Mann für dich!

Als sie ihm dann begegnete, war sie enttäuscht. Der schlaksige Junge mit dem schwankenden Gang und den ängstlich zwinkernden Augen sah weder wie ein Märchenprinz noch wie ein künftiger Held aus. Da imponierte ihr ein Prinz Heinrich von Preußen schon mehr – oder auch ihr eigener Onkel Ludwig, ein junger Bruder ihrer Mutter. Aber Sophie wischte die Enttäuschung schnell aus dem Gedächtnis. Was wog diese schon gegen den Zauber der Aura, die Peter Ulrich als möglichen Erben eines Riesenreiches umgab?

Aber da war ja auch noch der junge Onkel, und dieser war leidenschaftlich hinter »Figchen« her. »Figchen«-Sophie war ein frühentwickeltes Mädchen, und nahe Verwandtschaft galt in jener Zeit der Verwandtenehen sicher nicht als moralisches Hindernis für sich anbahnende Liebesverhältnisse. Eines Tages gestand ihr also der Onkel, daß er sie heiraten wolle. Nun erschrak sie doch und wehrte ab: Die Eltern würden es wohl nicht gestatten. Noch glaubte das Mädchen die Eltern ahnungslos. Aber die Mutter hatte die Attacken ihres Bruders längst durchschaut. Sie fand es nicht nötig einzuschreiten. Noch nicht.

Doch eines Tages war es dann so weit, daß sich die Zarin ein Bild von Sophie bestellte. Von nun an hatte Ludwig nichts mehr zu bestellen.

Wie sah Sophie aus? Weder besonders bezaubernd noch häßlich. Als Kind hatte sie an einem entstellenden Ausschlag gelitten. Auch von einem schwereren Haltungsschaden war die Rede. Beide Übel hatten sich ausgewachsen. Mager war Sophie noch immer, das Kinn zu spitz, das Gesicht zu dreieckig. Aber sie hatte hübsches helles Haar und große blaue Augen. Der Maler bemühte sich, seine Sache so gut wie möglich zu machen, das heißt, Sophiens bescheidenen Reizen zu schmeicheln. So wanderte ein einladendes Konterfei nach Moskau.

Bald darauf traf ein dicker Brief aus Elisabeths Staatskanzlei ein. Mutter Johanna war aus dem Häuschen.

Sie und ihr Gatte hielten lange Beratungen hinter geschlossenen Türen. Sophie war wütend. Sie spürte, es ging um sie. Endlich ließen sich die Eltern herbei und weihten auch sie ein: Die Zarin habe Mutter Johanna nach Moskau eingeladen. Sie solle Sophie mitbringen, demnächst schon und unter strenger Geheimhaltung des Zieles. Sobald sie russisches Gebiet erreicht hätten, würden sie mit allen ihnen zukommenden Ehren empfangen werden.

In Anbetracht der bettelarmen Umstände, in der die Zerbster lebten, ließ die Zarin auch gleich einen Batzen Geld anweisen.

Der Vater war von der Einladung ausgenommen – im Grunde ein Affront. Doch was galt Johanna ein Affront gegen den Gatten, wenn es um Sophie und vor allem um sie selbst ging? In ihrem nie gestillten Ehrgeiz sah sie auch für sich endlich die große Chance.

Fast überstürzt wurde die Abreise vorbereitet. Babet Cardel ahnte, daß es sich dabei um mehr als nur einen Verwandtenbesuch innerhalb Deutschlands handelte. Sie fragte ihre Schülerin. Aber Sophie wies sie ab: sie dürfe nicht reden. Die Cardel bat und schmeichelte. Sophie blieb hart. Am Ende schwamm die Cardel in Tränen. Doch Sophie ließ sich auch dadurch nicht rühren. So sehr sie ihre Erzieherin geliebt hatte, so vertraut sie im Laufe der Jahre miteinander geworden waren: die politische Rücksicht ging der Halbwüchsigen schon jetzt über alles.

So begann die Reise. Der Abschied vom Vater fiel Sophie nicht ganz leicht. Sie spürte in seinem Kummer die echte Sorge. Sie kannte auch seine Gewissensbisse: Er fürchtete, daß seine Tochter gezwungen werden würde, ihrem evangelischen Glauben zu entsagen. Das bedrückte den braven Mann. Er nahm ihr noch das Versprechen ab, in diesem Punkt standhaft zu bleiben. Sophie versprach alles. Seine geschriebenen Ermahnungen steckte sie ein: ein Kind, das darauf brennt, sein Glück zu versuchen. Die kleine Karawane setzte sich in Bewegung.

Ihr erstes Ziel war Berlin. Im Berliner Schloß sollten sie sich dem Initiator dieser Reise, Friedrich II., vorstellen. Er wollte sich wohl versichern, daß er nicht falsch gewählt und gekuppelt hatte.

Für die beiden Frauen war die Zusammenkunft mit dem König ein großer Augenblick. Friedrich war nun vier Jahre an der Regierung. Schon hatte er sich allgemeinen Respekt verschafft – und mehr als nur Respekt. Schon hatte er etliche glänzende Schlachten geschlagen. Schon zeigte er, daß er sein Amt auf besondere Weise ausüben wolle, nüchterner, großzügiger und intensiver als die meisten Herrscher bisher. Sein Urteil war damals bereits unangefochten, und halb Deutschland begann, wie Goethe in seinen Lebenserinnerungen schreibt, »fritzisch« gesinnt zu sein.

Johanna brannte auf diese Begegnung. Bei Sophie stellte sich vorerst ein Hindernis ein. Sie verfügte über keine Staatsrobe. Johanna wollte die Tochter bei Friedrich mit Krankheit entschuldigen lassen. Er bestand auf ihrem Kommen. Schließlich flüsterte man ihm den wahren Grund. Er mag gelacht haben, aber gefällig schickte er aus den Beständen seiner Schwestern dem jungen Gast ein passendes Kleid.

So aufgeputzt durfte die junge Sophie vor Friedrich ihren Knicks vollführen. Doch wie erstaunt war die Gesellschaft – und wie verärgert Johanna –, als er das junge Mädchen beim Dinner neben sich plazierte, während ihre Mutter in den Nebenraum verwiesen wurde. Der berühmte Mann ließ sich herab, mit dem Backfisch zu plaudern. Sophie hatte ihre Verlegenheit rasch überwunden und antwortete schlagfertig, doch nicht ohne Anmut. Das gefiel dem König. Er machte ihr ein Kompliment. Seine Menschenkenntnis sagte ihm, er habe in diesem jungen Mädchen nicht falsch gewählt, und sein Selbstgefühl ließ ihn hoffen, daß Sophie diese Begegnung nie vergessen werde.

Zarin Elisabeth hielt ihr Versprechen: Bei Überschreitung der russischen Grenze empfing man die beiden Reisenden mit allen Ehren. Man hatte sie zwar gezwungen, in der kältesten Jahreszeit zu reisen, im Januar, und noch dazu in höchster Eile. Zur höchsten Eile war angetrieben worden, weil der inzwischen designierte Thronfolger Peter Ulrich demnächst seinen Geburtstag feierte. Zu diesem Datum sollten die Damen bereits in Moskau eingetroffen sein. Der Zarin Wunsch war hier bereits Befehl.

Man stieg aus den deutschen Schlitten in die russischen um, in denen der Reisende nicht saß, sondern lag. Sophie fand das sehr komisch und schüttete sich vor Lachen aus. Aber gern hüllte sie sich in die kostbaren Pelze, die ihnen die Zarin entgegengeschickt hatte. Ihr Gefolge vergrößerte sich fast auf das Hundertfache. Eine Reitertruppe flankierte den Zug. Sie passierten keine Stadt, wo sie nicht mit Kanonendonner empfangen und von Honoratioren bewillkommt wurden. In Petersburg führte man zu ihren Ehren etwas wie einen Zirkus auf. Sogar vier Elefanten, damals noch fremdartige Fabeltiere, wurden ihnen vorgeführt und mußten über das hartgefrorene Eis an ihnen vorübertrampeln und ihre Rüssel schwingen.

Insofern übertrafen die Umstände ihres Empfanges ihre kühnsten Erwartungen. Aber wenn sie einmal die dichten Fenster ihres Schlittens öffneten und in das Land hinausspähten, wunderten sie sich. Endlos dehnte sich das Land. Selten tauchte ein Dorf auf und wenn, so waren diese Dörfer als solche kaum zu erkennen. Das sollten Bauernhöfe sein? Johanna und Sophie verglichen die elenden Katen mit den schmucken Fachwerkhäusern und sauber gezimmerten Tennen ihrer norddeutschen Heimat – und erschraken. Wie konnte es Menschen zugemutet werden, so zu hausen?

In den Städten wurde ihr Zug bejubelt. Auf dem Land, so schien es, verbreitete er eher Schrecken. Die wenigen zerlumpten Gestalten, die sich heranwagten, zeigten stumpfe bis entsetzte Gesichter. In Sophie stieg eine Ahnung auf, daß dieses Land dunkle Geheimnisse barg.

Einmal packte sie das nackte Grauen. Ihren Weg kreuzte ein schwarzer Schlittenkasten, von schwerbewaffneten Soldaten eskortiert. Wer war da unterwegs? Erst wollte man keine Auskunft geben. Schließlich erfuhren sie es doch: In dem Kasten saß die letzte Regentin, Anna Leopoldowna, mit ihrem kleinen Sohn, dem entthronten Zaren Iwan. Sie reisten in die Verbannung, wohin, wußte noch niemand.

In Moskau wurde ihnen ein prunkvoller Empfang bereitet. Auch diese Stadt glich keiner von denen, die Sophie bis jetzt gesehen hatte. Da standen unzählige Kirchen mit buntbemalten und vergoldeten Kuppeln, doch Häuser waren kaum zu sehen. Die mußten sich hinter den Palisadenwänden verstecken, die die mit Bohlen belegten Straßen begleiteten. So schien jeder Bürger in einer eigenen Festung zu wohnen. Sophie nahm zweierlei Menschen wahr: westlich-adrett gekleidete in modischen Mänteln und Hüten – und eine hinter Soldatenketten dunkel wogende Masse seltsam altertümlicher Trachten; Frauen, bis an die Augen in Tücher gewickelt, Männer bis an Augen und Bärte in dicke Pelze gemummt. Von allen Türmen Glockengeläut – und wieder das Donnern der Kanonen.

Man hatte die Gäste gebeten, sich erst am Abend zum Palast der Kaiserin fahren zu lassen. Irgendwo machte man Halt und Toilette. Der jungen Sophie wurde ein enganliegendes Kleid aus rosa Moiré mit silbernen Borten verpaßt.

Nachdem sie das Palais der Zarin betreten hatten, erschien auch Peter Ulrich, der künftige Bräutigam. Doch Sophie hatte jetzt anderes zu denken als an ihn: In einigen Augenblicken sollte sie sich der allmächtigen Zarin präsentieren. Von ihr, Elisabeth, hing ihr ganzes künftiges Schicksal ab.

»Auf der Schwelle ihres Paradeschlafzimmers«, schrieb Sophie-Katharina viele Jahrzehnte später in ihren Memoiren, »trat uns die Kaiserin entgegen. Ich muß gestehen, man konnte sie nicht zum erstenmal sehen, ohne von ihrer Schönheit und ihrem majestätischen Auftreten überrascht zu sein. Sie war groß, und obwohl sie recht beleibt war, störte das nicht und gab ihren Bewegungen keine Unfreiheit. Auch der Kopf war sehr schön. Sie trug an diesem Tag einen gewaltigen Reifrock. Ihr Kleid war aus Silberbrokat, mit Goldtressen besetzt. Sie trug eine schwarze Feder auf dem Kopf, die seitwärts eingesteckt war und gerade aufragte, daneben viele Diamanten in einer Frisur aus eigenem Haar.«

Die Kaiserin reichte den Damen die Hand zum Kuß.

Jugendbildnis Katharinas II., geborene Sophie von Anhalt-Zerbst

Dann lud sie sie in ihr Paradeschlafzimmer ein. Dort führte sie mit ihnen ein kurzes Gespräch. Da sich die Kaiserin nicht setzte, blieben natürlich auch alle anderen stehen. Es war wohl ein Augenblick allseitiger Verlegenheit.

Dann wurden Johanna und Sophie zu einem Souper geladen. Elisabeth erschien nicht an der Tafel. Statt dessen beobachtete sie ihre Gäste durch einen Sehschlitz in der Tapetenwand. Wollte sie sich vergewissern, daß diese junge Prinzessin geeignet war, Peters Gattin zu werden? Die Prüfung fiel offenkundig zufriedenstellend aus.

Schon am anderen Tag wurde »bei höchster Gala« sowohl Sophie als auch ihrer Mutter der St. Katharinenorden an die Brust geheftet. Sie waren damit so gut wie in Gnaden aufgenommen und der kaiserlichen Familie einverleibt.

War damit für sie schon jede Hürde genommen?

Keineswegs. Sie waren fürstlich empfangen worden. Doch was bedeutete das schon? Unter dem Zeichen der Alleinherrschaft war alles möglich: glänzendster Aufstieg und vernichtender Sturz.

Für Sophie begann eine Zeit des Leidens. Sie war noch ein halbes Kind, noch nicht einmal ganze fünfzehn Jahre alt, und schon in eine Fremde verpflanzt, die zwar verlockend, aber auch äußerst bedrohlich war. Allmächtige Gottheit in dieser Fremde war Elisabeth. Eine barbarische Gottheit: Sie war weder gerecht noch weise, noch vorausberechenbar, manchmal gütig bis zur Schwäche, manchmal tückisch, gegebenenfalls sogar grausam. Sophie fürchtete sie. Jedermann fürchtete sie, und doch versuchten alle, sie zu hintergehen, zu betrügen, sich von ihren Schwächen Vorteile zu verschaffen.

In Sophie bildete sich ein unumstößlicher Entschluß: Sie wollte der Zarin gefallen. Sie wollte auch dem Hof gefallen – und sie wollte sogar der Nation gefallen.

Dankte sie es mehr einer Einflüsterung ihres Verstandes oder einer Regung ihres Instinkts, daß sie erkannte, wie sie dieses dreifache Ziel erreichen konnte? Und konnte ihr dabei ihre Mutter nicht behilflich sein?

Mit ihrer Mutter hatte Sophie nicht mehr viel im Sinn. Außer in kurzen seltenen Augenblicken aufwallender Zärtlichkeit, suchte das junge Mädchen eher Abstand zu Johanna. Während sie dem fernen Vater achtungsvolle Neigung bewahrte, begannen in ihr gegen die eigene Mutter etwas wie Haß und Verachtung zu keimen. Und unbegreiflich war das nicht.

Die Mutter war es gewesen, die diese Reise mit Leidenschaft betrieben hatte. Statt Bedenken zu äußern und Sorge zu hegen, hatte sie nur den Glücksfall im Auge gehabt. Statt die Tochter zu schützen und abzuschirmen, hatte sie Sophie im Gegenteil einem unabsehbaren Abenteuer ausgeliefert. Ausgeliefert auch einem Mann, der, noch nicht einmal Mann geworden, bereits ahnen ließ, daß sich die Ehe mit ihm als eine fortwährende Erniedrigung entpuppen würde. Denn dieser Peter, Peter Ulrich von Holstein-Gottorp, war bereits mit seinen jungen sechzehn Jahren ein ausgewachsener Psychopath.

Darüber hinaus versuchte diese Mutter – von Ehrgeiz zerfressen, wie sie war –, sogar hier am Zarenhof ihren selbstsüchtigen Ehrgeiz zu befriedigen. Es war ihr Auftritt, den sie auf dieser glanzvollen Bühne inszenieren wollte, nicht der ihrer Tochter. Diese war für sie nur die Eintrittskarte.

Das war zuviel für Sophie. Unbeeinflußt von Johanna, doch immer noch brave Elevin von Babet Cardel, flüchtete sie in ihre neuen Aufgaben. Fürs erste: Schulaufgaben. Sie wollte Russisch lernen. Sie sollte sich auch zum Übertritt in den anderen, den orthodoxen Glauben vorbereiten. Sophie war entschlossen, sich dieser Doppelaufgabe glänzend zu entledigen. Russisch ist eine schwere Sprache. Verbissen stürzte sie sich in deren Geheimnisse.

Das orthodoxe Glaubensbekenntnis setzt mystische Vertiefung voraus, die orthodoxe Liturgie fordert hingebende

Geduld. Sophie war bereit, diese aufzubringen und jene wenigstens vorzutäuschen.

Hatte sie schon als Kind von acht Jahren ihren lutherischen Religionslehrer mit allerlei altklugen Fragen aufgebracht, so ließ sie sich nun willig mit geheimnisvollen Formeln überschütten. Ohne das kleinste Zeichen von Ungeduld lag sie stundenlang auf den Knien und ließ Gesänge und Segnungen, Segnungen und Gesänge über sich ergehen. Und sie stockte nicht ein einziges Mal, als sie, kein halbes Jahr nach ihrer Ankunft, beim Übertritt in die orthodoxe Kirche das russische Glaubensbekenntnis sprach.

Zarin Elisabeth, ja der ganze Hof, waren tief gerührt.

Dem Vater schrieb Sophie – nun Katharina –, sie habe zwischen dem evangelischen und dem orthodoxen Glauben »fast keinen Unterschied« gefunden.

Kaum war diese Hürde genommen, wurde Katharina dem sechzehnjährigen Peter verlobt und ein Jahr später verheiratet: Peter, dem Enkel Peters des Großen und der Martha-Jekaterina Skawronskaja; ein Holstein-Gottorp, früh verwaist und dann einem unvernünftigen Erzieher namens Brümmer überlassen; von der Romanowschen Seite mit nervösen Zuständen belastet; zu einer Stellung ersehen, zu der er keinerlei Fähigkeiten mitbrachte, eine haltlose Figur, ein chaotischer Charakter, im Grunde ein bedauernswerter Mensch.

Die einzige Ordnung, auf die er sich je verstand, war das militärische Schauspiel des Exerzierens. In seinem Weltbild ohne Achsen und Grenzen hatte sich das Bild einer auf Befehl agierenden, mechanisch bewegten Truppe unauslöschlich eingeprägt. Dieses Schauspiel zu reproduzieren, unentwegt zu reproduzieren, war das Ziel und Idol seiner Persönlichkeit.

Früh hatte sich Peter dem Alkohol ergeben, früh hatte er sich seinem Erzieher Brümmer zu entziehen versucht. Doch geriet er damit nur in die Hände anderer, nicht weniger sinistrer Gestalten. Bediente, Pferdeknechte, Ofenheizer und was deren weiblicher Anhang war, nahmen ihn auf. Mit ihnen trank er, in ihrer Gesellschaft fühlte er sich wohl.

Nun sollte er den Thronerben eines Reiches und den Gatten einer Prinzessin spielen.

Vom Thron war er noch weit entfernt. Denn seine Tante Elisabeth fühlte sich sehr lebendig und war keinesfalls bereit, sich zurückzuziehen. Was aber seine Gattenpflichten, seine Gattenrechte betraf, war er weder körperlich fähig noch willens.

Er war Katharina fürs erste nicht einmal abgeneigt, sie war seine Cousine, sie war ein Stück Deutschland für ihn, und nach Deutschland sehnte er sich immer zurück.

Aber in der Nacht nach ihrer Hochzeit soupierte er ausführlich mit seinen Bediensteten. Als er sich endlich in sein Schlafzimmer begab, wunderte er sich ein wenig, sein Bett schon besetzt zu finden: die Cousine lag darin. Was wollte sie von ihm? Er schob sie ein wenig zur Seite. Dann streckte er sich aus und schlief schon bald darauf ein. Er schlief wie ein Bär.

Sophie-Katharina hatte vor ihrer Ehe nicht viel vom Mysterium sexuale gewußt, doch einiges hatte sie erahnt. Nun erwartete sie – was auch immer. Sie wartete vergeblich. (Daß sie so lange vergeblich wartete, mag in ihrer Natur eine tiefe Narbe hinterlassen haben.)

So verlief ihre erste Ehenacht. So verliefen noch viele Nächte. Da sich Sophie-Katharina vorgenommen hatte, der allmächtigen Zarin zu gefallen, dieses Gefallen aber davon abhing, daß sie ihrerseits Peter gefiel, gab sie sich anfangs Mühe. Obwohl sie sehr schnell dahin gelangte, Peter nicht für voll zu nehmen, ging sie geduldig auf seine plumpen Scherze ein, spielte mit ihm Soldaten, exerzierte für ihn und tobte mit ihm, wenn ihm gerade danach zumute war. Sie alberten manchmal wie junge Hunde. Sie schliefen miteinander in einem Bett, ohne miteinander zu schlafen.

Noch waren sie Kinder, wenn auch auf ganz verschiedene

Weise. Peter Ulrich, der von seinen Erziehern immer nur kujoniert worden war, empfand sich als Opfer der Willkür, die ihn in eine ihm verhaßte Rolle hineingezwängt hatte. Warum mußte er hier den Thronfolger spielen, eine vergoldete Puppe, die von Zeremonie zu Zeremonie, von Gala zu Gala geschoben, getrieben, getreten wurde? Er haßte Rußland, er verachtete das Volk und die orthodoxe Kirche. Er wäre weit lieber lutherischer Christ geblieben, nicht weil er zu dieser oder irgendeiner anderen Religion eine Bindung empfunden hätte, sondern weil ihm auch sein Luthertum ein Stück Heimat war.

So rächte er sich an der ihm angetanen Vergewaltigung durch ein aufgesetzt widerspenstiges, clownhaftes Betragen: Er liebte es, bei den feierlichsten Anlässen zu grimassieren, Bocksprünge zu vollführen und die albernsten Fanfaronaden von sich zu geben.

Die Zarin muß von diesem Knaben bald enttäuscht gewesen sein. Doch das Zeitalter der Aufklärung hatte auch an ihr gewisse Spuren hinterlassen: Sie hielt Peter nur durch falsche Erziehung verdorben und durch andere, bessere Erziehungsmethoden für veränderbar. Sie schickte nicht nur seine bisherigen Lehrer weg, sie trennte den Thronfolger von allen, von denen sie glaubte, er empfinde etwas wie Freundschaft zu ihnen. Nicht einmal sein vertrauter Kammerdiener wurde ihm gelassen. Statt dessen umgab sie Peter mit Personen, die ihm verhaßt waren, mit Spitzeln und Aushorchern. So glaubte Elisabeth, sich seiner versichern zu können.

Auch Katharina wurde von Spitzeln umgeben. Aber diese junge Mädchen-Frau entwickelte die Fähigkeit, das ihr aufgenötigte System zu unterlaufen. Mit erstaunlicher Schlauheit vermied sie es, die Zarin zu verärgern. Ängstlich hielt sie sich von allen Intrigen fern, als hätte sie begriffen, daß die beste Intrige war, sich an keiner Intrige zu beteiligen. Leuten, von denen sie wußte, daß sie ihr feindlich gesinnt waren, begegnete sie mit immergleicher kühler Freundlichkeit, und manche von ihnen gewann sie für sich. Der mächtige Großkanzler Bestuschew hatte Elisabeth heftig widerraten, eine Anhalt-Zerbst als künftige Zarin einzusetzen; sein Vorschlag war eine sächsische Prinzessin gewesen. Auch ihn wußte Katharina mit der Zeit für sich zu gewinnen.

Es war ihre Stärke, daß sie sich in allen Lebenslagen in der Hand hatte. Als sie einmal schwer erkrankt war und ihre Mutter vorschlug, einen lutherischen Geistlichen zu holen (Katharina war noch nicht zum orthodoxen Glauben übergetreten), wehrte sie zwischen Schüttelfrösten und Ohnmachtsanfällen ab: sie wollte keinen reformierten, sie wolle nur einen orthodoxen Geistlichen bei sich sehen. So konnte sie sicher sein, der Zarin zu gefallen.

Wie schlafwandelnd stieg sie Sprosse um Sprosse ihrem Ziel entgegen.

Dennoch kam die Zeit, da sie Elisabeths Unwillen erregte. Katharina war nun ein Jahr mit Peter verheiratet, der ganze Hof belauerte ihre Figur, wollte sich keine Wölbung zeigen? Endlich verlor Elisabeth die Geduld, sie zankte mit Katharina, sie ließ sich auch Peter kommen. Katharina mußte zugeben, daß sie noch Jungfrau war. Peter stotterte etwas von Unvermögen. Herbeizitierte Ärzte stellten fest, daß bei ihm in der Tat ein chirurgischer Eingriff nötig sei. Peter wehrte sich, schließlich gab er nach. Nachdem er genesen war, führte man ihm eine erfahrene Probefrau zu. Doch auch sie wurde nicht schwanger.

Jahrelang hatte sich Katharina in Zustände gefügt, die einer Gefangenschaft nicht unähnlich waren. Doch mit der Zeit meldeten sich in ihr Freiheitsdrang und Abenteuerlust. Freunde und Freundinnen verlockten sie zu anfangs eher harmlosen Vergnügungen. So wagte sie auszubüchsen. In Männerkleidern entwischte sie nachts aus dem Palast. An Verehrern fehlte es ihr nicht. Ihr weibliches Selbstbewußtsein wuchs, und während eines im Norden verbrachten Sommers – der ganze Hof war aus dem brütend heißen

Moskau in das angenehm luftige Klima um Petersburg übersiedelt und genoß dort in weiten Parks bei Musik, Tanz, Jagd und Kahnpartien die Freuden gelockerter Etikette –, in einem solchen Sommer erlag Katharina den Verführungskünsten eines jungen, in Liebesdingen wohlerfahrenen vitalen Burschen, Sergej Saltykow. Er war ihr erster Liebhaber, und – wie jede unerfahrene junge Frau – glaubte sie, in ihm einen Halbgott zu umarmen.

Sie wurde schwanger.

Die Frucht ging ab. Aber Saltykow schwängerte sie wieder und wieder. Beim dritten Mal hielt die Schwangerschaft. Katharina erlitt tausend Ängste. Würde Peter nicht Lärm schlagen? Würde die Zarin sie nicht samt ihrem Bankert verstoßen?

Peter schlug keinen Lärm, und die Zarin verstieß sie nicht. Als das Kind zur Welt kam, wurde es sogleich als kostbares Pfand der Dynastie begrüßt. Mit plötzlich entflammtem Mutterinstinkt nahm Elisabeth es sofort in ihre Obhut, entführte es der leiblichen Mutter und schloß es in ihren Gemächern ein. Im ganzen Reich wurden Dankgottesdienste abgehalten und die Geburt des kleinen Paul bejubelt.

Um Katharina kümmerte sich niemand. Sie lag verwirrt und alleingelassen in ihren Gemächern, gerettet und preisgegeben zugleich. Sie mußte begreifen: nachdem sie geboren hatte, war sie nicht mehr wichtig. Nur das Kind war noch wichtig, die Erbfolge war alles. Sie war nichts.

Doch eben ein *Nichts* wollte sie nicht sein.

Was ihr lange verwehrt gewesen war, Lektüre, Weiterbildung, Profilierung ihrer – wie sie wohl wußte – nicht unbedeutenden Intelligenz, danach strebte sie nun. Vorbei war die Zeit der Spielerei, der oberflächlichen Vergnügungen. In Katharina regten sich neue Kräfte. Sie begann wieder zu lesen. Sie wollte sich unterrichten. Elisabeths geistige Trägheit stieß sie ab. Um so weniger wollte sie selbst träge und ungeistig sein. Die brave Elevin von Demoiselle Cardel erwachte wieder in ihr.

Unvergessen war ihr in all den Jahren die Begegnung mit Friedrich II. Nicht, daß sie es wagte, für ihn am russischen Hof Partei zu ergreifen. Sie hatte sich ja geschworen, sich in keine politische Konstellation zu mengen – ein Meisterstück frühentwickelter politischer Intelligenz. Dennoch vergaß sie die Stunde nicht, die sie an des preußischen Königs Tisch verbracht hatte. Sie war seither mit »fritzischem« Geist infiziert, und dieser Geist enthielt eine starke philosophische und eine noch stärkere literarische Komponente. Wieder bot sich Frankreich als Maßstab an; doch es war nicht mehr das Frankreich des Ancien régime, der höfischen und aristokratischen Verfeinerung. Ein neues Frankreich rückte ins Blickfeld, ein Frankreich der Enzyklopädisten, der Aufklärer, der Progressiven, Kirchenfeindlichen, kurz, der künftigen Revolutionäre. Katharina, die russische Großfürstin, die an kirchlichen Feiertagen tiefste Demut zur Schau trug, las heimlich Bayle, Montesquieu und die Briefe der Madame de Sévigné. Am liebsten aber las sie Voltaire. Sie wollte ebenso freidenkerisch und vorurteilsfrei reden, schreiben und leben dürfen wie jene.

In Katharinas Begriffen von Tugend und Sünde, von Ihr-Erlaubtem und Ihr-Verbotenem ging nach der Geburt des Thronfolgers eine entschiedene Änderung vor sich. Saltykows Werbungen hatte sie nur mit Zittern und Beben nachgegeben. Jetzt ging sie kühner vor. Sie begriff, daß Elisabeth keinerlei Interesse mehr an ihrer Tugend hatte. War der Großfürst unfähig, Kinder zu zeugen, nun, dann sollte die Großfürstin zusehen, wie sie ihrerseits zu welchen kam.

Saltykow hatte sich an der ihm zärtlich Ergebenen schnell satt geliebt. Katharina litt, aber bald wandte sie sich einem anderen Verehrer zu, dem Polen Stanislaus Poniatowski. Er war – ganz anders als Saltykow – ein zartgesinnter, gebildeter Mann, ein romantischer Schwärmer, der seiner Geliebten zu Füßen lag. Nichts war bezeichnender für seine Zuneigung, als daß er es wagte, Katharina mit ihrem alten Namen Sophie anzusprechen, das heißt, an die Person zu appellieren, die sie einst gewesen war, ehe sie nach Rußland kam, eine Deutsche, ein Mädchen aus dem Land der Gretchen und Lottchen, der gefühlvollen Ideale und idealen Gefühle. Katharina ließ sich anschwärmen, gab sich Poniatowski hin, gebar eine Tochter, hatte ihn aber ihrerseits bald satt und fand sich zu neuen Abenteuern bereit.

Unterdessen war der Siebenjährige Krieg ausgebrochen. Eine große Koalition, Frankreich, Österreich und Rußland nahmen Preußen in die Zange. Maria Theresia wollte ihr Schlesien zurückgewinnen, Frankreich wollte seinen Erzfeind England in dessen kontinentalem Partner Preußen schlagen. Aber was für einen Grund hatte Rußland, sich an der großen Treibjagd zu beteiligen?

Es war Elisabeths Eitelkeit, die Friedrich mit scharfem Mundwerk beleidigt hatte. Daß er sie als fett, faul und sittenlos verspottet hatte, mußten nun Zehntausende ihrer Soldaten büßen. Elisabeth schickte ihre besten Regimenter. Der Thronfolger Peter hingegen hielt den Krieg gegen Preußen für ein Sakrileg gegen »seinen Herrn«. Katharina verhielt sich still. Sie versuchte ihre Umgebung vergessen zu machen, daß sie selbst als Tochter eines preußischen Generals etwas wie eine Halbpreußin, daß sie jedenfalls eine Deutsche war. Einen Arzt, der sie zur Ader ließ, ermutigte sie: »Ja, schröpfen Sie mich, bis sie den letzten Tropfen deutschen Blutes aus mir herausgeschröpft haben.« So versuchte sie sich mit – man kann wohl sagen – deutscher Gründlichkeit als Russin und nichts denn als Russin darzustellen.

Unterdessen hatte der vielfach betrogene Peter seine eigene sexuelle Freiheit entdeckt und sich eine Favoritin zugelegt: ein Mädchen aus der angesehenen Familie der Woronzews, freilich keine Schönheit, ein Hinkebein, dazu dumm und gewöhnlich. Aber Peter liebte sie und versprach ihr die Ehe; er werde, wenn er nur endlich Zar geworden sei, Katharina verstoßen und in ein Kloster verbannen. Dann werde er der Nation eine neue Zarin vorstellen.

Katharina hörte von diesen Tiraden und war, wie man sich denken kann, nicht erbaut. Auch andere waren nicht erbaut, etwa der kluge Minister Panin, den Elisabeth bei dem kleinen Paul als Erzieher eingesetzt hatte. Panin versprach Katharina, alles zu unternehmen, daß Peter den Thron erst gar nicht erreichte. Statt seiner sollte Paul zum Herrscher ausgerufen und Katharina zur Regentin bestellt werden. Katharina förderte Panins Pläne, in der Stille aber war sie schon mit ganz anderen Plänen beschäftigt. Sie wollte nicht nur Regentin, sie wollte, koste es was es wolle, Alleinherrscherin werden.

Zu ihrem Sohn fand sie nie eine tiefere Beziehung. Zu früh und zu gründlich hatte Elisabeth ihr das Kind entzogen. Ein einziges Mal war sie zugelassen worden, den Säugling zu besichtigen. Katharina war entsetzt: das Kind lag in einem überhitzten Raum unter schweren Decken und Zobelpelzen, es badete in Schweiß. Doch Elisabeths krankhafte Eifersucht hätte nicht den kleinsten Einspruch der leiblichen Mutter geduldet. So schwieg Katharina und tötete die schwach flackernde Flamme der Mutterliebe in sich ab.

Poniatowskis Tochter Anna starb mit einem Jahr. Um so freier fühlte sich Katharina, sich auf den großen Sprung vorzubereiten.

Elisabeths Gesundheit war nicht mehr die beste. So wurde es Zeit für Katharina, sich verläßliche Freunde zu schaffen.

Die wichtigsten Freunde für den Fall des Falles waren in der Garde zu vermuten. Die Garden hatten bisher schon zwei Zarinnen auf den Thron erhoben und hatten eine gegen ihre Minister gestützt. Katharina lenkte ihre Aufmerksamkeit auf diese Truppe. Gern erschien sie bei deren Paraden, saß selbst zu Pferd, war eine gute Reiterin, noch immer rank und schlank, dabei vollerblüht, ein Anblick, der reizte und begeisterte. Fünf Brüder Orlow stachen ihr ins Auge. Einer von ihnen, Grigorij, war schließlich der Erwählte, ein Haudegen und Weiberheld mit dem sanften Gesicht eines Engels und der rohen Kraft eines Raufbolds.

Da er und seine Brüder als verschworene Gemeinschaft agierten, bildeten sie innerhalb der Garde eine Art treibender Kraft. So entwickelte sich nach und nach um Katharina ein politisches Kraftfeld. Nun kam es nur noch darauf an, wann Elisabeth das Zeitliche segnete.

Schon längst sprach man von einem »alten« und von einem »jungen Hof«. Nicht verwunderlich, daß alle, die um ihre politische Zukunft besorgt waren, damit begannen, sich dem »jungen Hof« anzuschließen. Elisabeth konnte das nicht verborgen bleiben, sie grollte. Schon lange grollte sie auch Katharina. Sie witterte in der jungen Frau die höhere Intelligenz, die weitaus überlegenere Fähigkeit zu regieren. Sie mußte ahnen, daß ihr Stern vor dem Glanz dieser anderen bald verblassen würde.

Eines Nachts, um die Jahreswende 1761/62 erschien eine junge Frau unangemeldet in Katharinas Gemächern, rüttelte sie wach und teilte ihr mit, die Kaiserin liege im Sterben. Die Frau war die Fürstin von Daschkow, eine schöne, kluge, hochgebildete Person, Katharina auf Tod und Leben ergeben. Sie fiel neben der Großfürstin auf die Knie und bat, über sie zu verfügen.

Neun Monate später geleitete sie Katharina zur Krönung als Alleinherrscherin über Rußland.

Was war unterdessen geschehen?

Nach Elisabeths Tod hatte noch niemand gewagt, Peters Nachfolge in Frage zu stellen. Doch dieser tat alles, um die Öffentlichkeit gegen sich aufzubringen. Mittels Eilstafetten beendete er den Krieg gegen Preußen und befahl den Truppen, den bereits sicheren Sieg aus der Hand zu geben und Friedrich II. das Feld zu überlassen. Ebenso eilig hatte er es, das alte militärische Reglement abzuschaffen und die Armee einem preußischen Reglement zu unterwerfen. Sogar die russischen Uniformen sollten in preußische umgewandelt werden.

Ein Donnerschlag. Rußland staunte und murrte.

Unterdessen begannen die Trauerfeierlichkeiten für die tote Zarin. Peter nahm sie zum Anlaß für seine Clownerien. Hielt er, was selten genug vorkam, an der Bahre Wache, schäkerte er mit den Damen und schnitt Grimassen.

Dafür lag Katharina in großer Trauerrobe neben dem Sarg auf den Knien, weinte und betete und ließ sich als Beispiel vollkommener Pietät bewundern.

Außerdem erließ Peter einen Ukas, der den Adel vom Dienst an der Krone befreite. Damit hätte er sich Freunde gewinnen können. Zugleich aber enteignete er die Kirche, erlaubte in dem bisher strikt einheitlich orthodoxen Rußland die Einführung der lutherischen Konfession als womöglich gleichberechtigt, ja, er verordnete sogar seiner Geistlichkeit, daß sie von nun an nicht mehr in feierlichen Gewändern, sondern nur noch in den kargen schwarzen Talaren deutscher Pastoren aufzutreten habe. Sogleich war er in der breiten Masse des Volkes als Antichrist verschrien.

Endlich war Elisabeth bestattet. Sofort leistete sich Peter einen neuen Streich. Er wollte sich mit seiner Armee einschiffen und in Holstein landen; dort sollte sein Herzogtum von dänischer Beeinträchtigung befreit werden.

Friedrich II. widerriet dringend: Kein vernünftiger Herrscher verlasse sein Land, wenn er dessen noch nicht ganz sicher sei. Peter solle sich jedenfalls erst krönen lassen, Rußland erwarte das von ihm. Doch bei Peter war jeder Rat verlorene Liebesmüh.

Ehe er in See stechen wollte, meldete er sich bei Katharina an. Er kam mit seiner Geliebten, vielleicht um die Gattin vor seiner Abreise noch einmal und endgültig zu demütigen. Doch er fand das Nest leer.

Katharina war gewarnt. Schon war einer ihrer Freunde verhaftet worden. Sie mußte handeln, jetzt oder nie.

Mit einem der Brüder Orlow jagte sie im Morgengrauen des 28. Juni 1762 von ihrem Landsitz nach Petersburg. Dort standen die Garden bereit, sie zur Kaiserin auszurufen.

Katharina zeigte sich mit ihrem Sohn Paul, und die leicht

erregbare Masse jubelte ihr zu. Auch die Kirche versicherte sie ihres Segens. Das Regiment Preobraschenski rückte zwar schwer bewaffnet dem Auflauf entgegen, und einen Augenblick lang stand alles auf Messers Schneide. Doch ein einziger Ruf: »Es lebe Katharina, unser Mütterchen!« genügte, die Spannung in einer tumultuarischen Verbrüderungsszene aufzulösen. Katharina war, wenn auch vorläufig nur von einigen tausend Menschen und in einer einzigen Stadt, zur Alleinherrscherin ausgerufen. Sofort wandte sie sich mit einer Proklamation an das Volk – wen immer sie mit dieser Kundgebung erreichen konnte. Darin stellte sie sich als Retterin der Religion und des Vaterlandes dar, sie nannte Friedrich II. ihren schlimmsten Feind, das heißt, sie sprach aus, was die Nation hören wollte. Von Peter war in dem Dokument nicht einmal mehr die Rede.

Peter raste, als er von dem Staatsstreich hörte, gab aber sofort nach und unterzeichnete seine Abdankung. Armselig winselnd bat er »Ihre Majestät« noch um einige Vergünstigungen: er wolle seine Geige, seinen Lieblingshund und seine Geliebte mit in die Verbannung nehmen. Katharina gestand ihm Geige und Hund zu, die Geliebte nicht, denn »ansonsten hätte sie den Ehebruch legalisiert«.

Peter mußte nicht lange in der Verbannung schmachten. Eine Woche später fand sich ein Klüngel Offiziere bei ihm ein, darunter wieder ein Bruder Orlow. Bei dieser Zusammenkunft fand Peter den Tod. Wurde er vergiftet, erschlagen, erdrosselt – oder starb er, verhöhnt, vielleicht zu Boden geworfen und mit Stiefeln getreten, an Herzversagen? Auch das ist möglich. Orlows berühmter Brief an Katharina lautet:

»Unsere Gute Mutter, barmherzige Kaiserin. Wie soll ich dir das, was geschehen ist, beschreiben oder erklären? Du wirst deinem ergebenen Diener nicht glauben, aber ich schwöre vor Gott, daß ich dir die Wahrheit sage. Wir sind verloren, wenn du uns nicht verzeihst. Unsere Gute Mutter – er ist nicht mehr. Aber keiner von uns hat es gewollt, denn wie hätten wir wagen dürfen, Hand an unseren Herrscher zu legen? Jedoch – Majestät, dieses Unglück ist geschehen. Während des Mahles hatte er begonnen, sich mit Fürst Feodor zu streiten, wir konnten sie nicht einmal trennen, denn er war nicht mehr! Verzeihe mir, das Leben ist mir eine Last, wir haben dich beleidigt und sind verdammt in alle Ewigkeit.«

Nun, Mütterchen verzieh, und sie verzieh gewiß nicht ungern, einesteils. Andernteils hatte sie sich damit abzufinden, daß ihr von nun an das Odium der Gattenmörderin anhaftete. Aber – gehärtet in allerlei Qualen – hielt sie sich für stark genug, auch diese Last zu tragen. Eilig reiste sie nach Moskau, um sich dort im heiligen Kreml mit der heiligen Krone krönen und mit den heiligen Ölen salben zu lassen. Die Magie der Zeremonie, so wußte sie, machte sie ihrem Volk sakrosankt.

Das Ausland war schwerer zu bestechen. Doch auch ihm gegenüber glaubte Katharina über unfehlbare Mittel zu verfügen: Leistung und die Bereitschaft, sich zeitgemäß aufklärerisch interessiert zu zeigen. In einer Zeit, in der man den gekrönten Häuptern nichts mit größerer Bitterkeit vorwarf, als daß sie nichtstuerische Parasiten seien, mußte Leistungsbesessenheit auf dem Thron um Sympathie werben.

So stürzte sich Katharina mit bewunderungswürdiger Energie auf die Regierungsarbeit. Unermüdlich studierte sie Akten, kontrollierte sie die Korrespondenz der Diplomaten und verhandelte täglich bis zu fünfzehn Stunden. Sie war ihr eigener Kriegs-, Finanz-, Innen- und Außenminister; und unermüdlich schrieb sie Briefe. Sie hatte in ihren ersten russischen Jahren kaum lesen, geschweige denn etwa schreiben dürfen. In ihren Zimmern war kein Schreibtisch gestanden. Papier und Feder hatte sie sich nur mit Mühe verschaffen können. Nicht einmal mit ihrer Mutter durfte sie frei korrespondieren und hatte mit ihr nur versteckte Zettelchen in der Art von Kassibern zu wechseln gewagt. Ihr erster bedeutender Briefpartner war ein englischer Gesandter gewesen, ihr erster eindringlicher Gesprächspartner aus dem Westen ein schwedischer Graf. Von beiden hatte sie viel gelernt.

Nun aber hielt sie sich schadlos für die jahrelang erzwungene Abstinenz. Sie entwickelte eine wahre Schreibwut. Als russische Kaiserin konnte sie ihre Briefpartner selbst wählen, und sie wählte aus der geistigen Elite des Westens: D'Alembert, Diderot, Madame Geoffrin, Friedrich Melchior Grimm – und Voltaire. Diesen Großen eine intellektuell ebenbürtige Briefpartnerin zu sein war ihr höchster Ehrgeiz.

Es gefiel ihr, sich als Phänomen bestaunen zu lassen: Ihre Umgebung staunte über ihre Fähigkeit, jederzeit und sofort vom Spiel und Vergnügen zu ernster Arbeit übergehen zu können. Das diplomatische Korps staunte über die Erhabenheit und Tiefe ihrer Gedanken. So berichtete einmal der österreichische Gesandte an seinen Minister Kaunitz: Ihre Majestät geruhe so weise und abstrakt zu sprechen, daß eigentlich niemand genau wisse, wovon sie rede. Auch in ihren Briefen zeigte sie diesen Hang zum Gespreizten und Kryptischen. Und wie alle Schreibbesessenen liebte sie das Zitat, ohne es freilich als solches zu kennzeichnen; denn sie wollte am Geisteshimmel als Stern erster Ordnung glänzen oder, um ein anderes Bild zu gebrauchen, als kulturelles Zentrum »die Morgenröte der Zeit« um sich versammeln.

Rußlands Rechtswesen war zuletzt in der Mitte des 17. Jahrhunderts im sogenannten Uloschenije niedergelegt worden. Es war, wie konnte es anders sein, gänzlich veraltet. Daher wollte es Katharina reformieren. Doch ehe sie die konkreten russischen Verhältnisse bedachte, wollte sie etwas wie eine Art Idealverfassung entwerfen: Darin skizzierte sie eine Welt der Freiheit, des Fortschritts, der Wohlmeinung. So ähnlich hatte sie es bei Montesquieu gefunden. Mit flinker Feder schrieb sie ihn ab.

Kaum hatte sie dieses Programm, den sogenannten »Nakas«, zu Papier gebracht, ließ sie ihn lateinisch, französisch und deutsch übersetzen und im Ausland verbreiten. Die Wirkung war ungeheuer. Katharina erlebte den Triumph, daß das Werk in Frankreich prompt verboten wurde. Doch die angepeilten Adressaten hatte es schon erreicht. Voltaire überschlug sich vor Begeisterung: Sei es zu glauben, daß das Volk der Skythen, vor kurzem noch als barbarisch verschrien, jetzt in Gestalt dieser Kaiserin an die Spitze der Menschheit trete? Jetzt könne dem Fortschritt des menschlichen Geschlechts nichts mehr im Wege stehen ...

Dem Fortschritt stand noch viel im Wege, nämlich die schwere, dumpfe Wirklichkeit Rußlands selbst, und Katharina war nicht der Mensch, sich der Übermacht dieser Wirklichkeit zu widersetzen.

Ehe sie eine konkrete Maßnahme ergriff, um das geträumte Paradies zu realisieren, berief sie die sogenannte Große Kommission ein, eine Ständeversammlung von über fünfhundert Mitgliedern: ein gutes Viertel davon Adlige, ein Drittel Vertreter der Kirche und der Städte, ein Achtel Bauern, ein Zehntel Kosaken. Die Leibeigenen waren nicht vertreten. Der buntgemischten Gesellschaft wurde der »Nakas« vorgelesen, etliche brachen darüber in Tränen aus (aus Freude oder aus Entsetzen?), dann begannen die Beratungen. Sie führten zu nichts. Da jeder jedem widersprach und die konservativen Kräfte in der Mehrheit waren, versandete jede Reform.

Katharina war viel zu klug, um auf der Verwirklichung ihres »Nakas« zu bestehen. Er war ein Stück Literatur, und sie war Literatin genug, es damit bewenden zu lassen, noch dazu, da er seine Wirkung im Ausland schon getan hatte.

Die Große Kommission tagte und tagte, zweihundertmal in Moskau, noch viele Male in Petersburg. Nachdem sie infolge eines Türkenkrieges für unbestimmte Zeit vertagt worden war, geriet sie in Vergessenheit. Dennoch hatte die Kommission einiges bewirkt: Katharina hatte die Wünsche ihrer Stände und damit den Zustand ihres Reiches kennengelernt. Sie hatte hinter manche Kulisse schauen können.

Von nun an war jede ihrer Maßnahmen nur ein Mittel, die Zentralgewalt zu stärken, die Einnahmen des Staates zu erhöhen und sich selbst damit mehr Verfügungsrechte zu verschaffen.

Das Glück stand – manchmal auf fatale Weise – auf ihrer Seite.

Jeder russische Herrscher hatte Angst vor Verschwörungen und Revolten. Je zufälliger und willkürlicher er selbst an die Macht gelangt war, um so mehr mußte er fürchten, im Namen eines legitimeren Thronprätendenten gestürzt zu werden.

Auch Katharina mußte einen solchen fürchten. Da war noch das Kind Iwan, das in jenen fernen Tagen, als sie mit ihrer Mutter in Rußland ankam, an ihr vorbei in die Verbannung gefahren worden war. Das Kind war inzwischen ein Mann geworden, immer noch eingekerkert, ein Häftling ohne Namen, zuletzt nach Schlüsselburg gebracht. Dort, so hieß es, lebe er in ewiger Dämmerung zwischen eisigen Mauern, fast stumm geworden, ein bedauernswerter Schatten.

Katharina versagte es sich nicht, ihn einmal selbst in Augenschein zu nehmen. Sein Anblick dürfte erbarmungswürdig gewesen sein. Sie aber fühlte kein Erbarmen. Sie gab den Befehl, ihm im Falle einer Krankheit ärztliche Hilfe zu versagen und ihn zu töten, falls es jemandem einfallen sollte, ihn zu befreien. Denn sonst, so begründete sie den Befehl, würde nichts als Unheil, Kampf und Elend entstehen.

Der Fall trat ein. Ein junger Idealist namens Basil Mirowitsch wollte den um Thron, Reich und Freiheit gebrachten legitimen Erben aus Schlüsselburg entführen. Die Verschwörung hatte keine größere Basis, ihre Aussichten waren gering. Doch als dieser Mirowitsch in Iwans Kerker eindrang, fand er nur noch einen Toten oder Sterbenden. Katharinas Schergen hatten ihren Befehl gehorsam befolgt und Iwan mit ihren Säbeln durchbohrt.

Mirowitsch büßte seine kühne Tat mit dem Tod.

Katharina II. die Große
um 1770

Eine weitere Sorge war von Katharina genommen. Aber sie wurde mit Blut bezahlt. Wieder einmal klebte an ihr das Odium der Mörderin. Selbst ihre treuesten Anhänger im Westen erschraken. Sie fühlten sich mitkompromittiert, und es dauerte diesmal eine ganze Weile, bis man vergaß oder zu vergessen vorgab.

Wenig würdig und in manchen Kreisen geradezu ärgerniserregend hatte sich auch Katharinas intimes Leben entwikkelt. Nicht, daß sie einen Geliebten hatte, erregte Anstoß, aber daß dieser Geliebte, Grigorij Orlow, der Clique angehörte, die Peter aus dem Weg geräumt hatte, auch daß er noch dazu ungebildet, lümmelhaft und faul war und daß er neben ihr, der Zarin, ein Drohnenleben führte, warf ein seltsames Licht auf ihren Charakter. Wie konnte sie diesen Mann neben sich ertragen, sie, die sonst so leidenschaftlich auf ihren Ruf hielt?

Katharina war Grigorij anfangs, wie einst Saltykow, sinnlich verfallen. Im vertrauten Umgang mit ihm setzte ihr sonst kühl abwägendes Urteil aus. Freilich: mit Orlow verband sie noch anderes. Er hatte ihr die Hand zum großen Sprung gereicht. Glaubte er deshalb, sie werde ihn heiraten, zum Mitregenten oder gar zum Kaiser machen? So weit ging ihre Schwäche nicht. Allmählich erkaltete ihre Liebe. Wenn Grigorij sie bat, ihn an die Front zu schicken – die Kriege gegen die Türkei rissen nicht ab –, widersprach sie: sie wolle ihn nicht in Gefahr bringen. Doch als die Pest in Moskau wütete und das öffentliche Leben der Stadt in einem Chaos versank, betraute sie ihn mit der weit gefährlicheren Aufgabe, in der Stadt Ordnung zu schaffen und die Seuche zu bekämpfen. Sogleich vermutete man (wie bezeichnend!), daß sie ihn auf diese Weise in den Tod schicken wolle. Aber Orlow kehrte zurück. Er hatte sich in Moskau tapfer und umsichtig verhalten. Man jubelte ihm zu. Katharina ließ ihm einen Triumphbogen errichten. Doch ihre Beziehungen – sie hatten immerhin zehn Jahre gewährt – waren rettungslos verschlissen.

Schon stand der nächste Liebhaber, ein junger Offizier, vor der Tür. Auch er aus der Garde, auch er eine gefügige Puppe in den Händen der Alleinherrscherin.

Von nun an sollten sich solche Puppen reihenweise ihrer Gunst erfreuen. Doch einer sollte unter ihren Amanten sein, der war von ganz anderem Holz geschnitzt, ein Mann von Format, brutal, großartig, ein Solitär, Grigorij Potemkin, Katharinas geliebter »Giaur«.

Doch vorher hatte sie noch eine schwere Prüfung zu bestehen.

Katharina hatte in ihrem »Nakas« die Leibeigenschaft als unchristlich und barbarisch angeprangert, was sie allerdings nicht davon abhielt, Leibeigene zu Zehntausenden selbst zu verschenken. So wurden »Seelen« für Staats-, Kriegs- und Liebesdienste an Minister, Generäle und Liebhaber als Prämien vergeben. Was bisher als verpönt gegolten hatte, nämlich leibeigene Familien auseinanderzureißen und »Stück für Stück« in alle Himmelsrichtungen zu verkaufen, wurde nunmehr unter ihrer Regierung geduldet und erlaubt. Wenn die Kaiserin auf ihren zahlreichen Überlandfahrten halbnackte Bauernkinder in Schnee und Winterkälte verkommen sah, dachte sie nicht an deren Elend, an deren Leiden, sondern nur an den Schaden, den der Staat durch deren frühen Tod erlitt: gab es doch dann weniger Soldaten, weniger Sklaven, weniger Ausbeutungsobjekte!

In den untersten Schichten der Nation brodelte es. Es brodelte unter den Scharen der »Läuflinge«, dieser Verzweifelten, die ihren unbarmherzigen Herren entlaufen waren und in den Weiten Rußlands herumirrten. Es brodelte unter den Kosaken – und es brodelte vor allem in der nimmermüden Phantasie der russischen Nation, die im ärgsten Elend nicht aufhörte, auf eine Erlösergestalt zu hoffen.

Als eine solche Gestalt gab sich ein Mann namens Imeljan Pugatschew aus. Er behauptete, Peter III. zu sein, Katharinas widerrechtlich gestürzter Gatte, der *wahre* Kaiser. Er sah Peter gar nicht ähnlich; war dieser groß und asthenisch gewesen, war Pugatschew eher klein und untersetzt; er konnte weder lesen noch schreiben. Doch was machte das seinen Anhängern aus? Sie wollten an ihn glauben, sie wollten ihm folgen und mit ihm ein neues, gerechteres, besseres Reich erkämpfen.

Was als winziges Rinnsal begonnen hatte, wuchs zum Fluß, zum Strom, zum Meer an. Große Teile des Reiches fielen Pugatschews Horden zu. Mordend und brandschatzend durchzogen sie die Provinzen, schon näherten sie sich Moskau. Noch mußte Katharina nicht für sich selbst fürchten (und glaubt man bestimmten Aussagen, fürchtete sie sich auch *nie*). Aber es empörte sie, daß sie, die Rußland liebte und, wie sie selbst überzeugt war, für Rußlands Ruhm und Ehre lebte, als usurpatorische Hexe verschrieen und Peter, der Land und Leute verachtet hatte, jetzt in Gestalt eines Schwindlers von den Massen vergöttert wurde. Katharina mußte wieder einmal erkennen, daß in ihrem Reich etwas Unfaßbares wirksam war, eine chiliastische Hoffnung voll prophetischer Wut, die sich über jede Realität hinwegzusetzen bereit war.

Freilich war Pugatschew nicht imstande, seine charismatische Rolle länger als einige Monate zu spielen. Sein Siegeszug dauerte so lange, bis ihm Katharina reguläre Truppen entgegenstellte. Der geballten Staatsmacht konnte sein bunt zusammengewürfelter Haufen wenig Widerstand leisten. Er lief auseinander. Zuletzt wurde Pugatschew von seinen eigenen Kumpanen ausgeliefert, in einen Käfig gesetzt, nach Moskau geführt und dort zu Tode gebracht.

Katharina befahl, daß er geköpft und dann erst gevierteilt werden sollte. Sie rechnete sich das als Zeichen großer Mildherzigkeit an.

Kurz nach ihrer Thronbesteigung war der polnische König August III. gestorben. Schon lange hatte die unglückselige Verfassung des Landes (die wohl schlechteste Verfassung der Welt) dazu geführt, daß ausländische Mächte jede neue Königswahl dazu benützten, sich Vorteile über das Land zu verschaffen. Alle Versuche, es von innen her zu reformieren, scheiterten. Im Siebenjährigen Krieg wurde Polen zum Schlachtfeld fremder Armeen, und jetzt ersah sich Katharina die Gelegenheit, von dem »glückseligen Chaos« kräftig zu profitieren. Im Schatten russischer Waffen wurde ihr alter Liebhaber und unentwegter Verehrer Stanislaus Poniatowski zum polnischen König gewählt. Das war ein Meisterstreich. Von ihm glaubte Katharina keinerlei Schwierigkeiten erwarten zu müssen, und wo er solche doch versuchte, wurden sie ihm schnell verbittert.

Es hat wohl kaum einen unglückseligeren Monarchen gegeben als ihn, denn er war von Katharina nur dazu bestellt worden, ihr eigener Platzhalter zu werden. In drei Etappen wurde Polen geteilt. Preußen und Österreich profitierten mit. Die polnische Nation wurde auf drei Staaten verteilt. Gewiß hätte Katharina am liebsten den ganzen Bissen allein geschluckt, doch das konnte sie nicht wagen. Immerhin war damit ihr Appetit auf weitere Vorstöße gereizt. »Wenn ich zweihundert Jahre regieren dürfte«, sagte sie, »so würde ganz Europa russisch geworden sein.«

Wie sie in Richtung Westen den Spuren Peters des Großen gefolgt war, so folgte sie seinen Spuren auch in südlicher Richtung, in Richtung Türkei.

Auch das türkische Reich zeigte seit langem Zeichen allmählicher Auflösung. In den letzten Jahrzehnten des 17. Jahrhunderts war es noch bis an die Tore Wiens vorgedrungen. Seither war es in die Defensive geraten. Österreich nagte an seinen Balkanbesitzungen, Rußland rückte bis ans Assowsche Meer vor.

Katharinas Vorstoß gegen den Halbmond wird immer mit dem Namen Potemkin verbunden bleiben.

Katharina war fünfundvierzig, als sie sich Potemkin zum Liebhaber erkor. Er, ein hochbegabter, aber lasterhafter

Aufsteiger aus armer Familie, hatte sich durch Tapferkeit und Tatkraft zum Generalleutnant hinaufgedient; sie – durch nun länger als ein Jahrzehnt genossene Omnipotenz – zur Menschenverächterin geworden, doch immer noch voller Energie und Sinneslust: so zogen sich die beiden von Natur aus an. Ihre Begegnung war ebenso leidenschaftlich wie gewalttätig, ihre Liebe ebenso schrankenlos zärtlich wie morbid und vergänglich. Nachdem das Paar alle Grade erotischer Erfüllungen »bis zur Erschöpfung« durchlebt und alle dramatischen Varianten konjugaler Vergnügungen durchgespielt hatte, trennte es sich wieder, ohne Bedauern. Potemkin kehrte in seinen Harem zurück, wo ihm sechs blutjunge Nichten zu dienen hatten. Katharina erfreute sich neuer Liebhaber.

Vielleicht war Potemkin der einzige Mann, den die Kaiserin wirklich geliebt hatte; so wird immer wieder vermutet. Sicher war er der einzige, der ihr ebenbürtig war, der einzige, dem sie Rechte über sich selbst und über ihre Entschlüsse zugestand. Sie fragte ihn um Rat, sie ernannte keinen Minister und keinen General mehr, ohne sein Urteil einzuholen. Schließlich erlaubte sie ihm elf Jahre später auch noch, ihren größten Triumph wie ein überdimensionales Theaterereignis zu inszenieren.

Es ging dabei um die Besichtigung einer neuen, den Türken abgerungenen Provinz, genauer gesagt mehrerer Provinzen (Neurußland). Die Reisegesellschaft bestand aus illustren Personen, darunter – und das gab dem ganzen erst Glanz und Bedeutung – ein Dutzend europäischer Berühmtheiten wie der Prinz von Ligne, der englische Gesandte Fitz-Herbert, der österreichische Minister Graf Cobenzl, der Prinz von Nassau und der hochgebildete und amüsante französische Botschafter Ségur. Auch Polens König fand sich ein. Noch war er nicht seines ganzen Landes beraubt. Er liebedienerte wie ein russischer Höfling. In Cherson gesellte sich dann auch noch der deutsche Kaiser und König Joseph II. hinzu.

Die Reise, teils in Wagen, teils zu Schiff, entwickelte sich zu einem einzigen Triumphzug durch eine Landschaft, die bisher noch für nahezu menschenleer gegolten hatte, jetzt aber zu aller Erstaunen dicht belebt und besiedelt schien. Menschen und Herden bevölkerten die Gegend, besetzten die Ufer; überall wurde gespielt, getanzt, die Nächte waren von gigantischen Feuerwerken erhellt.

Man reiste an Dörfern vorbei – manche davon richtige Dörfer, andere, so stellte sich später heraus, nur bemalte Bretterwände, die nachmals als »Potemkische Dörfer« in aller Welt berühmt und berüchtigt werden sollten. War deshalb alles, was da an bunt orientalischen Bilderbogen entrollt wurde, nur fauler Zauber?

Keineswegs. Denn Potemkin, der Organisator des riesigen Triumphtheaters, war einer der größten, allerdings auch brutalsten Kolonisatoren der Geschichte, ein Nimmermüder wie seine Kaiserin. Er gründete Dutzende von Städten in »Neurußland«, baute an den eroberten Schwarzmeerküsten reihenweise Hafenanlagen, siedelte Völkerschaften an und pflanzte andere um. Er war es, der Katharina durch seine Werke, Eroberungen und Verbrechen den Beinamen DIE GROSSE eintrug.

Lange Jahre pendelte Katharina zwischen Moskau und Petersburg hin und her. Die Stadt an der Newa war von ihrem Begründer eher als Stadt-Fragment denn als funktionierende Metropole hinterlassen worden. Auch hier wollte Katharina vollenden, was Peter I. begonnen hatte. Hier wurde jetzt in großem Stil gebaut, es wurden Schulen gegründet, Bibliotheken angelegt und vergrößert, Akademien ausgestaltet. Zum Bild des Herrschers gehört aber seit jeher auch sein Ruf als Kunstliebhaber und Mäzen. Für Musik hatte Katharina nie viel übrig gehabt; Musik war für sie – ihrer eigenen Aussage zufolge – immer nur etwas wie Lärm gewesen. Ihr Ehrgeiz konzentrierte sich auf die Bildenden Künste. So durchpflügten ihre Emissäre die europäische

Kunstwelt nach verkäuflichen Meisterwerken und brachten herrliche Funde zurück. Auch an Spitäler und Waisenhäuser dachte die Kaiserin und verfügte, daß die in Waisenhäusern erzogenen Kinder in allerlei Fertigkeiten unterrichtet, als Handwerker ausgebildet, niemals aber Leibeigene werden sollten. Sie sollten als freie, unabhängige Menschen den Keim eines neuen Bürgertums bilden. Kein Wunder, daß es plötzlich von Findelkindern wimmelte. Die Ärmsten der Armen versuchten wohl auf diese Weise, ihren Nachwuchs in ein besseres Leben zu retten.

Alles, was die Kaiserin befahl, war von einer seltsamen Inkonsequenz. So hatte sie zum Beispiel dekretiert, daß kein Landgut mitsamt seinen Leibeigenen verkauft werden dürfe; damit wollte sie, »weil die Güter allmählich doch alle die Besitzer wechseln«, der Sklaverei mit der Zeit ein Ende setzen – und hätte doch wissen müssen, daß diese Regelung nur den Verkauf von Landgütern zum Erliegen brachte und niemandem nützte. Vom Adel verlangte sie, er solle seine Kinder sorgfältig unterrichten lassen, doch für die Grundlage jeder Bildung, für die Volksschule, hatte sie nur wenig übrig. Nachdem der unglückselige Peter III. sich durch die Einziehung der Kirchengüter verhaßt gemacht hatte, war sie es, die bei ihrer Thronbesteigung diese Verordnung ihres Gatten scharf verurteilt und dafür den Segen der Kirche erhalten hatte; doch aufgehoben hatte sie die Verordnung nie, sie behielt die Kirchengüter in Staatsbesitz, das heißt zur eigenen Bereicherung.

Sie verfaßte selbst Schulbücher, um zu beweisen, wie sehr sie an der Unterrichtung der Nation interessiert war. Aber zwei Schriftsteller, die es wagten, sich kritisch über sie zu äußern, schickte sie nach Sibirien. So war bei ihr Größe und Großzügigkeit mit Infamie gekoppelt. Sie, die sich so gern »Mütterchen« nennen ließ, verbot es den Leibeigenen, sich über ihre Herren zu beschweren. Dazuhin war sie selbst ihrem eigenen leiblichen Sohn Paul eine mitleidlose und kaltherzige Mutter.

Katharina fürchtete ihren Thronfolger. Er war, als sie Alleinherrscherin wurde, acht Jahre alt. Rechtens hätte sie für ihn zehn Jahre die Regentschaft führen sollen. Nun war sie zwanzig und bald dreißig Jahre an der Macht. Konnte es ihm nicht heute oder morgen einfallen, sie als Usurpatorin anzuklagen, womöglich zu stürzen? Diese Angst verließ sie nie. So drückte sie Paul in den Winkel. Sie versagte ihm die meisten Möglichkeiten der Repräsentation, geschweige denn der Mitregierung. Sie wußte, daß er sich für Peters III. wirklichen Sohn hielt, daß er diesem Vaterbild anhing und daß er sie, Katharina, des Mordes an Peter verdächtigte. Gewiß nahm er auch an ihrem sittenlos lockeren Lebenswandel Anstoß. Es war sein Glück, daß er in zweiter Ehe eine brave deutsche Prinzessin heiratete (seine erste Frau war an einer Totgeburt gestorben). Wie um seine Mutter zu beschämen, führte er mit seiner badischen Dorothea ein stilles zurückgezogenes Dasein, tugendhaft, fromm, ohne Tadel.

Dafür nannte ihn Katharina einen Narren.

Zwei Söhne hatte Paul gezeugt, Alexander und Konstantin. Doch ihnen geschah das Gleiche, was ihm selbst geschehen war: Wie ihn Zarin Elisabeth seiner leiblichen Mutter entwendet hatte, so entwendete jetzt Katharina die beiden Enkel ihren Eltern. Sie wollte Paul aus der Erbfolge ausschließen. Sie wollte so lange leben, bis Alexander den Thron besteigen konnte, und einen zweiten Thron wollte sie Konstantin bereitstellen.

Sie träumte davon, die Türken über den Bosporus zu jagen und den Halbmond vom Boden Europas zu tilgen. Sie träumte davon, den ganzen ägäischen Raum unter Rußlands Protektorat zu stellen, Byzanz zu erneuern und Enkel Konstantin (im Gedenken an Konstantin den Großen getauft) als zweiten – oder dritten – Kaiser einzusetzen.

Sie liebte die beiden Knaben und gebärdete sich als zärtlich eifersüchtige Glucke, während sie auf der anderen Seite nicht aufhörte, sich mit jungen und womöglich immer jüngeren Liebhabern zu amüsieren.

Unterdessen war Katharina alt, dick und häßlich geworden. Aber sie schämte sich nicht, immer noch die Liebende zu spielen, nein, wohl nicht nur zu spielen, sondern wirklich jeweils in Liebe entbrannt zu sein. Alle ihre Liebhaber waren – bis auf Poniatowski – Russen. Katharina hatte viele ausländische Freunde, meist Franzosen, mit denen sie ganze Nächte verplauderte, mit denen sie ausführliche und intime Korrespondenzen führte. Doch kein Ausländer genoß ihr Vertrauen so weit, daß sie ihn eines intimen Umgangs gewürdigt hätte. Über den Russen als Typus schrieb sie einmal: »Nie hat das Universum ein Wesen hervorgebracht, das männlicher, gesetzter, freier, wohltätiger, menschlicher, großzügiger und dienstfertiger wäre als der Russe. Niemand kommt ihm gleich an Ebenmäßigkeit der Züge, an Schönheit des Gesichts, an Schulterbreite, Wuchs und Größe. Seine Glieder sind nervig, sein Bart stark, sein Haar dicht. Als Soldat sucht er seinesgleichen auf der Erde. Keiner hat soviel Zärtlichkeit für Kinder und Verwandte, er ist gewissenhaft, folgsam und treu.«

So wollte Katharina ihr Volk sehen. Mag sie diese Hymne auch nicht ohne Absicht angestimmt haben, man spürt aus ihr die ins Erotische gesteigerte Bewunderung vor allem des russischen Mannes, auf den sie als Alleinherrscherin ein Recht zu haben glaubte. So verzehrte sie ihre jungen Amanten, einen nach dem andern, als eine Art Bringschuld der Nation.

Während in Europa die schrecklichsten Anekdoten über Katharinas Familien- und Liebesleben in Umlauf waren, gewann sie als Zarin immer mehr an internationalem Ansehen und Gewicht. Unter Peter dem Großen hatte Rußland begonnen, im Konzert der Mächte mitzuspielen. Katharina war nun dabei, darin die erste Geige zu spielen. So trat sie 1779 im Konflikt zwischen Joseph II. und Friedrich von Preußen bereits als Garantin der Reichsverfassung auf. Friedrich schrieb ihr, nicht ohne Blasphemie und Geschmacklosig-

Altersbildnis Katharinas II.

keit: »Gott sprach, es werde Licht, und es ward Licht. Eure Majestät spricht – und die Welt verstummt in Ehrfurcht.«

Zehn Jahre später zeigte es sich, daß die Welt nicht mehr gewillt war, vor der Magie monarchischer Macht in Ehrfurcht zu verstummen. Mindestens zwei Nationen tanzten aus der Reihe: die amerikanische, die sich vom Mutterland trennte und als Republik installierte, und die französische. Am 14. Juli 1789 wurde die Bastille erstürmt; die Monarchie wankte und nahm zweieinhalb Jahre später unter der Guillotine ein blutiges Ende.

Katharina, jetzt sechzigjährig, konnte sich kaum fassen. Hatte sie sich früher oft mehr kokett als ernsthaft eine Republikanerin genannt, erklärte sie sich jetzt für die aristokratischste aller europäischen Souveräne. Voller Abscheu betrachtete sie das, was ihre geliebten Philosophen, ihre Weisen und Welterleuchter, zumeist unwillentlich und nun vielfach selbst erstaunt, mit ihren Thesen angerichtet hatten, und was auch sie, Katharina, freilich nur als Briefeschreiberin, Literatin und Träumerin, so lange mitpropagiert hatte. Doch nun verstand sie die Welt nicht mehr.

So erlitt auch sie das Schicksal der Alternden, Vergreisenden, sogar das der Vereinsamenden. Aus ihrer letzten Lebenszeit stammt ein Schriftstück, worin sie sich in ironischen Wendungen darüber beklagt, daß sie eine »Übriggebliebene« sei: Die meisten ihrer Jugendgenossen seien gestorben oder seien so gebrechlich und vergeßlich geworden, daß man mit ihnen nicht mehr reden könne. Nur sie, die Kaiserin, habe in Frische ausgehalten; immer noch sei sie die Vitalste von allen. Im Kreis junger Leute sei sie die Quelle guter Laune, denn: »Ich bin ja eine Lustigmacherin.«

War sie wirklich eine »Lustigmacherin«? An anderer Stelle schreibt sie: »Wenn ich ein Zimmer betrete, erstarrt alles zu Stein, als käme Medusa.«

»Medusa«, »Semiramis«, »Kleopatra« – welche Namen wurden ihr nicht gegeben? Auch »Messalina« wurde sie gescholten. Nun war sie in der Tat eine »Übriggebliebene«:

Bestuschew und Panin, Männer mit denen sie einst konspiriert hatte, waren längst gestorben. Die Fürstin von Daschkow, ihre begeisterte Freundin, später sogar Direktorin der Akademie, hatte Katharina selbst von sich gestoßen. Grigorij Orlow hatte sein Leben im Wahnsinn beendet, auch der gewaltige Potemkin hatte der Natur seinen Zoll entrichten müssen. Der vielgeliebte Favorit Lanskoi hatte sich für sie ruiniert. Auch Friedrich II. und Kaiser Joseph waren von der Szene abgetreten. Katharina, nun hoch in den Sechzigern, mußte mit ihrem Abgang rechnen. Sie war schlagflüssig, ihre Beine waren in Geschwüren aufgebrochen.

Noch hatte sie einen bedeutenden Staatsakt vor: Sie wollte Enkel Alexander zu ihrem Nachfolger bestimmen und den verhaßten Sohn Paul von der Erbfolge ausschließen. Demnächst sollte die feierliche Proklamation stattfinden. Doch sie verrechnete sich, sie hatte diesen letzten entscheidenden Schritt zu lange hinausgeschoben.

Wie Peter gestorben war, ohne seinen letzten Willen übermitteln zu können, starb auch Katharina, vom Schlag getroffen, nach langem qualvollem Kampf.

Zwanzig Jahre zuvor hatte Katharina ein Denkmal für Peter den Großen in Auftrag gegeben. Der berühmte französische Bildhauer Falconet war eigens zu diesem Zweck aus Paris nach Petersburg berufen worden. Jahre hatte er an dem Werk gearbeitet; es sollte gigantisch werden. Es zeigte den Zaren zu Pferd, wie er, gewaltig und mit großer Geste, eine Klippe hinansprengt, kühn, stürmisch: ein Stück Natur, das Geschichte geworden ist, ein Stück Geschichte, das Natur geblieben ist. Als Sockel sollte dem Reiter ein riesiger Felsblock dienen, der unter unsäglichen Mühen herangeschleppt worden war.

Jahrelang war das Denkmal unenthüllt gestanden. Man hatte Falconet in seine Heimat zurückgeschickt. Die Öffentlichkeit hatte ihn schon vergessen. Als der Koloß enthüllt wurde – er stand an zentraler Stelle zwischen der Newa und dem Admiralspalast –, sprach niemand mehr von dem Künstler, so als ob das kaiserliche Reiterbild nicht aus Menschenhand hervorgegangen, sondern aus dem heiligen Boden Rußlands und dessen mystischen Urkräften hervorgewachsen wäre.

Vor der Enthüllung fragte man Katharina, welche Inschrift das Denkmal erhalten sollte. Man dachte wahrscheinlich an einen langen ruhmredigen Text. Sie wählte den kürzesten, stolzesten:

PETER DEM ERSTEN – KATHARINA DIE ZWEITE.

Maria Theresia

Maria Theresias Persönlichkeit ist
ganz dafür geschaffen, eine Krone zu tragen.
Aber ihr Gemüt verleiht
derselben erst den rechten Glanz.
Der englische Gesandte
Sir Charles Hambury Williams

Möchte man nicht sagen, daß die Frau als Mann
verkleidet ist und der Mann als Frau?
Friedrich II.

Die Kapuzinergruft in Wien ist – wie alle Grüfte – ein düsterer Ort. In langen Reihen stehen dort die Särge der Habsburger seit dem Dreißigjährigen Krieg, Särge von Kaisern, Kaiserinnen, Erzherzögen, Erzherzoginnen, Bischöfen und Kardinälen, alle aus der Casa d'Austria. Auch Kindersärge sind dabei, viele. Die meisten der schwärzlichen Zinnbehälter zeigen in barocken Formen die Insignien des Todes: Totenköpfe, Trauergestalten mit verhüllten Angesichtern, Kruzifixe, geknickte Reiser, gekreuzte Knochen.

Nur einer der Särge, der größte, ein Doppelsarkophag, zeigt sich eher als Monument des Lebens.

Er ist die Ruhestätte der Kaiserin-Königin Maria Theresia und ihres Gatten Franz I., Franz Stephans von Lothringen.

Hier hat sich die naive Schmuck- und Lebensfreude des Rokoko überschwenglich betätigt. Mit unverhüllten Gesichtern präsentieren sich die vier grazienhaften Eckfiguren, ihr

Ausdruck ist nicht Trauer, sondern gelassene Selbstsicherheit. Sie bewachen nicht den Tod, sondern die ewige Wiederkehr des Lebens. Denn oben auf dem Sarkophag vollzieht sich ein Erwachen, ein recht irdisches Erwachen auf breitem Prunkbett: Mann und Frau, Maria Theresia und Franz Stephan, haben die schwere Brokatdecke schon zurückgeschlagen, haben sich halb aufgerichtet, sein Blick taucht in den ihren, der ihre in den seinen, und es sind Blicke der Liebe. So sind die beiden wohl tausende Male in ihrem Leben neben- und miteinander erwacht. Zu ihren Häuptern steht ein Putto und hält einen Kranz. Ist er ein Genius des Ruhmes? Doch eher einer des Lebens und der Freude.

Aber gleich zu Füßen dieses Doppelsarkophags steht eine niedrige, einfache Kupfertruhe mit Kreuz und Inschrift: Joseph II. So einfach und schmucklos ist dieser Sarg, daß der Beschauer beinahe erschrickt und versteht: Hier ist Protest erhoben, Protest gegen die üppige Formensprache des anderen, gegen die Ruhmredigkeit der Liebe und des Lebens. *Sein* Programm ist Ratio, Buchstäblichkeit gegen Bildwelt, eisige Einsamkeit gegen den tröstlichen Traum von Glück und Verklärung.

Der Sohn übt Korrektur an seinen Eltern und signalisiert, daß die Welt von nun an eine andere geworden ist.

Als Maria Theresia am 13. Mai 1717 in Wien geboren wurde, war sie der jüngste Sproß der ältesten Dynastie Europas. Zu ihren Ahnen zählten sechzehn Römische Könige und zwölf Kaiser Deutscher Nation; das Reich ihres Vaters war – nach Rußland – das weitaus größte unseres Kontinents. Das Kind war drei Monate alt, als eine lang erwartete, ersehnte Freudennachricht eintraf: Der große Feldmarschall Prinz Eugen hatte den alten Erbfeind, die Türken, geschlagen und den wichtigsten Schlüsselpunkt an der Donau, die weiße Burg Belgrad, genommen. Damit war die Herrschaft der Habsburger und ihre Sendung in der Mitte Europas aufs neue – und glorios bestätigt. Eine Welle der Lebensbejahung flutete über das Land, sie ergriff alle Stände, sie prägte den Lebensstil in allen Bereichen des Daseins. Vorab in der Kunst entfaltete sie eine neue Dynamik.

Nur im Kabinett und im engsten Kreis des Kaisers fanden Freude und Dynamik geringes Echo. Der Kaiser selbst trug eine düstere Miene zur Schau. Diese Verschattung war ein Erbteil seines Geschlechts, das seit Jahrhunderten durch Inzucht und wohl vor allem durch das Bluterbe einer jungen Wahnsinnigen, der spanischen Johanna, allerlei Gemütsanfechtungen unterlag. Karl VI. war ein steifer und ängstlicher Mann, den auch seine lebensfrohere Frau, »die weiße Liesl«, eine Prinzessin aus Deutschland, nicht nachhaltig aufheitern konnte. Nun hatte Karl schwere Sorgen, denn er sah den Bestand seiner Familie und damit die habsburgische Herrschaft gefährdet. Er hatte keinen Sohn. Das Knäblein, das ihm die Kaiserin nach mehreren kinderlosen Ehejahren geboren hatte, war als Kleinstkind gestorben. Auf weitere Söhne wagte der Kaiser, weiß Gott warum, nicht zu hoffen. In ihm muß ein Gefühl gebohrt haben, das ihm vitales Versagen suggerierte.

Schon früh hatte er damit begonnen, nach Mitteln Ausschau zu halten, wie sein Reich und seine Erbfolge anderweitig zu sichern seien. Wenn sich die Natur verweigerte, so mochten Verträge helfen, Abmachungen mit den eigenen Ländern und vor allem mit den europäischen Nachbarn. Was vor ihm kaum ein anderer regierender Fürst getan hatte – er stellte fast seine ganze auswärtige Politik darauf ab, als eine Art Bittsteller bei den Höfen rundum vorstellig zu werden und sie um Versprechungen anzugehen, die die Zeit nach seinem Ableben betrafen. So klopfte er bei Frankreich an, bei Spanien, England, Bayern, Preußen, bei den Niederlanden, beim Heiligen Stuhl, und es erging ihm dabei wie den meisten Bittstellern: er mußte sich Bedingungen gefallen lassen. Die härteste Bedingung stellte Frankreich. Doch davon später.

Prinz Eugen, der Sieger von Belgrad, beobachtete das Treiben seines Kaisers mit wachsender Mißbilligung. Karl VI. war der dritte Herr aus dem Hause Habsburg, dem der berühmte Feldherr diente. Nun mäkelte dieser: Es wäre doch besser, eine starke Armee aufzustellen, statt papierene Verträge zu schließen. Aber Karl, schon Sohn eines »tintenklecksenden Jahrhunderts«, zog feierliche Erklärungen Kanonen vor und hielt Unterschriften für billiger als Festungsbauten. Er hatte das System der Sicherungen selbst die »pacta successoria« und später die Pragmatische Sanktion getauft.

Es enthielt zwei Hauptpunkte: Erstens sollte die weibliche Erbfolge zugunsten seiner Tochter Marie Therese anerkannt werden, zweitens sollte der Bestand der Erbländer in ihren derzeitigen Grenzen unantastbar bleiben.

Nicht vererbbar war der Kaisertitel. Er unterlag der Wahl der (fünf, sieben oder neun) Kurfürsten; für ihn war, gemäß salischem Recht, weibliche Erbfolge ausgeschlossen.

Trotz aller durch ihr Geschlecht verursachter Mißhelligkeiten wuchs die kleine Marie Therese in einer freundlichen Umgebung, in einer sozusagen »heilen Welt« auf. Vater und Mutter lebten in guter ungestörter Ehe. Man ging miteinander zur Kirche, man musizierte miteinander und ging auf die Pirsch. Anderthalb Jahre nach Marie Therese erschien noch ein Schwesterchen, Marianne. Zumeist bewohnte die Familie das vor den Toren der inneren Stadt gelegene Schloß Favoriten, ein angenehmer, wenngleich keineswegs prachtvoller Aufenthalt. Irgendwo draußen im Grünen lag eine Bauruine, Großvater Leopold hatte dort ein prunkvolles Schloß Schönbrunn geplant. Nun baute niemand daran weiter. Dafür wurde nahe der Favorita eine herrliche Kirche errichtet, die Karlskirche, dem heiligen Karl Borromäus geweiht; doch da sie denselben Namen trug wie der Kaiser, hielt man sie nicht nur für von ihm gestiftet, sondern ihm gewidmet. Ein paar Schritte daneben das glanzvolle Belve-

Die kleine Marie Therese beim Pilzepflücken
mit ihrer Erzieherin Gräfin Fuchs

dere, der Ansitz des hochverehrten Prinzen Eugen. Auch im Inneren der Stadt wurde viel und prächtig gebaut. Wohin die kleine Marie Therese blickte, breiteten Doppeladler ihre Flügel aus, verkündeten Monumente das Lob des Erzhauses; über Altären erschien sein Wappen, bei jedem feierlichen Gottesdienst hörte man dafür beten.

Eine schöne harmonische Welt also? Das Kind Marie Therese nahm sie als solche in sich auf – vielleicht, weil seine eigene Natur auf Harmonie gestimmt war. Von außen wurde es kaum verstört. Der Vater war liebevoll-nachsichtig, die Mutter trat bald hinter zwei Erzieherinnen zurück, die ihrerseits mütterlich warmherzig, vernünftig und zärtlich waren, vorab die geliebte »Mami«, eine Gräfin Fuchs.

Marie Therese lernte leicht und emsig; aber was man sie lehrte, wies kaum darauf hin, daß sie einst ein großes Reich regieren sollte: sie lernte singen, tanzen, Französisch, Latein, Italienisch, auch ein wenig Ungarisch. Hauptfächer waren Religion und die Geschichte des eigenen Hauses. Von Staatsrecht und Ökonomie keine Spur. Denn Marie Therese, darin waren sich Vater und Mutter, Kabinett und der ganze Hof einig, würde ja doch niemals selbst regieren, sie würde heiraten und alle Entscheidungen an ihren Gatten delegieren.

Wer aber sollte dieser Auserwählte sein? Ein Prinz natürlich aus regierendem Hause und möglichst gut katholisch; doch welcher Nation? Man dachte an Spanien, Bayern, Lothringen – nur an Frankreich dachte man nicht, mit Frankreich war man seit langem bitter verfeindet. Sogar ein preußischer Kronprinz, ein gewisser Friedrich, wurde in Betracht gezogen. Schließlich gab alte Freundschaft den Ausschlag für Lothringen. Dort, am Rande des Deutschen Reichs, wuchsen im herzoglichen Haus drei Knaben auf, die »zu den schönsten Hoffnungen berechtigten«. So wollte man gleich einmal den ältesten von ihnen, Clemens, in Augenschein nehmen. Leider starb er noch halbwüchsig. Also stellte sich der nächste, Franz Stephan, in Wien vor.

Franz Stephan war ein freundlicher, bescheidener, anpassungsfähiger Junge. Er machte sich bei der Kaiserin Liebkind. Er begleitete den Kaiser unermüdlich auf die Jagd. Er gefiel auch der jungen Marie Therese und gefiel ihr vielleicht nur allzusehr. Das – zwar wienerisch gemäßigte – spanische Hofzeremoniell, dem sie und Schwester Marianne unterlagen, hatte ihr wohl sehr wenig Umgang mit anderen jungen Leuten ermöglicht, so daß ihr Vergleiche fehlten.

So verliebte sie sich in ihn: »Nachts sah sie ihn im Traum, und am Tag sprach sie von nichts anderem als von ihm« – und nahm seine etwas ungelenken, phlegmatisch zeremoniösen Ergebenheitsbezeugungen für Zeichen einer ebenso tiefen Zuneigung, wie sie sie selbst empfand. Er wieder wußte, daß er in Marie Therese die reichste Erbin Europas zu umwerben hatte. Daß ihn diese Erbin sein eigenes Erbteil, das Herzogtum Lothringen, kosten würde, konnte er anfangs noch nicht ahnen.

Dabei war natürlich große Politik im Spiel und – unvermeidlich – der Tanz um die Pragmatische Sanktion.

Seit etwa zweihundert Jahren war die Auseinandersetzung der drei großen europäischen Seemächte Spanien, England und Frankreich um Weltgeltung, Weltherrschaft und die Ausbeutung der überseeischen Schätze im Gange. In den letzten Jahrzehnten war Spanien, das inzwischen in Frankreichs Schlepptau hing, in den Hintergrund getreten. Jetzt waren Frankreich und England die eigentlichen Kontrahenten, die »Supermächte« jener Zeit. Ihre Konflikte setzten sich in Stellvertreter-Konflikten fort; das Geflecht ihrer Bündnisse reichte vom Ärmelkanal bis in die Türkei, von Gibraltar bis hinter die Wolga. In Frankreichs Interesse lag es, sich den Rücken freizuhalten, indem es an den Rhein vordrang und den deutschen Nachbarn schwächte. Diesem wieder kam England mit Subsidien zu Hilfe. Also bändelte Frankreich mit verschiedenen deutschen Reichsfürsten an, die seit dem Ende des Dreißigjährigen Krieges das Recht hatten, sich mit ausländischen Mächten zu verbünden. Dem widersetzte sich, begreiflicherweise, die deutsche Zentralmacht, die nun schon ununterbrochen, im dreizehnten Glied, von Habsburg repräsentiert wurde. Damit wurde die Casa d'Austria, das Haus Österreich, an der Seine der bestgehaßte Feind. Folgerichtig versuchte Frankreich in dessen Rücken und an allen Schwachstellen des Reiches zu intrigieren, also in und mit der Türkei, in und mit Italien, in und mit Sachsen, Bayern und Polen. Dort aber, hinter Weichsel und Bug, schaute schon wieder eine neue, wachsende Großmacht über den Zaun: Rußland.

Wer sollte über so weite Gebiete, über ein so verworrenes Spiel, über eine von so vielen Überlappungen und Verwerfungen zerfurchte und von unvorhergesehenen Schüben bedrohte politische Landschaft den Überblick bewahren? Der Kaiser, der seine Probleme lieber beim Musizieren, Komponieren, Dirigieren und am liebsten beim Jagen vergaß? Oder sein überaltertes Kabinett, in dem es nur einen einzigen Emsig-Engagierten gab, Bartenstein, doch auch er nur ein eher pedantischer als feiner Kopf? Oder gar der junge Schwiegersohn in spe, Franz Stephan? Er zuletzt. Deshalb mußte er ja auch eines Tages zutiefst erschrecken, als man ihm mitteilte: sein eigenes Herzogtum Lothringen sei von der Pragmatischen Sanktion als Kaufpreis ausgesetzt; Lothringen sollte an Frankreich abgetreten werden und dort als Trostpflaster dienen für einen Stanislaus Leszczynski, ehemals König von Polen, jetzt bei Ludwig XV. als dessen Schwiegervater im familiär komfortablen Exil.

Der junge Lothringer war erschüttert, als man ihm zumutete, auf seine alte Heimat, sein angestammtes Herzogtum, formellen Verzicht zu leisten. Seit langer Zeit hatte seine Familie das Land regiert, das Volk hing an der Dynastie und erhoffte sich Schutz von ihr gegen französische Übergriffe. Noch saß die alte Herzogin, Franz Stephans Mutter, im Lande, auch ein Bruder Karl war da. Ihnen sollte Franz

Maria Theresia als junges Mädchen

Stephan nun gleichsam das Dach über dem Kopf wegverpfänden, wegverkaufen lassen! Wofür? Marie Therese war ein Opfer wert, gewiß. Doch Franz Stephan war noch nicht einmal mit ihr verlobt, und bei dem Wankelmut des Kaisers konnte es durchaus geschehen, daß er am Ende ohne Land und ohne Braut als der Betrogene dastand!

Verzweifelt schrieb ihm seine Mutter: »Dieser Handel bedeutet nichts anderes, als daß man Ihnen die Kehle durchschneidet, Ihnen und Ihrem ganzen Haus.«

Franz Stephan weigerte sich, bis ihn Bartenstein grobschlächtig vor die Alternative stellte: »Wenn keine Unterschrift, so keine Erzherzogin.«

Dreimal soll der junge Lothringer die Feder auf den Tisch geworfen haben, ehe er sich schließlich doch bereit fand zu unterzeichnen.

Mit welchen Gefühlen hatte Marie Therese zugesehen, wie man den Geliebten bedrängte? Ihr Herz hatte längst für ihn entschieden. Gewiß wünschte sie, wie jede liebende Frau, daß der Mann ihrer Wahl für sie auch zu schmerzlichstem Opfer bereit sei. Zugleich aber mußte sie begreifen, daß er ihretwegen in einen Widerstreit zwischen Ehre und Liebe, zwischen ererbtem fürstlichen Anspruch und der fragwürdigen Rolle eines künftigen Prinzgemahls geraten war.

Ihr Gemüt mag von Mitleid übergeflossen sein. Und so formte sich in ihr der unumstößliche Entschluß, den geliebten Mann dereinst reich dafür zu entschädigen und ihm mit um so getreulicherer Liebe ergeben zu sein.

Nach langem Zögern und ausführlichen Bedenklichkeiten erfolgte schließlich die Verlobung. Dem jungen Paar wurde gestattet, miteinander zu korrespondieren, dem Bräutigam, der Braut sein Porträt zu verehren. Kurz darauf, am 12. Februar 1736, wurde Hochzeit gefeiert. Die Braut war neunzehn, der Bräutigam achtundzwanzig, ihre Hochzeitsreise ging zu dem berühmten österreichischen Wallfahrtsort Maria Zell. So begann die »glickseligste Ehe«.

Doch schon die ersten Jahre dieser Ehe wurden von allerlei Schatten heimgesucht.

Der Kaiser hatte seinem Schwiegersohn versprochen, er werde ihm das Amt eines Generalstatthalters in Brüssel übertragen. Daraus wurde nichts. Im Osten gab es wieder einmal Krieg. Russen und Türken lagen einander in den Haaren, der Kaiser hatte sich den Russen gegenüber verpflichtet, Waffenhilfe zu leisten. Nun leistete er sie und machte in einer Aufwallung schwiegerväterlicher Zuneigung – Franz Stephan zum Generalissimus.

Diese Wahl fiel auf den Falschen.

Franz Stephan war kein militärisches Talent. Was in ihm an wirklichen Talenten schlummerte, sollte sich erst viel später zeigen. Er gab sich zwar Mühe, trug brav seine Uniform und diskutierte mit seinem Mitgenerälen die Lage. Doch je mehr er sie diskutierte, desto verzwickter und hoffnungsloser erschien sie ihm. Trug die Truppe irgendwo einen kleinen Sieg davon, »retirierte sie sich vom Feind«, denn sie schien zu schwach, ihn zu verfolgen. Wurden aber die Kräfte vermehrt und die Division aufgefüllt, zeigten sich anderweitige Mängel: Die Versorgung steckte fest, man hatte weder Pulver noch Proviant. Kurz: in wenigen Monaten hatte der junge Generalissimus seine Chancen vertan.

Der Kaiser war enttäuscht, Marie Therese litt.

Sie hatte zwölf Monate nach ihrer Heirat ihr erstes Kind geboren, ein Mädchen. Schon im nächsten Jahr kam das zweite, und wieder war es nicht der ersehnte männliche Erbe. In den Kernlanden der Monarchie und vor allem in Wien erhoben sich Stimmen des Unmuts gegen das junge Paar.

Wieder einmal zeigte sich das wankelmütige Wesen des österreichischen Volkes. Man war gern begeistert und festlich gestimmt, wenn es den kleinsten Anlaß dazu gab. Aber man war ebenso schnell bereit, zu spotten und zu maulen, wenn nicht alles glatt und nach Wunsch ablief. Man hatte die Kaisertochter und ihren Mann bei ihrer Hochzeit bejubelt, jetzt nörgelte man an beiden. Franz Stephan galt als Halbfranzose, als Fremder, der in Wien nichts verloren hatte; man nahm ihm sein kriegerisches Ungeschick übel, man lastete es ihm an, daß er vom Kriegsschauplatz krank heimgekehrt war; noch übler nahm man ihm, daß er bisher nur zwei Mädchen gezeugt hatte. Man neigte dazu, diese Ehe für eine Mesalliance, für einen großen Fehlschlag zu halten.

Der Kaiser war in Verlegenheit. Da ergab sich ein Lichtblick. In der Toskana hatte der letzte Medici das Zeitliche gesegnet. Laut Erbvertrag fiel das Herzogtum des Kinderlosen an die Habsburger. Mochten die jungen Leute doch nach Florenz reisen und sich dort umtun! Dann war das Ärgernis aus der Welt geschafft oder doch für eine Weile aus dem Blickfeld geräumt.

Franz Stephan und Marie Therese reisten gehorsam ab. Sie hatten wenig Gusto auf das ferne Erbe. Aber dort ließ sich dann doch alles recht erfreulich an. Marie Therese gelang es, die Florentiner für sich einzunehmen. Franz Stephan versuchte, den ökonomischen Strukturen des Landes neue Impulse zu geben. Aber nach vier kurzen Monaten waren die beiden schon wieder auf dem Heimweg.

Indessen war der Krieg gegen die Hohe Pforte schmählich verlorengegangen. Im Januar 1740 gebar Marie Therese ihr drittes Kind, wieder eine Tochter. Man war der Verzweiflung nahe.

Das Jahr 1740 sollte für Europa ein großes Schicksalsjahr werden. So manches sprang aus alt eingefahrenem Geleise. So manche neue Figur betrat die Szene.

In Rom starb Clemens XII. In Rußland bröckelte die Herrschaft der Iwanschen Romanows. In Preußen folgte ein junger König seinem Vater Friedrich Wilhelm, und in Wien erlag Kaiser Karl VI. am 20. Oktober einer nie klar diagnostizierten plötzlichen Krankheit. Wahrscheinlich hatte er sich an einem Pilzgericht vergiftet. In seinen letzten Stunden besprach sich der Kaiser mit seiner Tochter und empfahl sie und ihre Kinder dem Schutz des Himmels.

Ihr Erbrecht hatte er mit unendlichen Anstrengungen und Opfern von den Mächten Europas erkauft oder zu erkaufen geglaubt. Aber nicht ein einziges Mal hatte er sie zu einer Kabinettsitzung herangezogen. Nicht eine einzige Stunde hatte er sie in Staatsrecht unterrichten lassen. Sie war ohne Kenntnis gelassen von den Ressourcen und Kräften, von den Schwierigkeiten und dringenden Erfordernissen der Monarchie. So bestieg sie den Thron – unwissend, aber nicht blind, unerfahren, aber nicht ohne Instinkt, beängstigt, aber mit dem Entschluß, sich nicht einschüchtern zu lassen.

Als sie das erstemal vor ihrem Kabinett erschien, weinten die hier versammelten Greise vor Rührung, teilweise wohl auch vor Sorge; denn etliche von ihnen fürchteten eine schnelle und schmachvolle Entlassung. Aber Maria Theresia – so nannte sie sich nun – dachte nicht daran, die alten Mitarbeiter ihres Vaters, so ungenügend sie sein mochten, von heute auf morgen davonzujagen. Selbst dem groben Bartenstein winkte sie Versöhnung. Wer freilich daraus schließen wollte, daß sie den alten Schlendrian dulden und weiterschleppen würde, der sah sich schnell eines Besseren belehrt.

Zu aller Erstaunen war sie selbst an die Spitze des Kabinetts getreten. Obwohl schon wieder in gesegneten Umständen, stürzte sie sich in die Arbeit. Sie wollte nicht regieren, das heißt entscheiden, ohne die Sache zu verstehen, um die es jeweils ging. Sie saß über Urkunden und Akten und vergrub sich in die sprödesten Materien. Was ihr undurchschaubar schien, ließ sie sich erläutern, und wenn sie es noch nicht begriff, ein zweites und drittesmal erklären. So beschämte sie die leichtfertige Unwissenheit ihrer bejahrten Minister. Aber was sie bei dieser ersten mühsamen Erkundungsarbeit mehr erwitterte als aufdeckte, muß ihr, trotz ihres Unwissens, höchst bedenklich erschienen sein. Ihr gesunder Menschenverstand schlug Alarm, wenn ihr niemand schlüssig explizieren konnte, worin denn genau die Einnahmen ihres Staatswesens bestanden: Ein Wust von einander widersprechenden Verordnungen vernebelte jede klare Einsicht. Ebenso schlug ihr Verstand Alarm, wenn sie die endlos ausgedehnten Grenzen ihres Reichs mit der Anzahl ihrer Truppen verglich, die diese Grenzen zu schützen hatten. Noch bedrohlicher schienen ihr die verschiedenen Berichte über den Zustand ihrer Festungen: die meisten waren verfallen oder überhaupt nur auf dem Papier entworfen. Noch hatte sie Franz Stephans Klagen im Ohr, wie schlecht die Soldaten ausgerüstet, wie indolent die Offiziere, wie übel Geschütze und Train beschaffen seien.

Das alles muß anders werden, nahm sich die junge Herrscherin vor. Wie, wußte sie freilich noch nicht.

Weitere Sorgen setzten ihr zu.

Die liebe, kostbare, so oft beschrieene, so teuer erkaufte Pragmatische Sanktion, die ihr der Vater als wichtigstes Erbe hinterlassen und ihr noch in der Todesstunde als Trost und Sicherheit genannt hatte, sie war nun fällig und sollte in Kraft treten, das heißt, die europäischen Kabinette waren aufgefordert, sie, Maria Theresia, als Erbin zu bestätigen und des ungeschmälerten Besitzes ihrer Länder zu versichern. Gleich nach Karls Tod hatte man die nötigen Schritte eingeleitet. Nun wartete man auf Antworten.

Aber die Antworten blieben aus oder lauteten nicht wie erwartet.

Daß Bayern ablehnte, glaubte man ignorieren zu dürfen. Daß Frankreich nur schöne Worte machte und sich um jede konkrete Zusicherung drückte, war äußerst peinlich. Doch was Preußen von sich gab, schlug jedem Faß den Boden aus.

In Preußen war, wie schon erwähnt, ein junger König auf den Thron gekommen. Nach einer harten Kindheit und Jugend unter der Fuchtel eines wütenden Vaters tausendmal gedemütigt und sogar mit dem Tod durch den Henker bedroht (damals hatte sogar der Kaiser für den Verurteilten gebeten!), sah sich Friedrich endlich frei und an die Spitze eines Staates gestellt, der von Waffen starrte, sonst aber arm und territorial zerrissen war. Nichts hatte sich der alte Friedrich Wilhelm so angelegen sein lassen, als ein starkes Heer aufzustellen und dieses einem eisernen Drill zu unterwerfen. Dennoch hatte er selbst nie einen Krieg geführt. Als Reichsfürst war er nicht unbequemer gewesen als viele andere. Im Gegenteil, etliche Male hatte er betont, daß der Kaiser sein oberster Herr sei und daß es wider sein Gewissen wäre, gegen diesen zu agieren. So hatte er auch seinen Sohn Friedrich mit einer Habsburger-Nichte verheiratet.

Im Frühjahr 1740 sah der Sohn seine Stunde endlich gekommen. Er, der sich während der letzten Lebensjahre seines Vaters als harmloser Musik- und Kunstliebhaber getarnt hatte, dachte gar nicht daran, sich das vom Vater ererbte Heer als nutzloses Spielzeug zu halten, noch weniger, sich als treuer Vasall vor Habsburg zu ducken. Von Maria Theresia hielt er nichts: in seinen Augen war sie eine schwache Frau, ein gutmütig tändelndes Muttertier. Auch in Franz Stephan glaubte er keinen ebenbürtigen Gegner vermuten zu müssen: er war dem jungen Lothringer vor Jahren auf seiner eigenen Hochzeit kurz begegnet. Die Pragmatische Sanktion war in Friedrichs Augen nur ein lächerliches Pactum, an das sich gewiß niemand halten würde. Maria Theresias Schicksal schien ihm von vornherein besiegelt. Habsburgs Feinde würden schon demnächst aus allen Schlupflöchern hervorkommen und sich ein Stück des großen Bratens holen. Wenn dem so war, à la bonheur! so wollte er, Friedrich, lieber als der erste denn als der letzte mit dabei sein.

Folgerichtig schlug Friedrich der Wiener Regierung vor, ihm Schlesien zu überlassen; dafür werde er Österreich gegen alle anderen Feinde verteidigen.

Ein keckes Angebot. In Wien traute man seinen Ohren nicht. Die Gründe, die Friedrich für seinen Anspruch auf Schlesien geltend machte, waren längst veraltete, lächerliche Vorwände, aus verstaubten Archiven mühsam herausdestilliert. Im übrigen war Schlesien eine herrliche, blühende Provinz, eine Perle unter den habsburgischen Erbländern, ertragreich und für die Monarchie ganz unentbehrlich.

Maria Theresia dachte keinen Augenblick daran, es kampflos herauszugeben. Freilich: das Kabinett der »ehrwürdigen Greise« zitterte bereits: »Man wird in der Not etwas sakrifizieren müssen.« Und sogar Franz Stephan war geneigt, klein beizugeben.

Maria Theresia brauste auf: Nie werde sie einem solchen Handel zustimmen.

Genau sechs Wochen nach Karls VI. Tod, am 16. Dezember 1740, rückte Friedrich in Schlesien ein.

Es ist hier nicht der Ort, den Verlauf dieses Feldzugs zu schildern. Da niemand auf österreichischer Seite mit einem solchen Angriff gerechnet hatte, herrschte hier mehr Verwirrung als Gegenwehr. Auch die Schlesier waren verwirrt. Eben hatte man noch – wie die anderen Erblande – Maria Theresia gehuldigt, nun kam der Preußenkönig ins Land. Was sollte das bedeuten? Die wenigen Festungen rund um Breslau fielen schnell. Auch Breslau wehrte sich nicht lange. Man konnte den Ernst der Lage gar nicht erfassen. Endlich – im Frühjahr 1741 – zeigte sich ein starkes österreichisches Heer. Es kam zur Schlacht bei Mollwitz.

Der junge König selbst führte seine Truppen an. Doch da widerfuhr ihm, was ihm sein Lebtag nie mehr widerfahren sollte. Er verlor die Nerven. Das Getöse der Kanonen, das blutige Gemetzel, das Wanken der eigenen Linien erschütterten ihn, und als man ihn bestürmte, sich in Sicherheit zu bringen, befahl er den Rückzug und flüchtete selbst.

Aber sein tüchtiger und erfahrener Unterfeldherr Schwerin hielt aus. Während Friedrich auf seinem schaumbedeckten Pferd das Weite suchte, gewann Schwerin die Schlacht. Österreich war fürs erste – doch leider nicht das letztemal – geschlagen.

Eine düstere Wetterwand zog für Maria Theresia herauf,

etwas von ihr für unmöglich Gehaltenes: Der um Hilfe angerufene Verbündete England versagte sich. Der Nachbar Bayern verbündete sich mit Preußen. Auch Frankreich und Spanien reichten dem Räuber die Hand. Sanktionen hin und her, Pacta und Versprechungen – so teuer sie (etwa mit Lothringen) zuvor bezahlt worden waren: endlich glaubte man die Gelegenheit gefunden zu haben, das verhaßte Haus Österreich in die Knie zu zwingen und für immer in den Staub zu drücken.

Frankreich ermächtigte Spanien, in Italien anzugreifen. Nördlich der Alpen vereinigte es sich mit bayerischen Kontingenten. Auch Sachsen erklärte den Krieg. Alles hatte sich gegen die junge Königin verschworen. Ihre Sache schien verloren.

Nur sie selbst wankte nicht. Am 13. März 1741 hatte sie nach drei Mädchen endlich einen Sohn, Joseph, geboren. Und als hätte die Geburt des Sohnes sie mit doppelten Kräften erfüllt, wagte sie alles – und setzte damit auch die ihr günstigen Potentiale in Bewegung.

Ihre Reise nach Ungarn ist berühmt geworden und hat manche Legende um sie gesponnen. Die Legende erzählt: Die junge Königin sei, ihren kleinen Sohn in den Armen, sozusagen als lebendige Madonna vor die Magnaten des ungarischen Reichstags getreten und habe in ihrem Unglück um deren Hilfe gefleht; daraufhin seien die Magnaten, von ihrer Schönheit und mütterlichen Würde gerührt, in helle Begeisterung geraten und hätten ihr treue Gefolgschaft geschworen. So habe Maria Theresia im Schutz der ritterlichen magyarischen Nation ihre Feinde besiegen und ihr Reich wiederherstellen können.

Ganz so einfach und so romantisch ging die Sache allerdings nicht vor sich. Dennoch enthält die Legende in ihren Grundzügen ein Stück Wahrheit. Maria Theresia mußte zwar hart mit dem Reichstag um jedes Zugeständnis ringen, aber sie profitierte davon, daß der Reichstag, selbst in zwei Teile zerfallen, in sich uneins war. Angesichts ihrer hohen

Schulden hoffte sie auf ein ansehnliches Krönungsgeschenk und mußte sich mit einer kleinen Abschlagsumme zufriedengeben. Auch das hübsche Bild der Königin mit dem Söhnchen im Arm entsprach nicht der Wirklichkeit. Klein-Joseph wurde nicht vorgezeigt. Immerhin wurde Maria Theresia gekrönt und setzte durch, daß Franz Stephan als ihr Mitregent auch in Ungarn anerkannt wurde. Bei der Krönungsfeierlichkeit allerdings durfte er noch nicht einmal in ihrem Gefolge erscheinen. Eine harte Demütigung für den Mann, nicht minder hart für das liebende Herz der Königin.

Während die junge Frau im Laufe des Krönungsrituals auf einen Hügel reiten und das Schwert in alle vier Weltrichtungen schwingen mußte, zum Zeichen dafür, daß sie das Land Ungarn vor allen Feinden beschützen werde, rückten in ihre westlichen Erblande, in ihre eigentliche Heimat, fremde Truppen ein. Bayern und Franzosen kamen die Donau entlang, Friedrich stand im Herzen Böhmens. Ihm sekundierte Sachsen. Die Hauptstadt Wien war aufs höchste bedroht, da schwenkte die gegnerische Macht bei Linz nordwärts ein. Ihr erstes Ziel war Prag. Der Kurfürst von Bayern ließ sich zum König von Böhmen ausrufen.

Maria Theresia hatte bei ihrem Versuch, ihr Reich zu verteidigen, den großen Fehler begangen, auf die Fähigkeiten ihres Gatten und dann auf das Feldherrntalent ihres Schwagers, des Lothringers Karl, zu setzen. Aber Franz Stephan war kein Held, und was Karl betraf, so war er ein braver, tapferer Mann, doch kein Stratege.

Franz Stephan versagte kläglich, und Karl wurde geschlagen, wo immer er sich auf eine Schlacht einließ. Da war dann der alte Khevenhüller, noch aus der Schule des Prinzen Eugen, ein besserer Feldherr. Ihm schickte Maria Theresia ihr Bild und schrieb den schönsten Brief, den wir von ihrer Hand kennen:

Lieber und getreuer Khevenhüller!
Hier hast du eine von der ganzen Welt verlassene Königin vor Augen und ihren männlichen Erben. Was vermeinst du, will aus diesem Kinde werden?
Sieh, deine gnädigste Frau erbietet sich dir als einem getreuen Minister, mit diesem [Bild] auch ihre ganze Macht, Gewalt und alles, was Unser Reich vermag . . . Handle, o Held und getreuer Vasall, wie du es vor Gott und der Welt zu verantworten dich getrauest. Nimm die Gerechtigkeit als ein Schild. Thue, was du recht zu sein glaubst . . . Folge deinem in Gott ruhenden Lehrmeister in den unsterblichen Eugenischen Thaten und sei versichert, daß du und deine Nachkommen alle Gnaden, Gunst und Dank, von der Welt aber einen Ruhm erlangest. Solches schwören wir dir bei Unserer Majestät. Lebe und streite wohl.

Maria Theresia.

Dieser Khevenhüller war es denn auch, der die ersten größeren militärischen Erfolge erfocht. Unterdessen rückten die versprochenen ungarischen Kontingente heran, darunter die sogenannten Panduren, mehr als zweitausend allein unter dem berühmt-berüchtigten Trenck. Diese wilden Scharen kannten keine Rücksicht auf sich selbst, geschweige denn Pardon für den Gegner. Sie drangen in Bayern ein, raubten, brandschatzten und besetzten schließlich München, während sich der Wittelsbacher Kurfürst von Böhmen aus nach Frankfurt bewegte, um sich dort als Karl VII. zum Deutschen Kaiser krönen zu lassen. So waren die Fronten seltsam vielfach verkehrt. Österreich, das schon verloren geglaubte, erholte sich wieder und konnte dem Feind Schaden zufügen, wo er es nicht vermutet hatte.

Sehr merkwürdig war das Verhalten des Preußenkönigs. War er der erste gewesen, der den unbeweglichen und wehrlosen Habsburger Koloß angegriffen hatte, so war er auch wieder der erste, der die antihabsburgische Koalition verließ. Im unerwartetsten Augenblick schloß er Waffenstillstände und knüpfte Friedensverhandlungen an. Ihm war um Schlesien zu tun, aber gewiß nicht darum, Frankreich über Gebühr zu stärken oder Bayern zu vergrößern. So schloß er Abkommen: das von Kleinschnellendorf 1741; nach einem weiteren Angriffskrieg den Frieden von Berlin am 28. Juli 1742, und nach einer dritten blutigen Aktion den Frieden von Dresden Weihnachten 1745. Mit ihm endeten die beiden Schlesischen Kriege. Sie hatten – mit einer kurzen Pause – die Jahre 1741 bis 1745 ausgefüllt.

Das Endergebnis war: Friedrich behielt Schlesien, auch in Italien verlor Österreich etliche Landschaften; dafür wurde Maria Theresia als Erbin anerkannt, sie hatte allgemein an Respekt gewonnen, und ihr geliebter Franz Stephan wurde in Frankfurt zum Deutschen Kaiser gekrönt: Rechtzeitig war der Wittelsbacher, Karl VII., vom Glück verlassen, an einer schmerzhaften Leberkrankheit verstorben.

So waren, obwohl der Krieg mit Frankreich noch nicht zu Ende war, sieben von neun Kurfürstenstimmen für den Lothringer gewonnen und die alte Kaiserkrone wieder nach Habsburg, jetzt Habsburg-Lothringen, heimgeholt. Die Gefahr, daß die tausendjährige Aura der Imperatorenwürde verlorenging, schien abgewendet. Viel mehr als die magische Aura war ja auch nicht übriggeblieben, die politische Macht des Reiches war seit langem ausgezehrt, ein Schattenwesen geworden. Schon als Kronprinz hatte Friedrich den Kaiser ein altes Götzenbild genannt und damit nicht nur Karl persönlich gemeint. Und doch! Wer in Goethes Lebensgeschichte liest, wird den frommen Schauder nachempfinden können, der damals noch die Kaiserwürde umwob. Über Franz Stephans Krönung am 4. Oktober 1745 berichtet er vermutlich so, wie sie ihm von den Großeltern Textor beschrieben worden war:

»War die Krönung Franz des Ersten nicht so auffallend prächtig wie jene [Karls VII.], so wurde sie doch durch die Gegenwart der Kaiserin Maria Theresia verherrlicht«, die, Zielscheibe aller Blicke, »über die Maßen schön«, das Ende der »unendlichen Zeremonie ... an einem Balkonfenster des Hauses Frauenstein« erwartete. »Als nun ihr Gemahl in der seltsamen Verkleidung aus dem Dome zurückgekommen und sich ihr sozusagen als ein Gespenst Karls des Großen dargestellt, habe er wie zum Scherz beide Hände erhoben und ihr den Reichsapfel, den Zepter und die wundersamen Handschuh hingewiesen, worüber sie in ein unendliches Lachen ausgebrochen; welches dem ganzen zuschauenden Volke zur größten Freude und Erbauung gedient, indem es darin das gute und natürliche Ehegattenverhältnis des allerhöchsten Paares der Christenheit mit Augen zu sehen gewürdiget worden. Als aber die Kaiserin, ihren Gemahl zu begrüßen, das Schnupftuch geschwungen und ihm selbst ein lautes Vivat zugerufen, sei der Enthusiasmus und der Jubel des Volks aufs höchste gestiegen ...«

Soweit Goethe.

Wir aber müßten uns fragen: Warum saß Maria Theresia am Fenster des Hauses Frauenstein? Warum befand sie sich nicht im Dom, an der Seite Franz Stephans, um sich neben ihm als seine Gattin und Kaiserin krönen zu lassen? Hatte das salische Recht die Herrscherfunktion einer Frau ausgeschlossen, so hatte es doch sehr wohl die Würde der Mitherrscherin, der Kaiserin-Königin anerkannt. Warum verzichtete sie auf diese Würde?

Sie lehnte sie ab unter dem Hinweis, daß sie wieder schwanger sei und sich dem Volke so nicht zeigen wolle. Eine fadenscheinige Ausrede, die sie ja selbst Lügen strafte.

Vermutlich lag ein tieferer Grund vor: Maria Theresia wollte zwar *alles* für ihren Gatten, doch nichts *durch* ihn. Sie, die Tochter Karls VI., die Habsburgerin, war wohl zu stolz, um eine Würde anzunehmen, die ihr über einen Herzog von Lothringen zugekommen wäre.

Um auf Goethes Text zurückzukommen, der ihr Verhalten als so erbaulich als »das gute und natürliche Ehegattenverhältnis des allerhöchsten Paares« interpretiert: Was war es wohl, was in Maria Theresia das »unendliche Lachen«

auslöste, in das sie beim Anblick des vermummten Mannes ausbrach? Vermutlich die tragikomische Diskrepanz zwischen Person und Würde, die niemand tiefer empfinden konnte als sie selbst.

Die junge Maria Theresia hatte ihr Erbe in der Gesinnung einer tüchtigen Hausmutter, einer auf Bewahren und Gedeihen bedachten Gutsherrin übernommen, und wie es einer solchen das wichtigste Anliegen sein muß, ihre Wirtschaft gedeihlich zu ordnen, so empfand auch Maria Theresia als ihr dringendstes Anliegen, ihr riesiges, aber verworrenes Erbe von Grund auf zu ordnen und nutzbar zu machen. Unverzüglich, noch während der Schlesischen Kriege, nahm sie diese Aufgabe in Angriff.

Dabei war ihr, so seltsam das klingt, ihr Gegner Friedrich ein ermutigendes Vorbild.

Friedrich dachte als moderner Zentralist; für ihn waren Feudalstrukturen mit ihren tausend privaten und halbprivaten Prärogativen nichts als ein großer Morast, der so rasch wie möglich ausgetrocknet werden mußte: So verfuhr Friedrich mit den Ständen im neu erworbenen Schlesien ohne viel Federlesens, rücksichtslos. Die Betroffenen waren so erstaunt, daß sie keinen Widerstand wagten.

Das hätte Maria Theresia Friedrich gerne nachgemacht. Zu diesem Zweck holte sie sich einen Schlesier, Friedrich Wilhelm Graf Haugwitz, nach Wien an den Hof und in ihr Kabinett. Der Mann war ein gewiegter Wirtschafts- und Verwaltungsfachmann, ein kluger Kopf, ein ehrliches Herz. Er half Maria Theresia, den verworrenen Wust ihrer Staatsfinanzen zu durchforsten und in ein System einzubringen. Das Ziel war, daß die Staatsmacht mehr Bewegungsfreiheit, das heißt höhere Einnahmen bekommen sollte. Der Adel und seine Vertreter im Kabinett setzten sich zur Wehr. Vergeblich. Die Herrscherin, nun schon gewohnt zu entscheiden, griff das »Haubtsystem« an.

Das »Haubtsystem« war eine archaisch schwerfällige Verwaltung, die die Beziehung der Erbländer zur Krone mehr behinderte als regelte. Hier wurden nun geradlinigere, effizientere Stränge eingerichtet. Ein weiterer Punkt war die Reform der Justiz. Noch hatte Maria Theresia nicht im Sinn, den altertümlich barbarischen Strafvollzug zu humanisieren. (Bis an ihr Lebensende sollte sie daran zweifeln, daß Wahrheitsfindung durch das Gericht ohne Anwendung der Folter möglich sei.) Was sie jetzt dazu bewegte, das Rechtswesen zu reformieren, war wieder nur Bedachtnahme auf den Fiskus: Zu eng schien es ihr mit ökonomischen Privilegien verklammert, alles Restbestände überholter Verhältnisse.

Die Kaiserin-Königin handhabte einen großen Besen.

Endlich konnte sich nun auch Franz Stephan wirklich nützlich machen. Seine Talente lagen auf wirtschaftlichem Gebiet. Mit Haugwitz zusammen werkte er fleißig im Dikkicht »erblicher Präpotenzen«. Nun bewies er: Er konnte mit seiner »Resl« nicht nur ein Kind nach dem anderen zeugen, er konnte nicht nur die oft belächelte, naseberümpfte Rolle des Prinzgemahls spielen, er konnte auch anderes: rechnen und Gewinne machen. Er hatte eine vorzügliche Witterung dafür, wo es lohnte, Bedürfnisse zu decken und neue zu wecken, wo es lohnte, Geld zu sparen und Geld anzulegen. So arbeitete er still an Haugwitz' Seite und unterstützte Maria Theresias hausmütterliche Gebarung – nicht selten auch zum eigenen Vorteil.

Unterdessen unterzog sich die Kaiserin noch einem anderen Lernprozeß.

Heutzutage wissen wir: Der große Manager muß, wenn er auf die Dauer erfolgreich sein will, bei sich selbst zu managen beginnen. Er muß seine Tage einer strengen Einteilung unterwerfen zwischen Arbeit und Erholung, er darf sich nicht treiben lassen. Er muß mit sich selbst vernunftgemäß umgehen. Das mußte nun auch Maria Theresia lernen. Ein kluger, taktvoller Portugiese, Emanuel Graf Silva Tarouca, war ihr dabei behilflich. Der Mann war halb Arzt, halb Psychologe. Er zügelte ihren übergroßen Arbeitseifer, um ihn beständiger zu machen; er dämpfte ihre überschäumende Vitalität aus Sorge um ihre dauernde Gesundheit. Er lehrte sie mit ihren Kräften haushalten, um desto kraftvoller zu agieren.

»Um acht Uhr soll die Königin aufstehen; eine halbe Stunde Toilette. Dann hört die Königin die Messe. Darauf Frühstück. Dann kümmert sie sich um ihre Kinder, bespricht sich mit Wärtern und Erziehern. Dann kommen die Staatsgeschäfte daran. Viermal die Woche Beratung mit Ministern. Zweimal die Woche Briefschaften und Depeschen. Alles pünktlich und auf die Minute.« Doch auch das eigene Wohl soll nicht vernachlässigt werden. Tarouca rät zu Spaziergängen. Er schreibt Pünktlichkeit bei den Mahlzeiten vor, gibt kleine medizinische Winke »pour la petite santé de sa Majesté«: »Der Kaffee soll heiß getrunken werden! Nach einer üppigen Mahlzeit – eine Portion Rhabarber!«

Also Zucht. Doch Zucht ohne Pedanterie. Und schließlich, beinahe beschwörend: »Wir vermeiden, Madame, die Melancholie sowie jede müßige Verzettelung der Zeit, denn eine wie die andere Untugend ist schädlich und würde uns sündig werden lassen. Es hieße gegen unsere Pflicht verstoßen, gegen unseren Beruf und Millionen Untertanen.«

Eine dritte Persönlichkeit von wohltätigem Einfluß war der Holländer van Swieten, ein Arzt von hoher Einsicht, von großer Erfahrung und nicht geringer Tatkraft.

Der erste Kontakt mit der Kaiserin stand freilich unter einem Unstern und kam unter tragischen Umständen zustande.

Die geliebte Schwester Marianne hatte als Gattin Karls von Lothringen wie so viele Frauen ihrer Zeit ihr Leben schon im ersten Wochenbett lassen müssen. Sie war unter van Swietens Händen gestorben. Maria Theresia hatte die Jüngere rührend umsorgt und bemuttert und war, als die

Trauernachricht aus Brüssel eintraf, tief erschüttert. Aber sie, die bei ihren Geburten von Zufällen und Gefährdungen weitgehend verschont geblieben war (denn »mir ist es dabei alleweil gut ergangen, besser, als ichs verdiente«), konnte diese dennoch nachfühlen und ermessen und dachte nicht daran, van Swieten irgendeine Schuld an Mariannes Ende zuzuschreiben. Im Gegenteil. Sie berief ihn nach Wien und ernannte ihn zum Hausarzt ihrer Familie; dann machte sie ihn zum Direktor der Staatsbibliothek, endlich zum Minister. Der kluge Mann gewann bald ihr vollständiges Vertrauen. So wurde er zum Motor in ihrem Kabinett in allen Belangen, die Hygiene und Gesundheit betrafen, und wirkte in einem durchaus pragmatischen Sinn fortschrittlich, aufklärerisch, rational, wie es der Kaiserin selbst entsprach und gefiel. Nach umstürzlerischen Ideen war ihr keinesfalls zumute. Der kleine, bedächtig gesetzte Schritt entsprach ihrem Naturell und erfüllte sie mit der warmen Genugtuung, Nützliches getan und Gutes gestiftet zu haben.

So hatte sie etliche gute Geister um sich versammelt. Doch immer, nahezu immer, wo das geschieht, fehlt auch der böse Geist nicht, der fragwürdige Ratgeber, der schlaue Verführer. Und wie zumeist, wo ein solcher auftritt, besticht er durch besondere Klugheit: Er weiß um die kühnsten Schliche, er hat die glänzendsten Aussichten anzubieten. Ein Ratgeber solcher Art war Wenzel Graf (später Fürst) Kaunitz-Rietberg.

Von seinen Eltern ursprünglich für den geistlichen Beruf bestimmt, verschrieb er sich schon in jungen Jahren einer diplomatischen Laufbahn. Seine (kurze) Lehrzeit in diesem kniffligen Beruf absolvierte er in Turin, am savoyischen Hof. Danach übte er sich in den österreichischen Niederlanden in der Rolle des Generalgouverneurs, während sich der designierte Statthalter, der Lothringer Karl, wieder einmal auf Kriegspfaden bewegte. Bei den Verhandlungen, die zum

Aachener Abkommen führten, verdiente sich Kaunitz seine ersten – glänzenden – Sporen.

Kaunitz war ein eitler Mann. Er wußte genau, was er seinen hohen Fähigkeiten schuldig war. Karriere konnte man als österreichischer Diplomat nicht auf Nebenschauplätzen machen, sondern nur im Zentrum der Macht. So ruderte er aus Leibeskräften, um wieder nach Wien versetzt zu werden. Sein Ziel war, das Ohr, die Aufmerksamkeit und schließlich das unbegrenzte Zutrauen der Kaiserin zu gewinnen.

Seine Konzepte waren kühn, genau durchdacht und akribisch begründet. Fürs erste aber schienen sie undurchführbar. Sie liefen auf nichts weniger hinaus, als auf die (fast) vollständige Umstürzung des europäischen Kräftespiels.

Für diese Umstürzung hatte Kaunitz manchen guten Grund zu nennen.

Österreich war, wie schon oben erwähnt, seit langem mit England verbündet. Es war der kontinentale Partner der sogenannten Seemächte. Doch diese Partnerschaft hatte ihm schon lange sehr wenig Gewinn gebracht. War Österreich in Not, so riet ihm der Hof in St. James zu Nachgiebigkeit und Opferbereitschaft. War Österreich im Vorteil, so schien in dem Verbündeten der Neid zu fressen und schien der Macht im Südosten einen Dämpfer zu gönnen. Es war klar, daß Österreich mit einer solchen Allianz nicht gedient war. So war Schlesien nicht zurückzugewinnen.

Denn dies – und dies allein – war Maria Theresias außenpolitisches Programm. Mit einer Art Obsession trauerte sie um den Verlust ebendieser Provinz, als habe er sie persönlich, in tieferen Schichten, betroffen, als Schmähung ihres Hauses, als Herabsetzung jeder Frauenherrschaft, ja als Vergewaltigung. Sie haßte Friedrich, sie haßte in ihm vielleicht mehr als nur den politischen Feind. Sie, die Frau und Mutter, haßte in ihm den Gegentypus, den männerbündischen Freigeist – und einen, der ihrem Gatten um ein Unendliches überlegen war.

Um so begieriger hörte sie nun auf den Ratgeber, der ihr ein »unfehlbares Mittel« vorschlug, sich wieder in den Besitz von Schlesien zu setzen. Man müsse, legte Kaunitz dar, sich mit der stärksten Macht auf dem Kontinent verbünden. Die stärkste Macht war Frankreich. Nur mit Hilfe Frankreichs, womöglich auch noch Rußlands, war dieser Friedrich in die Knie zu zwingen.

Maria Theresia war im ersten Augenblick selbst wie vor den Kopf gestoßen. Franz Stephan schimpfte: Das wäre ein widernatürliches Bündnis! Auch alle anderen Kabinettsmitglieder hielten Kaunitz' Idee für absurd. Aber die ungeheure Versprechung hatte schon gewirkt: die Kaiserin konnte ihr nicht mehr widerstehen.

Aber wie war das feindselig gesinnte Frankreich als Bündnispartner zu gewinnen? Eine schwierige Aufgabe. Hier fühlte sich der schlaue Kaunitz persönlich herausgefordert.

Er ging als Gesandter nach Paris. Seine Kaiserin stattete ihn mit reichlichen Mitteln aus. So konnte er prächtig auftreten und dem immer schaulustigen Volk der Hauptstadt ein Schauspiel und der immer auf Unterhaltung erpichten Hofgesellschaft manches Vergnügen bieten. Das machte ihn rundum beliebt, nicht zuletzt bei der einflußreichen Mätresse des Königs, bei Madame Pompadour. Sie versicherte er der achtungsvollen Freundschaft seiner Kaiserin. Das mußte der Metzgerstochter Poisson um so mehr schmeicheln, als Maria Theresia für die große Tugendhafte des Jahrhunderts galt und als sich die Pompadour von Friedrich von Preußen schwer beleidigt fühlte. Dieser war unbedacht genug gewesen, die kluge und charmante Frau eine Hure zu nennen. Er, der seinen Staat so vortrefflich zu beherrschen wußte, konnte seine eigene scharfe Zunge nicht zügeln. Und er hatte nicht nur die Pompadour, sondern sogar die mächtige Zarin Elisabeth geschmäht und verspottet; so hatte er auch dort Haß gegen sich entflammt. Unter solchen Umständen durfte Kaunitz mit einer weiteren Bündnispartnerin winken. Drei mächtige Frauen gegen den Frauenverächter Friedrich: War das kein Angebot?

Kaunitz' schlaue Winkelzüge hätten sicher wenig gefruchtet, wenn ihnen nicht die allgemeine Weltlage förderlich geworden wäre. Wie schon erwähnt: Frankreich und England, die beiden Großmächte der Zeit, lagen miteinander in permanent schwelendem Streit um die Herrschaft über die Meere, das heißt um die gewinnversprechenden Küsten Amerikas, Asiens, Afrikas. Sie führten Kriege und schlossen wieder Frieden, je nachdem, wie erschöpft sie im Augenblick waren oder wie sie ihre Kassen wieder aufgefüllt und ihre Flotten und Armeen kampfbereit gemacht hatten. Wieder einmal drohte Kriegsgefahr. Es mußte Frankreich einleuchten, daß es seinen Rücken am besten deckte, wenn es sich mit der stärksten Macht im Deutschen Reich, mit Habsburg, verband. Insofern hatte Kaunitz' Vorschlag Aussicht auf Gelingen. Dennoch zögerte Frankreich – und hielt sich zurück. Jahre vergingen, bis »die Umstürzung der Allianzen gelang«. Sie vollzog sich über eine Abmachung dynastischer Natur: Im Hause Habsburg wuchs ein Halbdutzend reizender Erzherzoginnen heran; die reizendste würde man als Braut des Dauphins nach Frankreich schicken, wenn – wenn nur Schlesien zurückzugewinnen wäre!

Es konnte nicht ausbleiben, daß Friedrich von dem sich anbahnenden Bündnis erfuhr. Er war aufs höchste beunruhigt. Er fragte bei Maria Theresia an, was sie im Sinn habe? Maria Theresia, die ihren Thron in der naiv stolzen Annahme bestiegen hatte, das Recht eines Königs sei es, stets die Wahrheit zu sprechen, war – nicht zuletzt von Kaunitz belehrt – klüger, vorsichtiger, hinterhältiger geworden. Sie antwortete in gewundenen Floskeln. Friedrich begriff. Vor ihrem Bildnis in Sanssouci äußerte er: »Diese Dame will den Krieg, sie soll ihn haben.« Und er schlug wieder einmal als erster, ohne Vorwarnung, zu.

Er hatte Gründe, so zuzuschlagen. Worauf sonst konnte er hoffen als auf den Erfolg durch Überraschung? Sein

Staat war auch jetzt noch, nach der Einverleibung Schlesiens, ein langgestrecktes, ausgezacktes, zum Teil sogar zerstückeltes Gebilde, das als solches kaum zu verteidigen war. Er konnte bei allergrößter Anstrengung höchstens zweihunderttausend Mann aufstellen, die vereinigten Gegner Österreich, Frankreich, Rußland, Sachsen und Schweden eine gute halbe Million. So war Friedrich konzentrisch eingekreist. Sein einziger Verbündeter, England (so wirkte sich die »Verkehrung der Fronten« aus), wahrte wie ehemals gegen Österreich nun auch gegen ihn nur die eigenen Interessen. Damit war Friedrich gestellt: Er konnte nur kapitulieren oder untergehen. Er zog den möglichen Untergang vor. Was ihn rettete, war nichts weiter als seine eigene Person.

Seine Unerschrockenheit und daß er sich selbst nicht schonte, gewann ihm die Treue seiner Truppen bis zur selbstmörderischen Hingabe. Sein eiserner Wille und sein strategischer und taktischer Ideenreichtum gewannen ihm die Hochachtung seiner Gegner. Seine Minister und Generäle fürchteten den Blick seiner Augen mehr als alle Schrekken einer Schlacht. So lud sich seine Aura magisch auf. Er wurde einige Male besiegt, er selbst blieb aber unantastbar. Einmal verirrte er sich am Abend eines Gefechts in ein von der gegnerischen Generalität besetztes Schloß. Er trat in die Gesellschaft der feindlichen Offiziere: statt ihn gefangen zu nehmen, wichen sie entsetzt vor ihm zurück. So wurde das Genie zum Genius, zur halbgöttlichen Gestalt, zum Mythos.

Sieben Jahre wogte der Krieg unentschieden hin und her. Er verwüstete weite Teile Deutschlands. Das herrliche Dresden wurde halbwegs von preußischen Kanonen in Schutt und Asche geschossen. Ein anderes Mal besetzten Österreicher und Russen ganz Brandenburg und Preußen. Auch Polen wurde zum Kriegsschauplatz. Niemand fragte nach dessen Rechten. Die Furien der Verheerung rasten über alle Grenzen hinweg.

Die Schlinge, die Kaunitz gebastelt hatte, um Friedrich

darin zu fangen, wollte und wollte sich nicht ganz zuziehen lassen.

Maria Theresia wechselte ihre Oberfeldherren aus. Viel zu lange hatte sie Männer wie Karl von Lothringen gegen Friedrichs Feldherrngenie dilettieren lassen. Viel zu lange war sie dem alten Prinzip gefolgt, daß Herkunft und hoher Geburtsrang strategische Fähigkeiten verleihen. Nun lernte sie um. Sie lernte, daß der Krieg mehr und mehr eine Sache der Technik, der kühlen Berechnung, der Fortifikationslehre und der Ballistik wurde. Sie vertiefte sich auch in diese Wissenschaften. Auf dem Schlachtfeld erschien sie freilich nie. Dennoch nannte man sie »Mater castrorum«, Mutter der Feldlager, und sie selbst gestand: »Wäre ich nicht allezeit gesegneten Leibes gewesen, so hätte mich nichts gehindert, selber entgegenzusetzen.«

Friedrichs Handicap war seine Isolation, der Nachteil seiner Gegner die fehlende Koordinierung der verschiedenen Heere. Eine Million Menschen hatten in diesem Krieg ihr Leben verloren; da wurde er durch einen Zufall entschieden: durch den Tod der Zarin Elisabeth und dem, was dem russischen Thronwechsel folgte.

Ihm folgte das jähe, unvorhergesehene, unvorhersehbare Ausscheren des Zarenreichs aus der gemeinsamen Front. Ein Schlag für Maria Theresia, ein rettendes Wunder für Friedrich.

Im übrigen hatten sich auch England und Frankreich wieder einmal müde gekämpft. Frankeich hatte in Quebec, am Mississippi und in Indien verloren. In Versailles sann man auf Frieden, desgleichen in London. So durften auch die kontinentalen Stellvertreterkonflikte ihrem Ende entgegenschwelen. In Hubertusburg wurden zwei Verträge ausgehandelt und unterzeichnet. Friedrich behielt Schlesien. Man kehrte also zum Vorkriegsstatus zurück. Der Friedensvertrag mit Österreich vom 15. Februar 1763 enthielt einundzwanzig Artikel und einige geheime Zusätze. In einem verpflichtete sich Preußen, die Wahl des österreichischen

Thronfolgers Joseph zum Römischen König nicht zu behindern.

Friedrich war auf seinen Feldzügen, seinen endlosen Märschen in Sturm und Regen, seinen schlaflosen Nächten in Zelten und Hütten ein grauer, müder, gichtgeplagter Misanthrop geworden; Maria Theresia in tausend sorgenvollen Stunden eine gebeugte und enttäuschte Frau. Im Jahr des Kriegsausbruchs hatte sie ihr letztes Kind, ihr sechzehntes, geboren. Noch war Franz Stephan an ihrer Seite. Noch immer dienten ihr Haugwitz, Tarouca, van Swieten und der mit seinen Plänen gescheiterte, aber immer noch unentbehrliche Kaunitz. Das Lebensklima der Kaiserin veränderte sich allmählich. Sie begann intensiver als zuvor über sich und ihre eigene Lebenszeit hinauszudenken. Die Zukunft sollte ihren Kindern gehören. Sie begann, diese zu verheiraten.

Wenn hier von Maria Theresia immer nur als von der tüchtigen Regentin, von der unermüdlichen Arbeiterin, der sorgenvollen Landesmutter die Rede war, so war dabei nur eine Seite ihres Wesens zu Wort gekommen. Ursprünglich war sie als Kind ihres Jahrhunderts, als Mitglied ihres hohen Standes und nicht zuletzt als sinnenfrohe gesundempfindende Frau den Freuden des Lebens, dem Genuß der Repräsentation durchaus gewogen gewesen.

Die düstere und steife Stimmung, die unter ihrem Vater und dessen Vorgängern in der Wiener Hofburg geherrscht hatte – ein Erbe der spanischen und gegenreformatorischen Tradition, vielleicht auch ein Überbleibsel aus den schweren Kriegszeiten des 17. Jahrhunderts – war weitgehend aufgelockert und verflogen. Das gravitätische Schwarz-Gelb war helleren Farben gewichen, so wie die überschweren pompösen Formen der hochbarocken Architektur den leichteren, spielerischen, oft sogar witzigen Varianten in Richtung Rokoko Raum gegeben hatten. Die Atmosphäre schwerblütiger und fast dumpfer Beharrung öffnete sich einer neuen

Strömung, die freiere Heiterkeit und anmutiges Spiel verhieß.

Der große Lehrmeister in Sachen Anmut und Heiterkeit war seit langem Frankreich geworden. Sein Hof, sein Adel exzellierten darin, freilich auf Kosten von Verhältnissen, die, je länger, desto gefährlicher, zu gären begannen. Am Rhein, an der Weichsel, an Moskwa und Newa versuchte man Frankreich nachzuahmen. Selbstverständlich auch an der Donau und an der Spree. Hier bremste freilich ein eher hausbacken gesunder Menschenverstand die Spitzen feudaler Kultur, die Auswüchse einer einseitig aufgeheizten und überhitzten Zivilisation. In Preußen dämpfte die soldatische und beamtenhafte Strenge des Königs, in Österreich die hausmütterliche Mäßigung einer braven und tapferen Frau.

Als junges Mädchen und noch viele Jahre danach hatte Maria Theresia Tanz, Gesang und Musikschauspiel geliebt. Oft hatte sie ganze Nächte durchtollt, durchtanzt. Sie ritt auch gerne und gut. Sie spielte leidenschaftlich gern Karten. Die Jagd war nicht ihre Sache. Schon ihre Mutter hatte an der jungen Prinzessin bemängelt, sie schieße zwar vortrefflich, doch lediglich auf Scheiben; auf lebende Ziele nur mit Widerwillen.

Maria Theresia liebte ihren Franz Stephan. Sie wollte ihn lieben. Es war ihr sicher sowohl Lust als auch Pflicht, mit ihm das eheliche Bett zu teilen. Fast Jahr für Jahr brachte sie ein Kind zur Welt. Einige mußte sie sterben sehen; damit rechnete damals jede Mutter, die Säuglingssterblichkeit war hoch. Maria Theresia beweinte den Verlust, betete, opferte Kerzen und Messen – und schickte sich drein. Ihre Physis schien dazu geschaffen, Kinder zu tragen und zu gebären. In mütterlichem, beinahe erdmutterhaftem Überschwang verkündigte sie nach einer Niederkunft, es tue ihr fast leid, nicht jetzt schon wieder im sechsten Monat zu sein.

So antwortete ihre Natur auf den vitalen Schwund, der ihre Familie vorher befallen hatte. So wollte sie ihr Haus für die Zukunft befestigen, auch politisch befestigen, denn selbst-

Die kaiserliche Familie
auf der Schönbrunner Schloßterrasse

verständlich dachte sie in dynastischen, absolutistisch-dynastischen Kategorien.

Im monarchischen System waren seit jeher Politik und Familienpolitik ununterscheidbar miteinander verflochten. Zum Beispiel besagte das Hausgesetz der Habsburger, daß Souverän nur werden könne, wer mit einer Frau aus regierendem Hause verheiratet sei. Diese Bestimmung war klug und unweise zugleich; klug insofern, als eine Ehe mit einer Prinzessin immer auch möglichen Landgewinn, also Machtzuwachs bedeuten konnte; unweise insofern, als die Auswahl an regierenden Häusern stets beschränkt war und durch die Glaubensspaltung in Europa noch mehr beschränkt wurde. So kam – trotz strenger kirchlicher Inzestverbote – eine allgemeine Inzucht zustande. Vettern pflegten Basen zu heiraten, Onkel führten Nichten heim, nicht selten hatte ein Ehepaar vier gemeinsame Großeltern. Ein gemeinsamer Urgroßelternteil war die Regel.

Auch Franz Stephan und Maria Theresia hatten einander als Vetter und Base geheiratet. In ihrer Nachkommenschaft hielten sich vererbte Schäden dennoch in Grenzen. Nur die älteste, Maria Anna, war leicht verkrüppelt, alle anderen, wenn sie die nahezu unvermeidlichen Kinderkrankheiten und die verheerenden Blattern überstanden hatten, waren gesunde, muntere, normal begabte Wesen. Der älteste Sohn Joseph schien sogar hochbegabt, sodaß ihn seine Mutter später eine »Kokette des Geistes« nennen sollte. Dies war allerdings nicht als Lob, sondern als Tadel gemeint.

Es verstand sich von selbst, daß die Kaiserin keine Zeit hatte, ihre Kinderschar eigenhändig aufzuziehen. Dazu waren erfahrene Wehmütter, Ammen, Kinderfrauen, später bedachtsam ausgewählte Ajos und Ajas, Erzieher und Gouvernanten, da. Aber täglich erschien die Herrscherin in dem Trakt, wo die Nachkommenschaft aufwuchs. Sie ließ sich berichten und gab Direktiven, manchmal zu genaue Direktiven. Sie bestimmte die Ärzte und entschied über die Medikamente, die gereicht oder nicht gereicht werden sollten. Sie prüfte die Nahrung und befahl körperliche Bewegung. Im Park des endlich fertiggestellten Schlosses Schönbrunn war für jedes Kind ein Geviertchen Garten vorgesehen; dort sollten sie harken, säen und nach eigener Wahl Blumen und Gemüse züchten lernen.

Vor allem aber sorgte die Mutter dafür, daß die jungen Habsburger religiös und pflichtbewußt erzogen wurden.

Die tägliche Messe war, wie für die Kaiserin selbst, obligatorisch. Ebenso Morgen- und Abendgebet, und zwar auf den Knien! Fromme Lektüre – und kein Buch, das der Beichtvater nicht erlaubt hatte. Gegen Untergebene, selbst niedrigen Standes, hatten sich die Kinder stets freundlich zu verhalten, Alten und Gebrechlichen mit eigener Hand weiterzuhelfen, und: »Festtage können nicht besser begangen werden, als indem man Wohltaten spendet.«

Freilich: kein Erzherzog, geschweige denn eine Erzherzogin, hatte sich auf unangemessene Vertraulichkeiten einzulassen. Verdienste seien zu belohnen, Verschwendung aber nicht am Platz! Bei allem Tun und Lassen habe man Gottes Gebot und Ehre, doch ebenso die Ehre und das Ansehen des eigenen Hauses im Auge zu behalten.

Goldene Regeln, nicht immer leicht zu befolgen.

Sie sollten zu Ehrbarkeit, Frömmigkeit, schönem Lebensernst erziehen – und erzogen eher zu Lüge, Heuchelei und Lebensgier. Beim Ältesten, Joseph, schlug die Stringenz und Allgegenwart des mütterlichen Imperativs zu einem besserwisserischen Idealismus aus, der – mit Gefühlskälte und Menschenverachtung gekoppelt – einen spröden und zugleich machtbesessenen Charakter ergab.

Doch diesen zu durchschauen war der Mutter erst in späteren Jahren vorbehalten.

Noch lebte Franz Stephan neben ihr, der nichtregierende Mitregent. Lange war es her, daß ihm Maria Theresia in ihrer Brautzeit als »petite chienne«, als kleines armes Hündchen, nachgeweint hatte, wenn er sich entfernte. Ihrem

»Mäusl«, ihrem »caro viso«, ihrem »lieb Angesicht« hatte sie als Verlobte entgegengefiebert. Bald nach der Hochzeit nannte sie ihn in vertrautem Kreis »ihren Alten« – das war wienerische Nonchalence –, doch auch immer wieder ihren »bewunderungswürdigen«, ja sogar »anbetungswürdigen Gatten«. Sie bestand darauf, ihre Ehe sei »die glickseligste«. So zog sie eine hohe undurchdringliche Mauer rund um das Zentrum ihres persönlichen Lebens.

Dennoch muß sie Franz Stephans Schwachseiten immer wieder schmerzlich empfunden haben. Zu ungleich war das menschliche Maß, nach dem sie beide angelegt waren: Sie, die Frau, willensstark, intelligent, lernbegierig und weitaus gebildeter. Er hingegen, ein phlegmatischer Bonhomme, konnte sein Lebtag lang weder Französisch noch Deutsch fehlerfrei sprechen, geschweige denn einen fehlerfreien Brief schreiben. Dann verbesserte sie seine abenteuerliche Orthographie und schluckte stillschweigend die Demütigung hinunter, die ihr sein Ungenügen bereitete. In maßlosen Zorn aber geriet sie, wenn er es sich wieder einmal einfallen ließ, nach Feldherrenehren und Schlachtenlenkung zu verlangen. Wußte sie doch, er würde dort nichts ausrichten, würde nur hinderlich sein und sich, wie schon öfters geschehen, nur in das nächste Jagdrevier begeben, um statt auf den nahen Feind auf schuldloses Wild zu feuern; und am Ende würde er, fast weinerlich betrübt, sein Versagen bedauern.

Nein, um sie, die Königin, und ihr Reich zu schützen, mußten schon andere Männer herhalten!

Wäre Maria Theresia aus anderem Holz geschnitzt gewesen, sie hätte sich wohl mit dem einen oder anderen ihrer Minister, mit dem einen oder anderen ihrer tüchtigen Generäle höchst persönlich liieren können. Sie tat es nicht. Fühlte sie nie eine Versuchung? Oder waren ihr nur ihre vielen Schwangerschaften hinderlich? Vermutlich war sie, auch in den intimsten Augenblicken ihres Lebens, von dem Bewußtsein durchdrungen, daß »Millionen Menschen die Augen auf sie gerichtet hielten«. In einer sittenlosen Zeit wollte sie, gerade sie, das Banner der Sittsamkeit nicht sinken lassen. Nur so fühlte sie sich ihres hohen Amtes würdig; nur so auch berechtigt zu befehlen, Opfer zu fordern und auf die Gunst des Himmels zu hoffen.

Kein Mann, nicht einmal der in allen Schlichen wohlerfahrene Kaunitz, scheint sich getraut zu haben, bei ihr um mehr als nur um ihre landesmütterliche Gunst zu werben. Ihre Tugend war unangreifbar, auch als ihr in späteren Jahren durch Franz Stephan neue Demütigungen zugefügt wurden: er begann sich von seiner stets beschäftigten, stets überlasteten Frau zurückzuziehen. Ihre strikte Tugendstrenge wurde ihm offenbar lästig. Lieber bewegte er sich in Kreisen, in denen es lockerer zuging. Sängerinnen, Tänzerinnen, Schauspielerinnen umdrängten ihn; eine Gräfin Auersperg durfte sich schmeicheln, seinem Herzen nahezustehen.

Maria Theresia tat, als merke sie nichts. Die Mauer sollte undurchdringlich bleiben. Nur einmal entschlüpfte ihr ein verräterisches Wort. Eine Hofdame wollte heiraten; die Kaiserin klopfte ihr auf die Schulter: »Machen Sie es nicht so wie ich! Heiraten Sie keinen Mann, der nichts zu tun hat!«

Wie bei nahezu jeder Frau reiferen Alters konzentrierten sich auch Maria Theresias Interessen mehr und mehr auf familiäre Vorkommnisse, Veränderungen, Verbindungen. Darüber hinaus brachte es ihre staatspolitische Stellung mit sich, daß sie ein weitgeknüpftes Netz von Beziehungen zu unterhalten hatte. Wozu in aller Welt hatte sie sechzehn Kinder geboren, wenn sie diese nicht auch als Brettsteine im internationalen Spiel einsetzen konnte? Sie rechnete mit der Brauchbarkeit und der Effizienz dieser Figuren – und bebte doch, daß sie versagen könnten.

Die Älteste, Maria Anna, war wegen ihres Leibesschadens nicht geeignet. Sie wurde wohlversorgt in ein Damenstift gegeben. Bezüglich der schönsten aller Erzherzoginnen, der eitlen Maria Elisabeth, wurden Überlegungen angestellt, ob sie nicht geeignet sei, Königin von Frankreich zu werden. Man dachte sie dem alternden Ludwig XV. nach dessen Verwitwung anzudienen. Da erkrankte Elisabeth an Blattern und wurde so verunstaltet, daß sie keinem fürstlichen Gatten mehr zuzumuten war. Eine andere Erzherzogin starb schon als Braut, knapp vor der Hochzeit mit dem König von Neapel, Ferdinand IV. So mußte eine jüngere Schwester, Maria Karolina, an ihrer Stelle den Leidensweg zu dem rüpelhaften und ordinären Ehemann antreten – wofür sie sich später bitter rächen sollte.

Mit besonderer Sorgfalt wurde natürlich der Kronprinz Joseph bedacht. Erst zeigte er wenig Lust zu einer Heirat, bis man ihm das Porträt einer jungen, bezaubernden Prinzessin aus Parma vorlegte. Nun verlangte er – wie Tamino – stürmisch nach dem Original. Und in der Tat: das Mädchen, das da mit großem Konvoi eingeholt wurde, eroberte alle Herzen im Nu. Isabella war nicht nur schön, sie war auch gebildet, klug und sehr extravagant. Sie gefiel dem Kaiser, der Kaiserin, sie gefiel aller Welt. Joseph war hingerissen. Er betete sie an. Was sie für ihn empfand, wissen wir nicht, jedenfalls nicht halb so viel wie für seine Schwester, die Erzherzogin Christine. Die beiden jungen Damen tauschten schwärmerische bis leidenschaftliche Briefe, aber bald schlichen sich in Isabellas Herzensergüsse melancholische Töne ein. Kündigte sich da nur Romantisches an – oder war die Vorahnung einer sensiblen Seele im Spiel? Auch sie, Isabella, bekam die Blattern und starb. Sie hinterließ eine Tochter, die kleine Marie Therese.

Joseph war außer sich. Er wollte der geliebten Frau am liebsten nachsterben. Doch das konnte seine Mutter nicht dulden. Obgleich auch sie über Isabellas Verlust äußerst bestürzt war, lag sie ihm schon nach wenigen Monaten in den Ohren: Er habe nicht das Recht, sich seiner Trauer hinzugeben; er habe die Pflicht, für das Fortleben seiner Familie zu sorgen. Joseph gab nach und heiratete wieder.

Aber auch er wußte seine Verletzung zu rächen. Das reizlose Bayernmädchen, das man ihm anhängte – eine Wittelsbacherin –, behandelte er mit eisiger Geringschätzung. Auch sie hatte kein langes Leben, auch sie erlag den Blattern, ohne den erwünschten Erben geboren zu haben.

Erzherzogin Maria Christine war die Lieblingstochter der Kaiserin. Ihr als einziger wurde gestattet, nach eigener Neigung zu wählen. So wurde sie nicht in ein fernes Land, an einen fremden Monarchen verschachert, sondern durfte ihrem geliebten Albert von Sachsen-Teschen die Hand reichen. Leider war auch ihr Glück bald verschattet. Unter schrecklichen Schmerzen gebar sie ein totes Kind, und die Ärzte erklärten, an weiteren Nachwuchs sei nicht mehr zu denken.

So kann man nicht behaupten, daß Maria Theresias Bemühungen um ein fruchtbares Familienglück unter einem guten Stern gestanden hätte.

Und wieder einmal wurde Hochzeit gefeiert. Diesmal, 1765, sollte der achtzehnjährige Leopold mit einer bourbonischen Prinzessin aus Spanien ins Brautbett gebracht werden. Ort der Trauung und der anschließenden Festivitäten war diesmal Innsbruck. Ein großes Fest für das »arme« abgelegene Tirol. Die Innsbrucker hatten einen vorläufig noch hölzernen Triumphbogen erbaut. Mit Enthusiasmus wurde die kaiserliche Familie begrüßt. Der junge Bräutigam hatte mehr Angst als Lust auf seinen neuen Stand, doch das behinderte weder die Hochzeit, noch eine lange Reihe von Galadiners, Galaopern und -singspielen. Da geschah es: Franz Stephan erlitt auf der Treppe der neuerbauten Hofburg einen Anfall. Sohn Joseph war mit ihm. Er schleppte den Vater auf das nächste Bett, es war die Pritsche eines Dieners. Dort hauchte der Kaiser seine Seele aus.

Maria Theresia war tief getroffen. Ihr Schmerz war so ungeheuer, daß sie glaubte, alle Welt müsse mit ihr zusammen in Elend und Kummer versinken. Sie hatte gelernt,

Kinder zu verlieren. Sie hatte sich auch nach dem Tod der geliebten Schwester zu fassen gewußt. Den Verlust des Lebensgefährten *wollte* sie nicht verwinden.

Von nun an trug sie nur noch Witwenkleider. Am liebsten hätte sie dem ganzen Hof, womöglich allen ihren Völkern Trauer in Permanenz verordnet. Erstaunlich ist die Seelengröße, die sie bewies, als sie bei einem Empfang auf die Gräfin Auersperg zutrat, diese bei der Hand nahm und sagte: »Wir beide haben viel verloren.«

Als man des Kaisers Testament eröffnete und seine Vermögenswerte überblicken konnte, stellte es sich heraus, daß er in aller Stille ein Finanzgenie gewesen war. Er hinterließ ein immenses Vermögen. Joseph hätte es für sein Privatportefeuille beanspruchen können. Statt dessen schenkte er es dem Staat.

Maria Theresia war damit einverstanden. Sie war mit vielem einverstanden, was Joseph tat und plante.

Die Zeiten hatten sich wieder geändert: Die naive Freude an Putz und Prunk, das Goldgefunkel und die schmeichlerischen Farben des Rokoko waren abgeklungen. In die Palette der Maler schlich sich ein grauer Kreideton, in die Pläne der Architekten ein, wenn auch nobler, Schematismus. Die Aufklärung siegte nicht nur in den Köpfen der Philosophen, Staatsrechtler, Mediziner, sondern auch in den Köpfen der Theologen, Dichter, Künstler und Regenten. Vor allem Joseph fühlte sich durch die Forderungen der neuen Zeit in die Pflicht genommen.

Er war nun, in seines Vaters Fußstapfen tretend, Mitregent. Zum Römischen König war er längst gewählt. Niemand verweigerte ihm die Kaiserkrone. Im heimischen Wien setzte er mit Reformen ein, das heißt, er setzte die bedächtigen Schritte seiner Mutter in Richtung Reformen in stürmischem Tempo fort.

Sie hatte bei allem, was sie anfaßte, die betroffenen Menschen im Auge: Würden diese willens oder auch fähig sein durchzuführen, was sie, die Herrscherin, befahl? Joseph

Maria Theresia in Witwentracht

kannte solche Rücksichten nicht. Er hatte immer nur das eine Ziel im Auge: Aufklärung, doch Aufklärung einer besonderen Art; nicht so sehr als »Ausgang des Menschen aus selbstverschuldeter Unmündigkeit«, wie Kant sie meinte, oder als Entfaltung der Persönlichkeit in Anmut und Würde, wie Schiller sie begriff. Für Joseph war Aufklärung identisch mit der Durchführung eines platten Nützlichkeitsprinzips, einer bürokratischen Omnipotenz, einer neuen Verengung auf Etatistisch-Paragraphiertes. Da Joseph überall Anstößiges zu erblicken glaubte, nahm er auch überall Anstoß und wollte dementsprechend eingreifen.

Nicht wenige seiner Maßnahmen zeigten ihn als großmütig-großzügigen Volksfreund: wenn er den Aufwand des Hofes reduzierte, wenn er den kaiserlichen Marstall halbierte, wenn er die kaiserlichen Gärten und Parks dem allgemeinen Publikum öffnete, wenn er selbst im einfachsten Aufzug als Anonymus durch seine Länder reiste, in einfachen Bürgerhäusern abstieg und einmal sogar mit eigener Hand eine Ackerfurche zog . . .

All das gefiel Maria Theresia, so ungewohnt es ihr sein mochte. Aber was sie zutiefst beunruhigte, war die kalte und verletzende Art, in der Joseph mit Menschen umging. Nicht nur an der Familientafel, wo er seine Geschwister mit beißendem Spott traktierte, auch im Kabinett zeigte er sich oft schroff, mißtrauisch und verletzend. Treue Diener des Hauses Habsburg ließ er spüren, für wie dumm und beschränkt er sie hielt. Nur mit Fürst Kaunitz stimmte er überein. Der alte hypochondrische Fuchs war noch immer im Amt. Noch immer träumte er von einem großen Coup, der der Monarchie neue Länder gewinnen sollte. Joseph ließ sich von diesen Träumen anstecken. Und bald zeigte sich auch eine herrliche Gelegenheit.

In Polen herrschte Ladislaus Poniatowski, ein ehemaliger, längst abgelegter Liebhaber der derzeitig regierenden Zarin Katharina. Poniatowski war in ihrem Interesse, von ihren

Truppen unterstützt, auf den Thron seines Heimatlandes gekommen. Doch dieser Thron wankte.

Das Land, wohl das unglücklichste Europas, war schon durch seine Verfassung wachsender Ohnmacht ausgeliefert. Eine einzige Gegenstimme, des »liberum veto«, war imstande, seine Reichstage zu blockieren und zur Farce zu machen. So stand das Land jeder Intrige, jeder auswärtigen Einmischung offen. Unaufhörlich gab es wütende Parteiungen, Querelen zwischen den Adelsgruppen, Verrätereien an der Königsmacht. Übermächtig drückte der Koloß Rußland herein, und einhellig war die europäische Meinung, dieses Land sinke rettungslos der Barbarei entgegen. Da sollten sich westliche Nachbarn zurückhalten, wenn es galt, billige Beute zu machen?

Es kam nur darauf an, wer als erster zugriff.

Friedrichs II. internationales Prestige hatte keineswegs darunter gelitten, daß er sich bei guter Gelegenheit Schlesiens bemächtigt hatte. In aller Welt galt er als der große König, als der bewunderungswürdige Held, der überlegene Weltweise. Dieser Aura erlag auch der Sohn der beraubten und geschädigten Maria Theresia, Joseph. Joseph und Friedrich trafen einander, führten einander ihre Truppen vor, spannen an gemeinsamen politischen Plänen. Daß Friedrich dabei der Vordenker und Vorplaner war, versteht sich fast von selbst. Doch gegen Polen zu handeln überließ er fürs erste dem Jüngeren. Und dieser zögerte nicht.

Als sich wieder einmal im südlichen Polen bürgerkriegsartige Zustände bis an die Nordgrenze Ungarns heranschoben und Ladislaus Poniatowski einen unbedachten Hilferuf nach Wien schickte, rückte Joseph in Polen ein. Man hätte diese Aktion für eine vorübergehende und sogar hilfreiche Intervention halten können. Doch der junge Kaiser ließ sofort mit seinen Truppen auch die Grenzpfähle seines Reiches vorrücken. Damit erklärte er das besetzte Gebiet für annektiert.

Zugleich erteilte er jedoch auch Rußland und Preußen ein

sogenanntes Recht, ihrerseits nun ebenfalls zu annektieren. Die erste Teilung Polens war im Gange.

Maria Theresia war irritiert. Sie war längst irritiert durch die Bewunderung des Sohnes für den alten Feind. Hatte sie, Maria Theresia, Hunderttausende ihrer Landeskinder in den Tod geschickt, damit der Sohn jetzt mit dem »Räuber«, mit dem »Monstrum«, Händedrücke und Komplimente tauschte?

Das war eine persönliche Kränkung für sie als Mutter.

Daß jetzt aber Polen durch Joseph ebenso beraubt wurde wie einstmals Österreich durch Friedrich – und dreifach beraubt, weil sich noch zwei andere Räuber hinzugesellten, darunter Friedrich! –, das schien der alten Monarchin gegen die Ehre ihres Reiches, aber auch gegen ihre eigene Ehre zu gehen.

Trotzdem ließ sie zu, was ihr geliebter Sohn ausgeheckt hatte. »Sie weinte, aber sie nahm«, höhnte Friedrich. »Je mehr sie weinte, desto mehr nahm sie.«

Zwei Jahre vor Beginn des Siebenjährigen Krieges, 1755, hatte Maria Theresia ihre jüngste Tochter, Marie Antonie, geboren. Sie war schon als Kleinkind ausersehen, mit dem Dauphin von Frankreich verlobt zu werden: das glänzendste Los, das einer Prinzessin winken konnte. So war die Meinung.

Marie Antonie war ein besonders hübsches, liebreizendes Kind, um so eher schien sie für den Hof von Versailles geeignet. Sie war auch begabt, aber ein wenig zu flatterhaft, als daß sie den Ansprüchen der Mutter hätte genügen können. Ihre Mutter gab ihr die besten Erzieher, und wirklich zeigte sich das kleine Mädchen sehr geschickt zu tanzen, zu konversieren, Fächerchen und Konfektdöschen zu handhaben. Aber Maria Theresias Herz wurde schwer, wenn sie die Kleine genauer beobachtete.

Die diplomatischen Abmachungen mit dem mächtigen Bündnispartner waren stärker als die sorgenvollen Bedenklichkeiten der Mutter. Mit fünfzehn, so war es ausgemacht, sollte die Erzherzogin nach Frankreich gebracht und mit dem sechzehnjährigen Thronfolger verheiratet werden. Der Zeitpunkt rückte näher. Maria Theresia verdoppelte ihren Erziehungseifer. Sie ließ sogar die Zähne der Erzherzogin einer Regulierung unterziehen (wie eine solche damals auch beschaffen sein mochte!). Dann war die Stunde des Abschieds gekommen.

Mit großem Pomp wurde die Vorvermählung gefeiert. Bis zur letzten Minute überschüttete die Kaiserin das junge Mädchen mit wohlgemeinten Ratschlägen. Ahnte sie, wußte sie schon, daß alle vergeblich sein würden?

Zehn Jahre lang – bis zu ihrem Tod – kam Maria Theresias tiefe Beängstigung um diese Tochter nicht zur Ruhe. Von allem Anfang an zeigte sich diese ihrer Aufgabe nicht gewachsen. Was hätte auch Marie Antonie, inzwischen Marie Antoinette, nicht alles sein sollen! Ihrem unreifen und wenig attraktiven Gatten eine einschmeichelnd verständnisvolle, geduldige Frau; ihrem Schwiegervater, dem allmächtigen König, einem weltbekannten Wüstling, eine demütige, ergebene Tochter; dem sittenlosen Hof ein Muster der Tugend; dem Volk eine anmutige, imponierende und doch menschliche Königin. Marie Antoinette sollte fromm sein wie eine Nonne, diskret wie ein Beichtvater, verschwiegen wie ein Stein. Sie sollte überdies Österreichs Belange wahrnehmen und dessen Politik unterstützen. Und sie sollte schließlich so rasch wie möglich so viele Kinder wie möglich zur Welt bringen.

Statt dessen . . . Wir wissen, was Marie Antoinette statt dessen war, tat, versäumte, verspielte.

Maria Theresia flehte sie in unzähligen Briefen gleichsam mit gerungenen Händen an: »Sie werden sich ins Unglück stürzen, Madame, meine geliebte Tochter . . .!« Zum Glück mußte die Kaiserin nicht erleben, in wie fürchterlicher Weise sie recht bekam.

Erst zuletzt, den Untergang vor Augen, fand Marie Antoinette zu Würde und menschlicher Größe zurück. Aufrecht, als Tochter der Kaiserin, saß sie auf dem Schinderkarren, der sie zur Guillotine brachte.

Mehr als siebenunddreißig Jahre lang hatte Maria Theresia nun regiert. Sie war müde geworden. Oft fühlte sie sich vereinsamt. Dennoch arbeitete sie weiter. Als junge Frau hatte sie unermüdlich getanzt, war viel zu Pferd gesessen, war leichtfüßig weite Wege gelaufen. Jetzt stöhnte sie über ein paar Stufen. Sie war dick, zuletzt unförmig geworden. Ihr Kreislauf stockte. Hitze setzte ihr zu. Am liebsten saß sie bei offenem Fenster an ihrem Schreibtisch, auch im Winter, wenn ihr der Wind Flocken über die Akten blies.

Nach wie vor war ihr die innere Verwaltung des Reiches die wichtigste Aufgabe. Hier hatte sie viel erreicht, doch, wie sie glaubte, immer noch zu wenig. Sie hatte den Regierungsapparat reformiert, handlicher, moderner, wirksamer gemacht. Sie hatte das Steuerwesen auf neue Füße gestellt. Sie hatte für ihre Armee gesorgt und die allgemeine Schulpflicht eingeführt und dabei dekretiert: In jedem ihrer so vielsprachigen Ländern habe der Unterricht in der Muttersprache der Kinder zu erfolgen. Sie hatte sogar einmal versucht, eine Tugendkommission ins Leben zu rufen – aus Sorge um Glück, Seelenfrieden und Gesundheit ihrer jungen und jüngsten Landeskinder. Dieser Versuch war fehlgeschlagen. Er hatte nur Schnüffler und böse Gelüste hervorgelockt. Maria Theresia schämte sich dafür.

Sie weiß nun: ihr Sohn und Kanzler Kaunitz halten sie für eine vergeßliche und allmählich verdummende alte Frau. Hat sie nicht selbst schon vor vielen Jahren, bei einer ihrer späten Schwangerschaften, geschrieben: »Ich fange an, für meinen Kopf zu fürchten, mein Gedächtnis schwindet.«?

Joseph und Kaunitz verstehen sich vorzüglich. Das muß ihr recht sein, auch wenn sie sich dann und wann von den beiden überspielt und gefoppt fühlt. Manchmal braust sie noch auf. Manchmal schreibt sie an Joseph endlose Briefe, tadelnde, mahnende, flehentliche – und endet dann so: »Ich nehme Dich beim Kopf, umarme Dich zärtlich und wünsche, daß Du mir die Langeweile dieser üblen Predigt verzeihen mögest. Sieh doch nur auf das Herz, dem sie entspringt! Ich wünsche ja nichts, als daß Du von aller Welt so geschätzt und geliebt wirst, wie Du es verdienst. So bleibe ich immer Deine gute alte Mutter.« Der Sohn antwortet: »Ich bin durchdrungen von Ihrer Güte und küsse Ihnen dafür die Hände.«

Aber nicht lange darauf, so tauchen neue Streitpunkte auf, neuer Zwist ist fällig. Neuerlich sieht die Mutter im Sohn unsinnige Pläne heranreifen und einen gefährlichen Ehrgeiz wachsen.

Tragödie der Liebe.

Die Tragödie erreicht ihren Höhepunkt, als der Monarchie ein ungeheurer Zuwachs winkt – in den Augen des Sohnes das große Los, in den Augen der Mutter endgültiges Verderben.

Wieder einmal war ein Herrscherhaus so gut wie ausgestorben. Der bayerische Kurfürst Maximilian III. Joseph hinterließ keine ehelichen, sondern nur etliche illegitime Söhne. Seine Hinterlassenschaft war allerdings bedeutend: ganz Bayern zwischen dem Fichtelgebirge und den Alpen, zwischen Inn und Lech (mit etlichen Einsprengseln, Reichsstädten und Bistümern). Ein großes, blühendes Land! Nun war es herrenlos. Wirklich herrenlos? Da war doch noch die andere Wittelsbacher Linie, die protestantische von Pfalz-Neuburg mit dem Schwerpunkt Mannheim im Rheintal.

Der derzeit regierende Pfalz-Neuburger, Karl Theodor, zeigte nicht viel Lust, das Erbe seines Münchner Vetters zu übernehmen. Ihm lagen die westdeutschen Enklaven der Habsburger näher. Joseph bot ihm sogar die österreichischen Niederlande an: Das wäre ein fetter Happen gewesen! Im Austausch hätte Joseph seine Erb- und Kernländer fast verdoppeln können. Eine übermächtige Lockung. So wäre Österreich in der Tat *die* kontinentale Großmacht geworden.

Maria Theresia meldete sich sofort zu Wort: Vorsicht, Vorsicht! Sie kannte die Eifersucht der europäischen Nachbarn. Jede geringste Erweiterung eines Machtgebiets rief Neid, Eifersucht, und – im Handumdrehen – feindliche Koalitionen hervor. Wieviel Neid und Eifersucht und welche Koalitionen waren in einem solchen Fall zu erwarten!

»Wir werden unsere Völker wieder bedrücken müssen, wir werden den Staatskredit untergraben, wieder Gewalt anwenden und über Unzählige unsägliches Unglück bringen müssen.«

Doch Joseph war seiner Sache schon sicher. Er rückte die Donau aufwärts, rückte in Straubing ein. Da erhob sich, wie von der alten Kaiserin vorhergesehen, eine Stimme des Protestes: Irgendein unbedeutender Fürst, Karl von Zweibrücken, auch er ein Wittelsbach-Verwandter, fühlte sich übergangen; nur ein kleiner Kläffer, aber hinter ihm stand schon, bösartig knurrend und übermächtig, ein furchtbarer Feind: der alte Löwe aus Potsdam, Friedrich.

Er hatte über Joseph einmal bemerkt, dieser werde Europa dereinst in Flammen versetzen.

Nun war Friedrich bereit, dem zuvorzukommen.

Vergessen waren die freundschaftlichen Zusammenkünfte, die Komplimente, die sie einander gemacht hatten; vergessen war sogar die gemeinsame Kumpanei gegenüber dem unglücklichen, zerstückelten Polen. Friedrich behauptete, er wolle die Reichsverfassung schützen, die er doch sonst nur mit Verachtung behandelt hatte, und verfuhr nach alter Methode: Er marschierte in Böhmen ein.

Joseph mußte seine Armee nach Norden werfen. Dort erwartete er sein Schicksal. Er glaubte wohl selbst nicht, gegen Friedrich das Feld behaupten zu können, er, unerfahren, ohne militärisches Prestige, allein gegen einen Mann, den die ganze Welt als strategisches Genie bewundern und fürchten gelernt hatte. Erste Scharmützel erfolgten. Sie kosteten Joseph den Rest seiner Nerven.

Er schrieb seiner Mutter, bat sie um schnelle Verstärkung. Sie erkannte, wie es um den Sohn stand. In voller Panik wählte sie die Flucht nach vorn.

Sie schrieb an Friedrich. Hinter Josephs Rücken bot sie dem bitter Verhaßten Ausgleich und Frieden an. Sie ging sogar soweit zu gestehen, daß sie ohne des Sohnes Willen, sogar ohne sein Wissen handle. Friedrich mag sich nicht schlecht gewundert haben, als er dieses Schreiben erhielt. Doch statt sich zu freuen und auf Maria Theresias Angebot einzugehen, wurde er mißtrauisch und blieb unerbittlich. Er vermutete nichts anderes, als daß man ihm eine Falle stellte. Noch einmal bekräftigte die Kaiserin ihren Willen, Frieden zu machen. Langsam begriff er: Sie meinte es ehrlich. Solange sie lebe, bemerkte er, werde es wohl keinen Krieg mehr geben; was danach komme, stehe allerdings in den Sternen.

Maria Theresia hatte ihren geliebten Joseph mit ihren Friedensbemühungen zutiefst gekränkt. Sie bat ihn um Vergebung: »Häufe allen Tadel auf mein graues Haupt . . .«

Joseph war untröstlich darüber, daß er Bayern wieder herausgeben mußte. Nur ein schmaler Streifen Landes, das Innviertel, wurde ihm zugestanden. Sein Traum vom großen Machtzuwachs war ausgeträumt. An seinem Herzen fraßen Groll und Zorn.

Dennoch wagte er nicht, seiner Mutter offen entgegenzutreten. Er begann sich wohl damit zu trösten, daß er bald allein das Zepter führen würde. Im Mai 1779 wurde der Frieden von Teschen unterzeichnet. Im Jahr 1780 war Joseph damit beschäftigt, Katharina II. als Verbündete zu gewinnen: er wollte ihr gegen die Türken beistehen und erhoffte sich dafür ihre Hilfe gegen Preußen. Auch diese Pläne gefielen Maria Theresia nicht. Doch sie war schon zu schwach und leidend, um Josephs Pläne noch einmal durchkreuzen zu können.

Kurzatmigkeit, Beängstigungen, Herzdrücken nahmen zu. Brustwassersucht nannte man den Zustand, er ließ wenig Hoffnung. Um den 20. November traten Fieber und

Husten auf. Die Kinder versammelten sich. Schwer gepeinigt, ließ die Kaiserin doch nicht ab, Anordnungen und Briefe zu diktieren. Am 26. wurde sie mit den Sterbesakramenten versehen. Am 29. bat sie ihren Arzt Dr. Störck (van Swieten war schon längst gestorben), ihr ein Zeichen zu geben, wenn es so weit sei. In den letzten Minuten nannte sie die Namen aller ihrer Kinder, der Reihe nach. Den von Marie Antoinette als letzten, sie soll ihn *geschrien* haben.

Am 3. Dezember 1780 wurde Maria Theresia nach großen Exsequien in der Kapuzinergruft beigesetzt. Man öffnete den großen Doppelsarkophag, in dem Franz Stephan schon seit fünfzehn Jahren ruhte. Sie selbst, Maria Theresia, hatte dem Bildhauer Moll den Auftrag gegeben, sie beide abzubilden als ein Paar, das miteinander erwacht, heiter, liebend, Aug in Auge, über ihnen der Genius mit dem Siegeskranz.

Viktoria

Gutes Frauchen – Prinz Albert auf dem Sterbebett

Wieder einmal war es so weit: Eine Dynastie war vom Absturz bedroht, der Mechanismus der standesgemäßen Fortzeugung ins Stocken geraten. Zuletzt hatte man von einer nach auswärts vermählten Prinzessin gehofft, sie werde einen künftigen Thronfolger zur Welt bringen; aber die junge Frau brachte nur eine Totgeburt, der sie selbst sogleich nachstarb. Nun schien guter Rat teuer. Denn die männlichen Nächstverwandten der Verstorbenen, ihre Onkel, Söhne eines seit langer Zeit im Wahnsinn dahinvegetierenden Vaters, hatten keine legitimen Erben. Einer von ihnen lebte seit vielen Jahren in freier Verbindung mit einer älteren, charmanten Französin. Auf ihn, der keinen schlechten Ruf besaß, richteten sich die Hoffnungen der Nation. Man legte ihm nahe, seiner dynastischen Zeugungspflicht zu gehorchen, das heißt zuerst einmal eine ordentliche standesgemäße Ehe zu schließen. Dem Fünfzigjährigen leuchtete das ein. Er entließ seine Lebensgefährtin und begab sich auf Brautschau.

Doch wohin? Der Weg war ihm vorgezeichnet. Er führte in dieselbe deutsche Zwergprovinz, in die seine Nichte, die soeben im Wochenbett Verschiedene, verheiratet worden war. Und richtig, hier fand er eine Gattin, die, obwohl sie ihn nur ein einzigesmal gesehen hatte, bereit war, ihm ihr Jawort zu geben.

Ein Jahr nach der Hochzeit, am 24. Mai 1819, kam ein Kind zur Welt. Es war höchste Zeit für sein Erscheinen, denn das kleine Mädchen hatte noch kaum auf seinen krummen Beinchen stehen gelernt, als sein Erzeuger auf den Tod erkrankte. Es hatte ihn zwar nur eine gewöhnliche Grippe erwischt, der man aber mit den barbarischen Mitteln der damaligen Medizin – Schröpfen und Abführen und wieder Schröpfen – so nachdrücklich beizukommen versuchte, daß sie dem Kranken den Garaus machte. Immerhin starb er in der Hoffnung, daß das winzige, quäkende Wesen neben ihm einst die Krone des Landes tragen und damit die glänzendste Erbschaft der Welt antreten werde.

Wer war nun dieses Kind? Und welches Erbe stand in Frage?

Das Kind war Alexandrina Viktoria, nachmals *die Queen* genannt: Mehr als sechzig Jahre saß sie auf ihrem Thron und war damit einer der durabelsten Monarchen der Weltgeschichte; am Anfang eher geduldet als geachtet, zeitweise sogar verspottet, oft gekränkt, von Mördern bedroht, rückte sie doch allmählich in den Stand einer nicht mehr wegzudenkenden Institution, wurde in ihren letzten Lebensjahrzehnten immer mehr respektiert, am Ende sogar verehrt. Sie war ein achtunggebietendes Fossil geworden, die Symbolfigur eines Zeitalters, dem sie ihren Namen gab.

Ihre Eltern waren Edward, Herzog von Kent, und eine Prinzessin Marie Luise Viktoria aus dem Zwergherzogtum Sachsen-Coburg.

Das Erbe, das in Frage stand, war nicht mehr und nicht weniger als die vereinigten Königreiche von Großbritannien, England, Schottland, Irland, dazu Kanada und Australien, Burma, ein Großteil von Indien, halb Afrika, Hongkong, Singapur, die Malvinen, die Bahamas, Ränder der Antarktis – eine fortwährend wachsende, sich akkumulierende Ländermasse, die Entdecktes und Noch-nicht-Entdecktes einschloß, dazu die nahezu unbestrittene Herrschaft über die Unendlichkeit der Ozeane ... Kurzum, das Erbe war das britische Weltreich, wie es in den späten Dreißigerjahren des 19. Jahrhunderts bereits konstituiert war, sich aber – sozusagen – täglich erweiterte und den ganzen Erdball mit seinen Festpunkten besetzte: ein Erbe ohnegleichen also, das freilich manchmal auch zu einer Last ohnegleichen werden konnte.

Alexandrina Viktoria mußte ihr Lebtag lang fürchten, von Republikanern abgesetzt, von ihren Premierministern gegängelt und hinters Licht geführt, von Revolutionären und Fanatikern auf offener Straße umgebracht zu werden. Sie unterspielte ihr Erschrecken, wenn auf sie geschossen wurde. Einmal wurde ihr sogar mit einem Knüppel über den Kopf gehauen. Aber bei feierlichen Anlässen trug sie walnußgroße Diamanten als Brosche auf der Brust, und als sie erfuhr, daß eine ihrer Töchter Kaiserin – deutsche Kaiserin – werden könnte, ruhte sie nicht, bis auch sie den Titel Kaiserin trug, Kaiserin von Indien.

Alexandrina Viktoria wurde noch zur Regierungszeit ihres geisteskranken Großvaters Georg III. aus dem Hause Hannover geboren.

Diese deutsche Dynastie war gute hundert Jahre zuvor auf friedliche Weise durch Hausgesetze und Verwandtschaft auf den englischen Thron gelangt. Dadurch war Hannover etwas wie eine englische Provinz geworden, dadurch war aber auch England näher an den deutschen Norden herangerückt.

Freilich, die englische Krone hatte schwere Zeiten hinter sich. Während die hohen Fürstlichkeiten auf dem Kontinent von Portugal bis Rußland nahezu absolutistisch regierten, war das Königtum in Großbritannien längst so gut wie entmachtet. Schon die große »Bill of Rights« hatte ihm nahezu alle Prärogativen aberkannt. Das Parlament bestimmte die Regierung und ernannte die Premierminister. Diese hatten zwar die Pflicht, den jeweiligen Souverän zu informieren, seine Zustimmung zu neuen Gesetzen einzuholen und seine allfälligen Einwände zu zerstreuen. Doch wehe, wenn das gekrönte Haupt gar zu starrsinnig auf eigenen Vorstellungen beharrte! Dann wurde ihm sehr schnell unverschämte Einmischung vorgeworfen. Im Grunde sollte es nichts als eine imposante Puppe darstellen, die der Nation ihre Identität bestätigte, im übrigen aber lediglich zu nicken und nichts weiter als zu nicken hatte. Da war es kein Wunder, daß sich immer wieder Stimmen erhoben, die nach dem Sinn dieser Institution fragten, die sie kostspielig, unnütz und ein längst entbehrlich gewordenes Überbleibsel aus dem Mittelalter schalten.

Doch diese Stimmen blieben immer nur vereinzelt. Die Nation ließ sich in puncto Krone nicht irre machen. Eigensinnig leistete sie sich den Luxus einer Dynastie, so als wolle sie sich nicht um die Ehre bringen lassen, dem Irrationalen ihren Zoll zu entrichten.

Zugleich duldete die Nation aber auch eine andere, höchst bedrohliche Entwicklung.

Sie duldete die Spaltung ihrer selbst in zwei Klassen, in zwei einander mehr oder minder entfremdete Menschenarten: in die der Besitzenden bis Reichen und Superreichen, und in die der nackten Habenichtse, Verelendeten und Verkommenden.

Kein Wunder also, daß in dieser Zeit und in diesem Land Friedrich Engels und Karl Marx den Nährboden fanden, um die größte Revolution der Weltgeschichte vorzubereiten.

Ehedem hatte ein erträgliches soziales Gleichgewicht zwischen dem alten Landadel und dessen ackerbauenden Pächtern, auch noch zwischen Manufakturbesitzern und deren Zulieferern geherrscht. Aus diesen traditionellen Strukturen waren jetzt ganze Stücke herausgebrochen. Das alte Handwerk konnte nicht mehr konkurrieren, wo »Jenny« und »Mule«, die neuen Spinnmaschinen, schneller, billiger, präziser arbeiteten. So ergossen sich die Massen in die Städte, die ihrerseits auf solchen Zustrom nicht gefaßt und dafür nicht vorbereitet waren. Das bescheidene Netz, das christliche Gesinnung für die Ärmsten der Armen bereitgehalten hatte, mußte bei diesem Ansturm schnell zerreißen.

Große Teile der Nation sanken ins bare Elend ab. Verbrechen und Prostitution grassierten.

Dem Elend der einen entsprach der wachsende, ja wuchernde Reichtum der anderen. Dem alten Adel erstand in den Schlotbaronen, Börsenmaklern und großen Handelsherren eine gewaltige gesellschaftliche Konkurrenz. Damit verwandelten sich auch die führenden Schichten, sie wurden durchlässig für neue, rücksichtslos agierende, vitalistisch-aktive Elemente.

In dieser Welt sich anbahnender, sich potenzierender Veränderungen wuchs die kleine Halbwaise Viktoria auf, ahnungslos, was auf sie zukam, abgeschirmt durch ihre Mutter, unter der Glasglocke ängstlich erwartungsvoller Vorausschau.

Hier muß nachgetragen werden: Viktorias Mutter war, als sie Edward von Kent heiratete, kein unbeschriebenes Blatt. Die damals Zweiunddreißigjährige war ehrsame Witwe eines der vielen deutschen Duodezfürsten in dem winzigen Fürstentümchen Leiningen-Amorbach. Sie hatte zwei Kinder, eine Tochter, einen Sohn. Diese brachte sie in ihre zweite, in die englische, Ehe ein.

War das der Grund, warum sie der britische Zweig der Dynastie nur mit größtem Mißtrauen betrachtete?

Marie Luise Viktoria war arm; deshalb hielt man sie für habgierig. Sie wehrte sich ihrer Haut, deshalb hielt man sie für intrigant. Sie war auch ehrgeizig. Deshalb hielt man sie für keck und präpotent. Man hätte sie gewiß gerne abgeschafft und wieder nach Deutschland zurückgeschickt. Aber sie hatte – das war nicht zu leugnen – dieses kleine Mädchen Viktoria geboren. Und jedes Jahr, das verstrich, wurde es wahrscheinlicher, daß eben dieses kleine Mädchen einmal die Krone Englands erben würde.

Marie Luise Viktoria wußte, welch kostbares Faustpfand sie damit in den Händen hielt. Das Kind wurde ängstlich behütet. Nie durfte es einen Schritt allein außer Haus tun. Wenn es über eine Treppe steigen sollte, wurde es an die Hand genommen. Höchst selten durfte es mit anderen Kindern spielen. Dafür richtete ihm die Mutter im eigenen Zimmer eine Spielzeugkiste ein. Darin lagen über hundert Kostümpuppen. Die kleine Viktoria spielte mit ihnen und ließ sie an Schnürchen zappeln. Sollte sie damit eingeübt werden, später einmal mit Menschen zu spielen, Untergebene und Untertanen an ihren Schnürchen zappeln zu lassen?

So weit dürfte die Herzogin nicht gedacht haben.

Ihre schwerste Sorge war, daß man ihr, der Fremden aus Deutschland, das Kind entziehen, daß man ihr das Erziehungsrecht (wir würden wohl sagen: das Sorgerecht) absprechen könnte. Dagegen war nur ein Kraut gewachsen: der Nachweis, daß ihre, der Herzogin, Erziehung, einwandfrei sei. Als Viktoria dreizehn Jahre alt war, lud ihre Mutter etliche hochgeachtete geistliche Würdenträger zu sich in den Kensington-Palace ein, um ihnen die künftige Thronerbin vorzustellen. Die Würdenträger kamen, nahmen das kleine Mädchen in Augenschein und stellten ihre Fragen. Sie durften feststellen: Viktoria konnte lesen, schreiben, rechnen. Sie wußte in der Geschichte des Landes Bescheid, sie hatte auch ihre Bibel gelesen und ihre Gesangbuchverse brav auswendig gelernt. Sie konnte auf Englands Karte jede größere Stadt bezeichnen. Sie konnte auch Klavier spielen, singen und ein wenig malen. Viktoria sprach fließend englisch und deutsch (die Mutter hatte immer nur englisch mit ihr gesprochen), auch ein wenig französisch. Ihre Stimme war glockenhell, ihr Betragen höflich und bescheiden. Die geistlichen Würdenträger konnten mit gutem Gewissen ein günstiges Urteil fällen: Hier wuchs kein krankhaftes Wesen und auch kein Nichtsnutz heran (derlei hatte ja die Dynastie schon etliche Exemplare geliefert); hier war ein normal begabtes junges Menschenkind, von dem sich Gutes erhoffen ließ.

Daß Viktorias Ausbildung keine andere war als die aller höheren Töchter jener Zeit, schien niemanden zu stören. Niemand dachte daran sie nach den Grundsätzen des Staatsrechtes oder gar nach solchen der Ökonomie zu befragen.

Das einzige, was die Würdenträger stutzig machen konnte, war der Umstand, daß die nun Dreizehnjährige noch immer so klein war wie eine Achtjährige und dazu schon zu einiger Rundlichkeit neigte. Doch da tröstete man sich, die Prinzessin werde noch wachsen.

Bei den wenigen Gelegenheiten, bei denen Viktoria der Öffentlichkeit vorgeführt wurde, bemerkte man mit Wohlgefallen, wie kerzengerade sie dastand, wie geduldig sie ausharrte, wie freundlich sie lächeln konnte, wie diszipliniert sie ihre ganze kleine Person in Positur hielt. Die Herzogin hatte gute Arbeit an der Thronerbin geleistet, unangefochten durfte sie sich von nun an ihrer Tochter erfreuen.

Unangefochten? Keineswegs. Denn die Herzogin beging einen kapitalen, wenn auch höchst menschlichen Fehler. Sie legte sich einen Freund zu, einen Helfer und Berater, der ihr vermutlich näher trat, als ihnen beiden – nach Maßgabe der Verhältnisse – guttun sollte.

Dieser Sir John Conroy hatte sich der Herzogin bald nach Edwards Tod angeboten, ihren zerrütteten Haushalt in Ordnung zu bringen, denn Marie Luise Viktoria hatte Schulden und stolperte von einer Verlegenheit in die andere. Ein guter Berater und tatkräftiger Verwalter mußte ihr willkommen sein. Aber bald duldete sie seine Begleitung, wohin sie auch ging und reiste, und mit geheimem Groll zählte Tochter Viktoria die Stunden, die sich die Herzogin mit dem »Gentleman« zurückzog, um sich – wie es hieß – mit ihm zu beraten.

Viktoria hatte ihren Vater nie gekannt. Dennoch fühlte sie sich ihr Leben lang als Tochter ihres Vaters. Sie konnte Conroy nicht lieben. Wie so viele Töchter gönnte sie ihrer

Mutter keine Liaison und empfand es als Fleck auf der Ehre des Verstorbenen, daß sich seine Witwe mehr und mehr von Conroy umgarnen ließ. So war ein Keil zwischen Mutter und Kind getrieben.

Doch da war noch eine zweite Person, die sich im Lebenskreis der Tochter in den Vordergrund schob, eine Deutsche aus Hannover, eine Baronin von Lehzen, eine spindeldürre, doch energische Person – und Viktoria aufrichtig zugetan. Sie war die »Aja«, die Haupterzieherin, des jungen Mädchens und viele Jahre lang ihre wichtigste Vertraute. Sie hatte Viktorias Lehrplan entworfen, sie hatte alle ihre Fortschritte überwacht, sie saß bei ihr, wenn das junge Mädchen krank war. Sie verwahrte auch das Tagebuch, das Viktoria führte (bis in ihr höchstes Alter sollte sie Tagebuch führen), und versteckte es vor den Augen der Mutter.

Obgleich die beiden Frauen in einem Konkurrenzverhältnis zueinander standen, scheinen sie doch in einem Punkt überein gestimmt zu haben: Viktoria sollte nicht zu früh davon erfahren, daß in ihr die künftige Königin von Großbritannien heranwuchs. Es gehörte zum Stil der Zeit, daß man Kinder möglichst lange in Unwissenheit ließ; Unwissenheit auf vielen Gebieten: im Sexuellen, im Wirtschaftlichen und in der Zone familiärer Verwicklungen. So glaubte man, wohl auch mit Recht, allfällig aufkeimende Widersetzlichkeiten zu unterbinden. Einmal, so erinnerte sich Viktoria später, sei sie mit ihren Geschwistern im Park spazierengegangen; da sei ihr aufgefallen, daß Passanten, die ihnen begegneten, vor ihr an den Wegrand traten und sie achtungsvoll grüßten, während sie vor ihren Geschwistern nicht einmal an den Hut getippt hatten; auf ihre Frage, was das bedeute, erhielt sie keine Antwort.

Viktoria war bereits vierzehn, als sie endlich erfuhr, was auf sie wartete. Man hatte aus ihrem Geschichtsbuch einige Seiten herausgetrennt, und eines Tages waren diese wieder eingeheftet. Viktoria vertiefte sich in sie: sie zeigten den Stammbaum der Dynastie Hannover. Da war ihr Name vermerkt, und das Mädchen erkannte: *Sie* war es, die dem Thron am nächsten stand.

»Da weinte ich sehr«, so erzählte sie viele Jahrzehnte später, »und dann sagte ich: ›Ich will mein Bestes geben.‹«

Am 20. Juni 1837 geschah es dann: Der regierende König William IV., ein seit langem dahinsiechender Greis, gab seinen Geist auf. Noch in der Morgendämmerung klopften zwei feierlich gekleidete Herren, der Lordkämmerer Conyngham und der Erzbischof von Canterbury, an das Tor des Kensington-Palace und verlangten die Prinzessin zu sprechen. Zuerst erschien die Lehzen, sie weckte die Herzogin, die Herzogin weckte Viktoria. Alle drei wußten sofort, was der frühe Besuch zu bedeuten hatte.

Viktoria nahm sich nicht die Zeit, sich in Schale zu werfen. Im Morgenrock begab sie sich in den Salon, um dort zu hören, daß sie seit einigen Stunden Königin von Großbritannien sei.

Weder der Lehzen noch ihrer Mutter hatte sie gestattet, sie zu dieser Unterredung zu begleiten. Das war ihre erste Entscheidung als Herrscherin.

Viktoria war achtzehn Jahre alt und als Thronfolgerin damit großjährig. (Für den normalen Bürger trat Großjährigkeit erst mit einundzwanzig ein.) Es war für sie gewiß ein ungeheurer Augenblick, als sie noch am gleichen Vormittag in einem einfachen schwarzen Trauerkleid, das blonde Haar zu einem kleinen Krönchen aufgesteckt, also noch ganz junges Mädchen und bescheidene Elevin, die siebenundneunzig Kronräte empfing, die herbeigeeilt waren, um ihr zu huldigen. Sie schien gefaßt und ganz ruhig. Nur als ihre beiden schon bejahrten Onkel, der Herzog von Sussex und der Herzog von Cumberland, vor ihr niederknieten und ihre Hände küßten, errötete sie, wie ein Beobachter schrieb, »bis in die Augen«.

Nun brach eine turbulente Zeit für die junge Königin an. Ihr Vorgänger mußte in einer würdigen Bestattungsfeier zu

Grabe getragen und der ganzen Nation, ja der ganzen politisch maßgeblichen Welt augenfällig gemacht werden, daß ein Thronwechsel stattgefunden habe. Viktoria bewies dabei immer wieder Takt und Augenmaß. Der Witwe ihres Vorgängers, ihrer Tante Adelaide, kondolierte sie mit herzlichen Worten und so, als sei jene noch immer Königin. Auf diesen Formfehler hingewiesen, wehrte Viktoria ab: Sie wolle nicht die erste sein, die die Witwe auf ihren nun geringeren Rang verwiese.

Nachdem die Hoftrauer um William beendet war, begannen die Empfänge im Buckingham-Palace und auf Schloß Windsor. Dann galt es für Viktoria, eine Sitzungsperiode des Parlaments zu schließen, ein Defilee der Garde abzunehmen (und zwar im Sattel) und vor allem den großen Initiationsritus vorzubereiten, den Verfassung und Gewohnheitsrecht vorsahen und den die Öffentlichkeit mit Spannung erwartete: die Krönung in Westminster. Ein ungeheures und verwickeltes Gepränge. Es lief dann nicht ohne Formfehler ab, da sogar die assistierende Geistlichkeit durch das altertümliche Ritual überfordert war. Auch Viktoria war verwirrt. Als man ihr den Reichsapfel reichte, wandte sie sich flüsternd an einen Granden: »Was soll ich denn damit tun?« Worauf er, ebenfalls im Flüsterton, versetzte: »Bitte eure Majestät, ihn in der Hand zu behalten.« Sie seufzte: »Er ist aber so schwer.«

Als ihr die Krone aufgesetzt wurde, setzten die ringsum versammelten Peers und Peeressen ebenfalls ihre Kronen auf, und das ganze Kirchenschiff funkelte »von einem lautlosen Feuerwerk aus Goldglanz und Edelstein«, ein merkwürdiges Schauspiel, wohl angetan dazu, den eben gekrönten Souverän daran zu erinnern, daß er nicht der einzige Machtträger des Reiches sei und sich in einem oligarchischen Gemeinwesen nur als primus inter pares fühlen dürfe.

Selbstverständlich donnerten draußen die Kanonen, schmetterten Pauken und Trompeten, und über ganz London – mit Ausnahme vielleicht der schlimmsten Elendsquar-

Viktoria im Alter von achtzehn Jahren

tiere von Eastend – wogte der Gesang des Volkes »God save the Queen«.

Nach der Krönung fühlte sich Viktoria frisch – oder sagen wir besser – aufgekratzt genug, um noch vor dem Prunkbankett und dem prachtvollen Feuerwerk ihren Lieblingshund zu baden.

Ihre Mutter spielte an diesem Tag keine Rolle mehr.

Seit ihrer Geburt hatte Viktoria im Schlafzimmer ihrer Mutter geschlafen. Am Morgen, an dem sie Königin geworden war, hatte sie ein eigenes Zimmer bezogen. Ihre seit Jahren aufgestaute Abneigung gegen die Herzogin brach sich nun Bahn. Nun wollte sie zeigen, wer zu bestimmen hatte. Der verhaßte John Conroy mußte weichen. Viktoria verfügte, daß er den Haushalt ihrer Mutter sofort zu verlassen habe. Man versprach ihm einen Titel und fand ihn mit einem Batzen Geld ab. Nach den Gefühlen der alternden Herzogin fragte die Tochter wenig. Hatte sie sich so lange als zwar geliebte und verhätschelte Gefangene ihrer Mutter empfunden, so drängte sie jetzt diese in die Rolle einer zwar komfortabel gehaltenen, doch wenig angesehenen Arrestantin.

Vergeblich hatte Marie Luise Viktoria auf den Tag der Machtergreifung gehofft.

Und weiter gingen die rauschenden Feste, Opernbesuche, Bälle, Konzerte. Viktoria bereiste nun auch ihre Provinzen. Die Nation hatte Gelegenheit, die neue Souveränin in Augenschein zu nehmen. Wer war sie eigentlich? Wie sah sie aus?

Sie war als Dreizehnjährige so groß wie eine Achtjährige gewesen. Sie wurde niemals größer als einen Meter fünfzig. Aber sehr kleine Frauen können bezaubernd aussehen, wenn sie sylphidisch zart und ätherisch schlank sind. Davon war bei Viktoria keine Rede. Sie tafelte gern und nicht zu knapp, so ging sie in die Breite. Ihre Arme und Beine waren kurz, ihre Hüften breit, ihre Haut schwitzte leicht und ihr blondes Haar neigte dazu, einzufetten und strähnig zu werden. Wenn sie lachte und sprach, wurde ihr Zahnfleisch sichtbar und ihre Zähne waren kurz und stummelig. Meist standen ihre Lippen offen (litt sie an Atemnot?). So war sie keine Schönheit, sie wußte das. Dennoch scheint dieses Wissen ihr Selbstgefühl kaum verwirrt zu haben. Eine Königin von England brauchte nicht reizend auszusehen, auch wenn sie von den Finger- bis zu den Zehenspitzen erotisch aufgeladen war.

Der erste Partner, mit dem es Viktoria nach ihrem Regierungsantritt zu tun bekam, war zugleich ihre derzeit wichtigste politische Kontaktfigur, ihr Premier, Lord Melbourne. Er war mit unter den Männern gewesen, die ihr am ersten Morgen als Königin gehuldigt hatten, und er verstand es, seine Auftritte bei ihr auch weiterhin als Huldigungsakte zu gestalten.

Melbourne war zwar ein Mann der Whigs, die sich seit kurzem gern die Liberalen nannten, trotzdem ein Erzkonservativer nach Gesinnung und Lebensstil, ein mit allen Wassern gewaschener Salonlöwe, ein illusionsloser Skeptiker und Techniker der Macht, dessen einzig wahre Überzeugung die war, daß den Menschen im Grunde nicht zu helfen sei. Diese Weisheit versuchte er auch Viktoria einzuflüstern, und weil er ein perfekter Causeur und geschickter Schmeichler war, wollte sie ihm das auch nur zu gern glauben; sie wollte ihm glauben, daß ihr eigenes hohes Amt vorzüglich aus dem Vergnügen bestehe, zu befehlen, und daß Regierungsgeschäfte eigentlich gar keine so harte Arbeit seien. Es kitzelte die Eitelkeit der jungen Viktoria, daß sich der kluge, welterfahrene Mann in gut gespielter Ehrfurcht vor ihr, vielleicht auch zu ihr neigte. »Ihre Gefühle für Melbourne«, notierte ein Beobachter, »sind offenkundig erotischer Natur. Ein jeder kann das sehen! – nur sie selbst weiß es nicht.«

Um so härter traf sie der Schlag, als ein kurzes Jahr nach ihrer Krönung Melbourne eine Niederlage im Parlament erlitt und zurücktreten sollte. Viktoria war außer sich. Gab es denn kein Mittel, ihren Freund zu retten? Ein gewisser Peel, ein steifer alter Herr, der ihr in kalter Zeremonialität entgegentrat (und noch dazu seine Beine nicht ruhig halten konnte), sollte ihren bezaubernden Melbourne ersetzen? Das konnte doch nicht wahr sein! Und als sich dieser Peel erfrechte, ihr einen Wechsel im Hofstaat vorzuschlagen (der Hofstaat war in den Augen der neuen Regierungspartei, der Konservativen, viel zu liberal durchsetzt), da verlor Viktoria ihre Fassung und vergaß, was sie den herrschenden politischen Usancen ihres Landes, ja, was sie der Verfassung schuldig war: sie verweigerte Peel die Bestätigung.

Englands Öffentlichkeit reagierte sauer. »Unserer Königin beliebt es, Capricen an den Tag zu legen«, schrieb die Presse.

Ein schlimmer Anfang.

Doch man wußte sich zu helfen. Man brachte Melbourne eine weitere Abstimmungsniederlage bei: das war sein (vorläufiges) Ende. Viktoria verabschiedete ihn unter Tränen; unter Tränen verabschiedete sie sich auch von den ihr vertrauten Hofbeamten und -beamtinnen, sogar von intimem Umgang: selbst Baronin Lehzen war mitbetroffen und kehrte nach Deutschland zurück.

Zum Glück konnte man der jungen Königin den Verkehr mit Onkel Leopold nicht verbieten. Wer war dieser Mann?

Wenn in Viktorias Jugend irgend jemand etwas wie Vaterstelle an ihr versehen hatte, so war das der ältere Nahverwandte Leopold, ein Onkel aus Coburg, der seit einigen Jahren den Thron von Belgien innehatte. (Die zahlreichen deutschen Herrscherhäuser versorgten ja damals alle Vakanzen auf europäischen Thronen mit ihren Prinzen.) Dieser Onkel Leopold hatte sich schon immer um die kleine Nichte gekümmert – er wußte wohl warum. Er war der einzige Mensch, der ihr etwas wie Staatsraison vermittelt hatte, darum hing sie begierig an seinen Lippen.

»Meine liebe Nichte«, dozierte er, »ich gebe dir einen guten Rat. Wenn dir jemand einen Vorschlag macht, stimme ihm nie sogleich zu, selbst wenn dich der Vorschlag begeistern sollte. Schlafe eine Nacht darüber, so wirst du dir viel Ärger ersparen.« Ein anderes Mal: »Erlaube niemandem, daß er dich auf deine persönlichen Angelegenheiten anspricht, wenn du ihn nicht selbst dazu aufgefordert hast. Dulde nie, daß an deiner Tafel oder in deinen Salons über Themen gesprochen wird, die du nicht selbst angeregt hast. Du wirst nun viele Staatspapiere zu lesen und zu bearbeiten haben. Das ist deine Pflicht. Aber versuche das Wichtige vom Unwichtigen zu trennen, sonst kommst du an kein Ende.«

Viktoria nickte. Sie war fest entschlossen, Leopolds Ratschläge zu befolgen, auch wenn sie das einen Gutteil ihrer Spontaneität kostete. Sie wußte, daß sie noch viel zu lernen hatte, wieviel, konnte sie noch nicht ahnen.

Im Grunde hätte Viktoria froh sein müssen, daß sie zu einer mehr oder minder passiven Rolle verurteilt war. Sie hätte weder die innenpolitischen Wirrnisse durchschauen, noch die weitgreifenden diplomatischen und kriegerischen Verwicklungen ihres Landes beurteilen oder gar lenken können. In Irland hatte die Kartoffelfäule eine katastrophale Hungersnot verursacht, der Hunderttausende erlagen. In China loderte der Opiumkrieg, in Afghanistan war England in wechselvolle Konfrontationen mit dem Zarenreich verwickelt. Was hätte Viktorias ungeübter Verstand davon fassen und auf welche Ziele hin hätte sie ihre Entscheidungen spannen können?

Alle Welt erwartete, daß sich Viktoria demnächst verheiraten werde. Doch mit wem?

Die Auswahl der Prinzen aus regierenden Häusern war nicht sehr groß. Ein Katholik durfte es nicht sein, auch kein Orthodoxer. Die Kirchenspaltungen hatten das in Frage stehende Reservoir möglicher Partner drastisch eingeengt. So mußte man wohl wieder aus der eigenen Familie wählen, einen englischen Hannoveraner oder einen protestantischen

Deutschen, das heißt wieder einen Vetter, einen Verwandten. Schon längst waren die europäischen Dynastien in einen Filz dichter Kreuz- und Querverbindungen verwikkelt. War dieser Zustand auf die Dauer tragbar?

Das Zeitalter hatte begonnen, naturwissenschaftlich zu denken. Doch in diesem Bereich griff die neue Denkweise noch nicht. Die Hausgesetze schienen wichtiger als die naheliegende Erkenntnis, daß fortgesetzte Inzucht die Substanz gefährdet.

Viktoria zeigte vorläufig nicht einmal große Lust, sich auf einen Gatten einzulassen. Doch zwei Jahre nach ihrer Thronbesteigung war es so weit: Zwei Vettern kamen auf Besuch. Es waren wieder Verwandte aus Coburg, Neffen der – sonst so verhaßten und inzwischen ausquartierten – Mutter. Viktoria kannte sie schon von früheren Besuchen. Der Ältere, Ernst, war ein rauher Geselle mit seiner Vorliebe für Militär und Jagd. Der Jüngere, Albert, war eben erst zwanzig geworden, ein stiller, feiner, gebildeter Jüngling, musikalisch wie sie selbst, hübsch und schlank. In ihn verliebte sie sich Hals über Kopf.

Ob auch er sich in sie verliebte, darüber gibt es kaum Zeugnisse. Doch welcher in dynastischen Gesinnungen erzogene Prinz hätte eine Königin von England verschmäht? Albert und Viktoria verlobten sich. Die Hochzeit erfolgte ein halbes Jahr später in angemessener Pracht, doch unter nur kühler Zustimmung der Nation. »Ein Deutscher!«, so hieß es. »Schon wieder ein Deutscher!«

In maßgeblichen Kreisen kursierte das Wort: Wir werden dafür sorgen, daß er nicht zu groß wird. Wir werden ihm auf die Finger schauen.

Viktoria hingegen war von ihrem Gatten begeistert. Sie mochte vor ihrer Heirat noch so wenig von der physiologischen Seite der Ehe erfahren haben – ihre Natur war zur Hingabe bereit. Gewiß hätte ein gröberer Mann sie erschrecken oder verletzen können. Doch Albert, der selbst noch unerfahren war oder sich für unerfahren ausgab, wußte sich ihr mit zarter Rücksicht zu nähern. Er kam aus einer Familie, deren fragwürdiges, um nicht zu sagen zerrüttetes sittliches Niveau ihn seit frühester Jugend abgestoßen haben mag. In ihm schlug das Pendel auf die andere, auf die Tugendseite aus. Er scheint sich das Wort gegeben zu haben, ein treuer, ein solider Ehemann zu werden, und dieses Wort hat er gehalten.

Am Tag nach der Hochzeit schrieb Viktoria an Melbourne, ihre Hochzeitsnacht sei überaus erfreulich, dabei »äußerst verblüffend« verlaufen.

So begann eine glückliche Ehe. Allerdings, das Verdienst an diesem Glück ist wohl vor allem Albert zuzuschreiben.

Seine Situation war heikel. Er war der Mann, aber nicht der Herr im Haus. Er genoß die Bewunderung seiner Frau, weil er »so schön« war und weil sie sich durch seine Rücksicht und Zärtlichkeit gehoben fühlte. (Offenkundig hatte sie von einem Mann nicht sehr viel dergleichen erwartet.) Dennoch war sie eifersüchtig darauf bedacht, auch ihm gegenüber die Königin herauszukehren. Sie wollte in diesem Bund auf jeden Fall die Bestimmende, die Entscheidende und, in allen Stücken, die Souveränin sein. Sollte er so etwas wie ihr Schoßhündchen werden?

Dazu war Albert nicht der Mann. Mit Vorsicht und Geduld trat er an ihre Seite. Sehr schnell mußte er ihre Schwächen erkannt, ihre Beschränktheiten durchschaut haben. Aber er hütete sich, den Besserwisser zu spielen oder gar den schroffen Lehrmeister aus dem Sack zu lassen. Viele politische Angelegenheiten überstiegen Viktorias Fassungskraft. Er lenkte sie dahin, daß sie begriff, doch so, daß sie von sich aus zu begreifen meinte. Pflichteifrig plagte sie sich mit Unwichtigem ab und ließ oft Wichtiges liegen. Mit leisen Winken drängte sie Albert zur richtigen Auswahl: ein Meisterstück still wirkender männlicher Diplomatie. So wurde er ihr unentbehrlich.

Anfangs, so notierte die Königin selbst, hatte er nur »die Freundlichkeit, ihre Unterschriften mit dem Löschblatt abzutrocknen«. Dann erbot er sich, ihr bestimmte Schriftstücke vorzulesen. Nach einer Weile bezog er einen Platz neben ihr am Schreibtisch. Noch eine Weile – und er hatte seinen eigenen Schreibtisch neben dem ihren. Die berühmten Depeschenkästen wanderten auf seine Seite, die Konvolute der Staatspapiere häuften sich vor ihm. Endlich zog er in ein eigenes Arbeitszimmer; er und ein fleißiger Sekretär bewältigten die Amtsgeschäfte.

Unterdessen trug Viktoria ein Kind nach dem anderen aus. Noch im Jahr ihrer Heirat, genau neun Monate nach jener »verblüffenden Nacht«, kam ein Mädchen, Vicky, zur Welt. Im Jahr darauf der Thronfolger Bertie, der nachmalige Eduard VII., dann eine Tochter Alice, ein Prinz Alfred, wieder zwei Töchter, Helene und Luise, usw.: neun Kinder, eine gewaltige Leistung für Viktorias zwergische Physis, für ihren Überdruck-Kreislauf, auch für ihre psychische Konstitution. Denn diese Frau, die ein Kind nach dem anderen gebar, liebte Kinder gar nicht und fühlte sich durch sie nur belästigt. Sie teilte damit die Einstellung sehr vieler Frauen der höheren Gesellschaft; hatte man doch die Gewohnheit angenommen, seinen Nachwuchs Ammen und Ziehmüttern zu überlassen und die Kinder erst dann wieder zu sich zu nehmen, wenn sie »vernünftige Wesen« geworden seien. An Hilfspersonal, Ammen, Nursen, auch an ärztlichem Überwachungspersonal konnte es einer Königin von England nicht fehlen. Doch scheint sie jenen Teil des Palastes, in dem ihre Kinder aufwuchsen, eher geflohen zu haben. Manchmal verging ein ganzer Monat, ehe sie sich den Kindern zeigte. Auch der überlastete Albert war dort ein eher sporadischer Besuch. Das einzige Kind, zu dem die Eltern eine echte Zuneigung entwickelten, war ihre Älteste, Vicky. Sie war auch die Begabteste der ganzen Schar. Sollte man da einen Zusammenhang vermuten?

Selbstverständlich hatte Viktoria um ihre Pflicht gewußt, der Dynastie Nachwuchs zu liefern. Doch so viel Nachwuchs war ganz deutlich gegen ihren Geschmack. Onkel

Leopold hatte ihr zur Hochzeit »une nombreuse famille« gewünscht. Viktoria verwahrte sich dagegen. »Lieber Onkel, das kann nicht Dein Ernst sein.« Und als sie nach der vierten oder fünften Niederkunft ihren Arzt zu Rate zog, wie sie denn diesen übermäßigen Segen abbremsen könnte, wußte ihr der Medicus keinen besseren Rat zu geben als den zur Enthaltsamkeit. Davon wollte sie freilich auch nichts wissen. Sie wolle ihren Spaß im Bett haben, sagte sie unverblümt. So selbstverständlich sie es für ihr gutes Recht hielt, üppig und nach Lust zu essen (ohne dabei auf ihre allmählich immer ausladender und rundlicher werdende Figur zu achten), so pochte sie auf ihr Recht, den willigen Gatten ausgiebig zu genießen. Daß sich in ihr trotzdem so etwas wie Groll gegen ihn ansammelte, wer, der die Labyrinthe der weiblichen Seele kennt, will sich darüber wundern?

Viktoria nannte Albert zwar hunderte Male ihren guten Engel und pries seine Rücksicht, seine Zärtlichkeit, seine Schönheit, doch von Zeit zu Zeit erfaßte sie die Rage. Dann begann sie zu quengeln, zu schelten, und wenn er versuchte, sich ihrem Ausbruch zu entziehen, so verfolgte sie ihn von Zimmer zu Zimmer, durch alle Fluchten ihrer Schlösser, maulend, schreiend wie ein Marktweib, ohne der Dienerschaft zu achten, die staunend und sicher bald auch feixend danebenstand. In solchen Augenblicken warf Viktoria Albert alles vor, was ihr soeben zusetzte: Ärgerlichkeiten in der Politik, Unzuverlässigkeit ihrer Beamten, alles was nicht so lief, wie es nach der Königin Wunsch und Willen hätte laufen sollen, aber vor allem doch wohl ihren eigenen Zustand: den Zustand der Schwangerschaft, der Ermüdung, des depressiven Mißbehagens. Sollte doch *er* einmal mit vollem Bauche dasitzen, sollte *er* einmal die Schmerzen einer Geburt und Nachgeburt fühlen! Alle Last lag auf ihr, der Frau.

So der Königin Klagen.

Albert konnte sich gegen sie kaum helfen. Heftigkeit lag nicht in seiner Natur. Also schrieb er ihr Briefe, lange Briefe:

»Mein liebes Kind, Du hast Dich wieder einmal ganz unnötig erregt ...«

Alberts Interessen waren vielseitig. Möglicherweise hatte er Viktoria vor allem deshalb geheiratet, weil er, als Prinzgemahl einer englischen Königin zwar in einer heiklen Position und mit Argusaugen überwacht, doch über Mittel und Beziehungen verfügen konnte, über die er als kleiner deutscher Fürst nie hätte verfügen können. An Luxus und aufwendigem Lebensstil war ihm nicht viel gelegen. Doch er liebte die Künste und hatte sich in den Naturwissenschaften eifrig umgetan; an den Fortschritten der Technik war er brennend interessiert. Hier tat sich ihm ein weites Feld auf, und er zögerte nicht, es eifrig zu beackern. An allen Ecken und Enden, wo sich ihm Einflußnahme anbot, wurde er tätig.

Eine ungeheure Möglichkeit eröffnete sich ihm bei der Planung und Durchführung der ersten Weltausstellung 1851 in London. Sie sollte ein Jahrhundertereignis werden – und wurde es auch. Zum erstenmal traten alle zivilisierten Länder zu einem gemeinsamen Unternehmen zusammen, um einander die Ergebnisse ihrer Erfindungsgaben, ihrer industriellen Produktionen und Kunstfertigkeiten vorzuführen. Siebzehntausend Aussteller traten auf, davon mehr als siebentausend aus England und dessen Kolonien. Paxton hatte das Zentralgebäude entworfen, den noch heute gerühmten und in der Architekturgeschichte epochemachenden Kristallpalast, ein Konstrukt aus Glas und Stahl – genialer Vorausentwurf der Moderne.

Albert hatte das Werk gefördert, die Schau befürwortet und ihren Aufbau überwacht. Der Effekt überstieg alle Erwartungen. Erstrahlend in ihren Diamanten und voll Stolz eröffnete Viktoria, an Alberts Arm, die erste Weltausstellung. In gewisser Weise war dieser Augenblick der hellste und höchste ihres Lebens: Die ganze Nation war beeindruckt, alle schwebenden politischen Probleme schienen in den Hintergrund gedrängt; die siegreiche Zivilisation feierte ihr Hochfest und schien auch die Monarchie auf der allgemeinen Welle des Optimismus einer glanzvollen Zukunft entgegenzutragen.

Wie ein Kind, das sich an seinen Weihnachtsgeschenken nicht satt sehen kann, kam Viktoria von nun an beinahe täglich in den Kristallpalast, um sich an der hier ausgebreiteten Pracht zu weiden und um sich ihrerseits von den Besuchern bestaunen zu lassen. Für sie war die ganze Ausstellung das Werk ihres Albert, und so beklagte sie auch den Abbau, als die Schau ein Ende hatte: »Mir ist, als würde ihm damit ein Unrecht geschehen.«

Es entsprach ihrer Natur, allem, was ihr begegnete, einen privaten Charakter zu geben. Nun aber war der politische Alltag mit seinen schwer durchschaubaren Problemen, parlamentarischen Streitigkeiten und diplomatischen Verwicklungen nichts, was sie auf die Dauer fesseln konnte. Der Umstand, daß das Londoner Klima mit seinen winterlichen Nebeltagen und seiner sommerlichen Schwüle ihren Kreislauf belastete, diente ihr zum willkommenen Vorwand, sich vom Sitz der Regierung zu entfernen und sich immer mehr und immer weiter aufs Land zurückzuziehen. Auch Windsor lag ihr noch zu nah an der Hauptstadt.

Da war etwa Osborne auf der Insel Wight an der Solentbucht, in der Nähe des Kriegshafens Portsmouth und der lebhaften Handelsstadt Southampton. Hier gefiel es ihr; hierher zog sie sich gern zurück. Ihre Minister und Premiers konnten sie in wenigen Stunden erreichen.

Aber nach einer gelungenen Besichtigungsreise nach Schottland nahm sie noch einen anderen Wohnsitz in Aussicht: Balmoral, auf der Höhe von Aberdeen, an die tausend Bahnkilometer von London entfernt, ein Schloß im rauhen Bergland des Nordens. Die Gegend entzückte sie.

Also brach sie mit Mann, Kind und Kegel, das heißt mit ihrem vielköpfigen Hofstaat, ihren Lieblingshunden, Lieblingsponys und Lieblingspferden, nach Balmoral auf.

Königin Viktoria und Prinz Albert

Auch hier würden ihre Minister und Premiers sie zu finden wissen, zu finden lernen müssen.

Jeden Sommer bis tief in den Herbst hinein wollte sie von nun an hier verbringen, wo sie in der frischen Luft endlich frei atmen, wo sie sich vom böigen Nordwind endlich gründlich durchblasen lassen konnte. Sie scheute weder die fegenden Stürme noch die peitschenden Regengüsse und fand es reizvoll, sich auf Spaziergängen und Spazierfahrten samt den Ihrigen durchnässen zu lassen. In ihr Schloß zurückgekehrt, sorgte sie dann dafür, daß in dem ganzen Gebäude ja kein Ofen oder Kamin in Gang gesetzt würde. Sie haßte Wärmequellen, *sie* fror ja nicht.

Daß sie damit ihrer Umgebung eine Dauerunterkühlung zumutete, focht sie wenig an.

Doch Alberts Gesundheit begann darunter zu leiden.

In Frankreich herrschte – erst seit kurzem – wieder ein Bonaparte, Napoleon III., ein Neffe Napoleons I., ein ehrgeiziger, intriganter, umtriebiger Mann, der nach dem Sturz seines Onkels in bescheidenen Verhältnissen im Exil aufgewachsen war, sich aber dann mittels gewagter Operationen ins politische Spiel gebracht und schließlich die Macht und sogar die Kaiserwürde an sich gerissen hatte. Ganz Europa betrachtete ihn mit Unbehagen. Dennoch wurde er von England als Verbündeter akzeptiert. Der gemeinsame Nenner dieses Bündnisses war das gemeinsame englisch-französische Mißtrauen gegen Rußland.

Rußland, seit Peter dem Großen als europäische Potenz erkannt, in der europäischen Mitte aktiv geworden, doch nach gelegentlichen machtpolitischen und militärischen Auftritten immer wieder in seine dumpfe Größe und Undurchdringlichkeit zurückgefallen: es lag doch wic cin Schatten über dem Horizont. Würde es weiterwachsen oder stagnieren? Diese Frage beschäftigte nicht nur seine unmittelbaren Nachbarn, sie beschäftigte auch Albion.

Eben in letzter Zeit war dieses unheimliche Rußland

überaus tätig geworden. Es schob sich langsam, aber unaufhaltsam gegen Osten vor, es hatte die Nordabdachung der zentralasiatischen Gebirge erreicht, es berührte schon das nördliche Eismeer und den Pazifik, jetzt versuchte es schon, auf die islamische Welt Einfluß zu nehmen. Doch damit kam es England ins Gehege.

Daneben gab es noch nähere Konfliktherde. Das östliche Mittelmeer gewann für das britische Weltreich immer mehr an Bedeutung, je näher die Verwirklichung eines uralten Planes rückte, nämlich der Durchstich der Landenge von Suez. Das Osmanische Reich war ganz offenkundig im Zerfall begriffen. In seine Erbschaft wollten sich Frankreich und Britannien teilen. Doch auch hier schien der Russe ein gefährlicher Gegner zu werden. Seit jeher hatte er den Ausgang ins Schwarze Meer und aus dem Schwarzen Meer in den Bosporus gesucht. Noch lag ihm die Hohe Pforte im Weg. Nun setzte der Zar zum Angriff an. Damit rief er die Westmächte auf den Plan. Der Krimkrieg brach aus.

Viktoria verabschiedete die Korps, die am Schwarzen Meer operieren sollten. Ihr war nicht wohl dabei zumute.

Einesteils erwartete sie von ihren Truppen, daß sie sich für Englands Ehre tapfer und siegreich schlagen würden. Andernteils mußte sie sich eingestehen, daß dies nicht ohne Opfer abgehen werde. Es schauderte sie, wenn sie bei den Abschiedsparaden die jungen, lachenden, winkenden, singenden Soldaten sah. In ihrem Herzen regte sich die Frage: Wieviele von ihnen werden heimkehren?

Noch war die Versteinerung menschlicher Gefühle bei ihr nicht eingetreten.

Aber wie enttäuscht war sie, als sie hören mußte: Der Sieg war so schnell nicht zu erringen. England mußte Schlappen hinnehmen. In etlichen Fällen operierten die Franzosen glücklicher als ihre eigenen Generale. Darüberhinaus: die schwersten Verluste erlitten die Verbündeten nicht in glorreichen Schlachten, sondern – höchst unheroisch – durch Dysenterien, Schmutz und Kälte.

Immerhin gelang es den Westmächten am 10. September 1855, in die rauchenden Trümmer der zerstörten Festung Sewastopol einzuziehen. Damit war der Krieg entschieden, der Zar bequemte sich zu einem – maßvoll zugeschneiderten – Frieden. Viktoria konnte die heimgekehrten Helden auszeichnen. Nicht wenige waren grausig verstümmelt.

Gegen Ende des Krieges hatten die verbündeten Monarchen einander gegenseitige Besuche abgestattet. Zuerst kam Napoleon nach England, dann begaben sich Viktoria und Albert nach Paris. Die Königin war entzückt von des Kaisers Charme, den er in allen Facetten vor ihr spielen ließ, entzückt auch von dem Gepränge, das man in Paris ihr zu Ehren entfaltete – Veranstaltungen von unvergleichlicher Anmut und mondäner Noblesse, derlei das weit mächtigere, weit wohlhabendere und politisch unvergleichlich stabilere England nicht zu bieten hatte. Viktoria – indessen kugelrund geworden – mag sich in ihren schwerfälligen fliederfarbenen Roben, in ihren grünen Jacken und unter ihren an Nachthauben erinnernden Kopfbedeckungen seltsam ausgenommen haben, wenn sie neben der statuenhaft schönen und eleganten Kaiserin Eugenie erschien. Allerdings prangte sie immer in hochkarätigem Edelsteinfeuer, und an ihren kurzen Ärmchen baumelte schweres Gold.

Am Abend eines mit glänzenden Vorführungen ausgefüllten Tages saßen die Souveräne familiär zusammen, und Prinz Albert sang mit dem Kaiser zweistimmig »alle möglichen alten deutschen Lieder«, denn auch Napoleon war in Deutschland aufgewachsen, und deutsche Lyrik und deutsche Musik lieferten damals, etliche Jahre vor der Wiederbegründung des Deutschen Reiches, aller Welt unpolitisch unverdächtige Munition für Sentiment und romantisch verbrämte Gemütlichkeit.

Inzwischen war die Kinderschar, die Viktoria geboren hatte, soweit herangewachsen, daß man Überlegungen anstellen konnte, was aus den einzelnen königlichen Sprößlingen werden sollte. Vicky, die Älteste, war ein cleveres, ihren Eltern zutraulich zugetanes Mädchen, die einzige, die den hochgesteckten Erwartungen voll entsprach. Nagenden Kummer bereitete der Thronerbe »Bertie«, nach seinem Vater Albert benannt, doch diesem gänzlich unähnlich. Bertie war dick und phlegmatisch (vermutlich lag dies an einer Störung seines Lymphsystems) und zeigte keinerlei Lust, irgend etwas zu lernen oder sich sonstwie im Sinne seiner Eltern dressieren zu lassen. Er war mißlaunig, wenn man Artigkeiten von ihm verlangte, und wußte sich mit Geschicklichkeit abzusetzen, wenn ein Lehrer in seinem Gesichtskreis erschien. Viktoria, die so wenig Lust hatte, sich mit ihrem Nachwuchs abzugeben, fühlte sich jedesmal tief gedemütigt, wenn sie diesen mißglückten Knaben der Nation als Nachfolger präsentieren mußte. Auch die anderen jüngeren Kinder erweckten in den Eltern keine übermäßigen Hoffnungen. Sie schienen farblos, von minderer Begabung.

Da sollte nun Albert retten, was vielleicht noch zu retten war, Albert, der Gute, der immer Willige, der Übergewissenhafte. Er sollte sich, nachdem die Kinder aus dem Ärgsten herausgewachsen waren, auch um deren Erziehung kümmern, sollte sich vor allem Berties annehmen, sein Lehrer, sein Mentor sein. Doch damit war der überlastete Gatte noch einmal überlastet. Es konnte ihn nicht trösten, daß ihm – nach endlosen, unerquicklichen Streitgesprächen zwischen Krone und Parlament – endlich doch der Rang eines »Prince consort«, eines Prinzgemahls, zugestanden wurde. Er eilte von Veranstaltung zu Veranstaltung und hetzte sich ab. Mit vierzig sah er aus wie ein Mann von sechzig, seine Kräfte schwanden. Aber Viktoria schien das nicht zu bemerken.

Als das Paar wieder einmal in Coburg auf Besuch war (Viktoria fuhr gern dahin und fühlte sich in dem kleinen deutschen Duodezstaat, in dem putzigen Städtchen, in den übersichtlich-anheimelnden Verhältnissen äußerst wohl), geschah es, daß Albert einen Unfall erlitt: die Pferde seines Wagens waren durchgegangen. Die Verletzungen, die Albert erlitt, waren geringfügig, aber der Schock scheint ihn irreparabel erschüttert zu haben.

Ein halbes Jahr später zeichnete sich die Katastrophe ab: Albert begann dahinzusiechen, sein Zahnfleisch war fortwährend entzündet, seine Augen tränten, er verlor an Gewicht, er erbrach schließlich, was er zu sich nahm. Schwer leidend und mit letzten Kräften versuchte er seinen Pflichten nachzukommen. Seine ganze Umgebung war bereits aufs höchste alarmiert, bis endlich auch Viktoria ein Licht aufging. Sie, die immer der Meinung gewesen war, nur Frauen hätten zu leiden, mußte begreifen: ihr Geliebter war dem Tode nahe.

Viktoria reagierte mit blankem Entsetzen. Noch einmal saß sie an seinem Bett und ließ sich von dem Sterbenden sein »gutes Frauchen« nennen. Am 14. Dezember 1861 erlosch er in den Armen seiner Tochter Alice. Viktoria hatte sich nach einer Verzweiflungsszene aus dem Sterbezimmer wegführen lassen.

Alberts letzte Tat war gewesen, England vor einem Krieg mit den Vereinigten Staaten zu bewahren. Der Sezessionskrieg hatte die beiden großen angelsächsischen Mächte nahe an einen kriegerischen Eklat gebracht. Albert, schon todkrank, hatte sich eingeschaltet und eine Lösung erzielt, die es beiden Partnern ermöglichte, ihre Gesichter und damit den Frieden zu wahren.

Spät hatte man in England erkannt, daß dieser eingeheiratete deutsche Prinz gute Arbeit geleistet hatte und daß er für die Nation kein geringer Gewinn gewesen war. Sein zwar nicht konfliktloses, doch tugendhaft solides Eheleben war dem Ruf der Dynastie sehr zugute gekommen, denn das Volk verlangt nach tadellosen Verhaltensmustern. Alberts Intelligenz und seine Aufgeschlossenheit gegenüber dem intellektuellen und naturwissenschaftlichen Angebot der Zeit war der Akzeptanz dieses Angebots äußerst nützlich gewesen. So war England bereit, seinen spät ernannten

»Prince consort« gebührend zu betrauern und sein Andenken in Ehren zu halten.

Doch was sich Viktoria unter gebührender Trauer und schuldiger Ehrenbezeigung vorstellte, ging der Nation entschieden zu weit. Viktoria war über ihren Verlust fassungslos und glaubte alle Welt zur gleichen Fassungslosigkeit verpflichtet. Ihr Trauerzustand sollte zum Allgemeinzustand werden. Am liebsten hätte sie wohl das ganze Land in schwarzes Tuch gewickelt und in Tränen ertrinken sehen.

Daß England ganz andere Sorgen hatte, kümmerte sie wenig. Ihr Hauptanliegen war es von nun an, Denkmäler für Albert zu errichten. In ihren Schlössern führte sie einen fast archaisch anmutenden Totenkult ein. Daß sie des Gatten Gemächer beließ, wie sie zu seinen Lebzeiten gewesen waren, hielt man für natürlich. Daß die Königin jeden Abend mit Alberts Nachthemd im Arm zu Bett ging, konnte man noch als rührend empfinden. Daß sie aber darauf bestand, daß jeden Morgen heißes Wasch- und Rasierwasser an sein Bett gebracht, ja, daß die leeren und unbenutzten Nachtgeschirre täglich ausgespült und geputzt werden mußten, wurde für übertrieben, ja bald für verdächtig gehalten. Litt denn die Königin an einem krankhaften Wahn?

Sie versuchte in verzweifeltem Eigensinn, eine Gegenwart heraufzubeschwören, die ihr – nicht ohne ihre eigene Schuld – für immer verlorengegangen war.

Viktorias erste Witwenjahre waren eine düstere Zeit für sie und für alle, die mit ihr zu tun hatten. Sie erschien nicht mehr vor dem Parlament. Sie entzog sich ihrem Amt. Sie zeigte sich nicht mehr in der Öffentlichkeit. Sie ließ ihre Minister und Premierminister warten. Sie zog sich in den abgelegenen Norden, nach Balmoral, zurück.

»Haben wir denn noch eine Königin?« fragte die königstreue Presse. »Sie tut nicht, was sie soll!« quengelten die kritischeren Blätter, und die Radikalen fügten hinzu: »Wozu bezahlen wir diese Frau, wenn sie ihre Pflichten versäumt?«

Viktoria grollte ihrerseits. Nation und Krone begannen auseinanderzudriften.

Verlassen wir jetzt einmal die alternde Witwe in ihren einsam gelegenen, ungemütlich, ungeheizten Schlössern, bei ihrem fröstelnden und mißgelaunten Hofstaat, und sehen wir uns einmal das Land, das Reich an, dem sie als Königin vorstehen soll und dem sie sich in ihrer Trauerrolle verweigert.

Großbritannien bietet in jener Zeit ein Schauspiel atemberaubender Entwicklung.

Die geistige Landschaft der britischen Nation zeigt allerdings ebensoviele Schichtungen und Verwerfungen wie die der anderen großen Völker Europas: Anscheinend unerschüttert ragt die christliche Tradition, hier verbunden mit der Staatskirche, wie ein riesiger erratischer Block in das Geschiebe moderner Ideen. Auch der Feudalismus zeigt seine nach außen noch immer prunkhaften Fassaden. Tag für Tag, Jahr für Jahr werden aber diese alten Strukturen von Schüben ganz anderer Art erreicht: Liberalismus und Nationalismus drängen herauf und – in deren Schatten – ein radikaler Sozialismus. Die Naturwissenschaften beginnen alle Überlegungen und Entwürfe zu beeinflussen. Ihr Grundsatz, nur das Faktische und Nachweisbare gelten zu lassen, sickert in alle entscheidende Denkprozesse ein.

Die Umwandlung in die Moderne hat begonnen.

Dieser Vorgang ist in ganz Europa zu bemerken. Dennoch läuft er in jedem Staat, in jedem Volk unter anderen Bedingungen ab. Deutschland und Italien sind noch zersplittert, gleichwohl auf dem Weg zur Einigung. Frankreich, Österreich und Preußen sind im Jahr 1848 durch schwere Revolutionen erschüttert worden. Frankreich steht noch mancher blutige Aufstand bevor, während Österreich mit jedem neu anbrechenden Jahrzehnt stärker um seinen staatlichen Zusammenhalt besorgt sein muß.

In Großbritannien ist alles anders. Zwar klaffen auch

hier – und vielleicht krasser als anderswo – Abgründe zwischen den Reichen und den Armen. Doch den Wortführern der Revolution ist der schärfste Wind aus den Segeln genommen, da sich die beiden Parlamente darauf geeinigt haben, die politischen Rechte der Basis allmählich zu erweitern. So bleibt die Szene auf den Inseln 1848 eher ruhig, während in ganz Europa erst Barrikaden errichtet und danach Hinrichtungen befohlen werden. Auch um die nationale Einigung muß sich England fast keine Sorgen mehr machen: drei Länder sind unter einer Krone zu einem Machtblock verschnürt.Der Liberalismus hat sich während und seit dem Abbau der Zollschranken einen Spielraum geschaffen, der alle kontinentalen Spielräume weit hinter sich läßt. So ist England das modernste, fortschrittlichste Land der Erde geworden. Die schrillen, ideologischen Auseinandersetzungen, die anderswo die Gesellschaft zerreißen, hat es nicht etwa durch begriffliche Klärungen oder gar Dogmatisierungen, sondern durch pragmatische Politik und durch die Kraft der Fakten unterlaufen. Doch wer durch bestimmte Vorgänge reich und mächtig geworden ist, hat vermutlich wenig Lust, die Voraussetzungen zu hinterfragen, unter denen er reich und mächtig wurde, vorab, wenn er gute Gründe hat, diese Voraussetzungen nicht allzu deutlich, geschweige denn öffentlich zu machen.

Nun war England nicht nur durch seinen Gewerbefleiß, sondern vor allem durch seine Kolonien und deren Ausbeutung reich und mächtig geworden. Wer aber annimmt, die kolonisatorische Bewegung sei durch all die Zeit zielbewußt mit geballter Energie von der Zentralregierung in London betrieben worden, befindet sich im Irrtum. Dort war man eher bedenklich, zögerte und hielt sich zurück. Sehr weise Stimmen – und nicht nur die des edlen Cobden – ließen sich vernehmen, man solle sich hüten, ein Riesenweltreich zu errichten, da man es ohnehin nicht in alle Zukunft werde beherrschen können, und dann werde der Verlust bitterer sein, als der Gewinn süß gewesen, und so fort.

Doch da war nichts aufzuhalten.

Die alte Seefahrer- und Piratennation, die die Briten ehemals gewesen waren, hatte sich zwar zivilisiert, humanisiert, demokratisiert – die alte Abenteurerlust steckte ihr gleichwohl im Blut. Man verachtete Freibeuterei und Sklavenhandel, doch die Faszination der weiten Welt war nie erloschen, und die Erfahrung, daß es da draußen ungeheure Schätze zu heben gab, um die sich andere Nationen bereits kräftig bemühten, stachelte zum Wettbewerb auf.

Die alten Handelskompanien, die den Vorstoß vor allem nach Indien getragen hatten, waren keine im Mutterland verfassungsmäßig verankerten und von der Zentralregierung beauftragten Instanzen; lange waren sie von Randgruppen getragen und folgten eher kaufmännischen als nationalen Interessen. Doch ihre Erfolge waren so groß, daß sich der Staat ihrer Sogkraft nicht entziehen konnte. Er mußte in ihre Fußstapfen treten und sich mit ihnen identifizieren, und als in Indien mit der Mogulherrschaft die letzten eingesessenen Strukturen zusammenbrachen, übernahm die englische Krone die Vertretung der Kompanien, ihre Rechte und wenige Jahre danach ihre gesamten Aufgaben.

Keinesfalls wollte Großbritannien als brutaler politischer Freibeuter gelten. Hatte es nicht Freiheit, Christentum und Fortschritt auf seine Fahnen geschrieben? Vertrat es nicht die beste, weil effektivste und rationalste Zivilisation der Welt? Welch ein Geschenk an die weithin noch barbarische oder in alten Kulturen träumerisch dahinschlummernde, unaufgeklärte Menschheit! Wo auch immer seit dem Beginn des 19. Jahrhunderts ein Europäer auftrat umgab ihn die Aura einer sagenhaften Wunderwelt. Die Entdecker früherer Jahrhunderte hatten den überraschten Naturvölkern mit ihren Schiffen, Pferden und Donnerflinten über Gebühr imponiert. Die neuen Entdecker imponierten mit Waren, Maschinen, Genußmitteln, mit Kattun und Stahl, mit den Errungenschaften der Dampfkraft, mit neuartigen Methoden des Brücken- und Straßenbaus, der Beleuchtung, der

Drucktechnik und sogar schon der Telegraphie. Wo sich ein europäisches Kanonenboot einer Küste näherte, schrieb es mit seinen Rauchfahnen bereits einen Machtanspruch an den Himmel. Wo ein Forscherteam den Lauf eines Flusses landeinwärts verfolgte, wo ein anderes noch unbekannte Steppen und Wüsten durchquerte, wo ein Missionar sein Kreuz aufpflanzte oder ein Geologe mit seinem Hämmerchen fündig wurde, dort war bereits Europa im Anzug – und in acht von zehn Fällen war es das angelsächsische Europa.

So zog das Zeitalter des Kolonialismus herauf.

Dabei ging es nicht ohne Gewalttätigkeiten ab. Sank ein barbarisches Volk vor dem zivilisatorischen Angebot nicht gleich in die Knie, so mußte man ihm dabei etwas nachhelfen.

Während der dreiundsechzigjährigen Regierungszeit der Königin Viktoria führte Großbritannien nicht weniger als zweihundert Feldzüge. Doch bezeichnenderweise wurden diese weder von der Nation noch von der Souveränin als wirkliche *Kriege* empfunden. Die emotionale Beziehung zur Flotte war stark, die zur Armee eher kühl, und so betrachtete man die in fernen Ländern kämpfenden Truppen nicht etwa als die bewaffnete Herzkraft des Reiches, sondern eher als die zu speziellen Aufgaben vorgeschickten Expeditionskorps, die sich noch dazu teilweise aus angeworbenen Einheimischen ergänzten, Einheimischen, die häufig genug gegen die eigenen Landsleute anzutreten hatten. Um so weniger Grund, sich darüber zu alterieren! In der unendlichen Weite des Globus verloren sich diese Feldzüge wie ferne Wölkchen, die den britischen Alltag – und auch den Alltag der Königin – nur wenig trübten.

Der britische Alltag war von anderen Problemen überschattet. Da war vor allem Irland, die große schmerzende Wundfläche, die am Körper des Reiches schwärte (und noch heute schwärt!). Wie gerne hätte man die drei vereinigten Königreiche der Welt als monolithischen Block und unerschütterliches Machtzentrum präsentiert! Doch Irland war da nicht einzubeziehen. Es verkörperte das ganz andere; anders in seiner ethnischen Substanz, die von keltischen, also vorgermanischen Elementen dominiert war; anders durch seinen Katholizismus, der, dem reformierten England widrig, als irrationale Fremdartigkeit ins Auge stach; anders auch dadurch, daß es sich nicht bereit fand, seine Modernisierung mittels Technik und Industrie so eifrig und tatkräftig zu betreiben wie etwa der englische Süden, daß es damit auch arm blieb, vermutlich sogar arm bleiben wollte, obwohl es andernteils in ständigem Anklagezustand gegen die reicheren Reichsteile verharrte, widerspenstig, undankbar, rebellisch.

Irland war die Brutstätte der Aufsässigkeit. Die massenhaft auswandernden Iren bildeten in den englischen Industriestätten ständige Zellen der Revolte. In Amerika versuchten sie gegen das Mutterland zu intrigieren. Die irische Homerule-Partei verfocht den Abfall von England, die Bauern forderten die ersatzlose Aufteilung des Grundbesitzes, englische Verwaltungsbeamte wurden ermordet. Die grüne Insel kam nicht zur Ruhe.

Die Londoner Regierung steuerte in diesen Wirren keinen festen Kurs. Einmal versuchte sie durch Zugeständnisse zu beschwichtigen, andere Male wieder griff sie zur Gewalt wie zum Beispiel im europäischen Revolutionsjahr 1848, in dem die nationale Bewegung »Junges Irland« blutig niedergeschlagen wurde. Sehr lange fand Viktoria nicht den Mut, Irland zu bereisen. Sie war zwölf Jahre Königin, bis sie es über sich brachte, diesen Teil ihres Reiches zu betreten.

Aber Irland war nur eines der Probleme, die Albion beunruhigten. Schon immer hatte es sich das Inselreich angelegen sein lassen, den benachbarten Kontinent argwöhnisch zu überwachen. Im Mittelalter hatte man versucht, auf dem Kontinent selbst Fuß zu fassen, und hatte einen hundertjährigen Krieg darum geführt. Vergeblich. Später war man klüger geworden: der Kontinent ließ sich nicht erobern. Dafür sollte er wenigstens durch innere Unruhen klein gehalten werden. Es galt, Eifersüchte zu schüren, die zwischen den Mächten Europas herrschten: Frankreich sollte durch Deutschland und Spanien beschäftigt werden. Deutschland sollte uneins und zersplittert, die nahen Küsten, Rhein- und Scheldemündung, sollten in kleinere Staatsgebilde aufgegliedert bleiben.

Dieser Entwurf war nicht übel. Trotzdem kostete er England viel Blut und viel Geld. Immer wieder mußte England kriegerisch eingreifen, um bald Spanien, bald Frankreich niederzuhalten, bald Österreich, bald Preußen zuhilfe zu kommen, einmal um Kopenhagen zu bombardieren, einmal um im bayerischen Blindheim dem Türkenbesieger Prinz Eugen zur Seite zu stehen. Die letzte große Intervention war gegen Napoleon erfolgt. Noch lebte auch der alte Wellington, der bei Waterloo den Oberbefehl geführt hatte.

Seit dieser Zeit mischte sich England in keinen europäischen Krieg mehr ein. Wenn wir von der fernen Krim absehen, war zwischen 1815 und 1914 kein englischer Soldat auf dem Kontinent im Einsatz. Man begnügte sich damit, aus dem Hintergrund zu dirigieren und, wenn möglich, als Schiedsrichter aufzutreten. Italiens Einigungsbestrebungen wurden unterstützt, dabei hatte Österreich das Nachsehen. Als Österreich im Jahre 1866 abermals gedemütigt wurde, diesmal von Preußen, sah man das nicht gern. Das Verhältnis zu Frankreich kühlte jäh ab, als Napoleon III. mit seinen Küstenbefestigungen protzen wollte. Was braute sich da zusammen? Aber als dann der Deutsch-französische Krieg ausbrach und Bismarcks Truppen Paris einnahmen, empfand man das als höchst unangenehme Überraschung. Nun wurde gar ein neues deutsches Kaisertum ausgerufen und Deutschland für geeinigt erklärt. Was sollte das bedeuten?

Bismarck, dieser hochgewitzte Machtmensch, verfolgte ganz offenkundig weitgesteckte Ziele.

Die Welt, auch die britische, hatte bisher mit leidlichen Sympathien auf das zerrissene, aber kulturell fruchtbare

Deutschland geblickt, dessen Lieder man sang, dessen Musik man bewunderte, dessen Philosophie man zwar für übertrieben gründlich, doch sonst für recht respektabel hielt. Jetzt überraschte dieses Volk dadurch, daß es plötzlich statt Lyrik und Musik (oder neben Lyrik und Musik) neue Chemie, neue Physik, neue Technik und einen überwältigenden Fleiß entwickelte, der die Erfolge der eigenen Industrie zwar noch nicht übertraf, aber ihnen von Jahr zu Jahr gewaltiger Konkurrenz machte. Dazu begann dieses Volk auch noch Kanonen und Schiffe zu bauen. Was wuchs da heran?

Noch konnte man sich damit trösten, daß Frankreich seine Niederlage nie vergessen und, wiedererstarkt, Deutschland die Stirn bieten werde. Ein schon weit geringerer Trost war die Tatsache, daß die beiderseitigen Dynastien, die preußisch-hohenzollerische und die eigene hannoveranisch-Sachsen-Coburg-Gothaische eng miteinander verbunden waren. Erst wenige Jahre zuvor hatte sich die Princess royal Vicky mit dem prospektiven preußischen Thronfolger Friedrich vermählt, und zwischen ihr und der Königin herrschte das innigste Verhältnis. Doch die kühlen Rechner im Außenamt wußten schon zu genau: verwandtschaftliche Bande der Dynastien waren keine Garantie gegen nationale Konflikte. Sie konnten nur zu leicht verschlissen werden. Die Gewichte der Politik hatten sich verlagert von den Schlössern auf die Märkte, von den Thronen an die Börsen.

Kehren wir zurück zu unserer Königin.

Nach Jahren der Trauer um den geliebten Albert und einer vermutlich willentlich ausgedehnten Depression kam Viktoria allmählich wieder zu sich. Mehr und mehr suchte und fand sie wieder Anlässe, die Öffentlichkeit aufzusuchen. Doch ihre Motive waren – typisch für sie – weit weniger politischer als familiärer, dynastischer, ja beinahe privater Natur.

Sie erschien vor dem Oberhaus, um darzulegen, daß die königliche Familie mit den derzeitigen Einkünften kein Auskommen habe. Sie forderte höhere Apanagen für ihre Kinder, Prinzen und Prinzessinnen, für Schwiegerkinder und Enkel (denn der Unterhalt der Dynastie mußte jeweils vom Oberhaus bewilligt und durfte vom Unterhaus nicht unterlaufen werden).

Die Königin, die sich als junge Mutter nur wenig um ihren Nachwuchs geschert hatte, entwickelte sich jetzt als alternde Frau zur besorgten Glucke, die für das Wohl der Ihren nicht genug scharren konnte. Empfand sie das Mißverhältnis zwischen ihrer politischen Präsenz und ihren familiären Ansprüchen? Es fiel ihr schwer, solche Bittgänge anzutreten, doch sie tat es immer wieder, mit Groll im Herzen und mit dem Mut der Verzweiflung, denn ihre Nachkommenschaft war zahlreich und stellte Ansprüche. Nicht selten erhielt die bittstellende Königin eine Abfuhr, fast immer einen Abstrich von ihren Forderungen, die Presse reagierte mit Kritik, mit Ironie, sogar mit offener Feindschaft. So wagte es zum Beispiel ein radikales Blatt, den Tod eines prinzlichen Kindes zu begrüßen, denn – so lautete das taktlose Argument – wäre es nicht gestorben, es hätte ja doch nur die Schar der Nichtsnutze erhöht, die mit den Pfunden der Nation praßten.

Viktorias Zwangslage wurde dadurch verschärft, daß ihre Kinder eins nach dem anderen ins heiratsfähige Alter kamen, daß sie sich vermählten und wieder vermehrten. Nicht daß Viktoria gegen diesen mehr oder minder zwangsläufigen Prozeß etwas einzuwenden gehabt hätte. Im Gegenteil: sie war eifrig darauf bedacht, die Ihren zu verheiraten, es war ihr Bedürfnis und Vergnügen, Ehen zu stiften, Ehen auch anderer Leute, sofern sie zu ihrer Entourage gehörten. Tratsch und Klatsch hatte Viktoria schon immer geliebt, und dieser erhielt nun durch Kuppelei kräftige Zufuhr; konnte doch nichts amüsanter sein, als bestimmte Verbindungen zu knüpfen, andere zu verhindern, neue Möglichkeiten dieser Art aufzuspüren und sich dann schließlich mehr oder minder aufrichtig bedanken zu lassen dafür, daß man die fördernde Hand über einen neuen Bund gehalten habe.

Was Viktoria selbst betraf, so war sie mit zweiundvierzig Jahren Witwe geworden. Wer hätte sich dazu verstiegen, Überlegungen anzustellen, ob es in ihrem Leben etwa einen zweiten Gatten geben könnte? Solchen Vorstellungen hatte sie selbst von vorneherein einen Riegel vorgeschoben; zu ausschließlich hatte sie sich ihrer Rolle als trauernde Witwe gewidmet, zu hoch hatte sie diese Rolle hinaufstilisiert. Trotzdem riskierte sie, die doch als personifizierte Ehrbarkeit galt und gelten wollte, ihren Ruf einige Male für, wie man damals sagte, »untergeordnete Kreaturen«.

Da war zum Beispiel ein schottischer Bedienter namens Brown, ein braver Mann, der im Gestüt von Balmoral seinen Dienst tat. Er kutschierte die Königin durch die Gegend und hob sie, wenn sie ausritt, in den Sattel und ritt hinterdrein. Diesem Mann schenkte Viktoria ihr volles Vertrauen: er sei so gut und ehrlich, versicherte sie, ein so braver Mensch und ihr ergeben.

Das war er, zweifellos.

Aber zweifellos war er noch mehr: er sagte der Königin Wahrheiten, die sie sonst von niemandem ertrug. Er hatte eine ungeniert brummige Art, mit ihr umzugehen, die sie, die tausendfach Umschmeichelte, erfrischend berührte. War sie wütend, wenn einer ihrer Premierminister eine Andeutung von Kritik verlauten ließ: Von ihrem lieben Brown nahm sie jede Zurechtweisung hin. Zuerst diente er ihr nur in Balmoral, später führte sie ihn mit nach Osborn, schließlich duldete sie nicht mehr, daß er von ihrer Seite wich. Er hatte jederzeit freien Zutritt zu ihr, sogar zu ihrem Schlafzimmer.

Die Familie war bestürzt und suchte sie davon in Kenntnis zu setzen, daß man bereits angefangen habe, sie »Mrs. Brown« zu titulieren. Doch Viktoria war unbeirrbar. Vermutlich kam es ihr nicht einmal in den Sinn, daß sich in ihre Vertrautheit mit dem Mann, daß sich in ihr Vergnügen, sich von seinen starken Armen stützen, heben, tragen zu lassen, daß sich auch in ihre Duldsamkeit seiner unwirschen Direktheit gegenüber deutlich erotische Elemente mischten. Da Viktoria tugendhaft sein wollte, hielt sie sich auch für unanfechtbar tugendhaft. Ihre Naivität in dieser Hinsicht war fundamental.

Selbst im Bereich der Gesetzgebung hatte diese Naivität der Königin mehr oder minder gravierende Folgen. So war sie ziemlich schockiert, als man ihr eines Tages einen parlamentarischen Entwurf zur strafrechtlichen Verfolgung von Homosexualität vorlegte; als flankierende Maßnahme hatte man auch eine Verfolgung lesbischer Beziehungen ins Auge gefaßt. Doch niemand wagte es, der Königin den Tatbestand zu enthüllen, denn sie war der festen Meinung: »So etwas tun Frauen nicht.« Damit unterblieb das Gesetz, zugunsten vieler Unglücklicher.

Der baumlange, knochige Schotte Brown hatte kein langes Leben. Als er starb, wurde er von Viktoria heftig betrauert. Ob sie auch für ihn Denkmäler oder doch wenigstens ein Denkmal plante, ist nicht bekannt. Doch in seinem Nachlaß wurde ein Billet von Viktorias Hand gefunden:

> Ich schicke mein Dienstmädchen
> mit meinem Neujahrsbrief,
> seine Worte werden
> dir, meines Herzens Schatz,
> meine Treue und Liebe zeigen.
> Dann lächle ihr und lächle mir
> und schick mir liebevolle Antwort
> und schenk mir Freude.
>
> Meinem besten Freund J. B.
> Von seiner besten Freundin. V.R.I.«

Anderer, vielleicht etwas weniger mißverständlicher Art, war Viktorias Vorliebe für schöne Jünglinge aus exotischen Ländern. So wie sie sich gerne mit Edelsteinen schmückte, die in Indien geschürft worden waren, und sich damit als Herrscherin über den sagenhaft reichen Subkontinent auswies, so schmückte sie auch ihren Hofstaat mit menschlichen Exemplaren besonderer Art, mit indischen Fürstensöhnen vom Ganges – oder solchen, die sich für derlei Fürstensöhne ausgaben. Einer von ihnen – das geschah noch zu Alberts Lebzeiten – wurde sogar wie ein eigenes Kind gehalten. Doch er enttäuschte seine Zieheltern schwer. Auch andere wuchsen sich zu eigentümlichen Problemen aus, zeigten sich launenhaft, eifersüchtig, machten Schulden und betrieben eine am britischen Hof naturgemäß höchst unerwünschte Vielweiberei. Trotzdem zeigte sich Viktoria ihnen gegenüber von ungeheurer Nachsicht, von mütterlicher, großmütterlicher Langmut. »Gutaussehende Männer« konnten immer mit ihrer Sympathie rechnen.

Einem dieser »Lieblinge« wurde aufgetragen, im königlichen Schloß zu Osborn einen für sein indisches Vaterland repräsentativen Raum zu gestalten. Obwohl die Königin sonst jeder baulichen Veränderung an ihren Schlössern abgeneigt war, wurde hier ein Saalbau errichtet, der sogenannte Durbar-room; Schätze über Schätze wurden herangeschafft, der Saal füllte sich mit den kostbarsten Teppichen, Möbeln, Buddhastatuen, mit raffinierten Schnitzereien, Gegenständen aus schimmerndem Schildpatt, mit juwelenbesetzten Truhen, mit Altem und Neuem, mit sublimen Kunstwerken und Greueln der Geschmacklosigkeit. Hier empfing Viktoria ihre Gäste, denn sie war nun nicht mehr lediglich Königin von Großbritannien, sondern sie war inzwischen Kaiserin von Indien geworden.

Dieses Kaisertum hatte eine Vorgeschichte.

Vicky, die geliebte Tochter, hatte den preußischen Kronprinzen Friedrich geheiratet. Keine schlechte Partie. Aber im Jahre 1871 hatte ihr Schwiegervater die deutsche Kaiserkrone angenommen. Er war ein schon bejahrter Mann. Wie lange konnte es dauern, bis Vicky deutsche Kaiserin wurde?

Diese Aussicht der Tochter beunruhigte die Mutter. Fürchtete sie eine Einbuße ihres Ansehens, wenn es in Europa – neben der Zarin – noch eine Frau kaiserlichen Ranges gab? Fürchtete sie vielleicht sogar eine Einbuße an mütterlicher Autorität?

Zur Kaiserin von Großbritannien konnte sie sich nicht ausrufen lassen. Das hätte allen Traditionen ihrer Länder widersprochen. Doch wer sollte sie hindern, Kaiserin von Indien zu werden? Im Volksmund hieß sie bereits so. Viktoria stellte den Antrag an das Parlament. Der Antrag wurde, nach einigem Hin und Her, 1877 bewilligt. Eine schüchterne Anfrage, ob sie denn nicht ihr neues Reich besichtigen wolle, wehrte sie entsetzt ab: sie würde in der indischen Hitze sogleich sterben.

Ihre Tochter Vicky mußte dann noch lange darauf warten, deutsche Kaiserin zu werden, und war es dann nur für kurze hundert Tage. Ihr Gatte starb, zu Vickys und Viktorias großem Kummer, an einem Kehlkopfkrebs, der ihm bereits vor seines Vaters Tod qualvoll zugesetzt hatte. Nach ihm bestieg Vickys Ältester, Wilhelm II., den deutschen Thron, ein Enkel der Queen.

Ein anderer Enkel, Georg V., unterzeichnete im August 1914 die Kriegserklärung an Deutschland.

Die Tragödie Europas nahm ihren Lauf.

Doch so weit war es zum Glück noch nicht.

Noch ließen sich die altererbten politischen Konflikte und Eifersüchteleien zwischen den europäischen Partnern anderswo austragen: in fernen Ländern und um koloniale Positionen. Da kam es zum Wettlauf bald mit Holland, bald mit Belgien, bald mit Spanien, vor allem aber mit Frankreich. Frankreich hatte sich über den Trümmern des Osmanischen Reiches in Ägypten festgesetzt, das, wie schon erwähnt, durch das Projekt des Suezkanals zu einem Angelpunkt der Weltpolitik geworden war. Hier mußte sich bald Gravierendes entscheiden – und es entschied sich auch, indem Viktorias Lieblingspremier Disraeli die Suezaktien aufkaufte.

Nun freilich: mit einem finanziellen Coup allein war die Herrschaft über Ostafrika noch nicht gesichert. Auch die Besetzung Ägyptens, notdürftig als Hilfsaktion für einen bedrängten Khedive getarnt, erledigte das Problem keineswegs. Denn in dem von Ägypten abhängigen Sudan ballte sich erbitterter Widerstand zusammen, die Revolte eines sogenannten Mahdi, eines Einheimischen mit der irrationalen Aura eines Propheten. Da floß viel Blut. Auch der in aller Welt bewährte und als Held bewunderte General Gordon mußte in Khartum sein Leben lassen.

Was sich hier in den glühend heißen Äquatorialzonen abspielte, war ein Kampf mit fanatisierten »Ungläubigen« und wurde in Europa als notwendiges Kräftemessen mit einer vorzivilisatorischen, barbarischen Welt und damit als moralisch berechtigt eingestuft. Ganz anders, schlimmer, bösartiger wurde der schon lange schwelende, doch um 1890 zu einem brutalen Krieg eskalierende Konflikt mit den Buren empfunden. Die Buren, ein aus Holland eingewandertes bibelfrommes Bauernvolk, hatten im Süden Afrikas in einem nahezu menschenleeren Raum eine autonome Republik aufgerichtet. Damit gerieten sie in Englands Einflußzone. Britische Einwanderer suchten die Holländer zu verdrängen. Es entspann sich ein langes Hick-Hack. Schließlich führten britische Freischärler einen ersten gezielten Schlag. Die Weltöffentlichkeit war entsetzt. Hier konnte Großbritannien keine moralischen aufklärerischen Ziele mehr vorschützen; hier war wohl reine Besitzgier am Werk: Südafrika war reich an Edelsteinen, noch reicher an Goldminen. Plötzlich rauschte der Blätterwald rund um den Globus einmütige Empörung über das »perfide Albion«. Und Wilhelm II. schickte, unklug wie er war, ein Sympathietelegramm an Präsident Krüger. Viktoria war empört – und England mit ihr.

Man müßte – aus heutiger Sicht – England freilich zugute

halten, daß es hier wahrscheinlich nur anderen Nationen zuvorgekommen war, denn Frankreich und Belgien hatten sich bereits weite Gebiete Afrikas einverleibt. Auch Deutschland mischte inzwischen mit: in Südafrika hatte es sich in unmittelbarer Nachbarschaft zum begehrten Kapland festgesetzt. So hielt Großbritannien seinen einmal behaupteten Anspruch wacker aufrecht und focht, unbeirrt durch Rückschläge, auch um diesen Teil der Welt.

Viktoria, inzwischen hoch in die siebzig gekommen, sah sich wieder einmal in der Rolle einer kriegführenden Souveränin, und, was sie Zeit ihres Lebens immer wieder betont hatte, nämlich daß sie eine »Soldatentochter« sei (der Herzog von Kent hatte eine Zeitlang in der Armee gedient), das schlug nun in ihrem hohen Alter voll durch. Hatte sie das Schaudern vergessen, das sie im und nach dem Krimkrieg beim Besuch von Spitälern und bei der Auszeichnung verstümmelter Verwundeter empfunden hatte? Sie hatte es nicht vergessen. Sie weinte vor Rührung, wenn sie Kriegerwitwen und Waisen beschenkte. Aber unter diesen leicht aufwallenden Gefühlen hatte sich in ihr ein harter Willenskern gebildet, eine Art Obsession, Englands Ruhm und Größe unbedingt wahren zu müssen. Mit diesem halsstarrigen Burenvolk sollte kein fauler Friede geschlossen werden.

So kam dieser Konflikt erst 1902, nach dem Tod Viktorias, zu einem Ende.

Des öfteren schon war hier die Rede von den innenpolitischen Wirren und Wechselfällen während Viktorias Regierungszeit. Diese Wechselfälle schlugen sich nieder in einem Kommen und Gehen verschiedener Regierungen, verschiedener Parteikonstellationen. So hatte sich die Königin jeweils auch mit verschiedenen Premiers zu befreunden und, wenn nicht zu befreunden, so doch abzufinden. Sie hatte sie anzuhören und mit ihnen zu einer leidlichen Übereinkunft zu gelangen. Denn schließlich konnte ja kein Gesetz erlassen werden, wenn Viktoria ihre Unterschrift verweigerte.

So war der goldene Federhalter in ihrer Hand das wahre Zepter über Großbritannien und über das immerfort wachsende Weltreich, Auslöser für Bewegungen, die zahllose Menschen, meist Millionen und nicht selten einen Gutteil der zeitgenössischen Menschheit betrafen.

In vielen Fällen war Viktoria kaum imstande, die Tragweite ihrer Unterschriften zu erfassen. Solange Albert lebte, konnte er ihr einiges davon vermitteln. Doch vorher und die langen Jahrzehnte danach waren es ihre Premiers, die sie motivierten – oder zwangen: motivierten, wenn sie, diese Premiers, Viktoria sympathisch waren; zwangen, wenn sich Viktoria innerlich gegen sie sträubte.

Die politischen Präferenzen oder Abneigungen waren bei der Königin fast immer persönlich bedingt.

Von ihrem ersten Premierminister, Melbourne, haben wir schon gehört. Der alte Herzensbrecher hatte die Zuneigung der jungen, noch jungfräulichen Königin im Sturm erobert. Er traf genau den Ton, nach dem es sie verlangte: eine wohldosierte Mischung von Respekt und Vertraulichkeit, von Sentiment und Weltläufigkeit, mit einem guten Schuß Zynismus.

Nach Melbournes Abgang, den sie lange nicht wahrhaben wollte, hatte sie es mit einem Mann ganz anderer Art zu tun, mit Robert Peel. Peel war ein kluger und fähiger Politiker, ein Exponent der Tories, der freilich neue Ideen und ein nahezu revolutionäres Programm mitbrachte. Aber Viktoria mochte ihn nicht, und auch er konnte mit der jungen Frau nichts anfangen. Sie sollte für ihn die höchste Autorität des Landes vorstellen und war doch in seinen Augen nur ein »jung und unwissend Ding«. So verhielt er sich steif, unnatürlich in seinen Respektbezeugungen, die nicht aufrichtig waren, ungeschickt in seinen Argumentationen, die ihr gegenüber notwendigerweise weit unter seinem Niveau lagen. Außerdem zappelte der arme Mann stets mit seinen Beinen, was Viktoria besonders irritierte und ihm in ihren Augen das Air eines Halbverrückten gab. Peel blieb nicht so lange im Amt, als daß sie sich an ihn hätte gewöhnen können.

Ein wahrer Alptraum war ihr Gladstone, der nach raschen Kabinettswechseln an die Spitze trat, ein schwerblütiger und düsterer Mann, den sie fürchten lernte. Obwohl gerade er England der höchsten Machtfülle entgegenführte und auch innenpolitisch mit seiner Wahlrechtsreform große Veränderungen auslöste, war er doch bei allen möglichen Aktionen von religiösen und moralischen Skrupeln geplagt. Viktoria war schneller bereit, solche Skrupel beiseite zu schieben, wenn sie meinte, diese für Englands Ehre opfern zu müssen; oder besser gesagt, sie ließ tiefergreifende Zweifel gar nicht erst aufkommen. In Gladstones Person saß aber ein solch steinerner Gast sozusagen täglich mit ihr am Tisch.

Eine besonders unheimliche Aura gewann seine Person für sie durch die immer wieder auftauchenden und wohl auch nicht ganz aus der Luft gegriffenen Gerüchte, daß sich ebendieser Gladstone abends, wenn in der Londoner City nur spärliche Lichter brannten, in gewissen Vierteln herumtrieb, doch nicht um sich lasterhaft zu vergnügen, sondern ganz im Gegenteil: um käufliche Mädchen auf den Pfad der Tugend zurückzulocken. Er spreche diese Damen an, hieß es, und ließe sich von ihnen auf ihre Zimmer führen, um sie dort nach den Gründen ihres Lebenswandels zu befragen und ihnen ins Gewissen zu reden.

Daß solche Bekehrungsversuche höchst zweideutig erscheinen mußten, kann man sich denken. Viktoria waren religiöse Fanatiker überhaupt ein Greuel. Es empörte sie, daß dieser Mann bei ihr aus- und eingehen sollte, mußte, durfte. Sie versuchte ihm den Handkuß zu verweigern, sooft das nur ging. Sie sparte nicht an giftigen Bemerkungen, die ihm dann selbstverständlich wieder hinterbracht wurden und sein steinernes Wesen ihr gegenüber nur noch mehr versteinerten.

Für sie stellte die Kirche – die anglikanische Staatskirche, versteht sich, denn mit anderen kam sie kaum in Berührung – nicht viel mehr dar als eine tüchtige Institution, notwendig, um das Volk bei der Stange zu halten, notwendig auch, um die Krone zu stützen. In ihren Tagebüchern wurde zwar Gott in Stereotypen oft zitiert, wie »Ich danke Gott ...«, »Gott beschütze ...«, doch scheinen Viktorias religiöse Vorstellungen sehr schwach entwickelt gewesen zu sein. Ihr Glaube bestand – vor allem in ihren letzten Lebensjahrzehnten – wesentlich in der sehnsüchtigen Erwartung, daß sie nach ihrem eigenen Tod mit ihren vorangegangenen Lieben, namentlich mit ihrem unvergleichlichen Albert, von neuem vereinigt werde. So mag ihr das Christentum als eine Veranstaltung teuer gewesen sein, die ihr ein ewiges Familienfest im Jenseits garantierte: lachend und weinend werde man drüben einander in den Armen liegen, statt von faulen Lakaien von diensteifrig umherschwebenden Engeln bedient.

Doch zurück zu Viktorias Premiers. Es war eine lange Reihe, die ihr die wechselhafte Politik bescherte: Aberdeen, Russell, Palmerston, Derby, Salisbury, Rosebery, Chamberlain. Viermal war ihr Gladstone beschert, doch der berühmteste ihrer Premierminister war Disraeli, so berühmt, daß man die viktorianische Epoche vielfach mit der seinen gleichsetzt. Zu Unrecht! Denn er spielte in den dreiundsechzig Jahren ihrer Regierung nur sporadisch eine entscheidende Rolle, das war von 1874 bis 1880 die des Premiers. Disraeli war vielleicht der genialste Politiker, mit dem die Königin zu tun hatte, eine schillernde Gestalt, witzig und geistreich, dementsprechend weniger solide – und damit ein Mann, der Viktoria gefiel.

Als Sohn eines jüdischen Literaturhistorikers venezianisch-spanischer Herkunft nach England verpflanzt, versuchte er sich zuerst auf dem Feld belletristischer Prosa mit politischem Einschlag – und hatte Erfolg damit. Er schloß sich den Whigs an, wechselte aber bald zu den Tories, denen er freilich eine radikale Modernisierung empfahl. Viktoria

Königin Viktoria und Disraeli
um 1879

hielt ihn lange für einen Scharlatan, sogar für einen Gauner, vor dem man sich hüten müßte. Doch je höher er stieg und je öfter er in ihre Nähe kam, desto angenehmer wurde er ihr. Schließlich vertraute sie ihm rückhaltlos. Er verstand es, ihr zu schmeicheln, und manchmal schmeichelte er recht plump. Doch Viktoria war auch im Alter noch immer Frau genug, um sich mit Vergnügen »Blümchen« schenken zu lassen. Disraeli oder, wie er sich damals schon nennen durfte, Lord Beaconsfield war es auch, der ihren Wunsch, Kaiserin von Indien zu werden, gegen das zögernde Parlament durchsetzte. Er gaukelte ihr sogar die Möglichkeit vor, den strengen britischen Konstitutionalismus zu unterlaufen und wieder mehr Macht an die Krone zu bringen.

Doch auch ihm gelang es nicht, Viktoria aus ihrer Passivität herauszureißen und sie stärker für die Politik zu interessieren; auch unter seiner Ägide versuchte sie sich der Öffentlichkeit zu entziehen. Waren Staatsbesuche von auswärts angesagt, so wollte sie für manche unsichtbar bleiben. Und als nach Disraelis Abschied wieder der verhaßte Gladstone die Regierung übernahm, verschloß sie sich trotzig den meisten seiner Wünsche: Sei sie denn ein Hyde-Park-Corner, wo jedermann ungeniert seine Meinung äußern dürfe?

Auch ihren Freund Disraeli mußte Viktoria bald begraben. Er starb nach kurzer Krankheit, nachdem er die Öffentlichkeit noch einmal mit neuen »Novels and tales« überrascht und amüsiert hatte.

Disraeli war wohl der erste – obgleich getaufte – Jude, der die Geschicke eines großen Reiches lenken durfte. Daß ein Außenseiter zu solcher Machtfülle emporsteigen konnte, setzte im späten 19. Jahrhundert ein Fanal: endlich schien das Zeitalter praktischer Toleranz angebrochen. Viktoria gewann sich dadurch den Ruf zukunftsträchtiger Liberalität. Einesteils. Andernteils haftete ihrer Gestalt der Vorwurf engherziger Heuchelei an. Ein Widerspruch.

Wir wissen es längst: sie war in ihrer Jugend eine lebenslustige Frau gewesen. Sie liebte ihren Mann und sah in der

Ehe keineswegs nur eine Institution zum Zeugen und Gebären von Kindern. Ihrem Gatten hing sie bald nach ihrer Hochzeit allerlei mythologische Gemälde ins Schlafzimmer, Szenen, die recht sinnenlustig zu deuten waren. Sie scheute sich auch nicht, sich einmal eine Zigarre anzustecken, noch auch ihren täglichen Tee kräftig mit Whisky zu würzen.

Einmal aber wurde sie aus Prüderie oder, sagen wir's genauer, aus hirnloser Engherzigkeit an einem Menschen schuldig.

Da war eine Hofdame, Lady Flora Hastings, die erst vor kurzem in Viktorias Gefolge aufgetaucht war. Man sah sie nicht sehr gern, denn sie galt als Favoritin der Herzogin von Kent; war sie vielleicht durch den verhaßten Conroy als Spionin eingeschleust worden? Immerhin hatte man sie als Hausgenossin aufgenommen. Doch eines Tages fiel eine verdächtige Veränderung ihrer Figur auf. Viktoria, damals noch unvermählt, war entsetzt. Sollte die Dame etwa ein Kind erwarten? Kaum wagte man auszusprechen, was man dachte. Ein Arzt wurde gerufen. Als sich Lady Hastings dagegen verwahrte, »unter den Kleidern« untersucht zu werden, hielt man das für ein untrügliches Indiz ihres Sündenfalls. Man entfernte sie vom Hof. Doch nach einiger Zeit kehrte sie zurück. Man hatte festgestellt, daß sie noch ein Unschuldslamm war. Was ihre Figur so seltsam verändert hatte, war ein bösartiger Tumor. Elend verstarb sie, in Qualen.

Viktoria hatte wesentliche Mitschuld an diesem tragischen Schicksal.

In der Demokratie muß nahezu jeder Politiker in einer Niederlage enden. Er wird entweder abgewählt und aus sachlichen Gründen aus dem politischen Spiel geworfen, oder aber ihm wird das Vertrauen entzogen: er muß den Hut nehmen und gehen.

Dem Monarchen kann das so leicht nicht geschehen. Er kann alle eigenen Mißgriffe überstehen, alle Niederlagen seiner Vertrauensleute überdauern. Er kann selbst so hinfällig wie nur möglich werden, halb taub, halb blind, unbeweglich, nahezu schwachsinnig. Trotzdem bleibt er Monarch, er kann es bleiben, wenn kein energischer Erbe nachdrängt und wenn sich die Öffentlichkeit – dem Trägheitsmoment der Gefühle folgend – an den Monarchen in einer Mischung von nachsichtiger Geduld und zärtlichem Respekt gewöhnt hat.

Das war bei Viktoria der Fall.

Sie hatte sich oft krank und hinfällig gestellt, als sie noch bei guter Gesundheit war. Nun meldete sich auch bei ihr das Alter mit Macht. Sie hörte schlecht und beklagte sich, daß die Menschen seit neuestem so leise sprächen; sie sah schlecht und beklagte sich, daß die Beleuchtung in ihren Schlössern nicht funktioniere. Wohlbekannte Besucher sprach sie an, ohne zu wissen, mit wem sie sprach. Da sie nicht mehr lesen konnte, ließ sie sich vorlesen; doch schlief sie dabei gerne ein. Um das, was in den Zeitungen stand, kümmerte sie sich bereits seit langem nicht mehr.

Für die innenpolitischen Verhältnisse hatte sie immer schon wenig Interesse gezeigt; nun konnten sie höchstens noch außenpolitische Nachrichten zu einer raschen, heftig aufschäumenden, doch rasch wieder verebbenden Teilnahme erwecken.

Als die Königin noch etwas mobiler gewesen war, hatte sie die Gewohnheit angenommen, auf dem Kontinent Urlaub zu machen. Da reiste sie mit großem Gefolge einmal an die Riviera, einmal in die Schweiz, gelegentlich nach Deutschland. In der Fremde wurde sie bestaunt wie ein seltsames Tier. Das konnte sie noch erfreuen. Aber ihre Regierungen stöhnten, es werde immer schwerer, die Königin zu erreichen. Als sie einmal Tirol durchquerte, kam Kaiser Franz Joseph eigens aus Wien angefahren, um die Reisende zu begrüßen und mit ihr in Innsbruck ein Mittagessen einzunehmen. So war Viktoria schon längst viel mehr als eine Figur der Politik, sie war bei Lebzeiten zum Monument ihrer selbst und zu einem verehrten Fossil geworden.

Altersporträt Königin Viktorias um 1896

Unwillkürlich wandten sich die Augen der Öffentlichkeit ihrem Nachfolger zu.

Seit langem hatte sich die Königin damit abgefunden, daß sie von ihrem Sohn »Berti«-Eduard bei offiziellen Gelegenheiten vertreten wurde. Sie ertrug diesen Nachfolger, weil ihr nichts anderes übrigblieb, als ihn zu ertragen. Jahrzehntelang scheint die Mutter diesen Sohn gehaßt zu haben. Sein Anblick bereitete ihr Pein, sie klagte ihn an, weil er so häßlich sei. Sie hielt ihn für verderbt und kernfaul – und in gewisser Weise war er das wohl.

Doch stellen wir uns seine Lage vor: Er war Thronfolger seit fast sechzig Jahren! Bitterkeit entpreßte dem Alternden die Bemerkung: Seine Mutter lebe so lange, weil ihr der Gedanke unerträglich sei, daß sie im Paradies nicht mehr den Vortritt haben werde.

Eines Tages, als Viktoria mit einer ihrer Hofdamen ausfuhr, entschlüpfte ihr ein Seufzer: Sie freue sich, demnächst schon mit ihrem Albert vereint zu sein. Die Hofdame glaubte ihr höflich zustimmen zu müssen: »Ja, Madame, bald sind Sie mit Prinz Albert in Abrahams Schoß.« Worauf die Königin abwehrte: »Ich werde mich weigern, Abraham zu empfangen.«

War das ein Scherz?

Sie stand im zweiundachtzigsten Lebensjahr und im dreiundsechzigsten ihrer Regierung, als das Jahrhundert, ihr Jahrhundert, das viktorianische, zu Ende ging. Alle Welt erwartete die letzte Mitternacht des Jahres 1899. Die Königin verschlief sie in ihrem Lehnstuhl.

Ein Jahr darauf war das Ende nahe. Kinder und Enkel versammelten sich um ihr Sterbebett.

Einer davon war Wilhelm, Kaiser von Deutschland.

Die Sterbende atmete mühsam und rang nach Luft. Wilhelm stützte sie trotz seines verkrüppelten Armes stundenlang und ohne sich zu rühren. Als sie ausgeatmet hatte und in den Sarg gehoben wurde, waren die Anwesenden erschüttert, wie klein dieser Sarg geraten war: Ein Kindersarg. In ihm kam auch ein kindliches Gemüt zur Ruhe.

Viktoria hatte alle Vorbereitungen für ihren Tod und ihr Begräbnis getroffen. Sie wollte nicht, wie ihre Ahnen, in der Abtei zu Westminster, sie wollte im Kitschmonument zu Frogmore bei ihrem Albert bestattet sein.

Als der Sonderzug mit der Leiche nach London fuhr, standen die Menschen in dichten Reihen auf Bahnhöfen und Feldern und erwiesen ihrer Königin die letzte Ehre. Viele von ihnen weinten und viele knieten nieder.

Indira Gandhi

Wir Frauen Indiens
sind nicht mehr Blumenmädchen,
wir sind Feuerfunken . . .
Indira Gandhi

Sie war keine Gekrönte, aber sie regierte über mehr Menschen als alle in diesem Buch vorkommenden Herrscherinnen zusammen. Sie gelangte an die Regierung durch Absprachen innerhalb einer demokratischen Partei, also auf einem in Demokratien üblichen Weg. Trotzdem wußte jedermann: sie war vor allem als Tochter ihres Vaters an die Spitze des Staates gestellt worden, also im Hinblick auf eine enge familiäre Verknüpfung, nach einem dynastischen Prinzip. Sie gewann Wahlen mit dem Slogan, sie, Indira, sei Indien, und erreichte damit eine auf ihre Person konzentrierte, nahezu monarchische Machtposition. Sie erzog sich einen Sohn als Nachfolger und zog, nachdem dieser tödlich verunglückt war, einen zweiten Sohn als Kronprinzen heran. Als sie, von den Kugeln ihrer eigenen Leibwächter durchsiebt, unter den Händen eines verzweifelten Ärzteteams starb, wußte die erschütterte Staatsführung vierzig Minuten nach ihrem Tod nichts Besseres zu tun, als eben diesen Sohn in das Amt der Mutter zu hieven.

Strikter kann das Erbfolge-Prinzip in keiner Monarchie gehandhabt werden. Hier hat sich an einem Modellfall gezeigt, wie sich Dynastien bilden können. Unser Jahrhundert ist rationalistisch und allem Magischen, Traditionellen und damit Familiären eher abgeneigt; so hat es in anderen Ländern Monarchien reihenweise abgeschafft. Auch in Indien sind zahllose Souveräne oder Scheinsouveräne durch Staatsgesetz abgesetzt worden. Diese Herrschaften waren lokal verankert und schon lange weithin als anachronistisch empfunden worden. Sie sollten mit ihren Protektoren, den britischen Kolonialherren, zusammen verschwinden. Doch kaum war das geschehen, nahm Indien als Ganzes (Beinahe-Ganzes) und trotz seiner bundesstaatlich demokratischen Verfassung die Züge einer Erbmonarchie an. Die Schlüsselfigur dieser Entwicklung war Indira. Insofern darf sie wohl zu den Herrscherinnen gerechnet werden.

Nie war Indien größer und geeinter gewesen als unter der Herrschaft der Briten: ein Kaiserreich, das vom Kap Comorin bis ins Karakorumgebirge, von der Grenze des damaligen Belutschistan bis weit über das heutige Bangladesch hinausreichte. Es war ein märchenhaft reiches und zugleich furchtbar armes Land, widersprüchlich und vielgestaltig, ein noch träumender Kleinkontinent, seiner selbst kaum bewußt oder, besser gesagt, in einer Bewußtseinslage, die in andere, tiefere, weitere, jedenfalls archaischere Schichten reichte als die seiner europäischen Herren. Dennoch war es auch damals schon ein Land in Verwandlung.

Die Verwandlung bestand nicht nur darin, daß die Briten Straßen und Eisenbahnen bauten und Fabriken nach europäischem Vorbild errichteten, daß Kinderehen und Witwenverbrennungen untersagt (allerdings nicht immer verhindert) wurden; auch nicht nur darin, daß neben den alten verwinkelten Städten neue Viertel entstanden mit schnurgeraden Avenuen, glänzenden Regierungspalästen, vorzüglicher Wasserversorgung und moderner Kanalisation; nicht einmal darin, daß seine gebildeten und verwaltenden Schichten *eine* Sprache zu sprechen und sich in ihr zu verständigen lernten, die englische. Die wohl wichtigste Veränderung bestand darin, daß sich seine Eliten dem englischen Lebensstil anpaßten und dessen Formen annahmen. Ob man der britischen Herrschaft mißtraute, sie beklagte, bekämpfte: man trug sich in englischer Mode, stattete seine Häuser mit englischen Kühlsystemen aus, übte seine Dienerschaft in englische Sitten ein. Man spielte Polo, Tennis und las – neben den Büchern altindischer Weisheit – englische Romane, englische Philosophen. Man ließ sich durch europäische Gelehrte über die eigene Geschichte aufklären und schickte seine Söhne und Töchter auf englische Schulen und Universitäten.

Unter den vielen, die von der britischen Herrschaft profitierten, war die Familie Motilal Nehrus in Allabahad.

Die Nehrus waren Brahmanen, gehörten also der höchsten indischen Kaste an; als die edelsten der indischen Brahmanen galten die aus Kaschmir, und genau von daher leiteten die Nehrus ihren Ursprung ab. Wenn europäische Herrscherhäuser ihren Stolz dareinsetzten, ihren Stammbaum auf Julius Cäsar, Karl den Großen oder König David zurückzuführen, so griffen die indischen Brahmanen weit höher und – im wörtlichen Sinne – bis in die Sterne: denn sie erblickten in den sieben Himmelskörpern des Großen Bären, die sie auch die Sieben Weisen oder die Sieben Büßer nannten, ihre Urahnen.

Eine mythische Ursprungssage von bedeutender poetischer Kraft.

Sie hinderte natürlich nicht, daß man sich auch auf die rationaleren Angebote der Zeit einließ. Motilal Nehru war Rechtsanwalt. Er verdiente gut. Unter den frühesten Bildern, die aus dem Familienalbum der Nehrus erhalten sind, ist ein Gruppenbild: da steht Motilal, ein großer schöner und schlanker Mann in tadellosem Salonanzug, ein soignierter und selbstbewußter Gentleman. Zu seinen Füßen sitzt ein Knabe von etwa vier Jahren in Schnürstiefelchen und adrettem Matrosenblüschen. Links im Bild die Gattin und Mutter, eine etwas schwerleibige Orientalin im Seidensari. Ihr Blick ist nicht – wie der des Gatten und Sohnes –

Aufmerksamkeit heischend auf den Beschauer gerichtet. Aus verschatteten Augen blickt sie ins Weite. Eine Schönheit wird man sie nicht nennen können. Ihr Ausdruck verrät, daß ihr Demütigungen nicht unbekannt und Kümmernisse nicht fremd sind.

Das Söhnchen hingegen zeigt Spannung und Wachheit. Es ist Jawaharlal, sein Name bedeutet Juwel, leuchtender roter Stein. Er wird – neben zwei Schwestern – der einzige Sohn seiner Eltern bleiben, ein verwöhntes, umsorgtes, behütetes Kind. Trotzdem wird man ihn mit fünfzehn Jahren in die Fremde geben, zehntausend Kilometer weit in das neblige England, nach Harrow. Dort soll er von englischen Lehrmeistern zum Gentleman geschliffen und so weit ausgebildet werden, daß er in die Fußstapfen des Vaters treten und ein ebenso tüchtiger Rechtsanwalt werden kann.

Jawaharlal wird ein braver Schüler in Harrow, ein fleißiger Student in Cambridge, später ein gewissenhafter Rechtspraktikant in London. Was der Vater aber nicht erwartet hatte: er wird dort im Land der Kolonialherren gegen ebendiese mit aufmüpfigen Ideen erfüllt. Doch nicht genug damit: im liberalen Klima der spät- und nachviktorianischen Epoche werden auch soziale Probleme und Notwendigkeiten diskutiert. Auch sie scheinen dem jungen Mann zu imponieren. Der Vater, in ständigem Briefverkehr mit dem Sohn, ist erstaunt, versucht ihn zu bremsen; denn er, Motilal, kann sich ein Indien ohne britische Herrschaft nicht vorstellen. Noch weniger kann er sich vorstellen, wie man das indische Volk als Ganzes mit sozialen Reformen beglükken könnte.

Aber Jawaharlal ist nun einmal unrettbar infiziert.

Das zeigt sich auch, als er nach beendetem Studium nach Hause zurückkehrt. Der Vater möchte ihn an seiner Seite in die Kanzlei ziehen. Aber der Junge zeigt sich unzufrieden. Noch weiß er nicht recht, wo es mit ihm hinaus will. Er knüpft erste Kontakte mit einer nationalpolitischen Gruppe namens »Kongreß«: sie gibt ihm neue Impulse. Er entdeckt sich als homo politicus.

Jawaharlal ist nun Mitte zwanzig, im heiratsfähigen Alter also. Motilal Nehru ist zwar ein fortschrittlich denkender Mann, doch so fortschrittlich auch wieder nicht, daß er seinem Sohn die Wahl einer Frau überließe. Von jeher haben in Indien die Eltern die Ehen ihrer Kinder vorbestimmt. So will auch Motilal über Jawaharlal beschließen. Doch dieser sträubt sich. Er lehnt eine, dann die zweite Braut ab. Erst bei der dritten wagt er keinen Widerspruch mehr. Lustlos fügt er sich in sein Schicksal. Die Hochzeit wird mit einem großen Fest gefeiert, die Hochzeitsreise führt nach Kaschmir. Jawaharlal geht mit Freunden bergsteigen. Die junge Frau darf geduldig seiner Rückkehr harren.

Kamala Kaul, soeben sechzehn geworden, entstammt einer reichen Hindufamilie. Auch sie ist keine Schönheit. Schon jetzt ist ihre Figur rundlich. Ihre Lippen sind um eine Spur zu dicht beflaumt. Sie sieht älter aus, als sie ist, sogar etwas älter als ihr Gatte. Er ist ein schöner Mann, gewandt, klug, hochgebildet. Sie liebt und verehrt ihn und ist bemüht, sich ihm anzupassen.

Kamalas Erziehung war die eines Hindumädchens aus gutem Hause, das heißt, es war vor allem eine religiöse Erziehung, die tausend fromme Gewohnheiten und Bräuche, auch solche naturmagischen Charakters, vermittelte. Wie fügte sich ein Mädchen solcher Herkunft in das moderne und aufgeklärte Nehru-Milieu? Kamala war schon als Braut der Demütigung unterworfen worden, sich von den Gouvernanten ihrer künftigen Schwägerinnen unterrichten lassen zu müssen. Nun war sie in Motilals Haushalt das fünfte Rad am Wagen. Jawaharlal ging nicht übel mit ihr um, denn das hätte seinen moralischen und zivilisatorischen Prinzipien widersprochen. Neigung zu heucheln fühlte er sich gleichwohl nicht veranlaßt. Schwiegermutter und Schwägerinnen ließen Kamala kaum aufmucken. Allein Schwiegervater Motilal erwies ihr etwas wie mitleidige

Freundlichkeit. Als Kamala schwanger wurde und vor ihrer Niederkunft darum bat, wie üblich im Elternhaus gebären zu dürfen, lehnte das aber auch Motilal ab: Jawaharlals Kind sollte nirgends anders als im Hause Nehru geboren werden.

Am 19. November 1917 kam Kamala mit einer Tochter nieder. »Es hätte doch ein Knabe sein sollen«, rügte die Schwiegermutter. Das Kind war Indira.

Das kleine zarte Mädchen war bald der Liebling der ganzen Familie und wurde um so mehr verwöhnt, als es das einzige Kind ihrer Eltern blieb. Ein Geschwisterchen starb früh, anderen Schwangerschaften setzte die schwankende Gesundheit der jungen Frau ein vorzeitiges Ende. Kamala, der man ihrer Rundlichkeit wegen eine robuste Gesundheit zugetraut hatte, erwies sich bald als gefährdet. Ein früher Lungeninfekt nagte an ihren Kräften.

So erblühte Indira wie eine kostbare Blume, der man in einem Treibhaus alle Pflege angedeihen läßt.

Trotzdem mag sie früh gespürt haben, daß sich etwas in ihrer Welt veränderte, daß Unruhe und Gefährdung um sich griffen. Immer öfter hörte sie die Erwachsenen erregt debattieren. Fremde Namen fielen, auch der Name einer Stadt: Amritsar. Dort sollte etwas Entsetzliches vorgefallen sein. Haßerfüllt wurde auch ein gewisser General Dyer genannt. Er hatte in Amritsar unter friedlichen Demonstranten ein Blutbad anrichten lassen. Auch von einer Partei, vom »Kongreß«, war die Rede: Ihr gehörte der Vater und bald auch der Großvater an. Dieser Kongreß hatte es sich zum Ziel gesetzt, die Briten zu verjagen. Die Briten waren mächtig und böse. Eines Tages geschah es, daß der Vater weggeholt wurde. Er war ins Gefängnis geworfen worden. Kurze Zeit danach wurde auch der verehrte Großvater weggeholt und eingesperrt. Indira spürte die Beben, die in immer dichter werdenden Wellen gegen ihre kleine gesicherte Welt liefen und sie erschütterten.

Und dann tauchte Mohandas Karamtschand Gandhi, der Mahatma, in ihrem Leben auf.

Dieser Mann schien fürs erste gar nicht in Indiras luxuriöse Umwelt zu passen. Er glich in keiner Weise den Besuchern, die sonst von der Familie empfangen wurden. Halbnackt lief er in einem weißen Lendenschurz herum, oft barfuß oder in zerschlissenen Sandalen. Er war sehr mager, sehr häßlich, zahnlos, und auf seiner Nase saß eine abscheuliche Brille mit eisernem Rand. Dennoch wurde ihm große Ehrerbietung erwiesen. Von ihm hieß es, er sei in der ganzen Welt bekannt und werde als Vorkämpfer für Indiens Freiheit hoch geachtet. Doch wolle er diesen Kampf keinesfalls mit Waffen führen, nicht einmal mit den Waffen politischen Hasses. Er wolle vielmehr die Engländer, Mann für Mann, davon überzeugen, daß es besser sei, das Land kampflos zu verlassen; er wolle seine Landsleute davon überzeugen, daß sie siegen könnten, ohne die Besatzer tätlich anzugreifen. Sie sollten ihnen nur den täglichen Gehorsam verweigern, durch passiven Widerstand allein werde die Freiheit zu erlangen sein. So sollten Indiens Völker nicht mehr die britischen Baumwollstoffe kaufen, sondern die im Land gewachsene Baumwolle selber spinnen und weben; sie sollten selbst ihr nötiges Kochsalz erzeugen, sollten britische Sitten ablegen und wie ehedem als einfache Menschen auf dem Lande leben.

Das waren merkwürdige Gedanken, fast wie aus alten Märchen. Doch am merkwürdigsten war, daß sich Vater Jawaharlal und Großvater Motilal von ihnen durchaus beeindruckt zeigten, so beeindruckt, daß eines Tages um das Jahr 1920 herum (Indira war drei oder vier Jahre alt) die schönen europäischen Kleider des Großvaters, der Eltern und der beiden Tanten in einem symbolischen Akt feierlich verbrannt wurden. Von nun an kleidete sich die Familie nach alter indischer Art: die Männer in helle lockere Blusen und faltige Hosen, die Frauen in kurzärmelige Baumwollleibchen und schön geschlungene Saris wie alle anderen Hindufrauen auch.

Das Leben der Nehru wurde immer aufregender. Immer

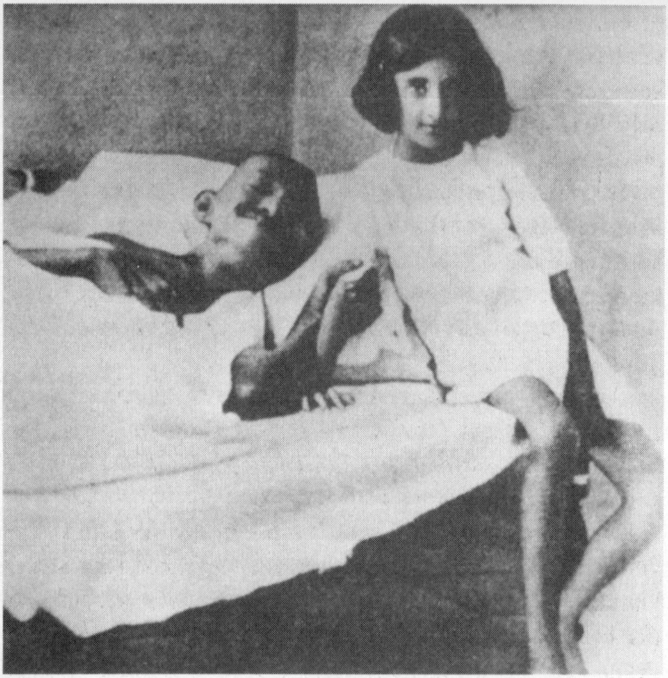

Indira Gandhi im Alter von sechs Jahren
am Bett von Mahatma Gandhi

turbulenter ging es in den Besuchszimmern zu, immer zahlreicher kamen Post- und Telegraphenboten, aber auch Organe der Besatzungsmacht, die das Haus durchsuchten, Schriften beschlagnahmten und kostbares Hausgerät pfändeten. Immer öfter verschwanden Vater und Großvater in britischen Gefängnissen. Nun wurde auch die Mutter, schließlich sogar die Großmutter von den Turbulenzen erfaßt. Sie waren auf der Straße demonstrieren gegangen. Die Polizei kannte auch mit ihnen kein Pardon. Die ehrwürdige Großmutter wurde von Schlagstöcken verletzt und durch den Staub geschleift.

Das politische Leben Indiens war, wie es in einem so großen, sozial und ethnisch vielschichtig gegliederten Land nicht anders sein kann, von vielen Gruppierungen bestimmt. Die mächtigste war der schon erwähnte Kongreß, eine ursprünglich durch einen britischen Beamten ins Leben gerufene Vereinigung, dazu ausersehen, die indische Mittelklasse zur Mitarbeit zu motivieren. Nun hatte sie sich aus der britischen Beschattung längst frei gemacht und agierte gegen die Besatzungsmacht. Sie wollte schließlich alle Befreiungsbestrebungen zu einer mächtigen Bewegung bündeln. Das gelang ihr auch, denn an ihre Spitze trat ein tüchtiger Kopf: Jawaharlal Nehru.

Doch sein spiritus rector, Mitarbeiter und Widerpart zugleich, blieb der Mahatma, die Reine Seele.

Beide liebten und achteten einander. Dennoch waren sie durchaus nicht immer einer Meinung. Jawaharlal hatte mit altertümlichen Lebensformen nicht viel im Sinn: er stellte sich ein befreites Indien als modernen Staat vor, mit Eisenbahnen, Fabriken, Bergwerken. Die Reine Seele wollte es lieber als selbstgenügsames, beschauliches Bauernland sehen, fest in seinen religiösen Traditionen verankert. Jawaharlal war voller Mißtrauen gegen die alten Religionen, sie spalteten die Nation, sie verewigten uralte Vorurteile, sie legten sich jedem Fortschritt quer. So rangen zwei Gesinnungen miteinander. In anderer Hinsicht zogen beide Männer an demselben Strang, denn beide hatten keinen sehnlicheren Wunsch, als die britische Herrschaft loszuwerden.

Bis dahin hatte es freilich noch weite Wege.

Indessen wuchs Indira heran. Man schickte sie auf gute Schulen. Dabei mutete man ihr manchen Wechsel zu. Einmal war sie katholischen Schwestern anvertraut, ein anderes Mal durfte sie zu Füßen eines hochverehrten indischen Lehrers namens Rabindranath Tagore sitzen, eines weltweit geachteten Schriftstellers. Andere Male mußte sie in der Schweiz zur Schule gehen.

Das war, wenn Kamala wieder einmal schwer erkrankt war.

Wie jedes Kind wünschte sich auch Indira, daß ihre Eltern in Liebe und Frieden miteinander lebten. In der Tat hatten sich die Beziehungen der beiden Ehegatten verändert. Sie hatten sich gebessert. Solange Kamala ihrer angestammten Welt, dem Hinduglauben, verhaftet geblieben war und sich mit der bescheidenen Rolle einer liebenden Gattin und Mutter begnügt hatte, war sie für Jawaharlal nicht viel mehr als ein notwendiges Übel gewesen. Es war für seine genuin politische Natur bezeichnend, daß er seine kühle Haltung gegen die Frau in dem Augenblick aufgab, als sich diese ebenfalls politisch zu betätigen und für seine eigene Sache zu exponieren begann. Das quittierte er nun mit Dankbarkeit, Sympathie und Vorsorge.

So verstand es sich für ihn von selbst, die Schwererkrankte in ein europäisches Sanatorium zu bringen. Die Ärzte rieten zu einer Höhenlage bei Genf. Indira nahmen die Eltern mit.

Nun mußte sich die Kleine wieder einmal in eine fremde Schule eingewöhnen. Sie lernte Französisch, auch ein wenig Eis- und Skilaufen. Ihrem Vater, dem großen Sportsmann, kam sie freilich noch lange nicht nach. Immerhin kümmerte sich Nehru mehr um sie, als sich damals Väter um ihre Töchter zu bemühen pflegten. Freilich war sie noch zu jung, um sich politisch zu interessieren. Aber schon früh zeigten sich in ihr Ansätze eines eigenwilligen und stolzen Charakters.

So hatte sich die kleine Indira bereits ein Idol erkoren: Jeanne d'Arc.

War sie mit dem damals vielgespielten Stück Bernard Shaws bekannt geworden oder hatte sie gar eine Übersetzung der Schillerschen »Jungfrau« zu Gesicht bekommen? Dieser mutigen und begeisterten Seele wollte Indira nacheifern: ein Zeichen hochfliegender Phantasie und kräftig keimenden Selbstbewußtseins. So mochte dem Vater dann und wann der Gedanke aufsteigen, ob ihm nicht in dieser kleinen Tochter eine fähige und entschlossene Parteigängerin heranwuchs.

Jawaharlal Nehru bewegte sich in jenen Tagen auf den verschiedensten Ebenen. Er nützte den langen Urlaub in Europa nicht nur, um auf ausgedehnten Touren seine geliebten Kaschmirberge mit denen der Haute Savoie zu vergleichen, sondern auch, um sich mit den führenden geistigen Strömungen der Zeit bekannt zu machen.

Damals begann eine gewaltige Erneuerungskraft von der russischen Revolution auszugehen.

Zwar war das Imperium der Sowjets ein immer noch armes, von Kriegs- und Bürgerkriegswirren noch immer nicht vollgenesenes Land. Trotzdem übte es vor allem auf die westliche Intelligenz eine große Faszination aus. Jeder kleinste Fortschritt wurde bewundert und übertrieben, die Opfer, die er kostete, dagegen geflissentlich verkleinert oder ganz verschwiegen. Nehru näherte sich diesen Kreisen. Er nahm an einem großen internationalen Symposium der Linken in Brüssel teil und wurde dort aufgefordert, öffentlich zu sprechen und den Standpunkt der antikolonialistischen Kongreßpartei darzulegen. Eine unerwartete Ehre, die ihn nicht wenig beeindruckte. So verstärkten sich seine schon längst virulenten sozialistischen Neigungen. Trotzdem konnte er sich nicht dazu überwinden, der kommunistischen Ideologie als Ganzes zuzustimmen. Vielleicht warnte ihn sein gesunder politischer Instinkt: er fand ihre Vertreter zu einseitig, zu unduldsam. Auch eine Reise nach Moskau vermochte ihn nicht voll zu überzeugen.

Nach Indien zurückgekehrt, fand er sich bald wieder in die alten Kämpfe verwickelt. Er war nun schon seit Jahren die unbestrittene Leitfigur der Kongreßpartei. Doch immer, wenn er außer Landes oder – wie nur allzuoft – in britischen Gefängnissen war, geriet diese Partei in schlimme Verwirrungen. Intrigen und Querelen drohten sie zu spalten. Schon schlichen sich Anfänge korrupten Verhaltens ein, und es bedurfte jeweils des jungen Nehru, um Ordnung zu schaffen. Er drängte Käufliche zurück, versöhnte Gegner, schuf neue Basen der Verständigung. Man sagte ihm nach, er sei imstande, das Unvereinbare zu vereinen, das Widersprüchlichste unter einen Hut zu bringen. Ein bedeutsames Talent.

Indiras bewundernde töchterliche Gefühle hatten lange Zeit vor allem ihrem Großvater gegolten. Nun, da dieser langsam verfiel (»wie ein kranker Löwe«) und des Vaters Stern immer höher stieg, war es nur natürlich, daß sie sich diesem zuwandte. Die Zuwendung war gegenseitig. Indira näherte sich ihrem vierzehnten Lebensjahr: sie wurde ein schönes Mädchen. Der Vater nannte sie die »Lieblich-Anzusehende«. Er neckte sie manchmal damit, daß sie in den Tagen einer Weltenwende, nämlich der russischen Revolution, geboren worden sei. So verknüpfte er ihr Selbstgefühl mit den Gefühlen besonderer Bedeutung. Indira lernte gut und eifrig. Sie schien zu wissen, was man von ihr, einer Nehru, erwartete. Ihre Kameradinnen beschrieben sie als ernst und stolz. Sie umgab sich mit Distanz schon in einem Alter, da andere junge Mädchen unbedenklich Freundschaften schließen und sich in Herzensergüssen ergehen.

Indira war fünfzehn, als Jawaharlal wieder einmal im Gefängnis saß. Von dort schrieb er ihr lange Briefe, die den Charakter persönlicher Mitteilungen weit überschritten. Sie enthielten politische Überlegungen und Maximen – und wurden später auch als Buch veröffentlicht. Indira mußte begreifen, daß der Vater sie mit diesen Briefen auszeichnete, in denen er die Summe seiner Gedanken in ihre Hände legte. So erzog er sie nicht nur als Tochter, er erzog sie zu dem, was er selbst war, zum homo politicus.

Unterdessen hatte die Weltgeschichte eine schnellere, eine bedrohlich schnelle Gangart angenommen. Der Sieg des Faschismus, zuerst in Italien, dann in Deutschland, zuletzt in Spanien, versetzte alle Demokraten, aber auch alle, die mit Rußland sympathisierten, in gemeinsame Besorgnisse. Wieder einmal schien der Frieden in Europa bedroht.

In Indien bildeten sich drei Haltungen heraus. Die einen beobachteten mit unverhohlener Schadenfreude, wie die Kolonialmacht England gegen den Faschismus, vor allem gegen den deutschen, in Bedrängnis geriet. Sie wollten die Schwierigkeiten des Mutterlandes ausnützen, um ihre eigene Befreiung zu betreiben. In dieser Partei war ein Mann namens Bose führend.

Nehru zog einen anderen Weg vor. Da er – zwar kein Kommunist und immer darauf bedacht, einen gewissen Abstand zu Moskau zu wahren – im Faschismus das größte Übel sah, hielt er einen Krieg gegen ihn für unvermeidlich, vielleicht sogar für wünschenswert. Er bot England Indiens Mitwirkung an, falls es zu einem bewaffneten Konflikt käme, allerdings unter der Bedingung, daß Indien vorher in volle Freiheit entlassen würde.

Eine dritte und sehr seltsame Meinung vertrat die Reine Seele, Mahatma Gandhi. Er riet, den deutschen Diktator gewähren zu lassen und ihm notfalls alles auszuliefern. Hitler werde auf diese Weise, durch den Großmut der Gegner beschämt, von seinen maßlosen Forderungen ablassen.

Begreiflicherweise beantwortete London diese Zumutung mit Hohngelächter. Aber auch Nehrus Vorschlag wurde abgelehnt. Downing Street machte zwar allerlei vage Versprechungen, zu größeren Zugeständnissen war es jedoch nicht bereit.

Und wieder verbrachte Jawaharlal seine Tage in einem britischen Gefängnis, und wieder erlitt Kamala einen schweren Zusammenbruch. Dem Vizekönig wurde von Madame Nehrus Krankheit berichtet. Er wollte nicht unmenschlich erscheinen und die erbitterte Bevölkerung noch mehr gegen sich aufbringen. So wurde es Nehru gestattet freizugehen, um seine Gattin nach Europa zu bringen und dort ihre Genesung abzuwarten.

So waren sie wieder zu dritt in Europa, Jawaharlal, Kamala, Indira. Doch diesmal gab es keine heitere Wiederkehr. Kamala erlag ihrem alten Brustleiden. Ihre Leiche wurde nicht, wie in Indien üblich, unter großen Zeremonien an einem heiligen Fluß den Flammen übergeben, sondern in einem nüchternen Schweizer Krematorium eingeäschert. Der erschütterte Jawaharlal führte die Urne in die Heimat zurück. Spät hatte er die hingebende Liebe seiner Frau erkannt und schätzengelernt. Indira dagegen zog aus der verschatteten Existenz ihrer Mutter eine andere Konsequenz: »Ich habe gesehen«, sagte sie, »wie ihr immer wieder Schmerz zugefügt wurde. Da habe ich mir geschworen, mir keinen Schmerz zufügen zu lassen.«

Schicksalsjahr 1939: Nun war der von Nehru schon längst vorausgesehene, vielleicht sogar herbeigesehnte Krieg in Europa ausgebrochen. England verdunkelte, und Winston Churchill versprach dem Land nichts als Anstrengung, Blut und Tränen. Dennoch war Indira als junge Studentin auf englischem Boden. Sie hatte in Bristol ihr Abitur abgelegt, jetzt studierte sie in Oxford, war auch öfters in London und, vor dem Frankreich-Feldzug, auch in Paris. Dort verlobte sie sich.

Schon vor etlichen Jahren – noch lebte Mutter Kamala – war im Hause Nehru ein junger Mann aufgetaucht, der sich ganz offenbar leidenschaftlich für Indira interessierte. Kamala hatte ihn gemocht. Er war gefällig, dienstfertig, er verdiente Vertrauen. Zudem war er zu Nehrus Partei gestoßen; auch dort machte er sich nützlich, auch dort werkte er als treuer Anhänger, freilich am linken Flügel.

Indira verhielt sich gegen ihn vorerst recht spröde. Sie war noch zu jung, um an eine Bindung zu denken. Kamala hätte den Bund gern gesegnet. Wie fast jede Mutter wollte sie ihr Kind in guten verläßlichen Händen wissen, zumal sie ja längst spüren mußte, daß ihre Tage gezählt waren.

Der junge Mann hieß Feroze Gandhi. Mit dem großen Mahatma war er zwar weder verwandt noch verschwägert. Dennoch: ein interessanter Name. Er paßte in das politische Umfeld.

Paßten auch die anderen Umstände?

Feroze kam aus bescheidenen Verhältnissen. Überdies war er Parse, das heißt, seine Familie gehörte der nicht übermäßig starken religiösen Gruppe an, die im Feuer die Verifikation des Göttlichen erblickt. Grob gesagt: er war Feueranbeter. Kamala erblickte in beiden Fakten kein Hindernis. Indira war freigeistig erzogen worden, sie würde über solche Lappalien erhaben sein. Und was Jawaharlal betraf, so hatte er doch immer seine nationale Sendung auch als soziale Aufgabe begriffen. Überdies bekämpfte er jedes religiöse Vorurteil. Sollten diese Grundsätze vor der Tür seiner eigenen Familie haltmachen? Kamala war ein zu geradliniger Charakter, als daß sie so etwas für möglich hielt.

Nun war Kamala tot, Indira fern der Heimat. Sicher fühlte sie sich einsam in dem vom Krieg verdüsterten und sich immer mehr verdüsternden England. Da war ihr der Freund als Allahabad willkommen. Nach einigem Sträuben gab sie nach und willigte in ein Eheversprechen ein.

Da nun, 1941, das Mittelmeer bereits Kriegsgebiet war, trat das Paar die lange Schiffsreise rund um das Kap der Guten Hoffnung an. Ohne Risiko war auch diese Fahrt nicht. Doch sie kamen wohlbehalten in Indien an. In den Schoß der Familie zurückgekehrt, konnte Indira das Verlöbnis nicht mehr verheimlichen.

Es muß sie tief verletzt haben, als sie merkte, daß der Vater eher freudlos reagierte. Regte sich in ihm nichts weiter als die natürliche väterliche Eifersucht, die sich immer zu Wort meldet, wenn eine geliebte und für kostbar gehaltene Tochter einen Liebhaber oder Bräutigam nach Hause bringt? Oder fand er sich doch enttäuscht, ja abgestoßen durch Ferozes mittelmäßige Herkunft, durch sein Parsentum, durch seine zwar bemühten, doch ganz augenscheinlich eher kleinbürgerlichen Manieren? Des Menschen Herz ist eine Mördergrube, die keine Ideale, keine Maximen kennt, wenn es um Eigenstes geht.

Indiras Stolz mag sich unter des Vaters kühl-forschendem Blick gekrümmt haben. Später gestand sie im engsten Freundeskreis: »Ich habe Feroze geliebt, aber ich habe ihn nicht gemocht.«

Ein schlimmes, Schlimmes enthüllendes Wort. Es konnte nichts anderes heißen, als daß Feroze die junge Indira zwar erotisch erweckt, aber nicht von sich überzeugt hatte. Sie hatte ihn begehrt, sie wollte das Bett mit ihm teilen, wollte ihm vielleicht sogar ein Kind gebären. Ihre Triebnatur bejahte ihn. Doch die feineren Empfindungen ihrer Person wurden offenbar durch ihn manchmal verletzt. Ihr Maßstab war der Vater und blieb der Vater. Da waren die Unterschiede freilich nicht zu übersehen. Jawaharlal war ein ernster Mensch. Sein Witz war trocken, seine täglichen Gewohnheiten fast puritanisch. Grobe Worte vermied er, derbe Scherze kamen bei ihm nicht vor. Feroze dagegen lachte gern und ausgiebig, auch über die eigenen Späße. Der Tisch konnte bei ihm nicht üppig genug bestellt sein. In seiner Rede kam Deftiges vor. Eine Zote ging ihm leicht von den Lippen.

Die Hochzeit wurde im März 1942 gefeiert. Indira hatte gewünscht, es sollte eine stille Hochzeit werden. Aber Nehru war damals, zwar immer noch von den Briten verfolgt, längst schon zur höchsten Prominenz des Landes aufgerückt. In solchen Häusern ist es schwer, ein stilles Fest zu begehen. Die Listen der einzuladenden Gäste füllten sich sozusagen von selbst. Am Ende hatten sich Hunderte eingefunden, um Indira und Feroze zu feiern. Eine ihrer Tanten schrieb, Indira sei an diesem Tag sehr schön gewesen, nur dann und wann sei ein Schatten über ihr Gesicht geglitten.

Es fiel Nehru nicht schwer, seinen Schwiegersohn standesgemäß zu versorgen. In der alten, kulturell hochaktiven Provinzhauptstadt Lakhnau erschien ein von ihm gegründetes Blatt in englischer Sprache, der »National Herald«. Nehru ernannte Feroze zum Schriftleiter. So zog das junge Ehepaar nach Lakhnau. Damit war fürs erste Trennung vorgesehen, Trennung von Tochter und Vater, Trennung der Haushalte.

Aber Indira hielt es nicht lange in Lakhnau aus. Immer wieder fand sie einen Vorwand, um zu ihrem Vater zu reisen. Sie reiste, wie damals noch ganz allgemein üblich, mit dem Zug. Die Fahrt ging über eine Strecke von etwa vierhundert Kilometern, sie dauerte eine ganze Nacht.

Bald wurde Indira schwanger. Obwohl sie von eher zarter Gesundheit war, brachte sie ihr erstes Kind ohne Schwierigkeiten auf die Welt. Später prahlte sie sogar ein wenig mit ihrer guten Verfassung, mit ihrer unerschütterlichen Haltung während der Niederkunft. »Ich war hungrig«, erzählte sie, »und verlangte etwas zu essen. Aber als man mir den Toast brachte, kam das Kind. Ich bedauerte nur, nicht weiter essen zu können.«

Das Kind war ein Knabe und erhielt den Namen Rajiv. Drei Jahre später bekam sie wieder einen Sohn, er hieß Sanjay, das heißt »Sieg«. Und in der Tat: es war ein Sieg zu feiern.

Im März 1947 trat ein Angehöriger des englischen Königshauses, Großadmiral Louis Mountbatten, seinen neuen Posten als Vizekönig von Indien an, um mit Nehru, Gandhi und anderen einflußreichen Politikern des Landes zu beraten, wie, wann und unter welchen Modalitäten die Kronkolonie, das Kaiserreich Indien, in die Selbständigkeit und Souveränität zu entlassen sei. Mithin geschah etwas Unglaubliches: Großbritannien verzichtete sozusagen freiwillig darauf, Indien zu beherrschen. Es verzichtete darauf, ohne im Land selbst geschlagen worden zu sein. Es hatte einen europäischen Krieg gewonnen, aber die Umstände, unter denen es diesen Krieg gewonnen hatte, zwangen es, als Kolonialmacht in Asien zu kapitulieren.

England war verarmt. Es war aber nicht nur verarmt, sondern ins Schlepptau der Vereinigten Staaten geraten, und diese, die sich damals noch als das demokratische Musterland par excellence begriffen, zwangen den Verbündeten, sein Kolonialreich aufzugeben.

Der alte Churchill tobte. Er wollte den ganzen Machtbesitz der viktorianischen Zeit mit Klauen und Zähnen festhalten. Aber sein Volk hatte ihn, den alten Kämpen, abgewählt. Eine schwächere, resignative Regierung beschloß das Opfer. Freilich sollte das Opfer nicht gebracht werden, ohne daß Großbritannien noch einmal tief in die Kiste seiner gloriosen Vergangenheit griff.

Da fand sich nichts Besseres als eben jener Mountbatten, ein Mann, der von sich behaupten konnte, seine größte Schwäche sei die, sich selbst alles – auch den gewagtesten Kraftakt – zuzutrauen.

Mountbatten war im Zweiten Weltkrieg Oberkommandierender der südostasiatischen Armee gewesen. Er hatte die Kapitulation von anderthalb Millionen japanischer Soldaten entgegengenommen. Nun sollte er selbst kapitulieren, doch nicht ohne Würde und nicht, ohne der rationalen Ordnungsmacht, die er als Brite, als Europäer repräsentierte, noch einmal einen eindrucksvollen, ja glänzenden Abgang zu verschaffen.

Im übrigen war dieser Mountbatten ein schöner Mann, dessen natürliche Autorität auch auf seine Feinde den größten Eindruck machen mußte. An seiner Seite reiste eine Frau nach Indien, die ihrerseits alle Tugenden ihres Landes verkörperte. Sie war mutig und klug und hatte ein Gespür für menschliche Qualität, auch wenn sich diese in einem Gegner verkörperte. Es war Mountbattens Gattin Edwina und wurde Jawaharlal Nehrus letzte große und – vielleicht – einzige Liebe.

Für England vollzog sich der Verzicht auf Indien als das Ende einer langen stillen Tragödie. Für Indien wurde die Befreiung zum Anfang einer Tragödie.

Wie kam das?

Schon lange hatten sich hier neben der Kongreßpartei die verschiedensten politischen Gruppen gebildet. Da waren die Kommunisten in allen ihren Spielarten. Da waren aber auch religiöse oder religiös bestimmte Bewegungen. Auf der einen Seite die Hindus, sie nannten sich Kommunalisten und stellten die Mehrheit; auf der anderen Seite die Anhänger des Islam – eines fundamentalistischen Islam –, die sogenannten Moslembrüder. Diese Gruppen haßten einander, erst recht, wenn sie in engster Nachbarschaft miteinander leben mußten. Die Sitten und Gebote der einen waren den anderen ein Greuel. Mit eisernem Griff hatten die Briten die beiden niedergehalten, so daß sie ihre gegenseitigen Feindschaften nicht oder nur in kurz aufflammenden Kleinfehden austragen konnten. Jetzt witterten die Fanatiker Morgenluft: ein befreites Indien sollte auch ihnen die Freiheit bringen, Befreiung von der jeweils anderen verhaßten Nachbarschaft. Doch ihr Ziel der reinlichen Trennung war irrational und beiderseits unerreichbar, denn es war nicht so, daß Indien im Norden rein moslemisch, im Süden rein hinduistisch war. Die beiden Religionen bestanden überall nebeneinander. Ihre Gebiete waren so eng miteinander verzahnt, daß sich keinerlei Grenze ziehen ließ. In Tausenden von Dörfern war die eine Gasse moslemisch, die andere von Hindus bevölkert. Sie hausten Dach an Dach, benutzten dieselben Brunnen, dieselben Viehweiden. Wie sollte hier eine saubere Trennung möglich sein?

Ein fanatischer Moslem namens Mohammed Ali Jinnah

brachte den Vorschlag ein, die in ihrer Mehrheit islamisch geprägten Provinzen im Norden aus Indien auszugliedern. Er verlangte Kaschmir, das Fünfstromland bis in die Wüste Tar und das Tal des Ganges im Osten. Gandhi und Nehru waren entsetzt: Das hieß doch Indien verstümmeln! Nehru war schließlich bereit, mit Jinnah einen Kompromiß auszuhandeln. Der sanfte Mahatma aber blieb fest: Die Einheit des Landes müsse unbedingt gewahrt bleiben. So würde ein allgemeines Blutvergießen nicht zu verhindern sein, drohte Jinnah. Auch dies schreckte Gandhi nicht ab: So werde das Land gereinigt und geläutert daraus hervorgehen.

Mitten in diesen Streit trat nun Mountbatten als Treuhänder und Vermittler auf. Er hatte seiner Regierung versprechen müssen, alles zu vermeiden, was auf dem Subkontinent zu einer kriegerischen Auseinandersetzung und damit zu endlosen Greueln führen könnte: Der englische Ruf sollte durch eine solche Katastrophe keinen weiteren Schaden erleiden. Es war schlimm genug, daß der letzte Raj an die hunderttausend politische Gefangene in seinem Gewahrsam gehalten hatte. Mountbatten war entschlossen, diesem Zustand ein Ende zu bereiten. Indien sollte seine Freiheit bekommen. Die indischen Probleme freilich, die im eigenen Haus gefertigten, vielfach aufgeblasenen, von blinder Wut angeheizten – sie zu lösen fühlte sich sogar der selbstbewußte Großadmiral außerstande.

Fürs erste wurde er von den indischen Führern, auch von Nehru und Gandhi, mit dem Verlangen überfallen, die britische Herrschaft rasch und womöglich sofort zu beenden.

Mountbatten staunte. War denn diesen Männern, deren Klugheit er bald erkannte, deren Fairneß und selbstloser Idealismus ihm imponierten, war ihnen denn nicht bewußt, welche Unmenge von Problemen auf sie zukam? Welche Folgen die Befreiung, gar die Teilung ihres Landes zeitigen würden? Wieder und wieder bestürmten sie ihn, einen nahen Termin anzugeben. Schließlich gab ihnen Mountbatten nach und nannte zu ihrer aller Erstaunen einen sehr nahen Termin: den 15. August 1947.

Indien sollte ein demokratischer Staat werden, mit einem zentralen Parlament, das aus regelmäßigen freien und geheimen Wahlen hervorgehen sollte. Daneben waren in den einzelnen Provinzen Landesparlamente vorgesehen. Sie sollten im Zentralparlament, der Lok Sabha, vertreten sein. Dieser Entwurf schien vernünftig und solide und verschaffte sogar noch dem englischen Mutterland ein gewisses Prestige, da dieses darauf hinweisen konnte, es habe seine Kronkolonie nicht blindlings ins Ungewisse entlassen, sondern sie zuletzt doch noch mit den besten Errungenschaften der eigenen Geschichte, mit einer demokratischen Staatsform, ausgestattet.

Je spannender sich die politische Situation entwickelte, desto mehr zog es Indira aus Lakhnau in den Brennpunkt der Ereignisse, nach Neu-Delhi – und in ihres Vaters Nähe.

Feroze hatte kurz nach ihrer Eheschließung seinen Herausgeberposten beim »National Herald« verloren, da er sich brav und tapfer geweigert hatte, den Forderungen der damals noch hartnäckigen britischen Besatzer-Zensur nachzugeben. Er widmete sich nun ganz dem politischen Kampf, wobei er sich auf den linkesten Flügel des Kongresses zubewegte. Indira redete ihm zu, Lakhnau zu verlassen und mit ihr nach Neu-Delhi zu übersiedeln. Feroze weigerte sich. So gondelte Indira weiter zwischen Gatte und Vater hin und her. Nun war sie hier schon öfter als dort. Oft nahm sie auch die Kinder mit. Beglückt nahm Indira wahr, wie sich ihr Vater, obwohl sein Alltag randvoll ausgefüllt war, den beiden Knaben zuwandte, mit ihnen scherzte, sie belehrte. Er führte sie durch den Garten und in den kleinen Zoo, den er sich hielt: sogar junge Raubkatzen gab es darin; die Knaben durften mit ihnen spielen. Wuchsen sie nicht wie Fürstenkinder heran?

Dann und wann konnte es Feroze nicht vermeiden, mitzukommen und bei seinem Schwiegervater zu Gast zu sein. Dann lag Spannung in der Luft, die wahrscheinlich von niemandem tiefer und schmerzlicher empfunden wurde als von Indira. Ferozes Bildung war gegen die des Schwiegervaters äußerst bescheiden. Da kamen Blößen zutage. Je höher Nehru stieg, um so blamabler wurde der Abstand zwischen Vater und Gatte. Demnächst sollte Nehru als Ministerpräsident eines 350-Millionen-Volkes zu einem der mächtigsten und sogar geachtetsten Regenten der Erde werden.

Bis dahin stieg der Innendruck des Vulkans Indien zu einer katastrophalen Höhe an.

Äußerlich gesehen herrschten Freude und Erleichterung. Der Abzug der Briten wurde allenthalben frenetisch begrüßt. Da er sozusagen freiwillig erfolgte, waren auch alle feindseligen Gefühle gegen die vorhandenen britischen Truppen, gegen die noch fungierenden britischen Beamten, sogar gegen Geschäfts- und Bankleute erloschen. Man feierte miteinander Abschiedsfeste, als sei man all die Jahrzehnte friedlich schiedlich miteinander ausgekommen. Vergessen schienen die erlittenen Gefängnisstrafen, vergessen sogar die blutigen Opfer von Amritsar. Das letzte Einholen des Union Jack wurde wie ein Volksfest, das Hissen der indischen Flagge wie eine längst ersehnte Epiphanie begangen.

Aber: zugleich mit der Proklamation eines freien Indien wurde die Gründung eines neuen Staates Pakistan verkündet. Dieser neue Staat war die künftige Heimat der »Moslembrüder«, und er bestand aus zwei Teilen: aus einem im Westen und aus einem im Osten Nordindiens gelegenen Teil. Beide sollten ein und derselben Regierung unterstehen. Der erste Mann dieser Regierung war Jinnah.

Staatsgründungen, die in der Abtrennung von Provinzen bestehen, vollziehen sich in der Geschichte zumeist nach schweren kriegerischen Auseinandersetzungen. Der Sieger setzt seine Vorstellungen durch. Gegen ihn kann kaum Protest angemeldet werden. Hier aber und in diesem Fall sollte alles aufgrund von Vereinbarungen stattfinden. Die Briten hatten es sich ausbedungen, als Schiedsrichter aufzutreten und die neuen Grenzen festzulegen. Sie dividierten auch das Staatsvermögen nach dem Schlüssel der Bevölkerungsanteile, dreihundertachtundzwanzig zu zweiundachtzig Millionen, als vier zu eins. Das Staatsvermögen lag natürlich nicht nur in Banktresors, es bestand nicht nur aus abstrakten monetären Größen, die leicht zu dividieren gewesen wären; es bestand auch in Eisenbahnwagen, Maschinen, Büroeinrichtungen, Waffen, Uniformen, Kleiderständern, Tintenfässern, Spucknäpfen, Regenschirmen und sogar Nachttöpfen. Die Briten hatte man zum Abschied umarmt und ihnen gerne zugestanden, daß sie mit den Inventaren ihrer Offices und ihrer Wohnungen, mit ihren Seidenteppichen, Buddhastatuen, Elefantenzähnen, mit den gesammelten geschnitzten, gewebten, gegossenen Kostbarkeiten abzogen. Doch untereinander geriet man in Streit um jede Kleinigkeit.

Nicht genug damit. Der neugegründete Staat Pakistan wollte sich als rein moslemischer Staat begreifen und begann, die hier lebenden Hindus zu drangsalieren, auszutreiben, zu ermorden. Dasselbe geschah im restlichen Indien unter umgekehrten Vorzeichen. Eine gegenläufige Fluchtbewegung setzte ein, die, wie die meisten solcher Bewegungen, jämmerlich, blutig und unter schrecklichen Leiden der Betroffenen verlief.

Auch in Neu-Delhi ging es mörderisch zu. Eine tobende Menschenmenge zog vor das Haus des neuen Ministerpräsidenten. Unter johlendem Jubelgeschrei wurden Menschen mit Benzin überschüttet und angezündet. Sie tanzten als lebendige Fackeln vor Nehrus Schwelle. Welche Gefühle gingen unter solchen Umständen in der Familie um?

Die beiden großen Protagonisten der Befreiung, Nehru und Gandhi, waren tief erschüttert. Sie kämpften verzweifelt gegen die Massaker. Der alte Gandhi trat wieder einmal in Hungerstreik – Hungerstreik bis zum Tode, wie er glaubhaft ankündigte –, um wenigstens in der brodelnden Millionenstadt Kalkutta das Schlimmste zu verhüten.

Indira war gerade mit der Eisenbahn unterwegs, als es auf einer Bahnstation wieder einmal zu einem blutigen Exzeß gegen Andersgläubige kommen sollte. Als sie begriff, was der Auflauf auf dem Bahnsteig bedeutete, sprang sie aus ihrem Abteil, rannte auf die Prügelnden zu und schrie sie an. Es gelang ihr, die Gruppe einzuschüchtern und die Bedrohten vor der wahnsinnigen Rachsucht ihrer Verfolger zu retten.

Es dauerte lange, bis die Wirren so weit einzudämmen waren, daß man mit dem Neuaufbau des Staates und einer neuen Verwaltung beginnen konnte. Dennoch forderte der Konflikt zwei Jahre später noch ein weiteres und diesmal höchst prominentes Opfer.

Viele Hindus waren über Gandhis Einsatz für die bedrohten Moslems empört gewesen, und ihre Erbitterung war immer noch nicht gestillt. So wurde ein junger Brahmane dazu ausersehen, den Mahatma zu töten. Der alte Mann war soeben auf dem Weg zu seinem Gebetsplatz in seinem Garten, von Menschen umdrängt, die er segnete, da streckten ihn die Pistolenschüsse des Fanatikers hin.

Welche Wirkung all diese blutigen Ereignisse auf Indira hatten, wer kann es genau erraten? Sicher war sie betroffen, aufgewühlt, entsetzt. Sicher hatte sie sich den Vollzug der Befreiung anders, gesittet und friedlich, vorgestellt. Ihre schwärmerische Liebe zu ihrem Volk mußte ernüchtert sein. Denn dieses vielgeliebte und bewunderte Volk zerfiel plötzlich in eine brodelnde Masse, in rachsüchtige Horden. Nichts schien ihm heilig zu sein. Sogar der große Mahatma – Idol einer ganzen Welt – wurde sein Opfer.

Jawaharlal reagierte auf Gandhis Ermordung im ersten Augenblick mit blankem Entsetzen. Er, der sich so oft mit Gandhi gestritten hatte, fühlte sich getroffen, verwaist, zutiefst verwundet. »Das Licht ist erloschen«, so begann er seine Trauerrede an die Nation. »Finsternis herrscht. Wen sollen wir in Zukunft um Rat und Hilfe bitten?«

Und Mountbatten, der sich so manchesmal über Gandhi mit lächelnder Herablassung geäußert und ihn einen »traurig tschilpenden Spatzen« genannt hatte, äußerte sich mit höchster Ehrerbietung: »Dieser Mann wird ebenbürtig mit Buddha und Jesus Christus in die Geschichte eingehen.«

Als die Leiche nach altem Ritus am Ufer des Jamanaflusses verbrannt wurde, hatte sich mehr als eine Million Menschen in tiefer Trauer versammelt. Als die letzten Rauchwolken von der Brandstätte aufstiegen und die untergehende Sonne ein magisches Licht verbreitete, brachen die Menschen in Rufe aus: »Mahatma Gandhi amar ho gaye« – Mahatma Gandhi ist unsterblich geworden.

Nun war Nehru unbestritten der einzige Fixstern an Indiens Himmel, der einzige Politiker von internationaler Prominenz. Damit war er ein zwar tausendfach umschwärmter, aber dennoch einsamer Mann geworden. Noch blieben ihm als ebenbürtige Gesprächs- und Entscheidungspartner Mountbatten und dessen Gattin Edwina. Doch dieser Zustand würde, so war es ja auch beschlossene Sache, bald ein Ende finden. Die Mountbattens würden wieder nach Europa zurückkehren. Um so mehr bedurfte Nehru eines vertrauten Menschen an seiner Seite. Dieser Vertraute konnte nur Indira sein.

Sie verlegte ihren Wohnsitz endgültig in den palastartigen Wohnsitz ihres Vaters, nach Neu-Delhi. Ihre beiden Söhne behielt sie bei sich. Sie war mit Feroze nicht eben verfeindet, erwog wohl auch kaum eine Scheidung. Aber ihre Haltung war durch tausend Umstände voll gedeckt. Wer sollte dem großen Haushalt des Vaters vorstehen, wenn nicht sie? Wer sollte sich um seine Gesundheit kümmern und vor allem, wer sollte ihn auf seinen Reisen begleiten?

Denn Jawaharlal Nehru reiste von nun an viel und weit. Schon immer, auch in den Tagen des Befreiungskampfes, hatte er sich stark für Außenpolitik interessiert. Es war sein Ziel, die internationale Stellung Indiens erstens zu definieren, zweitens zu festigen, und drittens die innere Situation des Landes so zu heben, wie es seiner Meinung nach der hohen kulturellen Würde des Landes entsprach.

Schon in den frühesten Zeugnissen indischer Literatur und Philosophie hatte sich etwas von der erlesenen, ja göttlichen Sendung des Landes abgezeichnet. Der Anspruch auf einen metaphysischen Rang besonderer Art ist ja vielen großen und auch kleineren Reichen eigen. Vielleicht kann keine größere Gemeinschaft darauf verzichten, sich mindestens im Ansatz eine solche Sendung zuzuschreiben. Indiens Anspruch aber schien nicht nur durch seine Größe, sondern auch durch sein vielfältig überquellendes kulturelles und mystisches Leben voll gedeckt. Selbst ein Skeptiker wie Nehru konnte sich nicht ganz außerhalb solcher Kategorien bewegen.

Nun hatte er die Stellung des befreiten Landes im Konzert der Völker zu definieren.

Dieses Konzert war freilich im Augenblick nur auf Mißtöne gestimmt. Kaum war der europäische Krieg zu Ende gegangen, standen sich die beiden eben erst noch verbündeten Siegermächte, Amerika und die Sowjetunion, feindselig gegenüber. Der kalte Krieg begann und sollte sich über Jahrzehnte hinziehen. Nehru sympatisierte zwar eher mit der Sowjetunion, war aber fest entschlossen, einen eigenen Kurs zu steuern. Dieser eigene Kurs führte in die sogenannte Blockfreiheit.

Auch Jugoslawien, auch Ägypten versuchten diesen Weg. Es war nur natürlich, daß sie ihre Augen auf Indien richteten, daß Indien seinerseits seine Fühler nach ihnen ausstreckte. Andere afro-asiatische Staaten steuerten denselben Kurs: auch sie waren soeben ihre europäischen Kolonialherren losgeworden. Da gab es ein dichtes Gewebe von diplomatischen Aktionen.

Also begab sich Jawaharlal auf Reisen. Schon sein eigenes Land zu durchqueren erforderte Energie und Geduld. Erst recht benötigte er Kraft, Geistesgegenwart und Sammlung, wenn er zwischen Moskau und Washington, zwischen Pe-

Indira Gandhi mit ihrem Vater
Jawaharlal Nehru

king und Kairo, zwischen Paris, London und Singapur unterwegs war. An seiner Seite reiste immer – oder doch fast immer – Indira. Sie machte sich gut neben ihrem Vater. Eine schöne Frau von nun dreißig, bald vierzig Jahren; zu Hause eine gewandte Gastgeberin, eine immer charmante Unterhalterin, dabei zurückhaltend, verschwiegen, manchmal undurchschaubar. Obwohl es dann und wann vorkam, daß der Vater sie sogar in der Öffentlichkeit ungeduldig anfuhr, galt sie doch als seine engste Vertraute. So gewann sie eine besondere Aura, die der Mitwisserin, vielleicht sogar Beraterin, jedenfalls Teilnehmerin an seinen intimsten Gesprächen, an seinen monologischen Überlegungen, seinen – sonst nicht leicht durchschaubaren – Sympathien und Antipathien. Wie jeder mächtige Mann konnte Nehru über Ämter, Geschäfte, Existenzen und Schicksale entscheiden. Naturgemäß war er von Schmeichlern umgeben. Sie überschlugen sich in Vermutungen über Indiras Einfluß. So wurde auch sie zu einer gesuchten, weil politisch relevanten Person.

Trotzdem dürften nur wenige auf den Gedanken verfallen sein, daß Nehrus Tochter auch Nehrus Nachfolgerin werden könnte.

Nehrus Regierungszeit war von zwei schweren Problemen überschattet: vom Hunger der Massen und von der zehrenden Unruhe an Indiens Grenzen. Wie vorauszusehen gewesen, war die Grenzziehung zwischen Indien und seinen sezessionierten Teilen Pakistan-Bengalen eine Quelle weiterer Konflikte. Das Auf und Ab, Hin und Her unter Nehrus Regierung soll hier nicht im Einzelnen beschrieben werden. Jedenfalls zerfiel der zweigeteilte Staat Pakistan schon bald in zwei miteinander verfeindete Hälften, die sich in ständigen Richtungskämpfen – hier moslemisch orthodox, dort moslemisch liberal – gegenseitig zermürbten. Jinnah war schon 1948, ein Jahr nach der Staatsgründung, gestorben, und seine Nachfolger waren Militärdiktatoren von der gröbsten Art. Wieder schwollen die Flüchtlingsströme an, wieder wurde das hungernde Indien von weiteren Hungernden überschwemmt.

Ganz Ost- und Südostasien war in Bewegung geraten. In China herrschte die Revolution. Nehru, der sich zuerst mit Tschiang Kai-schek verständigt hatte, fand nun in Tschou En-lai und Mao Tse-tung neue faszinierende Gesprächspartner. Die Pendel schlugen nach allen Seiten aus, doch Nehru hielt sich gut, bis ihn plötzlich ein fast tödlicher Schlag streifte.

Er bewunderte die chinesische Revolution als den Versuch einer radikalen Umgestaltung alter, unhaltbar gewordener Zustände. Er bewunderte auch die chinesische Führung: das waren Männer voll politischer Leidenschaft, die sich selbst tollkühn in den Kampf geworfen hatten. Nehru traf sich mit Tschou En-lai und Mao Tse- tung, er hielt sie für seine Freunde und hielt die Freundschaft ihrer Länder für unverbrüchlich. Doch eines Tages mußte er erfahren, daß diese Freundschaft nur eine glitzernde Maske des Giganten China gewesen war. Nach einem unbedeutenden Geplänkel um eine in fernen Gebirgen gelegene indisch-chinesische Grenzstation, einem Geplänkel, in das nur untergeordnete Organe verwickelt gewesen waren, von dem also anzunehmen war, es sei auch nur von diesen zu verantworten, rückte plötzlich, ohne Vorankündigung, die chinesische Armee in Indien ein.

Nehru war außer sich. Noch wußte er nicht, wie weit die Chinesen in das fast schutzlos preisgegebene Nordostindien einzudringen entschlossen waren. Wollten sie eine oder wollten sie mehrere Provinzen an sich reißen? In Wirklichkeit zeigte China nur seine Kraft und Unerbittlichkeit, es hatte dem Anrainer nur eine rüde Züchtigung erteilt. Mit einer höhnischen Friedensgeste zog es sich wieder zurück.

Nehru glaubte sich vor aller Welt blamiert – und in gewisser Weise war er es auch. Diesen Schlag überwand er nicht mehr. Er kränkelte, er verlor die Lust am Regieren.

Dennoch ernannte er keinen Nachfolger. Darauf angesprochen, wehrte er ab: Ein solches Verfahren halte er für undemokratisch. Schmeichler legten ihm nahe, seine Tochter ins Kabinett zu berufen. Unwirsch knurrte er sie an: »Nicht, solange ich Ministerpräsident bin.« Das war sicher klug von ihm und schirmte ihn gegen den Vorwurf ab, Familienpolitik zu betreiben.

Indessen war Indira – ohne erkennbare Mitwirkung ihres Vaters – doch zur Parlamentspräsidentin gewählt worden. Nach dieser Wahl gab sie sich locker und zitierte aus einem in ganz Indien modisch gewordenen Schlager: »Wir Frauen sind nicht mehr Blumenmädchen. Wir sind Feuerfunken.«

Im Jahr 1960 war Indira Witwe geworden. Ihr Mann hatte, auch nachdem sich Indira von ihm zurückgezogen hatte, weiterhin eifrig in der Kongreßpartei und vorab in der Provinzialpolitik gewirkt. Unerschütterlich war er auf dem linken Flügel gestanden, und nicht immer war er seinem Schwiegervater damit bequem gewesen. Aber wenn er erkrankte, erschien Indira an seinem Krankenlager, zeigte Besorgnis, zeigte zärtliche Anhänglichkeit. Einen Herzinfarkt hatte Feroze schon überstanden, einem zweiten erlag er. Die Familie bereitete ihm eine feierliche Abschiedszeremonie. Nehru war überrascht, als er bemerken mußte, daß sich von nah und fern die Armen zusammengefunden hatten, um ihrem getreuen Sachwalter das Trauergeleit zu geben. Tränen flossen, jammernde Rufe wurden laut. Der hochmögende Schwiegervater konnte nur staunen: er hatte Feroze unterschätzt.

Indira behauptete später, Ferozes Tod habe sie in physische Krankheit gestürzt; sie habe sich wie in zwei Teile zerrissen gefühlt. Vier Jahre später traf sie ein weit härterer Schlag: Da stand sie an der Bahre ihres Vaters.

Sein Tod kam nicht unerwartet, Indira mußte längst damit gerechnet haben. Dennoch war sie im ersten Augenblick wie betäubt. Am liebsten wäre sie – so ihre Aussage – sofort aus dem öffentlichen Leben ausgeschieden und hätte sich in die Berge Kaschmirs, in Stille und Einsamkeit zurückgezogen. Und doch traf sie, kaum daß Jawaharlal ausgeatmet hatte, eine kluge, politisch weitsichtige Entscheidung. Er hatte sich jede religiöse Zeremonie bei seinen Funeralien verbeten. Damit wollte er noch einmal betonen und offenkundig machen, daß er ein Agnostiker, ein Sachwalter der indischen Säkularierung gewesen sei. Indira entschied anders. Sie dachte an die Masse des Volkes, das – fern jeder rationalistischen Aufklärungstendenzen – gewiß äußerst befremdet gewesen wäre, hätte man seinen großen Toten, den »Vater des Vaterlandes«, ungesegnet und ohne jede religiöse Trostgebärde den Flammen des Scheiterhaufens übergeben. Indira sah keinen Grund, Millionen Menschen zu enttäuschen und sich ihren Vorwürfen auszusetzen. So nahm sie den Verstoß gegen den Vaterwillen in Kauf und ließ ihn bestatten, als wäre er ein streng gläubiger Hindu gewesen.

Schon ein Jahr vor Nehrus Tod hatte das parteiinterne Tauziehen um seine Nachfolge vehement eingesetzt. An seiner Bahre eskalierte es zum offenen Streit. Als Sieger ging Lal Bahadur Shastri hervor, ein kleinwüchsiger Mann, bis dahin nicht sehr angesehen. Die Karikaturisten in aller Welt beeilten sich, den Zwerg als Nachfolger eines Giganten zu verspotten. Doch Shastri sollte seine Kritiker noch gründlich überraschen.

Er war es, der Indira in sein Kabinett holte. Er mochte in ihr die politischen Potenzen erkannt haben. Es wäre naheliegend gewesen, ihr, der Welterfahrenen, das Außenministerium zu geben. Sie zog das Ministerium für Information und Rundfunk vor. Sie arbeitete fleißig – und sah im übrigen zu, was der Nachfolger ihres Vater zuwege bringen würde.

Es war ein gutes Jahr nach Nehrus Tod, als Indira wieder einmal Urlaub in Kaschmir machen wollte. Am Flughafen von Srinagar erreichte sie ein Telegramm, sie möge sofort nach Delhi zurückkehren. Höchste Gefahr sei im Verzug. Gefahr? Was für eine Gefahr?

Pakistan setzte wieder einmal zu einem Vorstoß gegen Kaschmir an. Es wagte zwar nicht, Indien frontal mit seiner Armee anzugreifen. Dafür hatte es Freischärler geworben, Leute aus den ausgehungerten Bergprovinzen, die wenig oder nichts zu verlieren hatten. Sie sollten die schwache Garnison in Srinagar überrumpeln und einen Aufstand unter den Moslems entfachen. In den dadurch entstehenden Wirren, so war Pakistans Rechnung, konnte dann eingegriffen werden.

Als Indira die Lage erkannte, dachte sie an alles andere als daran, sich in Sicherheit zu bringen. Sie eilte zum örtlichen Regierungschef und trieb ihn an, umfassende Gegenmaßnahmen zu ergreifen. Man stellte die Freischärler wenige Kilometer vor der Stadt. Die Moslems in Srinagar verzichteten unter diesen Umständen auf eine Revolte. Statt dessen kam es zu einem regelrechten Krieg zwischen Indien und dem aufsässigen Nachbarstaat. Der kleine Shastri stellte seinen Mann. Er warf seine Truppen dem Unruhestifter entgegen – und trug den Sieg davon. Pakistan mußte um Waffenstillstand bitten.

Nun schaltete sich Moskau als Vermittler ein. Die Stadt Taschkent wurde zum Schauplatz der Friedensverhandlungen. Shastri konnte als Sieger unterzeichnen. Doch unmittelbar darauf raffte ihn ein Herzversagen hinweg.

Die Nachricht wirkte in Indien wie ein Donnerschlag. Binnen anderthalb Jahren hatte man den zweiten Ministerpräsidenten verloren. Wer konnte die Nachfolge antreten?

In der Kerntruppe des Kongresses, im sogenannten Syndikat, gingen die Wogen hoch. Da war ein Mann von bald achtzig, Morarji Desai, ein Kämpfer, der sich seit Jahrzehnten an die Spitze der Partei vorgeboxt hatte, ein Hasser der Nehrus, vor allem Indiras, die er gerne verächtlich »chokri«, dumme Göre, nannte. Seine politischen Verdienste standen außer Zweifel. Wer sollte sonst an die Spitze treten?

Doch die Herren vom Syndikat zögerten. Desai war ihnen unheimlich, und nicht nur deshalb, weil er – ein Hindu strenger Observanz – als täglichen Morgentrunk ein Glas des eigenen Urins leerte. Sie zogen urbanere Sitten vor. Aber auch sonst schien ihnen Desai undurchschaubar, unberechenbar. Sein düsterer Puritanismus schreckte ab.

So berieten sie hin und her. Schließlich konzentrierte sich ihre Auswahl auf einen Namen: Indira.

Sollten sie es mit einer Frau wagen?

Indessen saß Indira in ihrem Haus und wartete ab. Sie wußte, wie heikel die Situation war. Ein falsches Wort, ein Hauch konnte die Waage auf Desais Seite senken. Ihren Freunden verbot sie, ein Wort davon zu verlauten, daß sie bereit sei . . .

Endlich, am 19. Januar 1966, war es so weit: die Fraktionssitzung war angesagt. Am frühen Morgen begab sich Indira an heilige Stätten: sie erwies den Verbrennungsplätzen ihrer Toten, Jawaharlal und Mahatma, ihre Reverenz. Dann hüllte sie sich in einen weißen Sari und steckte eine rote Rose an.

Die rote Rose war Nehrus Kenn- und Siegeszeichen gewesen.

So fuhr sie in die Lok Sabha.

Die wartende Menschenmenge begrüßte sie freudig.

Die Abstimmung ergab Desais Niederlage. Indira war mit dreihundertfünfundfünfzig gegen hundertneunundsechzig Stimmen gewählt.

Als Indira das Gebäude verließ schlug ihr lauter Jubel entgegen. Man rief nicht: Es lebe Indira. Man rief: »Es lebe Jawaharlal Nehru.« Man hatte nicht die Person, man hatte die Dynastie gewählt.

Nun begann der strapaziöse Politiker-Alltag für Indira. Was ihrem Vater kraft dessen längst erprobter Autorität und unwiderstehlicher Verhandlungsmethode immer leichter von der Hand gegangen war, wurde für die Frau vorerst zu harter Knochenarbeit. Von allen Seiten und nicht zuletzt von ihrer eigenen Partei, dem Kongreß, wurde ihr das Leben sauer gemacht. Dessen altes Laster, die Zwietracht, das unaufhörliche Gegeneinander- statt Miteinanderagieren, die Geschwätzigkeit der Kamarilla und deren Sucht, jedem, auch dem unsinnigsten Gerücht zu glauben, schufen eine Atmosphäre des Mißtrauens, die doch nicht verhinderte, daß sich in allen Gruppierungen wie ein still wucherndes Geschwür ein korruptes Gebaren ausbreitete.

Die Lage war gespannt: demnächst sollte wieder gewählt werden! Die Wirtschaft des Landes war in einem höchst bedenklichen Zustand. Mit zwei Fünfjahres-Plänen hatte Nehru die Armut zu bekämpfen versucht. Aber der Armen wurden mehr und mehr. Millionen hungerten, und zu Tausenden starben sie auf offener Straße.

Es fiel ihnen nicht ein, sich dazu in irgendwelche Winkel zu verkriechen. Ganz ungeniert zeigten sie ihr Elend. Ausländische Touristen entsetzten sich über die ausgemergelten Gestalten, die da vor ihren Augen unrettbar im Rinnstein verdämmerten; Horrorgeschichten kursierten rund um den Globus. Die Kommunisten traten nun wieder stärker auf den Plan. Sie erinnerten daran, daß man der Bevölkerung mehr Reis, mehr Kleidung, mehr sauberes Wasser versprochen hatte. Noch klangen die egalitären Redensarten in aller Ohren. Statt dessen ließ man das Volk öffentlich krepieren.

Auch andere Schwierigkeiten, die leidigen Sprachprobleme, nahmen kein Ende. Die aktive Volksgruppe der Sikhs verlangte eine Abgrenzung ihres Gebietes und den Gebrauch des bisher vernachlässigten Panjabi als Amtssprache. Indira beeilte sich, ihnen entgegenzukommen.

Sofort schaltete sich eine andere Gruppe, die sogenannte Jan-Sangh-Partei, ein und provozierte Aufstände, in deren Verlauf nicht weniger als drei Kongreßmitglieder bei lebendigem Leib verbrannt wurden.

Ein böser Anfang. Die Opposition verspottete Indira, und die Sexisten unter ihnen wurden nicht müde, ihre alte Leier zu schlagen: Da sehe man doch, daß eine Frau nicht fähig sei zu regieren. So hatte sie selbst Aufmunterung nötig! Wo konnte sie diese finden? Am ehesten auf dem ihr nicht unvertrauten Terrain der Außenpolitik.

Indira reiste nach Amerika. Von dorther war Hilfe zu erwarten: viele Schiffe voll Brotgetreide für die Ärmsten der Armen, auch Saatgut für die darbenden Bauern, die eben im letzten Jahr durch eine Dürrekatastrophe an den Rand der Verzweiflung gebracht worden waren.

Aber leider hatte Amerika bei den Völkern Asiens soeben sein Image verspielt: Der Vietnamkrieg war in vollem Gange. Es wurde Mode und wurde allmählich zur Pflicht gemacht, das einstige demokratische Musterland (das ja auch die Befreiung Indiens energisch betrieben hatte) zu tadeln, womöglich zu verteufeln. Nicht nur Europas Studenten überschlugen sich in Verwünschungen. Auch die Sowjetunion konnte jetzt endlich ein glaubwürdiges Feindbild vorweisen. Trotzdem reiste Indira nach Washington.

Der Präsident der Vereinigten Staaten, Lyndon B. Johnson, empfing sie mit den höchsten Ehren. Indira ließ sich das Werben der Supermacht gefallen. Nur als Johnson sie im Verlauf einer Festveranstaltung in echt amerikanischer Unbefangenheit um einen Tanz bat, lehnte sie ab. So weit durfte sie, Nehrus Tochter, sich nicht vorwagen. Die Karikaturisten der ganzen Welt hätten sie dafür in der Luft zerrissen.

Natürlich konnte es nicht ausbleiben, daß sich Indira nach ihrer Rückkehr gegen Unterstellungen zur Wehr setzen mußte: Sie habe die Blockfreiheit ihres Landes verraten, sie habe sich der westlichen Supermacht ausgeliefert. Hastig brach sie, um das Gegenteil zu beweisen, zu einer Reise nach Moskau auf – was Johnson wiederum mit Enttäuschung registrierte und mit der Drosselung der amerikanischen Getreidelieferungen beantwortete. Ein Weg zwischen Skylla und Charybdis. Die Ministerpräsidentin war nicht zu beneiden.

Das Jahr 1967 brach an, das Jahr der Wahl. Würde eine Partei, an deren Spitze eine Frau stand, die paternalistische Gesellschaft Indiens dazu bewegen können, sie zu wählen?

Indira stürzte sich in den Kampf. Sie durchreiste das Land kreuz und quer und legte in zwei Monaten vierundzwanzigtausend Kilometer zurück. Dabei sprach sie auf hundertsechzig Massenversammlungen. Ihre Selbstsicherheit wuchs, je größere Menschenmassen ihr zuliefen. In ihrer Jugend hatte sie davor gezittert, in einem Saal voll Menschen einige Worte sprechen zu müssen. Inzwischen hatte sie ihre Lektion gelernt. Noch als Präsidentin des Parlaments hatte sie die Abgeordneten durch schematische Aufzählungen und durch ihre unsicher kreidige Schulmädchenstimme beinahe eingeschläfert. Jetzt füllten sich ihre Ausführungen mit Kraft, Farbe und Feuer. Sie konnte sich auch einfachen Menschen verständlich machen. Man jubelte ihr zu. Sie kämpfte wie eine Löwin.

Der Wahltag kam heran. Die Kongreßpartei hatte ihn gefürchtet und schon geargwöhnt, daß sie ihre Rolle als erste politische Kraft des Staates einbüßen würde. In der Tat verlor sie an Stimmen, konnte aber immer noch die absolute Mehrheit halten. Indira hatte bewiesen, daß sie dem Kongreß nicht nur keinen Schaden, sondern vielleicht sogar kräftigen Nutzen gebracht hatte. Trotzdem hörten die Intrigen gegen sie nicht auf. »Wir werden ihr eine Dornenkrone aufsetzen!«, so lautete die Parole.

Aber Indira war so schnell nicht zu beugen. Sie entwickelte ein bedeutendes Geschick, hohe Posten mit ihr genehmen Leuten zu besetzen. Dann und wann verstand sie sogar die Opposition ihren Zielen dienstbar zu machen. Zwischen der Zentralregierung in Neu-Delhi und den Regierungen in den Provinzen erstreckte sich ein weites Feld möglicher Differenzierungen und möglicher Kooperationen. Indira nützte dieses Feld. »Sie begann an der Ausübung der Macht Gefallen zu finden.« (Tariq Ali)

Um sich gegen ihre falschen Freunde abzusichern, schlug Indira einen populistischen Kurs ein. War es schon nicht möglich, die Armen zu sättigen, so sollten sie doch einige Genugtuungen als Trostpflaster erhalten! Von heute auf morgen verfügte Indira die Verstaatlichung von sechzehn Großbanken. Applaus. Sie kündigte an, von nun an würden die Kredite billiger zu haben sein. Jubelstürme. Die Männer des Syndikats – sie gehörten natürlich zu den Reichsten im Lande – rieben sich die Augen: Das sanfte Lamm, als das sie Indira als Ministerpräsidentin zu holen gehofft hatten, entpuppte sich als sprungbereite gelenkige Pantherin.

Schon sprach man davon, daß Indira die Alleinherrschaft anstrebe. Diese Vorwürfe beantwortete sie mit einem neuen Schritt nach vorwärts, mit einer weiteren, höchst populistischen Maßnahme.

Indien war, wie schon erwähnt, seit jeher und auch noch zur Zeit der britischen Herrschaft, ein Konglomerat der verschiedensten Fürstentümer gewesen. Man soll über fünfhundert gezählt haben. Es gab kleine und große, reiche und bitterarme. Die Briten hatten sie bestehen lassen und mit ihrer Hilfe regiert. Sie hatten zwar die Souveränität dieser Fürstentümer eingeschränkt, dafür aber ihren formalen Prärogativen geschmeichelt und sich im übrigen gern und ausgiebig zu den pittoresken Festen und fürstlichen Tigerjagden einladen lassen. Einige dieser Maharadschas und Maharanis waren redliche und vernünftige Leute gewesen, die meisten jedoch frönten nur ihrem Luxus, ihren vielfältigen Lastern und Absonderlichkeiten.

Das neue, freie Indien hatte die staatsrechtlichen Funktionen dieser Herrschaften abgeschafft, ihnen allerdings dafür üppige Pensionen zugesichert. Daher war der Übergang beinahe kampflos verlaufen. Nun aber trat Indira mit einem anderen Entwurf hervor. Sie wollte auch dieses letzte Vorrecht abschaffen: die Staatspensionen der abgehalfterten Fürsten sollten gestrichen werden.

Es war vorauszusehen, daß die Betroffenen ein großes Geschrei erheben würden. Um so dankbarer aber würden die Massen reagieren: so lautete Indiras Rechnung.

Sie verschmähte es nicht, drohende Töne gegen die Fürsten anzuschlagen. »Was, meine Herrschaften, haben Sie dafür getan, die Sklaverei Indiens unter den Briten zu beenden? Was haben Sie überhaupt für Ihre Untertanen unternommen? Wieviele Brunnen haben Sie für sie graben lassen? Wieviele Straßen gebaut? – Sie haben nichts getan, absolut nichts. In anderen Ländern hat man Leute Ihres Schlages davongejagt. Wir wollen das nicht tun. Wir ziehen eine friedliche Veränderung vor. Sollten Sie dem aber nicht zustimmen, wird sich Drastischeres ereignen – und wir werden keine Schuld daran tragen!«

Das waren neue Töne auf Indiens Rednertribünen. Kein Wunder, daß das Volk frenetisch zustimmte. Doch die enttäuschten Königsmacher im Kongreß rückten gegen Indira zusammen. »Diese Dame«, knurrte einer ihrer erbittertsten Feinde, »hat uns schon oft genug an der Nase herumgeführt. Das wird nicht mehr vorkommen.«

Indessen nahte ein neuer Wahltermin, 1971.

Indiras Gegner entschieden sich für das Schlagwort: »Beseitigt Indira!« Die Ministerpräsidentin entschied sich für einen anderen Schlachtruf. Er lautete: »Beseitigt die Armut!« Wieder zog sie in den Wahlkampf und schonte sich nicht. Es gelang ihr in der Tat, eine Art neuer Volksbewegung zustande zu bringen: Moslems und Hindus, Sikhs und Parsen taten sich zusammen. Die Wogen gingen hoch und trugen das Gefährt, auf dem Nehrus zarte Tochter wie eine Nike balancierte. Am 10. März 1971 errang ihre Partei dreihundertzweiundfünfzig von fünfhundertundachtzehn Sitzen, also siebenundsechzig Prozent. Ein Sieg ohnegleichen.

Nun war Indira mächtiger als selbst ihr Vater je gewesen.

Dennoch stand ihre große Stunde noch bevor.

Wie schon angedeutet, war Jinnahs Staatsgründung von Pakistan unter einem bösen Stern gestanden. Es bestand aus zwei Teilen, der eine an das arabische Meer, der andere an den Golf von Bengalen angrenzend. Doch gravierender als diese räumliche Trennung war der ethnische und gesellschaftliche Unterschied der beiden Staatshälften. Westpakistan war reicher und besser organisiert als der Osten. Armee und politische Führung waren eindeutig westpakistanisch dominiert. Konflikte konnten nicht ausbleiben, und Indien war als Nachbar, doch nicht nur als Nachbar, mitbetroffen.

Ende März 1971 – Indira wollte sich eben von ihrem phänomenalen Wahlkampf und Wahlsieg ein wenig erholen – erschien die pakistanische Armee am Ganges, um ihre bengalischen Landsleute zu züchtigen. Sofort setzte wieder ein gewaltiger Flüchtlingsstrom nach Indien ein.

In Neu-Delhi wurde eine Intervention erwogen. Man wollte nun seinerseits für Ordnung sorgen – und sei es gewaltsam. Indira zögerte. Es widerstand ihr, das friedliche Image ihres Landes aufs Spiel zu setzen, dieses Image, das, auf alten Lehren gründend, von ihrem Vater verteidigt und von Mahatma in der ganzen Welt so glorreich propagiert worden war.

Doch als im Dezember desselben Jahres die pakistanische Luftwaffe ohne Vorwarnung acht indische Flugplätze bombardierte, da war sie entschlossen: Sie erklärte Pakistan den Krieg. Auch die Opposition stimmte zu. Indiens Truppen rückten in Ostpakistan ein, zugleich wurde der erwartete Vorstoß im Westen, gegen Kaschmir, abgefangen.

Die Lage war heikel, denn sie betraf das politische Gesamtgefüge des Globus.

Kalter Krieg: das bedeutete, daß Amerika Pakistan unterstützte. Es galt als Stützpunkt gegen die nach Süden vordrängende Sowjetunion. Wer diesen Stützpunkt angriff – sogar im Zuge der Selbstverteidigung – forderte auch die Vereinigten Staaten heraus. Und schon zeigte sich auch ein Geschwader schwerer Kreuzer vor den indischen Küsten. Im Gegenzug lief die sowjetische Flotte aus den pazifischen Häfen. Die Luft in Indiras Kabinett erzitterte vor Spannung.

Aber sie blieb dabei: Der Diktator Yahya Khan sollte seine Lektion erhalten.

Sie hatte Glück: Die demoralisierte pakistanische Armee

kapitulierte. General Maneckshaw brachte ihr die Kunde: »Madame, wir haben sie geschlagen.« Und fügte hinzu, es sei nun ein Leichtes, sie zu verfolgen und zu vernichten. Er bat um den entsprechenden Befehl.

Indira verweigerte ihn. Am nächsten Tag fand eine Sondersitzung des Kabinettes statt. Die Minister versammelten sich in der Meinung, daß »der Feind für immer zerschmettert werden soll«. Auch ihnen gegenüber vertrat Indira den Standpunkt, den sie schon dem General gegenüber vertreten hatte: Sie wolle einen Waffenstillstand anbieten.

Wollte sie Amerika nicht noch weiter herausfordern? Wollte sie den Russen keinen Anlaß geben, sich am Ende als ihre Beschützer aufzuspielen? Oder hatte sie unwägbare Gründe, die ihrem weiblichen Instinkt entsprangen und ihr rieten, Maß zu halten?

Sie setzte sich auch gegen ihre Minister durch.

Ein großer Sieg. Später erinnerte sie sich gern daran.

Bengalen war nun ein selbständiger Staat und hieß Bangladesch. Der grobe Machtprotz Yahya Khan wurde fast unmittelbar darauf gestürzt. Ein anderer, Ali Bhutto, übernahm das Regime.

Mit ihm fand Indira zu einiger Verständigung. Aber auch er mußte nach einiger Zeit weichen. Jinnahs Staat war kein gutes Erbe.

Im Verhältnis zu anderen Ländern der Dritten Welt schien Indien einen soliden Kurs zu steuern. Doch trotz kriegerischer Erfolge, trotz der Verstaatlichung der Banken, trotz finanzieller Zurückstutzung der Fürsten und anderer vorzeigbarer Tatsachen blieb die Armut bestehen, blieb der Hunger der Massen, blieben die Sterbenden in den Gossen und das Gewimmel notleidender Kinder in den Slums.

Die Welt war überzeugt davon, Indiens Armut habe ihre Wurzeln in der ungebremsten Zunahme seiner Bevölkerung. Was nutzten die Getreidelieferungen des Westens, was nutzten auch alle Agrarprogramme, wenn die immerfort wachsende Anzahl hungriger Mäuler nicht mehr zu stopfen war? So dachte man vor allem im Westen, und man gedachte, dem fruchtbaren Land mit guten Ratschlägen zu Hilfe zu kommen, wie dem Übel zu steuern sei. Zahlreiche wohlmeinende Angelsachsen, vorab Angelsächsinnen, brachen auf, auch in Indien die Kunde zu verbreiten, wie man den allzu reichlichen Kindersegen verhüten könne.

Schon früher, schon unter britischer Herrschaft, hatte es Bemühungen dieser Art gegeben. Man hatte sogar versucht, Mahatma Gandhi dafür zu interessieren. Er lehnte ab. Soeben waren noch Hekatomben junger Inder auf britischen Schlachtfelder geopfert worden, und nun wollte man ihm beweisen, daß Indiens Jugend zu zahlreich sei?

In der Tat war und ist es schwer, dem indischen Volk zu erklären, daß seine Armut mit seinem Kinderreichtum zusammenhängt. Was europäischer Ratio ohne weiteres einleuchtet, nämlich der rechnerische Zusammenhang zwischen der vorhandenen Menge der Lebensmittel, der Zahl der Esser und dem Lebensbedarf des Einzelnen, das wird von seiner Denk- und Lebenshaltung nur schwerlich akzeptiert werden. Ein frommer Hindu, ein gläubiger Moslem wird seine Armut auf alle möglichen Gründe zurückführen, auf Wetterungunst oder Ausbeutung, auf den Zorn des Himmels, auf den bösen Blick des Nachbarn, vielleicht sogar auf eigenes Versagen, nie aber auf den eigenen Kinderreichtum. Dieser wird ihm – im Gegenteil – noch mitten im Elend als glückliches Omen erscheinen. Denn wenn schon die Erde nicht ausreichend Früchte trägt, so soll doch wenigstens der Mensch mit Fruchtbarkeit gesegnet sein.

Auch die von der hohen Geburtenrate am meisten Betroffenen, die indischen Frauen, erwiesen sich als harthörig gegen die wohlmeinenden Argumentationen ihrer Schwestern aus dem kühlen Norden. Da kam zum Beispiel eine medizinisch versierte Dame aus England angereist; sie führte ein aus Plastik geformtes Lehrmodell mit sich, das die weiblichen Organe zeigte: es war hübsch rosa, blau und grünlich eingefärbt, überdies zerlegbarbar, so daß die Funktionen der Fortpflanzung, beziehungsweise deren Verhinderung, gut daran zu erklären gewesen wären. Die gutwillige Dame hielt einen ihrer Vorträge. Der Saal war dicht gefüllt mit tiefverschleierten Frauen. Sie hörten sich alles an, höflich, schweigend. Als die Dame geendet hatte, verließen sie ebenso schweigend den Saal. Nur eine Alte war geblieben, sie ging auf die Fremde zu, wies auf das medizinische Modell und sagte: »Madame, es ist ja möglich, daß Sie innen so aussehen. WIR NICHT.«

Nun aber, unter Indiras Ministerpräsidentschaft, kam die Zeit, wo auch hier etwas wie Familienplanung durchgesetzt werden sollte. Der Betreiber dieser Idee war Indiras Sohn Sanjay.

Er verkörperte in gewisser Weise einen neuen Typus seines Landes. Er sah gut aus, besser als sein älterer Bruder Rajiv, und war recht clever, cleverer auch als dieser. Während sich Rajiv fast ausschließlich für Technik interessierte, hatte es Sanjay verstanden, sich seiner Mutter in politischen Dingen anzudienen.

Er sammelte eine Anzahl junger ehrgeiziger Leute um sich, die in den Kongreß drängten. Dort bildeten sie eine verschworene Gemeinschaft, die Indiras Absichten und auch ihre kühnsten Winkelzüge bedenkenlos unterstützten.

Diese Leute kamen aus den reichsten Familien des Landes. Sie führten ein luxuriöses Leben – sie schöpften ja aus dem Vollen – und sie wußten sich weitere lukrative Quellen zu erschließen. Eine solche Quelle war die Filmindustrie. Das ausgehungerte und murrende Volk sollte beruhigt, abgelenkt, in den blauen Dunst der Traumfabriken gehüllt werden. So setzte man eine Serienproduktion blumiger Schnulzen in Gang. Sie hatten ungeheuren Zulauf. Der Zynismus der Insider triumphierte.

Sanjay hatte sich in jeder Weise vom Bild des Inders entfernt, wie es etwa noch dem alten Mahatma vorgeschwebt hatte. Er und sein Umgang bezogen ihre Leitbilder viel eher aus Hollywood, Las Vegas und aus der dolce-vita-

Gesellschaft von Rom. So keimte in ihnen eine Verachtung des eigenen Volkes und die rüde Überzeugung, mit Menschen umspringen zu dürfen, wie man es gerade für wünschenswert hielt.

Und Sanjay hielt die Einschränkung der Geburtenrate für äußerst wünschenswert. So startete er eine Aktion Familienplanung, die seine Handschrift trug, die Handschrift eines jungen, kaltherzigen Tyrannen.

Er beauftragte die Polizei, das Land und vor allem die dörflichen Gemeinden nach Männern zu durchkämmen, die bereits zwei oder mehr Kinder hatten. Diese sollten zusammengetrieben, gefangen, abtransportiert und in rasch errichteten Medizinstationen abgeliefert werden. Dort wurden sie in aller Eile sterilisiert.

Freiwilligen versprach man ein kleines Entgelt. Jugendliche, die noch gar nicht gezeugt hatten, wurden mit Radioapparaten abgefunden. Auf diese Weise verfuhr man gegen Hunderttausende.

Nicht wenige davon starben an Sepsis. Auch Frauen wurden massenweise sterilisiert. Bei ihnen war die Prozedur naturgemäß komplizierter, aufwendiger, gefährlicher – um so gefährlicher für die Betroffenen, als sie, in ihre Familien zurückgekehrt, oft der Verachtung und dem Haß der älteren Generation und auch nicht selten ihrer Ehemänner verfielen. Dem Durchschnittsinder mußte die ganze Aktion als frevelhafter Eingriff in seine intimsten Belange und magisch geheiligten Bezirke erscheinen. Man begann den Initiator Sanjay zu hassen, und man begann sich auch von seiner Mutter abzuwenden.

Endlose Ärgerlichkeiten im Innern drängten Indira verständlicherweise dazu, einen Ausgleich auf außenpolitischem Feld zu suchen und sich dabei auch immer wieder vor internationalem Publikum zu präsentieren. So trat sie 1968 auf der Vollversammlung der Vereinten Nationen in New York auf, zwei Jahre später vor demselben Gremium, ebenfalls in New York, wieder zwei Jahre später auf der Konferenz der Vereinten Nationen in Stockholm, 1975 vor den Regierungschefs des Commonwealth in Jamaica und so fort.

Was sie dort sagte, war nie sehr originell und bewegte sich in den stereotypen Redewendungen der internationalen Diplomatie. Dabei verfolgte sie konsequent die Linie, auf der sie für Indien einiges zu erreichen hoffte. Immer trat sie stolz auf, im Vollbewußtsein, eines der größten und volkreichsten Länder der Erde zu vertreten. Wenn sie Schwierigkeiten zugeben mußte, hatte sie rasch immer zwei Sündenböcke zur Hand: erstens den Kolonialismus, unter dessen Altlast Indien immer noch zu leiden habe; zweitens die durch Pakistan verursachten Konflikte, die in der Tat für fortwährende Unruhe sorgten. Nie vergaß Indira die Welt aufzufordern, ihrem Land Hilfe zu gewähren, und nie fiel es ihr ein, sich für gewährte Hilfe mehr als unumgänglich nötig zu bedanken. Bei ihren Auftritten in der großen Welt machte Nehrus Tochter immer noch gute Figur. Immer noch war sie eine schöne Frau, zwar nicht mehr die »Lieblich-Anzuschauende«, wie der Vater sie genannt hatte, eher herb, streng, von stilisierter Würde. Der Regenbogenpresse gegenüber hatte sie sich nie eine Blöße gegeben und wurde deshalb auch für sie nie eine in deren Sinne interessante Person. Sie wurde allseits mit Respekt behandelt.

Und doch kam auch für sie die Zeit, da sie sich die Sympathie der westlichen Demokratien verspielte.

Durch den Ölschock 1974 hatte sich die Lage der Massen in Indien weiter verschlimmert. Es fehlte an allem und jedem. Naturkatastrophen heizten die Verzweiflung noch einmal an. Sanjay war zwar auf die Idee verfallen, sich der armseligsten Slums und der darin vor sich hinvegetierenden, erbarmungswürdigen Gestalten zu entledigen, indem er die Slums kurzerhand niederwalzen ließ. Was mit den Menschen geschah, blieb der Öffentlichkeit unbekannt. Allerdings hielten sich bis heute Gerüchte, man habe die allerjämmerlichsten Elendsgestalten einfach auf Lastwagen geladen und in irgendeine abgelegene Wüste gefahren, zum Sterben, wozu sonst? Von diesen Unglücklichsten war kaum Widerstand zu erwarten. Der Widerstand formierte sich in der Arbeiterschaft.

In Bengalen fiel dem erbitterten Proletariat eine neue Kampfmethode ein. Man übte »gherao« aus, das heißt, man sperrte Fabrikdirektoren in ihren Büros ein und ließ sie erst wieder frei, wenn sie versprochen hatten, die Forderungen der Belegschaft zu erfüllen.

Diese Methode konnte nicht lange geduldet werden. Der Staat griff mit Sondereinheiten durch. Es wurde verhaftet und auch gefoltert. Die gherao-Praxis fand ein jähes Ende, aber die gewerkschaftlich organisierten Streiks wurden fortgesetzt, griffen immer mehr um sich und eskalierten schließlich im Streik der Eisenbahner. Hier war nun eine empfindliche Stelle getroffen. Indira reagierte wütend. Wenn sie sich bei äußeren Konflikten immer noch maßvoll-vorsichtig verhalten hatte – mit ihrem eigenen Land führte sie nun Krieg.

Mitten in den Konflikt platzte eine neue Katastrophenmeldung. Ein Beamter im Obersten Gericht zu Allahabad hatte herausgefunden, daß die Ministerpräsidentin bei ihrer letzten Wahl unsaubere Manipulationen geduldet habe. Das war eine schwere Anschuldigung. Laut geltendem Recht war ihr das Stimmrecht im Parlament zu entziehen. Überdies, so ließ der indische Kohlhaas verlauten, dürfe sie von nun an sechs Jahre lang kein öffentliches Amt mehr bekleiden.

Das war ein böser Affront. Wie ihm begegnen?

Hätte sich Indira in diesem Augenblick an das Volk gewandt und es einer Erklärung gewürdigt, sich gar vor ihm zu rechtfertigen versucht, vielleicht hätte sie die Welle der Sympathien, die sie früher genossen hatte, wieder geweckt. Statt dessen verfiel sie auf den Gedanken, über das ganze Land den Ausnahmezustand zu verhängen. Sie wandte sich an den Staatspräsidenten, den Moslem Fakhruddin Ali

Ahmed. Er fand sich dazu bereit, ihr den »Notstand« zu bestätigen. So meinte sie, die allgemeine Empörung erstikken zu können. Sie irrte sich.

In diesen Tagen schloß sie sich mehr denn je – und mehr als klug war – an ihren Sohn Sanjay an. Er hatte ihr geraten, den Allahabader Gerichtsbeschluß einfach zu ignorieren. Nun drängte er darauf, den durch die Zustimmung des Staatspräsidenten abgesicherten Ausnahmezustand aufs äußerste auszunützen. Indira, die unter der britischen Vorherrschaft selbst noch im Gefängnis gesessen war, verfügte nun unbarmherzige Repressionen. Die Kerker füllten sich. Die Presse wurde unnachsichtlich zensiert, Bücher wurden verboten, sogar Nehrus und Mahatma Gandhis Schriften wurden, wo sie von Menschenrechten handelten, aus dem Verkehr gezogen.

Wo das freie Wort unterdrückt wird, stellt sich die Schar der Schmeichler von selbst ein.

Plötzlich wimmelte es in den Zeitungen von blumigen Lobpreisungen der Ministerpräsidentin. Aber nicht nur sie wurde gepriesen: Sohn Sanjay gelang es, den Glanz, der seine Mutter vergoldete, auch auf sich zu lenken. Wo immer er erschien – er mußte von den höchsten Behörden empfangen und gefeiert werden. Obwohl er keinerlei verfassungsmäßige Funktion ausübte, wollte er als Säule des Staates gelten. So wurde er in der Presse als Sonne, Mond, junger Gott und Messias gefeiert. Dabei wucherte die Korruption rings um ihn wie ein Dschungel.

War Indira blind für seine Schwächen? Wie sie ehedem eine gehorsame Tochter ihres Vaters gewesen war, so war sie jetzt eine ergebene Mutter dieses Sohnes. »Wer Sanjay angreift«, verkündete sie, »greift mich an.« So suchte sie ihn auf jede Weise zu decken – und gab sich damit selbst entscheidende Blößen.

Wo waren die Tage geblieben, da Indira auf ihren Reisen von einem jubelnden Volk umdrängt wurde? Jetzt schwenkte man ihr schwarze Fahnen entgegen – schwarz, die Farbe der Opposition. Da und dort empfing sie sogar ein Steinhagel. In der Kongreßpartei erhoben sich Stimmen, die von Spaltung sprachen, und es waren Stimmen sehr angesehener Männer.

Indira wurde es allmählich angst und bang; nicht etwa deswegen, weil Präsident Ford seinen Besuch absagte (er komme nicht in ein Land, in dem Kriegsrecht herrsche), auch nicht, weil der Testversuch mit einer in Indien entwikkelten Atombombe von der gesamten Weltöffentlichkeit gerügt wurde. (Durfte sich denn ein hungerndes Land eine so aufwendige Technik leisten?) Es gab auch sonst Alarmzeichen genug, die einer Herrschaft wie der ihren ein Menetekel an die Wand zu schreiben schienen: Schon kurze Zeit nach der Ausrufung des Notstands ereignete sich in Indiens Nachbarschaft ein entsetzlicher Mord. Der ebenfalls autokratisch regierende Scheich Mujibur Rahman von Bangladesch wurde samt seiner Familie bestialisch abgeschlachtet. Weitere beunruhigende Nachrichten drangen aus China. Dort kündigte sich der große Wechsel an. Binnen weniger Monate starben Tschou En-Lai und der Große Vorsitzende Mao. Nach deren Nachfolge griffen verschiedene Hände, auch die von Maos Witwe. Trotz der abgöttischen Verehrung, die man ihrem Mann erwiesen hatte – der Witwe zollte man wenig Sympathien. Ihr wütender Ehrgeiz erweckte Abscheu, nicht nur gegen ihre Person und ihre Helfer, die sogenannte Viererbande, sondern gegen Frauenherrschaft überhaupt. So rührte sich denn auch kaum ein Finger, als Tschiang-Tsching schon kurz nach Maos Tod verhaftet, eingekerkert, vor ein Gericht gestellt und sogar mit der Todesstrafe bedroht wurde.

Diese Beispiele mußten in Indira düstere Gedanken und nagende Zweifel geweckt haben. Sanjay suchte sie bei der Stange zu halten. Sein Ehrgeiz war grobkörniger als der ihre, ihm lag an der unmittelbaren Ausübung materieller Macht. Doch in ihr, Indira, mochte die Tochter Nehrus erwacht sein. Sie wußte, ihr Vater, der strenge Demokrat, hätte ihre

Methoden verurteilt. Und so, als wäre sie plötzlich umgekippt, schrieb sie kurzzeitig neue Wahlen aus.

Die Wahlen verliefen, wie es nur ihre schlimmsten Gegner erhofft und gewünscht haben konnten. Die Kongreßpartei verlor ihre seit Jahrzehnten stabile Mehrheit. Indiras heftigster Widersacher, der düstere Fanatiker Desai, wurde Ministerpräsident. Indira wurde samt ihrer Familie aus dem Amtssitz, dem Haus Safdarjung Road I, in dem sie und ihr Vater so lange ein fürstliches Leben geführt hatten, von heute auf morgen vertrieben. Wohin sollte sie gehen? Das schöne Haus in Allahabad, der Anand Bhavan, war nach Nehrus Tod als Gedächtnisstätte der Nation geschenkt worden. Das erstemal in ihrem Leben saß sie sozusagen ohne ein Dach über dem Kopf da. Zum Glück bot ihr ein Freund sein eigenes Haus als Notquartier an. Dort zog sie ein.

Ihre erste Reaktion auf den Verlust der Wahlen war wie immer, wenn ein Schlag sie traf, eine Fluchtbewegung. Sie wollte sich zurückziehen und von nun an in Stille und Einsamkeit leben. Wieder einmal tauchte Kaschmir in ihren Überlegungen als Rückzugsmöglichkeit auf. Doch wie immer erholte sie sich rasch. Auch als man sie in Haft nahm, konnte dieser Affront sie nicht brechen. Dem Kongreß gegenüber nahm sie alle Schuld auf sich; sie, so erklärte sie öffentlich, trage die gesamte Verantwortung. Diese Haltung mußte imponieren. Wer sich zur Schlüsselfigur erklärt – und sei es auch in einem großen Desaster –, beweist nicht nur Courage, sondern bestätigt damit auch die eigene Bedeutung.

Indira war bereit, von vorne anzufangen. Was sie dabei am meisten ermutigen konnte, war der Umstand, daß sie nahezu täglich von unzähligen Menschen aufgesucht wurde, die ihr für irgendwelche Wohltaten danken, ihre Sorgen vortragen und ihren Rat erbitten wollten. Schon zu Jawaharlals Zeiten hatte man es im Hause Nehrus so gehalten, daß der Ministerpräsident in öffentlichen Audienzen

Indira Gandhi bei ihrer Entlassung aus dem Gefängnis am 26. Dezember 1978

für jedermann zu sprechen war. Natürlich wurde nicht jedermann vorgelassen, die Besucher wurden gesiebt und mußten wohl auch gesiebt werden. Dennoch wurde nach dem Grundsatz gehandelt, daß der mächtigste Mann im Staat auch für den Ärmsten noch erreichbar bleiben solle.

Dieser Gewohnheit war auch Indira gefolgt. Und nun, da sie die Macht verloren hatte, wurde sie ihr zum Trost und zur täglich erneuerten Quelle der Selbstbestätigung.

Überdies trat von Monat zu Monat deutlicher zutage, daß sich die neue Regierung als völlig unfähig erwies. Desai hatte nur ein mühsam zusammengekittetes Kabinett vorstellen können. Fast sofort begann ein unwürdiges Gezänk zwischen den Fraktionen, ein hemmungsloser Wettlauf nach Posten, Ehren und Einkünften. Die Regierungsarbeit stockte, die dringendsten Probleme blieben im Dickicht persönlicher Rivalitäten hängen. Zwischen den Verantwortlichen herrschte Kriegszustand, ausgenommen in einem Punkt: in der wütenden Feindseligkeit gegen Indira. Aber gerade das in allen Medien entfesselte Gezeter gegen die Abgewählte wandte ihr nach und nach wieder Sympathien zu. So rückte sie Schritt für Schritt abermals an die Rampe, und als die nächsten Wahlen heranrückten, stand sie wieder im Brennpunkt des Interesses.

Sie verfügte zwar über keinen großen Apparat, doch dafür war sie um so unabhängiger. Ihr Haus war immer voll von Menschen, die sich ihr nützlich erweisen wollten. Wieder begab sie sich auf Reisen und schonte sich dabei so wenig wie eh und je. Sie hatte es leicht, geeignete Themen für ihre Wahlreden zu finden; sie hatte nur auf das hinzuweisen, was ohnehin vor aller Menschen Augen zutage lag: auf die Unfähigkeit der derzeit regierenden Janata-Partei.

Am 3. Januar 1980 wurde Indira erneut das Votum der Nation zuteil. Die Wahlkampagne war ruhig verlaufen, die Wahlbeteiligung allerdings sehr gering gewesen. Hatte sich etwas wie Resignation unter der Bevölkerung ausgebreitet?

Immerhin hatte Indiras Partei wieder vierundsechzig Prozent der Mandate auf sich vereinigt. Erstaunlicherweise war auch Sanjay von neuem gewählt worden – und mit ihm etliche seines Klüngels.

Freilich: der junge Gott war in der Zwischenzeit nicht müßig gewesen. Während sein Bruder Rajiv als Pilot der Indian Airlines seine Jets durch die Lüfte gesteuert und im übrigen ein stilles, in sich gekehrtes Leben geführt hatte, war er, Sanjay, um die Wiederwahl seiner Mutter, um die Aufbereitung des politischen Terrains bemüht gewesen. Sanjay war nicht ohne Konzept, und ein Teil seines Konzepts war gegen seine eigene Partei, den Kongreß, gerichtet. Da saß noch die alte Garde aus Nehrus Zeiten und war seit Nehrus Zeiten mit Parolen eines idealistischen Sozialismus infiziert. Dieser Reste wollte sich Sanjay entledigen. Sein Ziel war, den Mittelstand zu aktivieren, die Marktwirtschaft zu stärken und sich die so gestiegene Finanzkraft des Staates nutz- und dienstbar zu machen.

Doch ehe der Zielbewußte noch recht zum Zuge kam – fünf Monate nach Indiras Rückkehr auf den Sessel des Ministerpräsidenten –, verunglückte er tödlich.

Sanjay hatte sich in letzter Zeit ein teures und vor allem gefährliches Hobby zugelegt, nämlich zu fliegen und dabei möglichst waghalsige Manöver auszuführen. Am 23. Juni 1980 stürzte er mit seiner Sportmaschine nach einem mißglückten Looping über den Gärten Neu-Delhis ab. Er war sofort tot.

Fassungslos stand Indira vor seiner Leiche. Der Mensch, auf den sie die größten Hoffnungen gesetzt hatte, mit dem sie in innigster Vertrautheit verbunden gewesen, war ihr durch einen widersinnigen, freilich auch übermütig herausgeforderten Unfall entrissen. Seltsamerweise sprach sie nach diesem Schlag nicht von Rücktritt, Flucht und Einsamkeit. Sie hatte ja noch einen Sohn, damit noch einen Erben, einen Kronprinzen.

Ihn befahl sie nun zu sich.

Sie war jetzt dreiundsechzig Jahre alt. Wieviel Zeit würde ihr bleiben, diesen Ersatz-Kronprinzen in die komplizierten Mechanismen der Politik einzuüben? Rajiv, der immer im Schatten des jüngeren Bruders stand, hatte sich nie gegen diese offenkundige Benachteiligung gewehrt. Wie er sich schon als Kind lieber zu einem Spielzeug zurückgezogen als mit dem anderen konkurriert hatte, so war er auch in den letzten Jahren in seinen technischen Liebhabereien aufgegangen. Autos und Flugzeuge hatten den Kreis seiner Interessen ausgefüllt. An Sanjays machtpolitischen Winkelzügen hatte er wenig Gefallen gezeigt, war ihnen aber auch nicht entgegengetreten.

Nun sollte er die Rolle des »jungen Gottes« übernehmen. Fühlte er sich dazu imstande? Vielleicht genügte es ihm, daß die Mutter ihn dazu für imstande hielt. In einem Land wie Indien haben Familienstrukturen noch absolute Bindekraft.

Rajivs Berufung blieb allerdings nicht ohne Widerspruch. Der Widerspruch kam, erstaunlicherweise, aus der eigenen Familie.

Sanjay hatte eine Witwe und einen kleinen Sohn hinterlassen. Seine Witwe stand ihm, wie sich bald zeigte, an Ehrgeiz kaum nach. Sie traute sich zu, Sanjays Mission – oder was sie darunter verstand – selbst wahrzunehmen, wenigstens so lange, bis ihr Kind so weit sei, nachzufolgen. Doch dieser kleine Sohn war erst wenige Monate alt.

Indira lehnte ab. Sie war realistisch genug, sich nicht auf einen Säugling zu verlassen. Das erbitterte die junge Mandeka maßlos. Sie zog aus dem gemeinsamen Familienhaus aus und begann ein ziemlich infames Intrigenspiel gegen ihre Schwiegermutter, gegen Rajiv und dessen Frau.

Der Vorgang erinnert an zahllose ähnliche in der Geschichte der Dynastien. Nur wo sich Machtansprüche auf einen kleinen, untereinander blutsverwandten Personenkreis konzentrieren, kann es vorkommen, daß bereits kleine Kinder als künftige Potentaten gehandelt oder abgesetzt werden.

Indira war weder durch den Verlust des Sohnes noch auch durch die ihr zugefügten Demütigungen nach ihrer Wahlniederlage vor drei Jahren milder, nachgiebiger oder gar bescheidener geworden. Der Grundzug ihres Charakters war Stolz. Genug, daß sie zwei Menschen gegenüber, Jawaharlal und Sanjay, Schwäche bis zur Hörigkeit gezeigt hatte: Vor anderen hielt sie auf absolute Stärke. Wo Entscheidungen an sie herantraten, neigte sie zu autokratischem Verfahren. Ihre politischen Partner murrten: Sie dulde keinen Widerspruch. Ihre Wünsche sollten sofort auch als Befehle verstanden werden. Minister, Ratgeber, Diplomaten – alle fühlten sich zu Marionetten degradiert.

Das verächtliche Mißtrauen, das sich schon längst in ihr gegen die ganze Nation eingenistet hatte, bestimmte in zunehmendem Maß ihr Denken und Entscheiden und ließ ihre Blicke immer öfter und sehnsüchtiger nach außen schweifen.

Da Indira ihre beste Figur schon immer bei internationalen Auftritten gemacht und dabei auch entsprechenden Lorbeer geerntet hatte, so verlangte es sie auch jetzt wieder danach, sich und ihr Land vor der Welt möglichst glänzend zu repräsentieren. Sie hatte große Projekte im Kopf: In Goa sollte eine Konferenz der Commonwealth-Regierungen stattfinden; gleich darauf wollte sie zu einem Gipfel der Blockfreien einladen; überdies wurde die sogenannte Asiade vorbereitet.

Alle autokratischen Strukturen (freilich nicht sie allein) haben einen Hang dazu, sich durch große Zirzensien hervorzutun. In unserem Jahrhundert ist im Gefolge der Olympiaden der Sport dazu ausersehen, den Veranstaltern zu unvergleichlichem Ruf zu verhelfen.

So rüstete man in Neu-Delhi zum Großfest des asiatischen Sports.

Da gab es freilich viel zu tun. In aller Eile wurden riesenhafte Stadien errichtet und eine Reihe Nobelhotels erbaut. Das bedeutete zweifellos Arbeitsbeschaffung und hätte breiten Schichten zugute kommen können. Leider ergaben sich ganz andere Folgen: Aus Dürregebieten strömten die Ärmsten herbei und wurden von rücksichtslosen Unternehmern zu einer Art Sklavenarbeit eingesetzt, die sie völlig rechtlos den Repressalien ihrer Arbeitgeber auslieferte. So mußte als böses Gespenst die Vermutung aufsteigen, daß alles, was in Indien unternommen wurde – und mochte das gleiche anderswo gute Früchte tragen –, in diesem Land nur dazu diente, das Elend der Massen zu vergrößern und sie der Verzweiflung auszuliefern.

Auf Indiras Gesicht zeigte sich in jenen Jahren ein harter bitterer Zug. Sie mußte begreifen, daß es nicht genügte, um Schmerz von sich abzuwehren, anderen Menschen ihren Willen aufzuzwingen, zumal die Menschen, die sie dirigierte – Leute aus dem politischen Umfeld –, meist nur minderen Ranges waren. Sie ließen sich durch Vorteile manipulieren, sie waren käuflich, sie konnten notfalls eingeschüchtert werden. Doch die archaische Größe, die Indien darstellte, war auf diese Weise nicht zu beherrschen.

Da geisterte das Bild von der »Mutter Indien« durch den Raum, ein Bild ohne Konturen, doch von bedrohlicher Weite, Tiefe und Unbändigkeit. Da traten urmütterliche Züge hervor, Mutterschmerz, Mutterwut und Mutterhaß – und unermeßliche Fruchtbarkeit. Da grollte und bebte eine Macht, gleichsam unterirdisch, die bald hier, bald dort gewaltsam hervorbrach und mit ihrer Botschaft, die sie enthielt, doch nicht zu verstehen war. Denn diese Botschaft war auf tödliche Weise widersprüchlich.

Indira hatte in ihrer Jugend das Wüten der Moslems gegen die Hindus, das Wüten der Hindus gegen die Moslems miterlebt. Im Augenblick des größten Glückes, nämlich der Befreiung vom britischen Joch, waren unsägliche Grausamkeiten verübt und unheilbare Wunden geschlagen worden. Mutter Indien liebte es offenbar, sich selbst zu zerfleischen.

Wer konnte, wollte, durfte sie daran hindern?

Indira sollte selbst eines ihrer Opfer werden.

Da waren diese blutenden Grenzen im Westen, im Osten. Aus Bangladesch, einem der ärmsten Länder der Welt, waren schon vor Jahren Massen von Flüchtlingen in die Provinz Assam eingesickert. Unter den Flüchtlingen waren viele Moslems, was die assamesischen Hindus erboste. Noch mehr aber erboste sie die Konkurrenz auf dem Arbeitsmarkt, dessen Angebot spärlich genug war. Wieder einmal kam es zu Ausschreitungen, zu Massenmorden. In einer einzigen Nacht wurden in einer Stadt dreizehnhundert Menschen abgeschlachtet.

Wer trug Schuld daran?

Unmöglich, Schuld von Zwang, Schicksal von Zwecken zu unterscheiden.

Doch Schlimmeres als in Assam bahnte sich im Panjab an.

Wer Indien heute bereist, dem werden immer wieder Männer auffallen, die besonders schön geschlungene Turbane und besonders üppige, ungestutzte Bärte tragen. Diese Männer arbeiten meist in gehobeneren Positionen, wo Tatkraft, Verantwortungsgefühl und Geschicklichkeit gefordert werden. Sie gehören einer religiösen Gruppe ganz eigener Prägung an: sie sind Sikhs.

Die Sikhs haben sich kurz nach 1500 – also in einer Zeit allgemeinen religiösen Umbruchs – aus ihrem buddhistischen und moslemischen Umfeld als zunächst friedliche Sekte ausgegliedert. Später verwandelten sie sich in eine kriegerische Vereinigung. Wie viele andere solcher Splittergruppen zeigten sie sich tätiger, zielstrebiger und selbstbewußter als ihre Umgebung. Schon deshalb galten sie für unermeßlich reich. Ihr größtes Heiligtum war der Goldene Tempel von Amritsar.

Da sie gute Soldaten waren, genossen sie unter den verschiedensten Kriegsherren als Söldner ein gewisses Ansehen. Gegen die Briten hatten sie sich lange zur Wehr gesetzt, stellten aber dann, nachdem sie einmal gewonnen waren, sehr verläßliche Kontingente. Auch heute ist ihr Anteil an den Offizieren der indischen Armee viel höher, als es ihrem Bevölkerungsanteil zukäme.

Und so wurde auch Indiras Leibgarde von Sikhs gebildet.

Eine ihrer ersten Amtshandlungen während ihrer ersten Ministerpräsidentschaft hatte einer Forderung der Sikhs gegolten, die damals um ihre sprachliche Identität besorgt gewesen waren. Indira machte ihnen hier wichtige Zugeständnisse. Doch in all den Jahren danach gärte unter ihnen die Unzufriedenheit weiter. Nun verlangten sie neue Provinzgrenzen, neue Verteilungssysteme; unentwegt rüttelten sie an den Verordnungen der Zentralregierung.

An die Spitze der militanten Akali-Gruppe hatte sich ein Fanatiker namens Bhindrawale gestellt. Der Umstand, daß der neue indische Staatspräsident, Zail Singh, selbst ein Sikh war, reichte nicht, ihn zu befriedigen, sondern schien ihn im Gegenteil erst recht ermutigt zu haben, eine Rebellion zu entfachen.

Er beschaffte sich Waffen, sogar schwere Kaliber, und baute sich eine Art Staat im Staate auf. In Neu-Delhi läutete man Alarm. Doch Indira schwankte und zögerte. Wie sie ihrer Leibgarde vertraute, so vertraute sie ihren tüchtigen, wenn auch etwas unbequemen Punjabis. Bhindrawale provozierte weiter, er sammelte seine Mannen im Goldenen Tempel von Amritsar und bestückte diesen wie eine Festung.

Nun glaubte Indira doch eingreifen zu müssen.

Sie setzte Truppen in Bewegung. Die Soldaten erhielten den Befehl, sich an den Tempel heranzuarbeiten, doch möglichst ohne von der Schußwaffe Gebrauch zu machen.

Man forderte Bhindrawale zur Übergabe auf. Die Sikhs antworteten mit dem Feuer ihrer Maschinengewehre. Sie schossen scharf und gezielt.

Indira befahl, den Tempel zu stürmen.

Der Sturm verlief auf beiden Seiten verlustreich. Bhindrawale wurde getötet. Auch der Tempel war stark zerstört, in den Augen der Sikhs ein fürchterliches Sakrileg.

Indira Gandhi mit ihrem Sohn Rajiv neunzehn Tage vor ihrer Ermordung

Indira hatte, ehe sie durchgriff, ungewöhnliche Langmut gezeigt. So mochte sie sich darauf verlassen, daß auch die fanatischsten Sikhs mit der Zeit zur Einsicht kommen würden, sie habe am Ende nur so und nicht anders handeln können.

Sie irrte gewaltig – und tragisch.

Nach wie vor war ihre persönliche Leibwache aus Sikhs zusammengestellt. Der Verantwortliche für die Sicherheit der Ministerpräsidenten hatte vorsorglich die Entlassung der Sikhs verfügt. Aber einer der Betroffenen bat mit Tränen in den Augen, Gnade walten zu lassen und ihn nicht zu bestrafen für Dinge, die andere verbrochen hatten.

Eben dieser Mann wurde Indiras Mörder.

Am Morgen des 31. Oktober 1984 hatte sich der Schauspieler Peter Ustinow zu einem Interview angesagt. Indira machte sich auf den Weg. Sie verließ ihr Haus, um den Garten zu durchqueren. Zwei Sikhs begleiteten sie. Plötzlich sah sie die Mündung einer Waffe auf sich gerichtet. Sie schrie auf: »Was machen Sie denn da?« Ein Feuerstoß. Indira stürzte. Ein zweiter Feuerstoß aus einer zweiten Waffe. Er durchsiebte ihren Körper.

Einem heraneilenden Polizisten schrie einer der beiden Attentäter entgegen: »Wir haben getan, was wir tun mußten. Tun Sie jetzt das Ihre!«

In rasender Eile wurde Indira in ein Krankenhaus gefahren. Sie atmete noch. Ein Ärzteteam rang mit allen verfügbaren Mitteln um ihr Leben. Vergeblich. Der Verfall war irreversibel. Wann er die Marke des klinischen Todes erreichte, ist nicht bekannt. Noch hielt man die Nachricht zurück. Gegen Abend vermochte man nicht mehr, die offizielle Bekanntgabe hinauszuzögern.

Vierzig Minuten später wurde Rajiv Gandhi von Zail Singh als neuer Ministerpräsident vereidigt. Auf die Frage eines Reporters, warum er Politiker geworden sei, antwortete er: »Weil Mami es wollte«, eine Aussage, die nach Rajivs Ermordung doppelt verhängnisvoll klingt.

Noch ehe die Nacht über Indiras letztem Lebenstag hereinbrach, begann wieder einmal, nicht nur in Neu-Delhi, ein Morden und Brennen. Diesmal waren die Sikhs an der Reihe. Die Hindus rächten ihre tote Führerin. Aber sie rächten sie an schuldlosen Menschen.

Auch von den beiden Mördern lebte nur noch einer.

Von dem anderen wurde bekanntgegeben, er sei auf der Flucht erschossen worden.

Die Nachricht von Indiras Ermordung raste um den Erdball. In der Aufregung des ersten Augenblicks unterlief sogar der Londoner »Times«, einem sonst so gut informierten und zuverlässig berichtenden Blatt, folgender bezeichnender Irrtum:

Neben Indiras Bild hatte man das von Mahatma Gandhi eingerückt, und unter dem ihren war zu lesen: »Die Enkelin«. In der zweiten Ausgabe war die Falschmeldung notdürftig korrigiert mit der Unterschrift: »Die Schülerin«.

Sie war keines von beiden.

Sie war eine Praktikerin der Macht und eine geistesgegenwärtige Spielerin auf dem Schachbrett politischer Manipulationen. Sie war eine aufmerksame und gehorsame Tochter und eine leidenschaftlich liebevolle, zuweilen blindverliebte Mutter. Sie regierte mittels populistischer Maßnahmen, mit sozialistischen Bekenntnissen auf den Lippen, in Wirklichkeit aber pragmatisch auf ihren politischen Vorteil und auf die Bändigung ihrer Gegner bedacht. Auch unter Nehru war Indien nie ein sozialistisches Land gewesen. Unter Indira nahm es sogar stark kapitalistische Züge an. Sein Sozialprodukt nahm ständig zu. Aber auch seine Bevölkerung verdoppelte sich. Seine Infrastruktur nahm zwar weithin westlich rationalistische Züge an, aber dennoch spielten und spielen religiöse Motive auf dem Feld der Politik immer noch ungebrochen ihre Rolle. Nehru hatte in ihnen das schwerste Hindernis für die Einheit und den Fortschritt Indiens gesehen und sie deshalb verabscheut. Die Säkularisierung des Landes ist ihm nicht gelungen. Für Indira aber bedeutete sie schon gar kein vordringliches Ziel mehr.

Wir wissen, welche kulturelle und seelische Verarmung mit einer strikten Säkularisierung verbunden sein kann: das große Beispiel Sowjetunion zeigt es. Auch hier bröckelt ein Reich an seinen Rändern. Seine gigantischen Ausmaße werden ihm selbst zum Problem. Auch Indien ist ein Gigant.

Es wurde anderthalb Jahrzehnte von einer Frau regiert. An ihrem und ihres Vaters Beispiel kann man ablesen, wie Dynastien entstehen können: Eine Befreiungsbewegung trägt einen Mann an die Spitze. Er wird zur Galionsfigur. Sein Name ist zum Markenzeichen geworden, so daß Sohn oder Tochter bei seinem Hinscheiden als neue Machtträger anerkannt werden; und was in der ersten Generation gelingt, warum sollte es in der zweiten oder dritten mißlingen?

Bei Indira trat eine Verdoppelung des Effekts auf; denn sie war nicht nur Nehrus Tochter, sondern trug auch den Namen des Mannes, der, wie Mountbatten meinte, im Gedächtnis der Menschen neben Buddha und Christus fortleben würde. Das mag eine vom Augenblick diktierte Übertreibung gewesen sein. Doch zweifellos hat die Reine Seele nicht nur in Indien die Welt verändert.

Seinen Familiennamen, den Indira als Ehenamen trug, machte sie zum Namen einer Herrscherin.

Mit der Parole »Indira ist Indien« hat sie große Triumphe eingeheimst. Die Hybris dieser Parole war ihr wohl selbst klar.

Indira hat sie später bitter gebüßt. Die alte Mutter Indien hat sie zu einem ihrer vielen Opfer erkoren. Indira starb als Vertreterin der Zentralgewalt gegen den wuchernden Fanatismus partikularer Kräfte. Sie starb als Sachwalterin eines rationalistischen Säkularismus gegen Archaisch-Mythisches in Religion, Kult, Geschichtlichkeit. Sie starb auch als Opfer ihres Vertrauens – oder sollen wir besser sagen: als Opfer ihrer stolzen Selbstgewißheit.

Sie war keine Gekrönte, aber eine Königin.

Nachwort

Jedesmal, wenn ein Buch erscheint, muß sich der Autor fragen lassen, warum er es geschrieben habe. Auch sich selbst gegenüber wird der Autor Rechenschaft ablegen: Was hat dich dazu geführt, dieses Buch zu verfassen?

In meinem Fall lautet hier die Antwort: Meine Neugier auf historische Kontexte, meine Lust, diese auf eigene Lebenserfahrungen hin abzuklopfen und sie unter diesem Aspekt neu zu erzählen.

Geschichtliches hat mich schon immer fasziniert. Es ist ein unermeßliches, unüberschaubares Meer. Aber wer, bildlich gesprochen, lange genug an seinen Ufern ausharrt, wird darin einzelne Inseln entdecken, einzelne Riffe, die sein Auge anziehen, und sein Blick wird stets von neuem zu ihnen zurückkehren.

Es ist wohl nicht verwunderlich, wenn sich der innere Blick einer Frau immer wieder Frauengestalten zuwendet. Er findet dort Verwandtes oder glaubt, Verwandtes zu finden, auch Gegensätzliches und erscheckend Fremdes, erschreckend, weil es sich auf dem Hintergrund der Gleichgeschlechtlichkeit um so fremdartiger abhebt.

Die Autorin braucht keine Feministin zu sein, wenn sich ihr Interesse auf Frauen konzentriert.

Aber warum gerade auf Herrscherinnen? Warum gerade auf solche Gestalten, die scharf und manchmal überscharf im Rampenlicht der Geschichte stehen und ja auch längst schon ihre Würdigung gefunden haben? Hatte ich nicht selbst in meinem Lebensbericht geschrieben, für mich als Erzählerin sei der historische Kontext nie interessant gewesen, wenn es sich dabei um Offiziöses, »Aufgeputztes, Prachtvoll-Aufgedonnertes, um Juwelenbrust und Reifrock« gehandelt habe? Eher habe ich mein Augenmerk auf »Armenhemd und Holzschuh« gerichtet, hat mich »das anonyme Fußvolk« der Geschichte gefesselt.

Und nun – am Ende einer langen erzählerischen Laufbahn – »Die Herrscherinnen«? Wie geht das zu?

Der Untertitel dieses Buches lautet: Frauen, die Geschichte machten. Machten sie wirklich Geschichte? Waren sie die wirklich entscheidenden Subjekte der politischen, strategischen, kulturellen Abläufe, die unter ihrem Namen über die Bühne gegangen sind? Oder waren sie eher deren Objekte, waren auch sie nur Spielfiguren, vielleicht sogar Opfer?

Grundsätzlich ist wohl jedermann, auch der kleine und kleinste Mann, zumindest in gewisser Weise historisches Subjekt und damit einer, der »Geschichte macht«. Sogar der Unfreie, der Sklave, ist auf einem, wenn auch winzig wahrnehmbaren Feld ein Mit-Entscheidungsträger. Seine Arbeit fällt ins Gewicht, seine Gesinnungen färben ab, seine Stimmungen tragen dazu bei, die Stimmungen der Massen zu nuancieren.

Die Demokratie macht diesen Zustand sichtbar und trägt ihm Rechnung. Trotzdem fühlen sich Unzählige auch heute noch als manipulierte Objekte, als Opfer, die von fremden Interessen benutzt, ausgenützt und unter Umständen sogar vernichtet werden können.

Die allgemeine Meinung geht dahin, daß sich mit höherem Status mehr Freiheit einstellt. So müßte derjenige, der auf der obersten sozialen Sprosse steht, der freieste sein. Hier liegt wohl eine Täuschung vor. Wenn sich auch der betuchte Privatmann größere Freiheiten herausnehmen kann, so nimmt die Freiheit in den obersten Rängen wieder dramatisch ab.

Wer die hier versammelten Lebensläufe liest, wird ermessen können, welchen Zwängen sich die Frauen ausgesetzt sahen, die doch so oft ihren Völkern als Herrinnen über Leben und Tod erschienen waren.

Sie waren reich, gewiß! In ihren Truhen und Tresoren lagen die kostbarsten Schmuckstücke, in ihren Schränken häuften sich die teuersten Prachtroben. Andernteils hatten sie ihre Hofhaltungen zu ernähren, Scharen gefräßiger, unersättlicher Kreaturen, die ihre Taschen füllen und ihren Anhang bereichern wollten.

Sie hatten über Krieg und Frieden zu entscheiden, und ohne ihre Unterschrift wurde kein Gesetz erlassen. Aber wieviele Ratschläge hatten sie anzuhören, wieviele Bedenklichkeiten durchzukämpfen, wieviele sachliche, legistische, emotionale Argumente in Betracht zu ziehen. Tag und Nacht hing über ihnen das Damoklesschwert möglicher Fehlentscheidungen. Maria Theresia und Elisabeth I. waren gepeinigt von der ständigen Furcht, einen Irrtum zu begehen, die falschen Männer mit Aufgaben zu betrauen und so fort. Christine von Schweden spielte mit ihrem Leben, als sie sich dem anderen Glauben zuwandte, und Indira wurde von den Kugeln ihrer Leibwächter durchsiebt, als deren Volkszugehörigkeit zum Politikum wurde und sie aus staatspolitischen Zwängen gegen sie vorzugehen hatte.

Ich habe bei der Niederschrift dieses Buches die Herrscherinnen anders gesehen als die meisten ihrer Biographen: nicht als die strahlenden, aufgeputzten Zentralfiguren rauschender Feste, die sich auch – *auch* – oft gewesen sind, nicht als Gekrönte mit Zepter und Reichsapfel auf vergoldeten Thronen und in funkelnden Prunkkarossen, sondern eher als geduldige, eifrige Leserinnen von Akten, Eingaben und Memoranden; als sorgenvoll Grübelnde und von tausend Ängsten Heimgesuchte; als Bangende, wenn irgendwo in der Welt von ihren Heeren eine Schlacht zu schlagen, zu gewinnen oder zu verlieren war; als Vereinsamte, die keinem Kanzler trauen, die keinen Freund einweihen, die sich auf niemanden voll und ganz verlassen konnten; und auch – und dies nicht zuletzt – als Verhaßte, Sich-verhaßt-Wissende, die bei öffentlichen Auftritten immer auch den gedungenen Mörder in der Menge vermuten mußten.

Nicht unwichtig war mir die Darstellung, wie meine Protagonistinnen mit ihrer eigenen Herkunft zu Rande kamen, aber auch und vor allem, wie sie ihre Rolle als Gebieterin mit der Rolle der Liebenden, der Gattin, der Mutter oder einsamen Virago zu vereinen wußten: In den meisten Fällen traten schwer neurotische Strukturen zutage. Die Conditio humana forderte auch von ihnen ihren Zoll, ich möchte sagen: sie forderte ihn doppelt.

So dürfen wir wohl zu dem Schluß kommen, daß auch die vielbeschrieenen »Lieblinge der Götter« zum mühseligen »Fußvolk der Weltgeschichte« gehörten.

Gertrud Fussenegger

Zeittafel

Elisabeth I.

1509–1547	Heinrich VIII. König von England. Heiratet 1. 1509 Katharina von Aragon (geb. 1485), Mutter Marias der Katholischen, geschieden 1533, gestorben 1536; 2. 1533 Anne Boleyn (geb. 1507), Mutter Elisabeths, hingerichtet 1536; 3. 1536 Jane Seymour (geb. ca. 1509), gestorben 1537, zwölf Tage nach der Geburt ihres Sohnes Eduards VI.; 4. 1540 Anna von Cleve (geb. 1515), 1540 geschieden, gestorben 1557; 5. 1540 Katharina Howard (geb. ca. 1520), hingerichtet 1542; 6. 1543 Katharina Parr (geb. 1509), die den König überlebt. Sie heiratet 1547 Admiral Thomas Seymour und stirbt 1548
7. September 1533	Elisabeth auf Schloß Greenwich geboren
19. Mai 1536	Anne Boleyn hingerichtet
1544	Maria und Elisabeth vom Parlament als Thronfolger nach Eduard anerkannt
28. Januar 1547	Tod Heinrichs VIII. Ihm folgt
1547–53	sein neunjähriger Sohn Eduard VI. als König von England. Die Regierung führt zunächst sein Onkel Eduard Seymour, später John Dudley, Herzog von Northumberland
20. März 1549	Admiral Thomas Seymour hingerichtet

6. Juli 1553	Eduard VI. stirbt an Tuberkulose. Nach zehntägigem Interregnum der Schwiegertochter Northumberlands, Jane Grey, wird
1553–1558	Maria I., die Katholische, Königin von England
1554	Wyatt-Verschwörung aufgedeckt
17. März–19. Mai 1554	Elisabeth im Tower gefangen
17. November 1558	Tod Marias der Katholischen
1558–1603	Elisabeth I. Königin von England
1561	Maria Stuart kehrt aus Frankreich nach Schottland zurück
1565	Maria Stuart heiratet Lord Darnley
1567	Thronverzicht Maria Stuarts zugunsten ihres Sohnes Jakob
16. Mai 1568	Maria Stuart flieht nach England
1572	Drakes Karibikfahrt
25. Oktober 1586	Maria Stuart nach Aufdeckung der Babington-Verschwörung zum Tode verurteilt
18. Februar 1587	Maria Stuart auf Schloß Fotheringhay hingerichtet
Juli–August 1588	Vernichtung der spanischen Armada
1596	Essex erobert Cadix
1598	Tod Burghleys und Philipps II.
1601	Essex wird hingerichtet. »Goldene Rede« vor dem Parlament
24. März 1603	Elisabeth I. stirbt in Richmond

Christine von Schweden

8. Dezember 1626	Christine als Tochter Gustav II. Adolfs von Schweden und Maria Eleonoras von Brandenburg in Stockholm geboren
16. November 1632	Gustav Adolf fällt in der Schlacht bei Lützen
1633	Christine vom Reichstag als gewählte Königin und Erbprinzessin von Schweden anerkannt. Ein Regentschaftsrat übernimmt die Regierung
7. Dezember 1644	Christine legt vor dem Reichstag den Herrschereid ab und übernimmt selbst die Regierung
1645	Schweden löst im Friedensvertrag von Brömsebro Dänemark als skandinavische Vormacht ab
24. Oktober 1648	Der Friede von Münster und Osnabrück beendet den Dreißigjährigen Krieg
1649	Auf Betreiben Christines erkennen Reichstag

	und Stände ihren Vetter Karl Gustav als Thronfolger an
11. Februar 1650	Descartes stirbt in Stockholm
1651	Erste Kontakte Christines zum Jesuitenorden und allmähliche Konversion der Königin
6. Juni 1654	Christine dankt als Königin von Schweden ab. Krönung Karls X. Gustav
24. Dezember 1654	Vor einem kleinen Kreis geistlicher und weltlicher Würdenträger bekennt sich Christine in Brüssel zum katholischen Glauben
3. November 1655	In Innsbruck wiederholt Christine ihr Glaubensbekenntnis in der Öffentlichkeit
23. Dezember 1655	Offizieller Einzug Christines in Rom
1656	Der französische Hof bereitet Christine einen triumphalen Empfang
1657	Zweite Frankreichreise Christines. Fehlschlag ihrer politischen Pläne
13. Februar 1660	Karl X. Gustav stirbt in Göteborg
Herbst 1660	Christine reist nach Schweden. Ihre Ansprüche auf die Erbfolge werden zurückgewiesen
1662	Rückkehr Christines nach Rom
1668/69	Christines Ansprüche auf den polnischen Thron schlagen fehl
19. April 1689	Christine stirbt in Rom

Peters »Töchter«

Die Daten nach neuem Stil (= nach dem Gregorianischen Kalender)

9. Juni 1672	Peter I. als Sohn des Zaren Alexej und seiner zweiten Frau Natalja Naryschkina in Moskau geboren.
8. Februar 1676	Tod des Zaren Alexej
1682	Peters Halbschwester Sofia übernimmt die Regentschaft.
1689	Peter heiratet Eudoxia (Jewdokija) Lopuchina und verdrängt Sofia von der Regierung.
1698	Peter als Schiffszimmermann in Holland und England. Er verstößt die Lopuchina.
1700–1721	Nordischer Krieg
1703	Gründung St. Petersburgs
7. Februar 1708	Anna Petrowna als Tochter Peters I. und seiner

	Mätresse, der späteren Zarin Katharina I., in Moskau geboren
28. Dezember 1709	Elisabeth Petrowna als Tochter Peters I. und der späteren Zarin Katharina I. in Moskau geboren
1711	Russische Niederlage am Pruth gegen die Türken
1712	Peter I. heiratet seine Mätresse, die aus einer litauischen Bauernfamilie stammende Magd Martha, die bei ihrer Aufnahme in die griechische Kirche den Namen Katharina Alexejewna annimmt.
1718	Peter läßt seinen Sohn Alexej (geb. 1690) aus seiner Ehe mit der Lopuchina umbringen.
1721	Der Friede von Nystad beendet den Nordischen Krieg. Schweden tritt Estland, Livland, Ingermanland und Karelien an Rußland ab. Peter I. erhält vom Senat den Kaisertitel und die Beinamen »Vater des Vaterlandes« und »Der Große«
1724	Peter krönt Katharina zur Kaiserin.
8. Februar 1725	Peter der Große stirbt in St. Petersburg. Ihm folgt seine Gemahlin Katharina als
1725–1727	Katharina I., Zarin von Rußland.
1725	Gründung der Akademie der Wissenschaften
17. Mai 1727	Katharina I. stirbt in St. Petersburg. Ihr Nachfolger wird Peter Alexejewitsch (geb. 1715) als
1727–1730	Peter II. Die reale Macht liegt in den Händen Alexander Menschikows, des früheren Günstlings Peters des Großen und Katharinas I.
30. Januar 1730	Peter II. stirbt in Moskau. Mit ihm erlischt das Haus Romanow im Mannesstamm. Zu seiner Nachfolgerin erheben die Mitglieder des Obersten Geheimen Rates (Werchowniki) Anna Iwanowna (geb. 1693), Tochter Iwans V. (1666–96), des debilen Halbbruders Peters des Großen.
1730–1740	Anna Iwanowna Zarin von Rußland. Sie beseitigt, gestützt auf die Garde, die vom Adel ausbedungenen Verfassungsprivilegien. Ihr Günstling Biron beherrscht die russische Politik.
28. Oktober 1740	Anna Iwanowna stirbt in St. Petersburg. Der Thron fällt an den einjährigen Sohn ihrer Nichte Anna Leopoldowna (geb. 1718), Iwan VI. Die Regentschaft führt zunächst Biron, nach dessen Sturz Anna Leopoldowna selbst.

November 1740– Dezember 1741	Anna Leopoldowna Regentin
6. Dezember 1741	Elisabeth Petrowna stürzt mit Hilfe der Garde die Regentin und schickt sie und den minderjährigen Iwan VI. in die Verbannung.
1741–1762	Elisabeth Zarin von Rußland. Ihre Außenpolitik wird maßgeblich beeinflußt von Alexej Bestuschew-Rjumin (Großkanzler seit 1744).
1742	Elisabeth beruft Peter Ulrich von Holstein-Gottorp (geb. 1728)an ihren Hof und bestimmt ihn zum Thronfolger.
1744	Elisabeth läßt die Prinzessin Sophie von Anhalt-Zerbst (geb. 1729) als künftige Gemahlin des Thronfolgers an den Hof kommen. Im Juli tritt Sophie zum orthodoxen Glauben über, wird zur Großfürstin Katharina Alexejewna erhoben und verlobt sich mit Peter.
1. September 1745	Vermählung Katharinas mit dem Thronfolger Peter
1746	Russisch-österreichische Defensivallianz gegen Preußen
1752	Liaison Katharinas mit Sergej Saltykow
1. Oktober 1754	Geburt Paul Petrowitschs in St. Petersburg
1755	Liaison Katharinas mit Stanislaus Poniatowski
1756–1763	Siebenjähriger Krieg
30. August 1757	Russischer Sieg bei Großjägersdorf. Rückzug und Abberufung des Generals Apraxin
1758	Bestuschew-Rjumin fällt in Ungnade und wird in die Verbannung geschickt.
1760	Liaison Katharinas mit Grigorij Orlow
Oktober 1760	Besetzung Berlins durch russische und österreichische Truppen
5. Januar 1762	Elisabeth stirbt in St. Petersburg. Ihr Nachfolger wird ihr Neffe Großfürst Peter.
Januar–Juli 1762	Peter III. Zar von Rußland. Er beendet den Krieg mit Preußen und verstaatlicht den Kirchenbesitz.
9. Juli 1762	Peter III. von den Truppen der Hauptstadt gestürzt, Katharina Alexejewna zur Kaiserin ausgerufen
1762–1796	Katharina II. Zarin von Rußland
17. Juli 1762	Peter III. auf Befehl G. Orlows umgebracht
15. Februar 1763	Der Friede von Hubertusburg beendet den Siebenjährigen Krieg.

1764	Russisch-preußisches Defensivbündnis
15. Juli 1764	Iwan VI. in der Festung Schlüsselburg nach dem gescheiterten Befreiungsversuch des Basil Mirowitsch von den Wachen getötet
1766	Veröffentlichung der »Großen Instruktion« (bolschoj nakas) für ein neues Gesetzbuch
1767	Einberufung der Kommission zur Beratung des Nakas
Dezember 1768	Auflösung der Kommission
1768–1774	Erster russisch-türkischer Krieg
1772	Erste Teilung Polens durch Rußland, Preußen und Österreich
1773	Beginn der Revolte Pugatschews
1774	Aufstieg Grigorij Potemkins zum Favoriten und politischen Berater Katharinas
21. Juli 1774	Der Friede von Kütschük-Kainardsche beendet den russisch-türkischen Krieg. Rußland sichert sich Territorialgewinne sowie freien Verkehr im Schwarzen Meer und freie Durchfahrt durch die Meerengen für seine Handelsschiffe. Beginn der Kolonisierung »Neurußlands«
21. Januar 1775	Pugatschew in Moskau hingerichtet
November 1775	Administrative Neuordnung der Gouvernements
1783	Rußland annektiert die Krim
1785	Neuordnung der Rechte des Adels durch den »Gnadenbrief«
1787	Mehrmonatige Südrußlandreise Katharinas in Begleitung ausländischer Fürsten und Diplomaten. Vorführung der »Potemkinschen Dörfer«
1787–1792	Zweiter russisch-türkischer Krieg
9. Januar 1792	Der Friede von Jassy beendet den zweiten russisch-türkischen Krieg. Die Türkei tritt die Schwarzmeerküste zwischen Bug und Dnjestr an Rußland ab.
1793	Zweite Teilung Polens durch Rußland und Preußen
1795	Dritte Teilung Polens durch Rußland, Preußen und Österreich
17. November 1796	Katharina II. stirbt in Zarskoje Selo

Maria Theresia

1711–1740	Karl VI. Kaiser des Hl. Röm. Reiches
19. April 1713	Verkündung der Pragmatischen Sanktion durch Kaiser Karl VI. Sie bestimmt die Unteilbarkeit der habsburgischen Lande und sichert den männlichen, bei deren Fehlen oder Abgang den weiblichen Nachkommen Karls VI. den erbrechtlichen Vorrang vor den Nachkommen seines verstorbenen älteren Bruders und Vorgängers Joseph I.
13. Mai 1717	Maria Theresia als Tochter Karls VI. und der Prinzessin Elisabeth von Braunschweig-Wolfenbüttel in der Wiener Hofburg geboren
18. August 1717	Die Festung Belgrad kapituliert vor Prinz Eugen.
1725	Philipp V. von Spanien erkennt als erster europäischer Monarch die Pragmatische Sanktion an.
1728	Anerkennung der Pragmatischen Sanktion durch Friedrich Wilhelm I. von Preußen
1731	Anerkennung der Pragmatischen Sanktion durch Georg II. von Hannover-England.
12. Februar 1736	Vermählung Maria Theresias mit Franz Stephan Herzog von Lothringen.
21. April 1736	Prinz Eugen stirbt in Wien.
1737	Franz Stephan erhält den Oberbefehl im Türkenkrieg und wird Großherzog von Toscana.
1739	Maria Theresia und Franz Stephan reisen nach Florenz.
31. Mai 1740	Friedrich Wilhelm I., König in Preußen, stirbt in Potsdam. Ihm folgt sein Sohn Friedrich II. auf den preußischen Thron
20. Oktober 1740	Tod Karls VI. Seine Nachfolgerin wird
1740–1780	Maria Theresia Erzherzogin von Österreich
Dezember 1740	Einmarsch preußischer Truppen in Schlesien. Beginn des Ersten Schlesischen Krieges
13. März 1741	Joseph als ältester Sohn Franz Stephans und Maria Theresias in Wien geboren
1742	Friede von Berlin. Österreich tritt Niederschlesien, den größten Teil Oberschlesiens und die Grafschaft Glatz an Preußen ab.
1743	Maria Theresia zur Königin von Böhmen gekrönt
1744–1745	Zweiter Schlesischer Krieg

4. Oktober 1745	Franz Stephan in Frankfurt als Franz I. zum Kaiser des Hl. Röm. Reiches gekrönt
24. Dezember 1745	Friede von Dresden. Friedrich II. behält Schlesien und erkennt Franz I. als römisch-deutschen Kaiser an.
18. Oktober 1748	Der Friede von Aachen beendet den seit 1740 in den österreichischen Erbländern geführten Österreichischen Erbfolgekrieg. Österreich behauptet, wenngleich unter Gebietsverlusten, seine Stellung als Großmacht. Allgemeine Anerkennung der Pragmatischen Sanktion
1749	Haugwitzsche Behördenreform
1753	Kaunitz Staatskanzler
1. Mai 1756	Defensivbündnis Österreichs mit Frankreich
1756–1763	Siebenjähriger Krieg
1760	Beginn der Kaunitzschen Verwaltungsreform
15. Februar 1763	Der Friede von Hubertusburg beendet den Siebenjährigen Krieg. Österreich und Preußen entsagen allen territorialen Ansprüchen gegeneinander. Preußen behält seine schlesischen Eroberungen.
18. August 1765	Franz I. stirbt in Innsbruck.
23. September 1765	Joseph II. zum Mitregenten erhoben
1769	Erstes Treffen Josephs II. mit Friedrich II. von Preußen
1772	Erste Teilung Polens durch Rußland, Preußen und Österreich
1777	Tod des Kurfürsten Maximilian II. Joseph von Bayern
1778–1779	Bayerischer Erbfolgekrieg
13. Mai 1779	Friede von Teschen. Österreich erhält das Innviertel, verzichtet aber auf seine sonstigen bayerischen Ansprüche.
29. November 1780	Maria Theresia stirbt in Wien

Viktoria

24. Mai 1819	Viktoria als Tochter Eduards Herzog von Kent, des vierten Sohnes König Georgs III., und seiner Gemahlin Marie Louise von Sachsen-Coburg-Gotha auf Schloß Kensington geboren
1832	Erstes Wahlreformgesetz (Vermehrung der städtischen Unterhaussitze)

20. Juni 1837	Tod König Williams IV. Seine Nachfolgerin wird
1837–1901	Viktoria als Königin von Großbritannien und Irland
10. Februar 1840	Vermählung Viktorias mit Prinz Albert von Sachsen-Coburg-Gotha
1840–1842	Opiumkrieg: Gewaltsame Öffnung Chinas
1846	Aufhebung der Getreidezölle. Übergang Großbritanniens zum Freihandel
1851	Londoner Weltausstellung
1854–1856	Krimkrieg
1855–1858	Erstes Kabinett Palmerston
1857–1858	Sepoy-Aufstand
1859–1865	Zweites Kabinett Palmerston
14. Dezember 1861	Prinzgemahl Albert stirbt auf Schloß Windsor
1867	Zweites Wahlreformgesetz
1868	Erstes Kabinett Disraeli
1868–1874	Erstes Kabinett Gladstone
1869	Eröffnung des Suezkanals
1874–1880	Zweites Kabinett Disraeli
1876	Auf Disraelis Betreiben nimmt Viktoria den Titel »Kaiserin von Indien« an.
1880–1885	Zweites Kabinett Gladstone
1882	Beschießung Alexandrias und Besetzung Ägyptens durch britische Streitkräfte
1884/85	Drittes Wahlreformgesetz
1885	General Gordon in Khartum von Truppen des Mahdi getötet
1885–1886	Drittes Kabinett Gladstone
1886	Scheitern der von Gladstone geplanten Home Rule für Irland
1892–1894	Viertes Kabinett Gladstone
1896	Jameson Raid
1898	Sieg Kitcheners bei Omdurman über die Mahdisten. Der Sudan wird anglo-ägyptisches Kondominium. Faschoda-Konflikt
1899–1902	Burenkrieg
22. Januar 1901	Viktoria stirbt in Osborne.

Indira Gandhi

1885	Gründung des Indischen Nationalkongresses
14. November 1889	Jawaharlal Nehru als Sohn des Rechtsanwalts

	Motilal Nehru und seiner Frau Swaruprani in Allahabad geboren
1905–1912	J. Nehru in England. Er besucht Harrow, studiert in Cambridge und London
1906	Gründung der Moslem-Liga in Dakka
1912	J. Nehru in London als Rechtsanwalt zugelassen. Im Spätsommer Rückkehr nach Indien
1916	Erste Begegnung Nehrus mit Mahatma Gandhi (geb. 1869) auf einer Sitzung des Indischen Nationalkongresses. Mohammed Ali Jinnah übernimmt die Führung der Moslem-Liga. Pakt von Lakhnau (Lucknow) zwischen Nationalkongreß und Moslem-Liga zur gemeinsamen Bekämpfung der britischen Kolonialherrschaft
19. November 1917	Indira Gandhi als Tochter Jawaharlal Nehrus und seiner Frau Kamala in Allahabad geboren
13. April 1919	Massaker von Amritsar
1920	Mahatma Gandhi proklamiert den gewaltlosen Kampf gegen die britische Herrschaft.
1922	Gandhi zu sechs Jahren Gefängnis verurteilt
1923	J. Nehru zum Generalsekretär des Nationalkongresses gewählt
1924	Gandhi vorzeitig aus der Haft entlassen
1926–1927	Europareise J. Nehrus und seiner Familie
1929	J. Nehru zum Präsidenten des Indischen Nationalkongresses gewählt
1930	»Salzmarsch« und erneute Verhaftung Gandhis
1930–1935	J. Nehru und andere Kongreßpolitiker mehrfach in Haft
1935	Government of India Act: Beginn des Übergangs zur Selbstregierung
1938	Indira tritt der Kongreßpartei bei
1940	Die Moslem-Liga formuliert die Zwei-Nationen-Theorie
26. März 1942	Vermählung Indiras mit Feroze Gandhi
1942–1943	Indira und Feroze Gandhi in britischer Haft
1946	Nehru abermals zum Präsidenten des Nationalkongresses gewählt
15. August 1947	Teilung Britisch-Indiens in die unabhängigen Dominions Indien und Pakistan. Der Teilung folgen Pogrome und Flüchtlingsströme
30. Januar 1948	Mahatma Gandhi in Neu-Delhi von einem fanatischen Hindu erschossen

26. Januar 1950	Inkrafttreten der Verfassung der Indischen Union
1955	Bandung-Konferenz
1959	Indira Gandhi zur Präsidentin der Kongreßpartei gewählt
1961	Belgrader Konferenz der Blockfreien
Oktober–November 1962	Indisch-chinesischer Grenzkonflikt
27. Mai 1964	Jawaharlal Nehru stirbt in Delhi. Sein Nachfolger im Amt des Premierministers wird Lal Bahadur Shastri.
1964–Januar 1966	Indira Gandhi (seit 1960 verwitwet) im Kabinett Shastri Ministerin für Information und Rundfunk
15. Januar 1966	Lal Bahadur Shastri stirbt in Taschkent. Seine Nachfolgerin im Amt des Premierministers wird Indira Gandhi.
1969	Verstaatlichung der Banken
1971	Deutlicher Wahlsieg der Kongreßpartei unter Indiras Führung. Pakistanischer Sezessionskrieg und Gründung des Staates Bangladesch
Dezember 1971	Krieg zwischen Indien und Pakistan
1975	Urteil des Obersten Gerichtshofes in Allahabad gegen Indira Gandhi, die daraufhin den Notstand ausrufen läßt
20. März 1977	Wahlniederlage Indira Gandhis und der Kongreßpartei. Neuer Premierminister wird Morarji Desai
1979	Rücktritt Desais
3. Januar 1980	Wahlsieg Indiras, die wieder Premierministerin wird
23. Juni 1980	Indiras jüngerer Sohn Sanjay (geb. 1946) tödlich verunglückt
1982	Asienspiele in Neu-Delhi
31. Oktober 1984	Nach der Erstürmung des Goldenen Tempels von Amritsar durch Truppen der indischen Zentralregierung wird Indira Gandhi in Neu-Delhi von zwei ihrer Leibwächter erschossen. Ihr älterer Sohn Rajiv (geb. 1944) wird ihr Nachfolger als Premierminister.
21. Mai 1991	Während einer Wahlveranstaltung seiner Kongreßpartei fällt Rajiv Gandhi einem Sprengstoffanschlag zum Opfer.

Stammtafel zu

Elisabeth I.

Das Haus Tudor und Stuart

Heinrich VII. Tudor
* 1457 † 1509
König v. England 1485
∞
Elisabeth v. York
* 1466 † 1503

Arthur v. Wales
* 1486 † 1502
∞
Katherina v. Aragon
* 1485 † 1536

Margarethe
* 1489 † 1541
∞
Jakob IV. Stuart
* 1473 † 1513
König v. Schottland 1488

Jakob V.
* 1512 † 1542
König v. Schottland 1513
∞
Maria v. Guise
* 1515 † 1560
Regentin 1542

Heinrich VIII.
* 1491 † 1547
König v. England 1509
1. ∞ Katharina v. Aragon
* 1485 † 1536
2. ∞ Anne Boleyn
* 1507 † 1536
3. ∞ Jane Seymour
* 1509 † 1537
4. ∞ Anna v. Cleve
* 1515 † 1557
5. ∞ Katharina Howard
* 1521 † 1542
6. ∞ Katharina Parr
* 1512 † 1548

Maria v. England
* 1496 † 1533
1. ∞ Ludwig XII. v. Frankreich
* 1462 † 1515
2. ∞ Karl (Brandon) v. Suffolk
† 1545

2. Ehe

Franziska Brandon
* 1517 † 1559
∞
Heinrich Grey
† 1554

Maria Stuart
* 1542 † 1587
Königin 1542/1558–1567
1. ∞ Franz II.
v. Frankreich
* 1544 † 1560
2. ∞ Henry Stuart Darnley
* 1545 † 1567
3. ∞ James Bothwell
† 1573

2. Ehe

Jakob VI.
* 1566 † 1625
König v. Schottland 1567
König v. England 1603

1. Ehe

Maria I. Tudor
d. Katholische
* 1516 † 1558
Königin 1553
∞
Philipp II. v. Spanien
* 1527 † 1598

2. Ehe

Elisabeth I.
* 1533 † 1603
Königin 1558

3. Ehe

Eduard VI.
* 1537 † 1553
König 1547

Jane Grey
* 1537 † 1554
(Gegenkönigin 1553)
∞
Guilford Dudley
† 1554

Stammtafel zu
Christine von Schweden
Das Haus Wasa

Gustav Eriksson Wasa
* 1496 † 1560
Reichsverweser 1521, König 1523
1. ∞ Katharina v. Sachsen-Lauenburg
* 1513 † 1535
2. ∞ Margareta Eriksdotter Lejonhufvud
* 1514 † 1551

1. Ehe

Erik XIV.
* 1533 † 1577
König 1560–1568
∞
Karin Mansdotter
* 1550 † 1612

Gustav Erikson
* 1568 † 1607

2. Ehe (2 Kinder)

Johann III.
* 1537 † 1592
König 1568
1. ∞ Katharina Jagellonica v. Polen
* 1526 † 1583
2. ∞ Gunilla Bielke
* 1568 † 1597

1. Ehe

Sigismund
* 1566 † 1632
König v. Schweden 1592–1599
König v. Polen (Sigismund II.) 1587–1632
1. ∞ Anna v. Österreich
* 1573 † 1598
2. ∞ Konstantia v. Österreich
* 1588 † 1631

2. Ehe

Karl IX.
* 1550 † 1611
Reichsverweser 1599, König 1604
1. ∞ Marie v. d. Pfalz
* 1561 † 1589
2. ∞ Christina v. Holstein-Gottorp
* 1573 † 1625

1. Ehe

Katharina
* 1584 † 1638
∞
Johann Kasimir v. Pfalz-Zweibrücken
* 1589 † 1652

2. Ehe

Gustav II. Adolf
* 1594 † 1632
König 1611
∞
Maria Eleonora v. Brandenburg
* 1599 † 1655

Christine v. Schweden
* 1626 † 1689
König 1632/1644–1654

Christina Magdalena
* 1616 † 1662
∞
Friedrich VI.
v. Baden-Durlach
* 1617 † 1677

Karl X. Gustav
* 1622 † 1660
König 1654
∞
Hedwig Eleonora v.
Holstein-Gottorp
* 1636 † 1715

Karl XI.
* 1655 † 1697
König 1660
∞
Ulrike Eleonore v. Dänemark
* 1656 † 1693

Karl XII.
* 1682 † 1718
König 1697

Hedwig Sofia
* 1681 † 1708
∞
Friedrich IV. v. Holstein-Gottorp
* 1671 † 1702

Ulrike Eleonore
* 1688 † 1741
Königin 1718–1720
∞
Friedrich I. v.
Hessen-Kassel
* 1676 † 1751
König v. Schweden
1720–1751

Stammtafel zu
Peters »Töchter«
Das Haus Romanow

Michail I.
* 1596 † 1645, Zar 1613
1. ∞ Maria Dolgorukaja
† 1625
2. ∞ Eudoxia Streschnewa
† 1645

2. Ehe

Alexej
* 1629 † 1676, Zar 1645
1. ∞ Maria Miloslawskaja
* 1625 † 1668
2. ∞ Nathalia Naryschina
* 1651 † 1694

1. Ehe (4 Kinder) 2. Ehe

Iwan V.
* 1666 † 1696
Zar 1682–1689
∞
Praskowjy Saltykowa
* 1664 † 1723

Katharina
* 1692 † 1733
∞
Karl Leopold v. Mecklenburg
* 1678 † 1747

Anna Iwanowna
* 1693 † 1740
Zarin 1730
∞
Friedrich Wilhelm v. Kurland † 1711

Peter I., der Große
* 1672 † 1725
Mitregent 1682–1689, Zar 1689
1. ∞ Eudoxia Lopuchina
* 1669 † 1731
2. ∞ Martha Skawronskaja (Katharina I.)
* 1684 † 1727, Zarin 1725

Elisabeth v.
Mecklenburg-Schwerin
(Regentin Anna Leopoldowna)
* 1718 † 1746
Regentin 1740–1741
∞
Anton Ulrich v.
Braunschweig-Bevern
* 1714 † 1774

Iwan VI.
* 1740 † 1764
Zar 1740–1741

1. Ehe

Alexej
* 1690 † 1718
∞
Sophie Charlotte v.
Braunschweig-Wolfenbüttel
* 1694 † 1715

Peter II.
* 1715 † 1730
Zar 1727

2. Ehe

Anna
* 1708 † 1728
∞
Karl Friedrich v.
Holstein-Gottorp
* 1700 † 1739

Peter III. (Karl Peter Ulrich v. Holstein-Gottorp)
* 1728 † 1762
Zar 1762
∞
Katharina II., die Große (Sophie v. Anhalt-Zerbst)
* 1729 † 1796, Zarin 1762

Paul I.
* 1754 † 1801, Zar 1796
1. ∞ Wilhelmine v. Hessen-Darmstadt
* 1755 † 1776
2. ∞ Sophie v. Württemberg
* 1759 † 1828

2. Ehe

Elisabeth
* 1709 † 1762, Zarin 1741
∞
Alexej Rasumowskij
* 1709 † 1771

(8 Kinder)

2. Ehe

Alexander I.
* 1777 † 1825, Zar 1801
∞
Luise Marie v. Baden (Elisabeth)
* 1779 † 1826

2. Ehe

Nikolaus I.
* 1796 † 1855, Zar 1825
∞
Charlotte v. Preußen
* 1798 † 1860

Stammtafel zu

Viktoria
Das Haus Hannover und Sachsen-Coburg

Georg III. (Wilhelm Friedrich) * 1738 † 1820
König v. England 1760–1811 (1820), König v. Hannover 1814
∞
Sophie Charlotte v. Mecklenburg-Strelitz * 1744 † 1818

(7 Kinder)

Georg IV. (Friedrich August) * 1762 † 1830
Prinzreg. 1811, Kg. v. England u. Hann. 1820
∞
Karoline v. Braunschweig-Wolfenbüttel
* 1768 † 1821

Charlotte Auguste * 1796 † 1817
∞
Leopold v. Sachsen-Coburg-Gotha
(Leopold I. v. Belgien)
* 1790 † 1865

Wilhelm IV. (Heinrich)
* 1765 † 1837
Kg. v. England u. Hann. 1830
∞
Adelaide v. Sachsen-Meiningen * 1792 † 1849

Eduard v. Kent * 1767 † 1820
∞
Marie Luise Viktoria v. Sachsen-Saalfeld-Coburg
* 1786 † 1861

Viktoria * 1819 † 1901
Königin v. Großbritannien 1837,
Kaiserin v. Indien 1877
∞
Albert v. Sachsen-Coburg-Gotha
* 1819 † 1861

Viktoria, Princess Royal
* 1840 † 1901
∞
Friedrich III. v. Preußen
* 1831 † 1888

Alice * 1843 † 1878
∞
Ludwig IV. v. Hessen-Darmstadt
* 1837 † 1892

Alfred v. Edinburg
* 1844 † 1900
Hzg. v. Sachsen-Coburg-Gotha 1893
∞
Marie v. Rußland
* 1853 † 1920

Leopold v. Albany
* 1853 † 1884
∞
Helene v. Waldeck
* 1861 † 1922

Beatrice
* 1857 † 1944
∞
Heinrich v. Battenberg
* 1858 † 1896

Eduard VII.
* 1841 † 1910
König v. Groß-
britannien 1901
∞
Alexandra v. Dänemark
* 1844 † 1925

Helena * 1846 † 1923
∞
Christian v.
Schleswig-Holstein
* 1831 † 1917

Arthur v. Connaught
* 1850 † 1942
∞
Luise v. Preußen
* 1860 † 1917

Georg V. * 1865 † 1936
König v. Großbritannien 1910
∞
Mary v. Teck * 1867 † 1953

Stammtafel zu

Maria Theresia
Das Haus Habsburg

Karl VI. (Karl III. v. Spanien)
* 1685 † 1740, Kaiser 1711
∞
Elisabeth Christine v. Braunschweig-Wolfenbüttel
* 1691 † 1750

Maria Theresia * 1717 † 1780
Königin v. Ungarn 1741, v. Böhmen 1743
∞
Franz I. Stephan v. Lothringen
* 1708 † 1765, Kaiser 1745

Maria Anna * 1718 † 1744
∞
Karl Alexander v. Lothringen
* 1712 † 1780

(16 Kinder)

Joseph II.
* 1741 † 1790
Kaiser 1765
1. ∞ Isabella v. Parma
* 1741 † 1763
2. ∞ Josepha Maria Antonia
v. Bayern
* 1739 † 1767

Maria Amalie
* 1746 † 1804
∞
Ferd. v. Parma
* 1751 † 1802

Leopold II.
* 1747 † 1792
Kaiser 1790
∞
Marie Luise v.
Spanien
* 1745 † 1792

Marie Karoline
* 1752 † 1814
∞
Ferd. I. v.
Neapel und
Sizilien
* 1751 † 1825

Ferdinand Karl
* 1754 † 1806
∞
Maria Beatrix
v. Este-Modena
* 1750 † 1829

Maria Antonia
(Marie Antoinette)
* 1755 † 1793
∞
Ludwig XVI.
v. Frankreich
* 1754 † 1793

Franz I. (II.) * 1768 † 1835
deutscher Kaiser 1792–1806, Kaiser v. Österreich 1804–1835
1. ∞ Elisabeth Wilhelmine v. Württemberg * 1767 † 1790
2. ∞ Marie Therese v. Sizilien * 1772 † 1807
3. ∞ Maria Ludovica v. Österreich-Este * 1787 † 1816
4. ∞ Karoline Augusta v. Bayern * 1792 † 1873

Bildquellennachweis

Archiv für Kunst und Geschichte, Berlin: S. 19, 24, 29, 34, 101, 123, 151, 157, 167, 181, 199, 209, 245, 253, 273, 308
Bildarchiv Preussischer Kulturbesitz, Berlin: S. 284, 312
Deutsche Presse-Agentur, Bildbüro Stuttgart: S. 142, 322, 341, 363, 371
Kunsthistorisches Museum, Wien: S. 221
Peter Wurst, Wien: S. 128
Schloß Glaswein, NÖ (Photo Dr. Peter Kenyeres, Mistelbach, NÖ): S. 217